U0529363

中国社会科学院文库
经济研究系列
The Selected Works of CASS
Economics

中国社会科学院创新工程学术出版资助项目

中国社会科学院文库·经济研究系列
The Selected Works of CASS · Economics

稀有矿产资源开发利用的国家战略研究

RESEARCH ON NATIONAL STRATEGY OF RARE
MINERAL RESOURCE DEVELOPMENT AND UTILIZATION

杨丹辉　等著

中国社会科学出版社

图书在版编目（CIP）数据

稀有矿产资源开发利用的国家战略研究／杨丹辉等著 . —北京：中国社会科学出版社，2022.1

（中国社会科学院文库）

ISBN 978−7−5203−8877−1

Ⅰ. ①稀⋯　Ⅱ. ①杨⋯　Ⅲ. ①矿产资源开发—研究—中国　Ⅳ. ①F426.1

中国版本图书馆 CIP 数据核字（2021）第 166346 号

出 版 人	赵剑英
责任编辑	刘晓红
责任校对	周晓东
责任印制	戴　宽

出　　版	中国社会科学出版社
社　　址	北京鼓楼西大街甲 158 号
邮　　编	100720
网　　址	http://www.csspw.cn
发 行 部	010−84083685
门 市 部	010−84029450
经　　销	新华书店及其他书店
印　　刷	北京君升印刷有限公司
装　　订	廊坊市广阳区广增装订厂
版　　次	2022 年 1 月第 1 版
印　　次	2022 年 1 月第 1 次印刷
开　　本	710×1000　1/16
印　　张	24
字　　数	382 千字
定　　价	128.00 元

凡购买中国社会科学出版社图书，如有质量问题请与本社营销中心联系调换

电话：010−84083683

版权所有　侵权必究

《中国社会科学院文库》出版说明

《中国社会科学院文库》(全称为《中国社会科学院重点研究课题成果文库》)是中国社会科学院组织出版的系列学术丛书。组织出版《中国社会科学院文库》,是我院进一步加强课题成果管理和学术成果出版的规范化、制度化建设的重要举措。

建院以来,我院广大科研人员坚持以马克思主义为指导,在中国特色社会主义理论和实践的双重探索中做出了重要贡献,在推进马克思主义理论创新、为建设中国特色社会主义提供智力支持和各学科基础建设方面,推出了大量的研究成果,其中每年完成的专著类成果就有三四百种之多。从现在起,我们经过一定的鉴定、结项、评审程序,逐年从中选出一批通过各类别课题研究工作而完成的具有较高学术水平和一定代表性的著作,编入《中国社会科学院文库》集中出版。我们希望这能够从一个侧面展示我院整体科研状况和学术成就,同时为优秀学术成果的面世创造更好的条件。

《中国社会科学院文库》分设马克思主义研究、文学语言研究、历史考古研究、哲学宗教研究、经济研究、法学社会学研究、国际问题研究七个系列,选收范围包括专著、研究报告集、学术资料、古籍整理、译著、工具书等。

中国社会科学院科研局
2006 年 11 月

前　言

中国稀有矿产资源品种相对齐全，储量丰富，具有较为突出的资源优势，同时也是稀有矿产品生产、消费、出口大国。然而，经过多年的过度开采，国内稀有矿产资源储量下降。同时，稀有矿产资源开发利用长期存在价格形成机制不合理、产业链短而窄、产品附加值低、竞争秩序混乱、低价出口、非法走私等一系列突出问题，严重影响了稀有矿产资源的高质量利用。如果不加以科学规划和合理开发，势必会加快中国优势稀有矿产资源枯竭，难以保障工业化中后期产业转型升级对稀有矿产资源的需求，进而危及国家资源安全和经济安全。

矿产资源是经济发展的物质基础，也是中国推进工业化、城镇化面临的主要"瓶颈"之一。从资源条件来看，中国是一个矿产资源总体丰饶，但人均相对贫乏的大国。具体到稀有矿产资源，中国既有在国际市场上具有一定垄断地位的稀土、钨、钼等品类，也有一些战略性较强、未来需求潜力大的稀有金属（如铂族金属），国内资源禀赋较弱，储量相对匮乏。近年来，国际市场上稀有矿产品价格波动频繁，供求形势复杂多变，政策制约因素明显增多。在这种情况下，站在大国战略的高度，稀有矿产开发既要立足国内，也要放眼全球。进入工业化中后期，一方面，要依托国家找矿突破战略，运用先进找矿技术，加大勘探开发投入力度，织密勘查网络。同时，顺应国际上海洋资源勘探开发等新趋势，拓展矿产勘查新领域、新空间。创新体制机制，建立多元化投资平台，形成稀有矿产资源开发合力。另一方面，要充分利用国内国外两种资源、两个市场，进一步扩展资源边界，建立多元化供给渠道，有效缓解国内相对短缺的稀有金属品种的供给压力。

应该看到，中国实现大国崛起、迈向伟大复兴的道路势必伴随着对国际政治、经济、外交格局的整合与重塑。对于中国这样一个人口大国而言，产业转型和消费升级也必然会对稀有矿产品产生更多需求，因而对稀有矿产资源固有的国际供求格局造成冲击在所难免。面对稀有矿产领域国际竞争和政策环境的新变化，如何在大国资源竞争形势下制定实施具有中国特色的稀有矿产资源开发利用战略，具有重大的理论价值和现实意义，这对国家矿产资源管理的综合能力建设提出了更高的要求。

本书是中国社会科学院创新工程项目"稀有矿产资源的国家战略研究"的最终成果。针对中国步入工业化中后期产业转型和消费升级面临的资源环境与技术创新的双重约束，本书在文献研究的基础上，立足保障资源安全、发挥资源优势、延伸产业链、提升开发利用整体水平的战略目标，构建面向新一轮科技革命和产业变革的稀有矿产资源国家战略，为"打好产业基础高级化、产业链现代化的攻坚战"、实现经济高质量发展提供关键原材料支撑，推动中国由稀有矿产资源大国迈向材料强国。

首先，本书从理论层面厘清工业化阶段转换与矿产资源需求结构转型之间的关系，科学判断工业化中后期中国产业高质量发展背景下稀有矿产资源的需求变化态势。综合考虑供给约束、环境影响、供应受限的经济影响等因素，对主要稀有矿产资源的战略性进行评价和排序，尝试回答"哪些稀有矿产资源对产业转型升级最为重要"的问题。进一步结合国内稀有矿产资源勘探开发重点及布局，并且考虑替代技术和产品的研发应用状况及趋势，从供应潜力、社会发展水平、矿产监管政策、矿业发展的政治环境、全球供应集中度等多个维度对稀有矿产资源的供应风险做出定量评估。

其次，在定量分析基础上，探讨如何提升中国稀有矿产资源产业竞争力，进而以工业大国和稀有资源大国的双重身份，突破稀有矿产资源国际竞争格局。本书通过对稀有矿产资源富集地区和产业集聚区的调查研究，对稀有矿产资源特别是中国具有资源优势的稀有矿产资源产业链各环节的国际竞争力进行全方位"扫描"，找出制约国内稀有矿产资源产业下游企业在新材料、关键零部件等领域技术能力提升的根本性因素，探究中国长期未能成为稀有矿产资源应用技术强国和产业强国的症结所在，提出建立完善符合中国自身资源条件，满足经济增长和消费升级、基本实现工业化和加速城镇化的全方位需要，安全、集约、开放和可持续的国家稀有矿产资源开发战略及政策体系。

实际上，本书不仅旨在为在国家层面推动稀有矿产资源开发利用的战略布局提供理论依据和政策思路，而且还从经济学的角度揭示出稀有矿产资源供求关系及应用方向的特点和规律，这有助于产业经济学专业和矿产资源领域的学者、行业主管部门以及普通读者更加客观、全面地了解稀有矿产资源的战略价值及其在现代产业体系中发挥的作用。当然，稀有矿产品类多，不同种类的稀有矿产，其资源条件、物化性能、应用领域、经济价值、安全形势以及国际竞争格局存在很大差别，且处于动态变化之中。正是由于有关稀有矿产资源探明储量、可开采储量、产量、消费量等数据统计口径不一致，可获得性和连续性相对不足，本书的定量研究有一定的局限性，而这也为今后推出更为深入系统的成果明确了目标方向。

杨丹辉
中国社会科学院工业经济研究所
2020年3月2日

目　录

第一章　导论 ··· 1
　　第一节　研究背景 ··· 1
　　第二节　概念界定与研究范围 ································· 5
　　第三节　分析框架与技术路线 ································· 6

第二章　相关研究进展与文献综述 ································· 9
　　第一节　总体进展 ··· 9
　　第二节　稀有金属定价研究评述 ······························ 14
　　第三节　政策研究及主要观点 ································ 25
　　第四节　近期文献与研究展望 ································ 27

第三章　稀有矿产资源在战略性新兴产业中的应用 ············· 31
　　第一节　节能环保产业 ······································· 32
　　第二节　新一代信息技术产业 ································ 35
　　第三节　生物产业 ·· 41
　　第四节　高端装备制造业 ····································· 44
　　第五节　新能源产业 ·· 48
　　第六节　新材料产业 ·· 52
　　第七节　新能源汽车产业 ····································· 55
　　第八节　本章小结 ·· 58

第四章 稀土资源分布与供求趋势 … 61

第一节 资源分布与应用领域 … 61

第二节 稀土市场与价格变动 … 67

第三节 全球稀土产品供求预测 … 77

第五章 锂的供求变化趋势 … 83

第一节 全球锂资源供给现状 … 83

第二节 锂的全球需求变化 … 89

第三节 中国锂资源分布及锂业发展 … 94

第四节 锂电池行业发展态势 … 100

第六章 钨的供求形势变化 … 117

第一节 全球钨的供给状况 … 117

第二节 全球钨资源消费趋势 … 121

第三节 国际市场上钨的价格变化态势 … 123

第四节 中国钨资源禀赋与行业发展现状 … 125

第七章 钛的供求形势分析 … 131

第一节 全球钛资源的分布与开采 … 131

第二节 中国钛资源分布及钛产业发展 … 135

第三节 钛资源应用现状与展望 … 138

第四节 本章小结 … 142

第八章 铂族金属的开发利用与供求分析 … 144

第一节 全球铂族金属的资源条件与供给风险 … 144

第二节 中国铂族金属的供求形势 … 148

第三节 铂族金属应用和消费变化 … 152

第九章 中国稀有金属价格波动特征的定量分析 … 156

第一节 数据来源及描述性统计特征 … 157

第二节　数据基本分析……………………………………… 161

　　第三节　GARCH族模型计算结果…………………………… 164

第十章　中国优势稀有金属国际定价权的影响因素………… 172

　　第一节　中国优势稀有矿产资源国际定价权的测度：
　　　　　　文献分析……………………………………………… 172

　　第二节　影响中国优势稀有金属定价权的主要因素………… 174

　　第三节　中国优势稀有金属国际定价权缺失的原因分析…… 204

第十一章　稀有矿产资源产业的国际竞争力比较分析……… 210

　　第一节　相关研究评述………………………………………… 210

　　第二节　测算方法……………………………………………… 213

　　第三节　中国稀有矿产资源产业国际竞争力的演化………… 216

　　第四节　稀有矿产资源产业竞争力的国际比较……………… 219

　　第五节　结论与政策含义……………………………………… 230

第十二章　稀有矿产资源开发利用的环境影响……………… 233

　　第一节　理论分析与指标体系………………………………… 233

　　第二节　稀有矿产资源开发利用的环境影响评估…………… 237

　　第三节　本章小结……………………………………………… 242

第十三章　稀有矿产资源的战略性评估：基于战略性新兴
　　　　　产业发展的视角……………………………………… 243

　　第一节　供应风险……………………………………………… 244

　　第二节　环境影响……………………………………………… 255

　　第三节　供应受限的经济影响………………………………… 258

　　第四节　战略性判断及不确定性分析………………………… 262

　　第五节　总结与展望…………………………………………… 267

第十四章　资源安全与稀有矿产领域的大国竞争…………… 269

　　第一节　工业化进程与矿产资源消费结构变化……………… 269

第二节　稀有矿产资源国家战略的理论依据……………………271

   第三节　稀有矿产资源领域的大国竞争………………………281

第十五章　国家战略与政策措施……………………………………290

   第一节　中国稀有矿产资源政策调整：以稀土为例…………290

   第二节　战略构建……………………………………………301

   第三节　政策措施……………………………………………307

附录一……………………………………………………………………312

附录二……………………………………………………………………320

参考文献…………………………………………………………………335

后　　记…………………………………………………………………361

CONTENTS

Chapter 1 Introduction 1

  1.1 Research Backgroud 1

  1.2 Concept and Research Scope 5

  1.3 Analysis Framework and Structure 6

Chapter 2 Research and Literature Review 9

  2.1 Overall Progress 9

  2.2 Review of Research on Pricing of Rare Metals 14

  2.3 Policy Research and Main Viewpoints 25

  2.4 Recent Literature and Research Outlook 27

Chapter 3 Application of Rare Mineral in Strategic Emerging Industries 31

  3.1 Energy Saving and Environmental Protection Industry 32

  3.2 Next – generation Information Technology Industry 35

  3.3 Bio – Industry 41

  3.4 High – end Equipment Manufacturing Industry 44

  3.5 New Energy Industry 48

  3.6 New Material Industry 52

  3.7 New Energy Vehicle Industry 55

  3.8 Summary 58

Chapter 4 Resource Distribution and Supply – demand Trends of Rare Earth ·············· 61

4.1 Resource Distribution and Application Fileds ············ 61
4.2 Rare Earth Market and Price Fluctuation ·················· 67
4.3 Forcast on Global Supply and Demand of Rare Earth ········· 77

Chapter 5 Trends of Supply – demand Changes of Lithium ·········· 83

5.1 Current Status of Global Lithium Resource and Supply ········ 83
5.2 Change of Global Demad ·············· 89
5.3 China's Lithium Resource Distribution and Lithium Industry Development ············ 94
5.4 Future Development of Lithium Battery Industry ················ 100

Chapter 6 Changes of Tungsten Supply and Demand Situation ·············· 117

6.1 Global Supply of Tungsten ················ 117
6.2 Trends of Tungsten Consumption ·············· 121
6.3 Price of Tungsten in the International Market ················ 123
6.4 China's Tungsten Resources Endowment and Industry Development ················ 125

Chapter 7 Analysis on Supply – demand Situation of Titanium ·············· 131

7.1 Distribution and Mining of Global Titanium Resources ······ 131
7.2 Distribution of Iitanium Resources in China and Development of Titanium Industry ················ 135
7.3 Application Status and Prospect of Titanium Resources ······ 138
7.4 Summary ·············· 142

**Capter 8　Development of Platinum Group Metals and
　　　　　　Supply - demand Analysis** ……………………………… 144

　　8.1　Global Resource Conditions and Supply Risks of
　　　　　Platinum Group Metals ………………………………… 144
　　8.2　Supply and Demand Situation of Platinum Group
　　　　　Metals in China ………………………………………… 148
　　8.3　Application and Consumption Changes of Platinum
　　　　　Group Metals …………………………………………… 152

**Chapter 9　Quantitative Analysis of Rare Metal Price
　　　　　　Fluctuations in China** ………………………………… 156

　　9.1　Data Sources and Descriptive Statistical Characteristics …… 157
　　9.2　Data Analysis …………………………………………… 161
　　9.3　Caculation Results of GARCH Model ………………………… 164

**Chapter 10　Factors Affecting International Pricing Power
　　　　　　of China's Advantaged Rare Metals** ………………… 172

　　10.1　Measurement of International Pricing Rights for
　　　　　China's Advantaged Rare Mineral Resources:
　　　　　Literature Analysis ……………………………………… 172
　　10.2　Main Factors Affecting Pricing Rights of China's
　　　　　Advantaged Rare Metals ………………………………… 174
　　10.3　Analysis of the Reasons for the Uncontrolling of
　　　　　International Pricing Power of China's Superior
　　　　　Rare Metal ……………………………………………… 204

**Chapter 11　Analysis on International Comparative
　　　　　　Competitiveness of Rare Mineral　Industries** ……… 210

　　11.1　Research Review ………………………………………… 210
　　11.2　Methods …………………………………………………… 213

11.3 Evolution of International Competitiveness of China's Rare Mineral Industries ······ 216

11.4 International Comparison of Competitiveness of Rare Mineral Industries ······ 219

11.5 Conclusions and Policy Implication ······ 230

Chapter 12 Environmental Impacts of Development and Utilization of Rare Minerals ······ 233

12.1 Theoretical Analysis and Index System ······ 233

12.2 Environmental Impact Assessment of Rare Mineral Development and Utilization ······ 237

12.3 Summary ······ 242

Chapter 13 Strategic Evaluation of Rare Mineral Resources: From the Perspective of the Development of Strategic Emerging Industries ······ 243

13.1 Supply Risks ······ 244

13.2 Environmental Impacts ······ 255

13.2 Economic Impact of Supply Restrictions ······ 258

13.4 Strategic Judgement and Uncertainty Analysis ······ 262

13.5 Conclusions and Outlook ······ 267

Chapter 14 Resource Security and Competion with Big Countries in the Field of Rare Minerals ······ 269

14.1 Industrialization Process and Changes in Consumption Structure of Mineral Resources ······ 269

14.2 Theoretical Basis of National Strategy for Rare Mineral ····· 271

14.3 Competition among Big Powers in the Field of Rare Minerals ······ 281

Chapter 15 National Strategy and Policy Measures ······ 290

15.1 China's Rare Mineral Resources Policy Adjustment:

A Case Study of Rare Earths 290
15.2 Strategy Construction 301
15.3 Policy Measures 307

Appendix 1 312

Appendix 2 320

Reference 335

Postscript 361

第一章　导论

第一节　研究背景

矿产资源是人类生产生活不可或缺的物质基础,对矿产资源的大规模开发利用有力地支撑了工业化发展。各国工业发展的实践表明,人类对各种矿产性能的认知及其功能开发经历了不断深化的过程。考察世界范围内工业化历程可以发现,矿产资源消费总量及其结构表现出鲜明的阶段性特征。在工业化初中期,大量消耗煤炭、铁矿石等大宗矿产。工业化中期,石油、有色金属的消费增长较快。进入工业化后期和后工业化时期,稀有矿产资源需求逐步增加,成为现代制造业特别是战略性新兴产业和国防工业的关键原材料。

稀有矿产资源通常是指地壳中丰度低、分布稀散,难以从矿石中提取,在工业上制备和应用较晚,但在现代工业应用广泛的矿产资源。长期以来,发达国家既是先进材料的研发制造基地,又是主要的消费市场所在地,稀有矿产资源储量丰富的发展中国家仅仅扮演着初级矿产品提供者的角色。近二十年来,新兴经济体和发展中国家已成为驱动全球经济增长的重要力量。随着新兴经济体和发展中国家工业化和城镇化进程的不断推进,这些国家和地区对各类新型材料的需求快速增加,部分稀有矿产品消费的国际格局正在发生显著变化。为降低对国外新型材料的依赖度,新兴经济体采取技术学习和创新等手段提高研发制造水平,从而增加了其对稀有矿产资源的消费量。进入 21 世纪,新兴经济体和发展中国家改变部分稀有矿产品全球消费版图的趋势更加明显。以稀土消费为例，在20世纪相当长一段时间内，美国消费的稀土资源超过全球的一半。根据美国地质调查局（USGS）公布的数据，1960年美国稀土氧化物（REO）表观消费量占当年世界总产量的比重甚至高达89.87%。然而，中国等发展中国家的现代化进程极大地动摇了美国等发达国家在稀土氧化物消费领域的主导地位。2000年，美国稀土氧化物消费量在世界总消费量中的占比已降至13.31%，2008年进一步跌落至5.74%。另据《2019年中国稀土产业全景图谱》中的资料，中国的稀土消费量约为全球的57%。之后是日本，占全球稀土消费量的21%左右；美国和欧洲的消费量占比都约为8%。①

在稀有矿产资源开发利用领域，新兴经济体和发展中国家的快速追赶促使发达国家不断加强技术创新，拓展稀有金属和非金属材料应用范围，以确保其在产业链上的主导地位。这又使全球稀有矿产资源的需求量进一步增加。以稀有金属铟为例，由于具有良好的导电性，长期以来铟主要应用于电子、半导体等领域。在20世纪90年代之前，美国消费的铟有40%左右用于电子元器件及半导体。②随着液晶显示技术的成熟并进入商业化应用阶段，铟以其优越的光渗透性而成为平板显示器表面涂料的首选。2010年，全球消费的铟有72%用作平板显示器的表面涂料。③德国联邦经济和技术部委托开展的一项研究④分析了汽车、航空航天、信息技术、能源电力、化工、机械工程、环境技术、医学工程、材料技术等领域的32种重点新兴技术对稀有金属和非金属资源的需求，结果表明到2030年仅新兴技术对镓、钕、铟、锗、钪、铂、钽等稀有金属的需求量就会超过2006年全球的总产量（见表1-1）。

总体来看，中国稀有矿产资源蕴藏量丰富，是全球稀有矿产资源储藏、开采、生产、消费和出口大国。作为不可再生的战略性资源，稀有矿产资源的可持续开发利用，不仅关系到相关产业特别是战略性新兴产

---

① https://www.qianzhan.com/analyst/detail/220/190803-d6cdbec6.html.
② 数据取自USGS, *Mineral Commodity Profile: Indium*, 2005。
③ 数据取自European Commission, *Critical Metals in Strategic Energy Technologies*, 2011。
④ Angerer, G. et al., *Rohstoffefür Zukunftstechnologien: Einfluss des Branchenspezifischen Rohstoffbedarfs in Rohstoffintensiven Zukunftstechnologien auf die Zukünftige Rohstoffnachfrage*, Stuttgart: Fraunhofer IRB Verlag, 2009.

业发展及其国际竞争力提升,而且还直接影响国家资源安全。

表 1-1　　　　新兴技术对全球稀有矿产资源的需求

稀有矿产资源	2006年新兴技术领域的消费量占当年全球总生产量的比重	2030年新兴技术领域的消费量相当于2006年全球总生产量的比重	新兴技术的部分应用领域
镓	0.28	6.09	薄层光伏电池、集成电路、白光二极管
钕	0.55	3.82	永磁材料、激光技术
铟	0.40	3.29	显示器、薄层光伏电池
锗	0.31	2.44	光纤、红外光学技术
钪	很低	2.28	固体氧化物燃料电池、铝合金
铂	很低	1.56	燃料电池、催化剂
钽	0.39	1.01	微电容、医学技术
钯	0.10	0.34	催化剂、海水淡化
钛	0.08	0.29	海水淡化、医用植入物
硒	很低	0.11	薄层光伏电池、合金元素

资料来源:Angerer et al. (2009)。

当前,中国稀有矿产开发利用存在的问题及面临的挑战主要有:

(1) 资源优势弱化。中国稀有矿产资源品种较为齐全,储量丰富,具有突出的资源优势,但由于20多年来的过度开采,部分稀有矿产资源的储量快速下降。同时,稀有矿产资源开发利用过程中还存在价格形成机制不合理、产业链短而窄、产品附加值低、竞争秩序混乱、低价出口、非法走私等一系列问题,严重影响稀有矿产资源的集约利用。如果不加以科学规划和合理开发,任由企业无序、过量开采和出口,势必导致稀有矿产资源加快枯竭,危及国家资源安全。

(2) 环境损害严重。长期以来,国内稀有矿产资源开采加工企业普遍"散小乱差",技术水平低,设备工艺落后,违规违法开采,环保投入不足,缺乏社会责任,环境损失和生态破坏等问题十分突出。特别是在江西、四川、广东、湖南等主要矿产区,受资源赋存条件等因素的影响，稀有矿产开采冶炼的环保监管难度大，这类资源性产品开采生产出口的收益难以弥补环境损失，不仅导致资源可持续开发利用能力明显下降，而且对当地生态环境和居民健康造成严重损害。

（3）国际竞争加剧。国际金融危机发生后，发达国家提出"重振制造业"和"再工业化"战略，意在以创新激发制造业活力，在新兴产业的国际竞争中抢占先机。近年来，发达国家重振实体经济的政策效果逐步释放，新一轮科技革命和产业革命蓬勃兴起。发达国家将"再工业化"的战略重点放在了新能源、新材料等战略性新兴产业，而这些产业恰恰是稀有矿产资源应用的主要领域。发达国家复兴实体经济的战略布局引发稀有矿产资源的全球竞争日趋激烈。一方面，主要发达国家相继推出"关键原材料战略"，加紧对本国战略性资源的再勘探和海外资源的开发收储，加大稀有矿产资源替代产品和技术研发的投入力度；另一方面，中国为保护国内资源和生态环境而限制稀土等稀有矿产资源出口的做法引发了诸多争议。发达国家担心中国控制上游产品出口会抑制其新兴战略性产业发展，纷纷指责中国利用稀有矿产资源遏制他国，并诉诸世界贸易组织（以下简称"稀土案"）。"稀土案"败诉后，中国对稀土等稀有矿产品的出口政策做出了较大调整。近期随着中美经贸摩擦升级，稀有矿产领域的大国博弈逐步加深。面对新的国际形势，有必要制定实施稀有矿产资源的国家战略，巩固中国稀有矿产资源大国的国际地位，并为中国储量少且应用前景广的稀有矿产资源的海外资源开发和战略收储提供有力保障。

（4）缺乏战略支撑。近年来，在国家严控"两高一资"产品出口等政策措施作用下，中国部分稀有矿产资源的生产出口规模下降，贸易条件有所改善，一度形成了"配额+关税"的管理模式，但"稀土案"败诉宣告了这一管理模式的终结。总体来看，现阶段国家尚未形成维护提升稀有矿产资源优势、涵盖稀有矿产资源开发利用全产业链的长远战略和总体规划，而在资源勘探、开采、加工、收储、贸易、循环利用等具体环节上，相关资源政策、产业政策、贸易政策、环保政策、财税政策和市场规范缺乏衔接，政策工具不够丰富，政策法规体系不完善。

稀有矿产资源开发利用中存在的上述问题具有一定的普遍性。党的十八大报告明确提出，大力推进生态文明建设，形成"五位一体"总体布局。针对资源开发利用中面临的问题,党的十八大报告指出,要"加强矿产资源勘查、保护、合理开发","要把资源消耗、环境损害、生态效益纳入经济社会发展评价体系"。党的十八届三中全会又进一步提出,深化资源性产品价格形成机制改革。按照"深化资源性产品价格和税费改革,建立反映市场供求和资源稀缺程度、体现生态价值和代际补偿的资源有偿使用制度和生态补偿制度"的总体要求,对中国稀有矿产资源的市场供求关系和资源稀缺程度、稀有矿产开发利用的环境影响等重要问题进行创新性评估,并以此为依据,探讨资源安全与可持续利用理论,构建稀有矿产资源的国家战略,提出稀有矿产资源勘探、开发、收储、区域整合、进出口、财税、价格的政策体系和管理制度,不仅有助于中国宝贵稀有矿产资源的可持续开发利用,指导国内供给不足的稀有矿产资源开展海外收储,形成开放安全的供应链,而且还将为中国对部分稀有矿产资源实行国家管控的做法提供理论依据。因此,研究稀有矿产资源的国家战略,既有突出的理论价值,又具有重大现实意义。

第二节 概念界定与研究范围

目前,国内外尚无稀有矿产资源的统一概念和分类标准。实际上,对矿产资源的分类反映出特定时期内认矿、找矿、采矿、用矿的生产实践水平和科技发展水平,因此稀有矿产资源所涵盖的矿种范围并不是一成不变的。① 比较常用的金属分类方法将除铁之外的 92 种金属(含半金属)分为有色轻金属、有色重金属、贵金属、稀有金属和半金属五大类。② 其中,稀有金属又分为稀有轻金属、稀有高熔点金属、稀散金属、稀土金属、稀有放射性金属 5 类。

鉴于本书研究的出发点和落脚点是为战略性新兴产业发展和工业转型升级提供关键原材料的可持续战略保障,综合考虑矿产品的性质和用

---

① 参见张英军、笪沪增《简论矿产资源分类及其意义》,《地球学报》1995 年第 4 期。
② 有色金属学会:《有色金属基本分类》,http://www.nfsoc.org.cn/n1312864/n1315713/n1435103/11003337.html。

途，本书将除稀有放射性金属之外的其他 4 类稀有金属、贵金属中的铂族金属，以及稀有非金属矿产石墨①，共计 22 种矿产资源，列为稀有矿产资源（见表 1-2）。在借鉴国内外相关研究的基础上，结合稀有矿产资源开发利用的实际，从资源短缺的经济影响、供应风险、环境影响等角度对这 22 种稀有矿产资源进行评估后，再对其战略性做出判断。

表 1-2　　　　　研究范围与概念界定：22 种稀有矿产资源

类别	稀有矿产资源名称
稀有轻金属	锂、铍、铷、铯
稀有高熔点金属	钛、锆、铪、钒、铌、钽、钨、钼、铼
稀散金属	镓、铟、铊、锗、硒、碲
稀土金属	镧、铈、镨、钕、钷、钐、铕、钆、铽、镝、钬、铒、铥、镱、镥、钪、钇
稀有贵金属	铂、铱、锇、钌、钯、铑
稀有非金属	石墨

注：①硒是非金属，但其应用特点与稀散金属有相近之处。碲是一种准金属，常被归为稀散金属。为便于讨论这两种稀有矿产的开发利用，本书将晒和碲列入稀散金属。

②相关统计资料通常把 17 种稀土元素并称为稀土金属，把 6 种铂族元素合并为铂族金属。为便于进行定量分析，本书遵照这一惯例，将稀土元素和铂族元素分别视为一种稀有矿产资源。

第三节　分析框架与技术路线

在实地调研基础上，通过文献分析，本书归纳各类稀有矿产在战略性新兴产业中的应用方向，分析稀土、钨等典型稀有金属供求关系变化态势，深入探讨稀有矿产品的国际定价机制，比较主要工业国稀有矿产

---

① 已有技术文献指出，以石墨为原料制备的石墨烯在战略性新兴产业许多领域的应用前景都十分广阔，而且其丰度相对较低，因此本书将其作为稀有非金属矿产纳入研究范围之内。考虑到除了硅之外，其他非金属矿产在战略性新兴产业中的应用还很有限，加之相关统计资料既不系统，也不多见，同时虽然硅的应用比较广泛，但其丰度较高，分布比较集中，很难将其归于稀有矿产，因此本书未将其列为研究对象。

资源相关产业的国际竞争力，评估各种稀有矿产资源的战略性，构建稀有矿产资源的国家战略及政策体系。本书的技术路线见图 1-1。

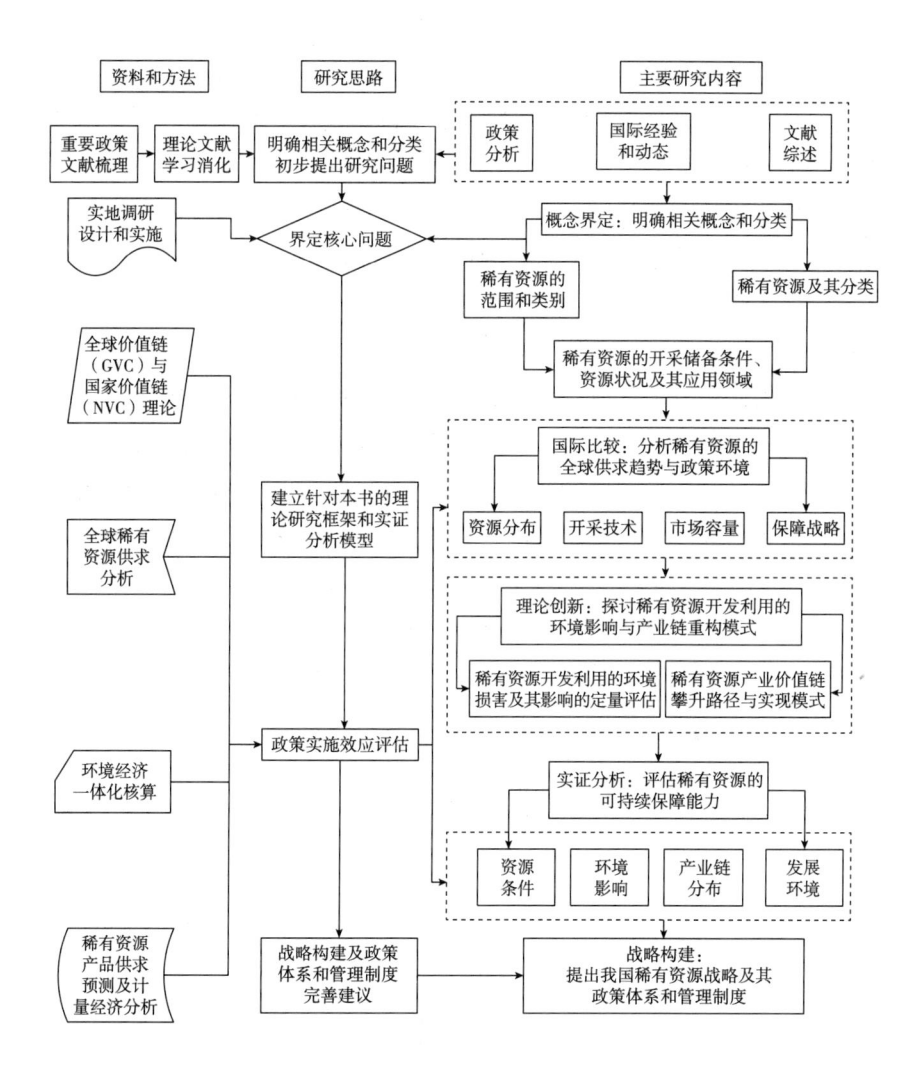

图 1-1 技术路线图

全书包括十五章和两个附录。第一章导论，提出研究背景，对稀有矿产资源的概念做出界定，并设计研究框架和技术路线。第二章基于文献学习，对稀有矿产资源相关研究进展进行综述，重点评述稀有金属定价权方面的文献。第三章在分析相关技术文献的基础上，采用消费量占比和可替代性标准等指标，归纳稀有矿产资源在七大战略性新兴产业中的重要应用。第四章、第五章、第六章、第七章和第八章分别选取稀土、锂、钨、钛、铂族等作为稀土金属、稀有轻金属、稀有高熔点金属、稀有贵金属的典型品种，研判其国际供求关系的变化趋势。第九章运用 GARCH 族模型，定量分析稀有金属价格波动的特征，探讨驱动稀有矿产品价格变化的原因。第十章采用定性研究与定量分析相结合的方法，评价中国稀有金属国际定价权的现状，分析稀有金属国际定价权缺失的主要原因。第十一章是本书的重要内容和创新点，对稀有矿产品的国际竞争力进行比较测算，指出中国稀有矿产资源相关产业的升级方向及可能性。第十二章分析稀有矿产资源开发利用的环境影响。第十三章同样是本书定量分析的重要创新点。这一章构建三因素分析框架，结合战略性新兴产业对稀有矿产资源的需求等实际情况，在综合考察供应风险、环境影响、供应受限的经济影响的基础上，对各种稀有矿产资源的战略性做出判断。第十四章追踪稀有矿产资源开发利用国际政策环境的新动向，在大国竞争背景下讨论制定实施稀有矿产资源国家战略的理论依据。第十五章以稀土为例，总结中国稀有矿产资源政策实施的效果及存在的主要问题，提出稀有矿产资源开发利用国家战略的总体思路、基本原则及政策建议。附录作为本书补充资料，收集整理了部分稀有矿产的资源条件和主要稀有矿产资源及其化合物的特性及用途。

第二章 相关研究进展与文献综述

虽然总体来看关于稀有矿产资源开发利用的经济学研究与工业化进程中矿产资源消费结构的变化几乎是同步的，但由于主要应用在高技术产业，因此相对于铁矿石、石油等大宗矿产以及铜、铝等基础金属，稀有矿产资源开发利用战略的研究历史较短。回顾国外相关研究的演进历程，可以发现，随着稀有矿产资源工业化应用范围的扩大和消费量的增加，有关稀有矿产资源的研究不断深入。

第一节 总体进展

一 国外相关研究及评述

20世纪70年代末80年代初，发达国家开始高度重视汽车尾气污染治理，由此带动了稀有贵金属铂和铑作为汽车尾气净化催化剂的重要材料进入工业化应用领域。在此背景下，美国国会技术评估办公室1985年发布的报告《战略性材料：降低美国高度依赖进口的风险的技术路径》(Strategic Materials: Technologies to Reduce U. S. Import Vulnerability) 把铂族金属作为4类战略性材料之一，对其使用、生产、替代、节约等环节的技术进行了详细研究，并提出了降低进口依赖度的建议(Office of Technology Assessment, 1985)。自20世纪80年代起，全球电子信息产业快速发展，终端电子信息产品消费带动镓、锗、铟等稀有矿产资源逐步进入产业化应用领域，美国、日本、欧盟等发达经济体对相关稀有矿产资源的争夺日趋激烈。鉴于不断升温的稀有矿产资源开发利用形势，1990年美国国家科学研究委员会发布了《美国矿产品和金属产业竞争力报告》（Competitiveness of the U. S. Minerals and Metals Industry）。该报告不但研究了铁矿石、铝、铜等大宗矿产品，而且还分析了发展电子信息产业所必需的镓、锗、铟、铼、碲、硒等稀有矿产资源的供求形势和保障措施（National Research Council，1990）。

进入21世纪，能源、交通、电子、化工、医学、环境等高技术领域的技术创新及其商业化应用使用于工业生产的稀有矿产资源种类和数量都急剧增加。整体而言，全球稀有矿产资源目前主要是由美国、日本、欧盟等发达经济体消费的。然而，这些发达经济体往往并不是稀有矿产资源富集国，或者由于国内环境保护的约束，限制本国稀有矿产资源开采加工。面对严重的供求不平衡局面，稀有矿产资源可持续保障问题近年来已成为主要发达经济体相关研究的焦点。具体来说，国外的相关研究可分为两类：一是从新兴技术创新及商业化的角度分析全球稀有矿产资源供求形势的文献；二是从一国或经济体对稀有矿产资源的需求及其供应保障的角度开展的战略或政策研究。

第一，在新兴技术领域，清洁能源等技术创新及商业化是推动全球稀有矿产资源消费量增长的最重要的因素。Angerer 等（2009）、Bucher 等（2009）、DOE（2010，2011）、Achzet 等（2011）分析新兴技术创新及产业化应用对全球稀有矿产资源供求形势的文献都强调，风力发电、太阳能光伏发电、核电、智能电网、电动汽车、高效照明、燃料电池等清洁能源技术的产业化对锂、铟、镓、锗、碲、钒等稀有矿产资源，以及钇、镧、铈、镨、钕、钐、铕、钆、铽、镝等稀土元素已经形成持续而强劲的需求。美国能源部2010年发布的《关键原材料战略研究报告》（Critical Materials Strategy）指出，在锂、钴、镓、钇、铟、碲、镧、铈、镨、钕、钐、铕、铽、镝14种关键材料需求中，清洁能源技术驱动的需求占总需求的比重达20%，并且随着清洁能源技术应用范围的进一步扩大，未来这一比重很可能会继续提高（DOE，2010）。

第二，在主要发达经济体的关键原材料战略中，稀有矿产资源已成为最重要的着力点。近些年来，为应对国际市场上稀有矿产品供给不稳定、确保战略性新兴产业领域原材料安全，美国国家科学研究会（NRC，2008）、欧洲理事会（EC，2010）、日本经济产业省（经济产业省，2012）先后发布了关于美国、欧盟和日本的关键原材料战略的研究成果。其中，NRC（2008）以供应风险为横坐标，以供应受限的影响为纵坐标建立了矿产品关键度评价矩阵，并且以此矩阵为工具筛选出了美国经济急需的11种关键矿产品，这中间有9种属于稀有矿产资源。与此类似，EC（2010）的研究成果则以经济重要性为横轴、以供应风险为纵轴构建出原材料关键度评价矩阵，在此基础上从41种矿产资源中筛选出欧盟经济急需的14种关键原材料，包括11种稀有矿产资源。日本经济产业省（2012）的研究报告指出，会对日本汽车、飞机、电子、钢铁、化学、可再生能源等主导产业发展产生重要影响的战略性矿产品共有30种，涉及15种稀有矿产资源。值得注意的是，NRC（2008）、EC（2010）、日本经济产业省（2012）等战略研究在评价稀有矿产资源等原材料关键度时，尤其关注那些可能会影响资源稳定供应的因素，特别是储采比、生产集中度等地质性和经济性指标，以及出口国政治稳定性、资源开发利用政策等地缘政治指标。Wäger等（2010）、Graedal等（2012）、Nassar等（2012）、Harper等（2014）和Glöser等（2015）新近学术研究文献则强调稀有矿产资源开发利用的环境效应，以及替代技术研发和应用等也是影响稀有矿产资源关键度的重要因素。近年来，根据全球稀有矿产资源政策环境及供求关系的变化，美国、欧盟等发达经济体对其关键矿产清单进行了动态更新。例如，在中美经贸摩擦升级的情况下，依据13817号总统行政令，美国内政部于2018年5月更新关键矿产清单，将关键矿产目录扩展至35种，主要涉及稀土、铍、钴、镓、锗、石墨（天然）、铟、锂、铌、铂族金属、稀土元素族、铼、钽、钛、钨、锆等关键矿产。在美国地质调查局（USGS，2018）为支撑13817号行政命令及关键矿产清单更新所做的专项研究报告中，对美国关键矿产选择给出了明确的依据：一是对美国经济和国家安全至关重要；二是处在易遭破坏的脆弱供应链上；三是为产品制造提供实质性功能，其缺失对美国经济和国家安全有重大影响的非能源矿产或矿物原料。

通过梳理相关文献发现，整体而言，国外有关稀有矿产资源的战略研究报告和学术研究文献的重点有二：一是评价各种稀有矿产资源的相对重要性；二是评估关键稀有矿产资源的供应风险。这种研究取向与发达经济体资源禀赋条件及其国内矿产资源开发法律密切相关。除了美国拥有较为丰富的稀土、钼等资源之外（部分稀土矿山因美国国内环保法案停采），欧盟、日本都是境内稀有矿产资源禀赋严重不足的地区，其稀有矿产资源原材料供应主要依赖进口。有鉴于此，国外相关研究中有关稀有矿产资源重要性评价和供应风险评估的方法固然值得借鉴，但必须要清醒地认识到，与发达国家相比，中国制定稀有矿产资源开发利用国家战略所要面对资源禀赋、应用水平以及国际环境有其独特性。

二 国内研究进展

从国内研究进展来看，长期以来国内学者对矿产资源战略的研究更加关注石油、天然气、铁矿石、煤炭等大宗矿产资源的保障能力及其影响因素，为数不多的对稀有矿产资源的研究也主要集中在稀土产业及相关政策等问题。进入 21 世纪，随着中国制造业规模持续扩张和技术水平不断提高，国内企业对稀有矿产资源的需求量逐渐增加，应用范围快速扩展。然而，与需求层的变化不相适应的是，国内稀有矿产资源可持续开发及高水平应用明显滞后。国内稀有金属开发利用中的种种问题和乱象引起了政府部门和学术界的重视。同时，近年来美国、欧盟、日本等发达经济体对中国控制稀土、钨、钼等稀有矿产品出口等政策措施反应强烈，联手向 WTO 提起了数次诉讼。在这些背景下，国内有关稀有矿产资源的战略性评价、资源安全、国际贸易争端及国际定价权等问题的研究成果日趋丰富，研究方法更加规范，更多成果由定性研究转向定量分析。

在稀有矿产资源战略性评价方面，李鹏飞等（2014）在对 22 种稀有矿产资源进行界定、分析其在战略性新兴产业中应用的基础上，采用三因素分析框架，从供应风险、环境影响、供应受限的经济影响三个维度，设计了 9 项指标，在国内首次对稀有矿产资源的战略性做出了系统性定量评估，并以定量测算结果为依据，提出了稀有矿产资源国家战略构建的基本思路和总体框架。

在稀有矿产资源安全方面，陈毓川（2002）提出，在建立中国战略性矿产资源储备制度时，不但要考虑石油、天然气、铜等需要大量进口的大宗矿产资源，而且也要把中国具有优势并对国际市场影响大的稀土、钨矿、锂矿等稀有矿产资源纳入其中。陈其慎等（2007）在对中国 38 种非能源战略性矿产界定，并对其重要性进行评价时，涵盖了稀土和铂族金属、锆、铌等 16 种稀有矿产资源。李鹏飞等（2015）从资源供应潜力、资源开发及供应能力两个维度，以及供应潜力、社会发展水平、矿产监管政策、矿业发展的政治环境、全球供应集中度 5 个指标对稀有矿产资源的全球供应风险做出了定量评估。

在稀有矿产资源国际贸易争端方面，越来越多的研究成果采用定量方法。其中，卜小平等（2009）对稀土等中国具备较强资源优势的战略性矿产资源的贸易战略进行研究，提出了完善出口管理制度的建议。徐毅鸣（2012）则从价值链的角度提出，应构建中国稀土产业国家价值链，以突破俘获型全球价值链对中国稀土产业的锁定，最终实现对稀土产品国际定价权的掌控。针对"稀土案"等稀有矿产领域的国际贸易纠纷，国内学者从国际法和 WTO 规则的角度解读案例、提出应对措施的一批成果（梁泳，2012；黄建军，2014；胡加祥，2014；彭得雷，2015）对稀有矿产资源贸易政策重构也具有参考价值。

在稀有矿产资源开发利用战略和政策调整方面，近年来，陶春（2011）、王昶和黄健柏（2014）、何贤杰和张福良（2014）、杨丹辉等（2014）等分别从国际比较、产业政策、勘探开发、环境影响等角度就中国稀有矿产资源国家战略设计提出了有一定可操作性的建议。杨丹辉（2015）给出了稀土产业发展战略和政策重构的总体思路，设计了涵盖资源管理、战略储备、产业政策、贸易政策、财税政策、价格机制、区域布局、环境保护、国家管制的综合性政策体系。这些研究成果为中国稀有矿产资源开发利用的国家战略研究提供了多元化的参考视角。

综合国内外现有相关研究的进展，整体而言，现阶段对国家层面稀有矿产资源战略构建的理论支撑不够扎实，也缺乏深入的实证分析。就目前掌握的文献来看，国内对中国稀有矿产资源开发利用的国家战略进行系统性分析的研究还比较少。特别是针对中国进入工业化中后期，产业转型升级对稀有矿产资源保障能力建设的新要求，相关研究成果的理论深度不足，应用价值有待提高。

第二节 稀有金属定价研究评述

商品和服务的国际定价权及相关规则一直是国际贸易理论研究的重要问题。一般而言，掌握特定商品的定价权意味着在国际贸易乃至世界政治经济体系中拥有更多的获利空间和主动权。而从国际定价机制和规则的演进来看，商品定价权形成及其变化既受由产业组织和市场结构所决定的定价机制影响，同时在相当程度上也是不同国家之间全球治理能力和国际话语权此消彼长的结果。实际上，人类进入工业化以来，能源和大宗产品领域就不断演绎大国博弈的"重头戏"。

稀有金属作为重要的战略性矿产资源，在战略性新兴产业及国防工业中应用日益广泛。其中，稀土、钨、锡、钼等稀有金属是中国优势矿种。然而，长期以来，中国稀有金属的资源优势却未能形成产业优势，众多稀有金属矿产品出口附加值低，在国际定价体系中处于弱势地位。近年来，为破解中国优势稀有金属国际定价权缺失的难题，提高稀有金属产业国际竞争力，国家在资源开发、生态环境保护、出口政策、交易平台建设等方面采取了一系列政策措施，并取得一定成效。应该看到，虽然部分稀有金属价格短期内有所上升，但总体来看，现阶段中国仍未全面掌握稀有金属的国际定价权。同时，由于一些政策工具有悖世界贸易组织规则，导致稀有矿产品领域贸易摩擦频发。特别是"稀土案"败诉后，中国稀有金属出口数量管理模式做出被动调整，以往的政策措施基本失效。面对不断升级的中美大国竞争以及关键矿产领域国际供求格局的新变化，迫切需要拓展政策思路，创新政策工具，全面提升稀有金属国际定价能力。

随着应用领域扩展及国际竞争加剧，稀有金属定价权成为国内研究的热点问题，研究成果不断丰富，在定量研究方面做出了一些有价值的探索。这些研究从不同角度探讨中国稀有矿产虽具有资源优势，却不掌握国际议价能力或定价权的症结所在，为构建稀有金属国家战略，完善定价机制，进而使中国在承担稀有金属国际市场主要供给责任的基础上获得相应的定价权利提供了有益的参考。

一 理论基础与主要依据

所谓定价权，即贸易主体对商品价格的决定能力（杨浡琦，2014）。换言之，是指交易主体在该行业中对某种产品具有的定价主动权，即使改变了商品的定价也不会对需求产生过大的负面影响，拥有定价权的贸易主体在成本上升的情况下仍可以将新增成本通过提价的方式传导给下游用户而不影响其销量（黄河等，2013）。国际贸易中的定价权问题，不仅仅是参与主体（企业）经济实力的较量，也在一定程度上反映出参与主体所在国家（地区）的综合竞争实力。因此，周代数等（2011）认为，国际定价权是一个国家、组织或企业在国际市场上左右或影响商品价格形成的能力，是一国（地区）某个产业综合实力的重要表征。黄河等（2013）也认同这一观点，认为定价能力是一种看不见、摸不到的软实力。归根结底，商品定价权或者定价能力表现为特定市场结构下对供求关系掌控的能力，不同经济学理论对此做出了理论解读。

（一）一般均衡理论：供求关系决定价格

在市场经济下，价格的确定首先要遵循价值规律。无论价格如何变动，厂商是否具有市场势力，参与主体是否实施策略性定价行为，商品或服务的价格终究取决于供求关系及其变化。从这一基本规律出发，代雨薇（2012）利用赫克歇尔—俄林的大国模型，对中国稀土出口量与稀土价格之间的关系进行相关性分析，得出了稀土出口价格与出口量呈负相关、与国内价格呈正相关的结论，基于此，指出控制供给是掌握稀土定价权最根本的出路。

国际市场上锗的价格变动是供求关系影响的典型例证。王艳（2011）从锗的国际供给和需求两个方面对锗的定价问题做出分析。结果显示，2006—2008年上半年，全球锗需求加速上升，而同期锗供给明显滞后于需求增长，供不应求引发锗金属价格大幅上涨。但2008年下半年由于受国际金融危机的影响，国际市场上锗的需求大幅减少，导致供给过剩，引发价格迅速下跌，并在较长时期内处于低价位徘徊状态。郭镇等（2013）、齐银山等（2010）也认为，在趋于完全竞争的市场中，价格是由供求关系决定的，参与经济活动的买卖双方都是既定价格的接受者。锗价格的变动显然是国际市场供求关系走势的结果。由于全球范围内锗的储量、产量及需求量都比较小,其金融属性较弱,如果实行策略性定价行为势必会推高锗的交易成本,不符合理性经济主体的决策规律。因此,在某种程度上可以将锗的交易市场视为趋于完全竞争的市场。

分析一般均衡下价格形成机理时,需要考虑的因素还包括产品供求的弹性,需求和供给弹性的变化也会导致均衡价格的变动。梁叔翔(2013)的一项研究指出,产品定价能力取决于其需求弹性,需求弹性较大的产品,需求曲线比较陡峭,对价格变化敏感,卖方的定价能力较弱;反之,需求弹性较小的产品,需求曲线较为平缓,对价格变化不敏感,则卖方的定价能力较强。这一研究仅关注需求弹性对产品价格掌控能力的影响,而忽视了供给弹性。从现阶段中国优势稀有金属资源实际出口情况来看,稀土、钨等初级产品在国际市场上供给缺乏弹性,国外进口企业需求却富有弹性,买方的需求变化不仅会引起价格波动,还能够迅速对市场价格变化做出反应,致使中国针对稀有矿产品出口征收的关税向前端转嫁给国内生产和出口企业,加重企业负担,进一步丧失对稀有金属资源的国际定价权(翁凤春,2011;朱学红等,2016)。

(二)产业组织理论:市场结构决定国际定价格局

对于资源性产品,其价格并不单纯由供求关系决定,买卖双方的产业组织结构特别是市场势力在定价机制中扮演着重要角色(郭镇等,2013;齐银山等,2010)。不同市场结构中交易主体之间的定价权竞争实际上是一种买方势力与卖方势力的较量。这种基于市场势力的分析很显然是在不完全竞争市场条件下,或者是在具有一定垄断特征的市场结构中开展的。而这种包含垄断因素的市场结构恰恰是当今大宗商品贸易中最常见的市场结构类型。因此,研究特定市场结构下的定价能力问题具有突出的现实性和较为扎实的理论依据,这一分析范式同样用于讨论不同情景下稀土等稀有矿产资源的最优开发路径(杜凤莲等,2017)。随着研究不断深入,相关成果更加关注市场结构特别是稀有矿产品买方与卖方的市场势力及其对定价权的影响(陶建格、沈镭,2013;王正明、余为琴,2014)。廉正等(2010)在一项分析中国铁矿石定价权缺失原因的研究成果中,从力学角度构建了一个角力模型,通过对各种力量强弱的分析,得出了"供方区域力量分散较少,合力较大;而需方区域分散较多，形成内耗，使得供方合力强于需方，最终接受供方要求"的结论，其研究方向和结论对于国内企业稀有矿产品定价权缺失问题同样具有一定的解释力。① 而从分析工具来看，现阶段研究市场结构影响定价能力的计量经济学模型主要有两种：一种是边际成本模型；另一种是剩余需求弹性模型（王正明、余为琴，2013）。对于第一种模型，其定量分析需要在较严格的假设下完成。第二种模型则通过估计需求弹性曲线斜率，间接测定贸易主体的定价能力，实际上与供求弹性的概念及测算的关系密切。

产业组织理论认为，企业具有追求并尽可能行使垄断力量的天然动机，甚至企业本身就是一种行使垄断力量的形式或载体，只不过在一些行业中，由特定技术特征决定的市场结构制约了垄断力量的形成，使处在这类行业中的企业不得不接受完全竞争下的市场均衡价格。因此，交易双方所处的市场结构是影响价格和定价权的关键因素之一。反之，掌握并有效行使定价权会在一定程度上固化或增强卖方或买方的市场势力。从这一角度出发，作为具有资源优势的稀有矿产品的主要卖方，市场集中度偏低，难以形成应对拥有垄断势力的发达国家买方的谈判合力，似乎是中国稀有金属定价权缺失的症结所在，由此引申出"推进稀有矿产资源整合、提高行业集中度、搭建统一交易平台"等政策含义也受到了相关主管部门的重视（杨丹辉，2015）。以稀土行业为例，2011年工业和信息化部主导的"稀土行业专项整治行动"将整顿行业秩序、加快资源整合作为改善行业发展环境、提升定价话语权的重要抓手。在这一政策思路下，国务院明确提出由包钢（集团）公司、五矿、中铝集团、赣州稀土、广东稀土和厦门钨业六家大型矿业集团公司分别牵头进一步推进稀土行业兼并重组的方案，工业和信息化部要求2015年稀土行业完成实质性整合，而六大集团对行业的整合于2017年年初告一段落。

然而，这种政府主导形成卖方垄断、强化市场结构对定价权支撑作用的模式不仅受到了学者的质疑，而且部分资源富集地区的地方政府和

---

① 廉正等：《国际铁矿石定价角力模型及中国钢铁行业应对研究》，《经济问题探索》2010年第2期。

稀土企业对工业和信息化部的整合方案也存有异议。学术界显然更为关注的是，非市场化的整合虽然可能会有效率，但却在很大程度上背离了发挥市场机制在资源配置中决定性作用的原则，而来自地方政府和企业的阻力则凸显出稀土行业的利益博弈。

尤为值得注意的是，即使顺利完成行业整合，稀土等稀有金属产品的国际市场定价权也未必能够"花落"中国（杨丹辉等，2015）。特别是南方离子型重稀土，从其赋存条件来看，由于资源高度分散，矿层普遍较浅，加之行业上游开采冶炼等环节的工艺技术相对简单，进入门槛偏低，主导整合的几大集团不可能具备直接开采全部矿点的能力，而实际开采者仍是被整合的当地小矿业公司和个体老板。在这种情况下，超采、偷采甚至走私对市场秩序的干扰和冲击难以避免。可见，由简单的"拉郎配"式重组形成的卖方市场势力并不能从根本上改善稀土等中国优势稀有金属出口的定价地位和贸易条件。稀有金属产业组织的现状严重制约着行业开展技术改造，推动产业升级。不稳定的市场行情、微薄的利润使很多企业长期徘徊在生存线边缘，结构调整力不从心，更无力投入资金技术进行环境治理和生态修复，从而进一步加剧了应用技术和下游产业发展滞后的困境，导致稀有金属产业链中大部分利润落入国外买方大公司；反过来又因国内下游产业需求旺盛，不得不高价为最终产品进口买单的被动局面。

（三）期货市场理论：价格发现机制决定价格

梁叔翔（2013）认为，完整意义上的定价权应当包括商品定价权和金融定价权，金融定价权又可以进一步划分为资本市场定价权和货币定价权。随着金融市场深度发育，矿产品的金融属性不断增强，资本市场对定价权的影响日益显现。在众多定价方式中，期货市场定价因其公开、高效等优点受到国际贸易交易双方的青睐。因此，期货定价成为关注度较高、研究文献较多的一种主流定价方式。毋庸置疑，期货市场最重要、最根本的功能在于发现价格和通过套期保值规避风险（吴玮，2011；杨浩等，2011）。刘旭（2014）则强调真正的市场经济是不能缺少期货市场的经济体系；期货市场具有价格发现的功能，直接影响投资者套期保值的效果。国际大宗商品交易的基准价格大多是在期货市场上形成的，成熟的期货市场对争取大宗商品国际定价权有基础性的作用。

在期货市场上，大宗商品不仅具有基本的商品属性，还表现出流动性、风险性、收益性等突出的金融属性。对于拥有成熟期货品种和发达期货市场的大宗商品而言，其价格基本是由最著名的期货交易所的标准期货合同价格决定的，期货市场已成为确立大宗商品基准价格的中心（李金泽，2014）。

稀有金属的价格决定是以在国际上比较有代表性的期货商品交易所中相关商品的价格作为基价，以基差定价的方式进行定价的（李华，2011）。在现代期货市场体系中，期货市场的交易主体众多，各类信息能够及时地被市场参与方接受并估计价格，单个市场的买卖行为通常不会影响整个市场的交易价格变动（郑焱焱等，2012）。期货市场作为规制明确、规范的市场环境，其特殊的规制使之近似成为一个完全竞争的市场（齐银山，2010）。正因如此，在期货市场上形成的价格更具有领导性和可信性。

目前，期货价格已成为大宗货物贸易的主流定价机制，农产品、有色金属等产品主要通过期货市场进行定价交易。比如，伦敦金属交易所通过建立完善的期货交易市场，掌握了铜、镍等金属的定价权。国内现有5家合法的期货交易中心，分别是上海期货交易所、郑州商品交易所、大连商品交易所、中国金融期货交易所和上海国际能源交易中心。另外，还有专门进行有色金属、稀有金属交易的江西赣州稀有金属交易所、广西铟鼎有色金属交易中心等交易平台（汪启兵，2013）。这些金属交易所和交易平台的建立和不断健全有助于改善中国稀有金属交易定价的被动局面，也是今后很长时期内中国争夺稀有金属出口定价权的核心机制。

二 中国优势稀有金属国际定价权缺失的原因解析

在稀有金属国际市场上，中国虽然拥有突出的资源优势，但长期不掌握定价权，这是不争的事实，也是困扰政府、企业、行业协会的难题。学术界对此开出了各种"药方"，但显然未达到预期的"疗效"。近年来，在国家一系列政策作用下，部分稀有矿产品出口价格一度上涨，定价形势有所改善，但这种有利的局面未能持续。应该看到，定价能力提升不仅仅是贸易定价权的争夺，还包括金融定价权的竞争（梁叔翔，2013）。为有效解决定价权缺失问题，首先要科学分析这一问题的症结所在，方能采取相应措施从根本上提高定价能力。

（一）产品附加值低，长期处于产业链低端

根据价值链理论，在全产业链条上，谁占据了核心控制位置，谁就拥有竞争优势，谁就能够决定特定产品和服务的价格水平，当然也就拥有这一商品（服务）的定价权（张一伟，2011）。然而，由于中国稀有金属产业自主创新能力不足，稀有金属生产和出口长期以高污染、高能耗、低附加值的初加工产品为主，在精深加工和应用研发领域与发达国家的差距较大。而美国、日本等发达国家通过技术优势占据价值链高端，极大削弱了中国优势稀有金属应有的资源话语权。以国内主要稀土企业为例，产业整体科技水平相对低下导致企业生产、运营成本过高，规模扩张未形成相应的规模经济（吴巧生等，2015），单纯依靠行业整合并不能从根本上提升中国稀有金属的国际定价权。刘旭（2014）同样认为，定价权缺失最根本的原因在于中国企业技术创新能力差，无法将资源优势转化为具有高附加值的产业优势。孙章伟（2011）提到，在稀土市场上，稀土价值链中，稀土精矿、分离产品、新材料、最终产品的价值比例约为 1∶10∶100∶1000。钕、镧、镝、铽等提炼于稀土原矿的稀有金属，其粗材与精材的纯度每提高 1 个百分点，价格就几乎翻 1 倍（陈祥升，2012）。但在中国稀有金属产业链上，采选、冶炼和深加工相关企业配比失调，低端资源型产业分布密集，中端冶炼产业阵容庞大，而高端精深加工产业稀少（吴建业，2011）。李华（2011）认为，造成这种局面的主要原因是中国企业的科技创新意识和技术开发能力欠缺，缺少高附加值产品的知识产权。仍以稀土产业为例，自 1985 年以来，国内外申请的有关稀土类的专利有 4288 余项。其中，外国专利申请 2188 项，占稀土类专利总量的 51% 以上，位列前 5 位的国家分别是日本、美国、法国、荷兰、德国。目前，中国稀土产业整体发明专利的总量不及国外一个大公司（董君，2011）。吴志军（2012）也指出，稀土加工应用的技术水平尤其是稀土新材料领域的技术水平与发达国家尚有很大的差距，国外企业具有很强的科研创新能力，掌握了绝大多数的核心技术和产品专利。许明、杨丹辉（2019）的研究则细化到稀有矿产品在价值链上不同环节的国际竞争力。通过构建产品空间分析框架，系统分析中国及主要工业国6大类关键矿产的国际竞争力。在此基础上，以七国集团（G7）为对象进行横向比较，并从产业内部及产业链上下游环节等视角对中国关键矿产相关产业国际竞争力做出定量测算。结果显示：中国稀土产业和稀有非金属产业的国际竞争力较强，但其他类别的竞争力相对较弱；不同产业链条上，中国关键矿产的上游环节普遍具有比较优势，而中下游竞争力较弱。这种情况在中美两国之间的比较中尤为突出。这一结论意味着中国缺少稀有矿产资源定价权的根本原因在于不具备稀有金属产业全链条的国际竞争力。

稀有金属产业链的高端环节发育不足、产品附加值偏低的问题在一定程度上反映出中国工业发展的整体水平，也是工业化阶段性特征所决定的。从人类的工业化历程来看，对特定矿产性能的认识和开发利用，归根结底要取决于一个国家和地区的产业体系和技术装备水平。杨丹辉等（2015）强调，日本企业之所以能够牢牢占据稀有金属产业链高端环节、不断拓展稀有金属应用的新领域，并在稀有金属应用方面形成可持续的国际竞争力，与日本新材料、新能源汽车、电子信息等高技术产业对稀有金属高端材料和零部件的需求直接相关。因而，真正制约稀有金属高端产品应用乃至产业链高附加值环节发展的还是国内高技术产业的应用现状以及原材料的需求结构。也就是说，只有不断扩大高端应用的需求，才能有效刺激稀有金属产业链高附加值产品的投资和研发，带动产业链延展和产业结构升级，进而在国际市场上逐步掌控定价权。

（二）产业集中度偏低，市场结构不合理

近年来，国内越来越多的研究将产业组织理论作为研究稀有金属定价权的主要理论依据，而这些研究得出的结论几乎都将中国稀有金属定价权缺失的根本原因指向市场结构不合理、卖方集中度偏低的问题。方建春、宋玉华（2011）运用Knetter（1989）的模型，建立稀土在出口市场所拥有市场势力的理论模型，其定量分析的结果显示，稀土出口市场是非完全竞争市场，中国在稀土出口市场中几乎没有市场势力，仅在中国香港地区、印度尼西亚和泰国拥有一定的市场势力，这表明在国际稀土市场上中国并不掌握定价权。廖泽芳、刘可佳（2011）的研究发现，由于定价权缺失，中国稀土出口对国际价格影响微弱，总量上的"大国"优势并未转化为现实的贸易利得，呈现出"福利恶化型增长"

的局面。稀土国际进出口市场均存在明显的寡头垄断性，但进口方微观市场影响力的强大使国际稀土处于买方市场状态。这一研究通过对稀土贸易数量与国际市场价格之间的关系进行格兰杰因果检验，得出了中国稀土出口在国际市场上不具有贸易大国效应、稀土出口数量变化对国际市场价格的影响微弱的结论。王正明、余为琴（2014）则选择2001—2011年HS分类标准中的HS2846（稀土金属及其混合物的化合物）和HS280530（稀土金属及其合金）出口作为研究对象，综合考虑稀土生产与储备地位、价格贸易条件、权商指数，通过实证研究指出，稀土出口价格上升并不能说明其国际定价地位的提高，其中稀土产量和出口量对定价权是负面影响因素，而稀土市场集中度则是贡献最大的正向因素。因此，应改变稀土市场非对称寡头结构，严格资源与环境保护，促进产业链向高端延伸，重视国家财税政策支持。杨大威、郑江淮（2014）建立了一个简单的卡特尔模型，阐释稀土国际定价的内在机理，论证了"在全球稀土剩余需求缓慢增长的形势下，增强稀土国际定价权必须建立一个稳定的较大规模的卡特尔组织，或在更优的情况下，建立带有垄断特征的产业组织"的观点。在此基础上，提出培育大型稀土集团、组建出口卡特尔以及扩大稀土市场需求等政策建议。黄继炜（2011）用赫芬达尔—赫克歇尔（HHI）指数对稀土产业集中度进行测算，指出中国多数稀土产品仍处于较强的出口竞争型市场结构，从理论上诠释出国际与国内市场结构不对接、国内产业组织分散是导致中国优势稀有金属出口定价权缺失的根本原因。同时，由于产业组织分散、行业准入门槛低，还会带来的另一个问题就是地方保护主义盛行，加之一些稀土企业内部积累严重滞后，外部扩张缓慢，导致行业整合进展迟缓。企业总体规模小，难以承受稀土资源积压占用的资金成本。在这种情况下，企业为了提高资金周转率，不惜一切代价打"价格战"，这使中国从行业内部就主动放弃了国际贸易定价权（宋文飞等，2011）。

（三）期货市场发展滞后，交易体系不健全

中国期货市场虽然获得了长足发展，但与发达国家的期货市场相比还存在较大差距，集中表现为期货品种单一、市场参与者少、交易规模小、交易资金少、市场开发程度不足等问题（刘旭，2014）。整体而言，国内期货市场尽管对外有了一定的信息溢出效应，由于发展时间较短，交易量较少，市场还不是很成熟，与国际期货市场间的信息溢出相比仍处于弱势地位（吴冲锋，2010）。期货市场相对封闭、交易品种较少、市场规模小、参与主体有限等因素都是制约中国与国际期货市场实现价格联动、形成稀有金属贸易的期货定价中心的重要原因（李学锋等，2010）。齐银山等（2010）则认为，中国尚未形成能够广泛影响国际大宗商品交易价格的期货交易中心，且现阶段国内期货市场国际化程度不高，国际影响力不足，外国投资者的缺位导致国内期货价格不能很好地与国际期货价格产生联动，致使中国未能成为大宗商品的国际定价中心。另外，目前国内期货市场参与主体仍以个人投资者为主（占比超过95%），投资银行、期货基金等机构投资参与者较少，市场投机等非理性操作行为难以得到有效控制，过度依赖期货市场交易容易造成价格宽幅震荡，影响金融市场稳定（张念、冯君从，2015）。

值得注意的是，无论是大宗商品还是稀有金属，目前定价机制中的平台作用的确存在发挥不足的问题。然而，将期货市场发展滞后作为中国稀有金属定价权缺失的主导性原因却值得商榷和讨论。尽管稀有金属具有一定的金融属性，但其金融属性与石油、农产品、基础金属等大宗商品有很大差异。由于稀有金属品种多，交易量小，价格波动大，很难吸引金融资本深度参与其国际期货交易。实际上，部分稀有金属品种根本不适合在期货市场上交易，特别是对于战略性强的稀有金属，期货等交易平台上的过度投机引发价格暴涨暴跌，将直接威胁国家资源安全。因此，大宗商品的期货交易机制并不完全适用于稀有金属定价，稀有金属定价权提升也不宜简单照搬大宗商品期货市场的模式，这暴露出相关研究对稀有金属的特殊性能缺乏客观认知，研究视角脱离实际，存在一定的局限性等问题。

近年来，一些研究开始注意到并不是所有的稀有金属品种都适合纳入期货市场交易体系。张占斌（2014）提出交易所选取上市交易品种应遵循以下四个原则：一是资源的储量、产量或出口量居世界第一位，销售渠道以出口为主；二是资源用途广泛，总储量少，亟须保护；三是资源性产品的价格形成机制不透明，缺乏价格发现机制；四是品种需求方多为国外企业，形成买方垄断，资源性产品价格受需求企业压制，如铟、锗、钨。针对不同的优势稀有金属品种，要区别对待其在期货市场上的发展潜力，从而判断是否适合进入期货市场。

(四) 体制机制不完善，政策措施不到位

中国稀有金属产业发展中出现资源优势与定价权缺失共存的现象，其重要原因在于对优势稀有金属的开采、冶炼、生产缺乏统一的行业管理。稀土企业、稀土行业以及国家宏观管理体制和政策方面都存在问题（李文龙，2011）。中国优势金属矿产资源勘查、开发、利用和保护过程中所出现的问题是多方面、多层次的。既有上游勘查开发领域的问题，也有中游生产领域的问题，还有下游领域的问题（叶卉等，2009）。

以稀土为典型代表的中国优势稀有金属资源出口定价权缺失的一个重要原因是供给产能严重过剩，而资源开采的生态补偿和税收制度不合理则是产能过剩的直接诱因。就这一角度而言，税费结构不合理和生态补偿不足成为造成稀有金属定价能力偏弱的主要因素之一。长期以来，稀土等稀有金属资源税费制度设计不够科学，多年实行对原矿从量计征的税费制度，容易造成"采大弃小、采富弃贫"的问题，资源补偿费费率较低且未与企业业绩挂钩，难以调动企业的积极性（李刚，2012）。资源税存在课税范围狭窄、计税依据不合理、单位税额偏低等一系列问题（王晓真，2014），致使税收工具并未起到有效调节稀有金属供给弹性、影响稀有金属价格制定、保护资源环境的重要作用。尤其是当税率缺乏效率时，价格机制反应不灵敏，只能部分体现资源的级差收入，导致应税资源的市场流通价格不能反映其内在价值，与市场机制的要求背道而驰，在很大程度上制约了定价权的掌控。

另有一些研究将稀有金属行业恶性竞争、价格掌控力弱归因于稀有金属行业管理体制不合理。刘鹏、马明（2010）通过对竞相压价、行业协会和统一收购三种市场模式分别建立模型，进行定量比较与讨论，得出了厂商之间产品的相似度大时，行业协会可以定高价的结论。实际上，正是由于中国稀有资源的出口企业众多，行业管理和竞争秩序较为混乱，所以导致企业间为了获得外贸订单而不断压低稀有矿产品的价格（郭冬梅，2012）。李华（2011）指出，在市场经济中，行业协会往往担任"二政府"的角色，对加强企业自律、弥补市场失灵等能发挥较好作用。① 同时，在复杂多变的国际贸易中，有效的市场信息是企业科学决策的重要依据，有助于减少企业决策中的盲目行为。从政府层面来看，官方公布的产业信息仅限于稀土产量、进出口量等基本信息，无法支撑起日益复杂的行业格局及产业转型发展需要，加之国内行业协会发展普遍滞后、信息平台不完善，难以将资源优势转化为定价权，导致中国在国际市场博弈中进一步丧失主动权（吴巧生、孙琦，2015）。

第三节 政策研究及主要观点

针对中国稀有金属定价能力不足等问题，相关研究提出了一系列有参考价值的政策建议。其中，徐毅鸣（2012）强调要从根本上认识到稀有金属的战略重要性，构建具有前瞻性的动态化战略储备制度。姜友林（2008）较早发现中国稀土出口价格严重偏低和定价权丢失的情况，除了企业经营行为非理性的原因之外，更多的是源于中国出口导向政策的泛化和稀土产业政策的失误，对稀土战略价值认识模糊以及产业管理方面的短板和弱项。为此，应加大政府、企业对稀土产业的科研投入，实行国家专营，并进一步理顺中央与地方的关系，建立稀土战略储备体系。张海亮（2014）指出，提升中国稀有金属在国际市场上的话语权和定价权，应从战略高度提高优势稀有金属的国际影响力和调控能力，积极发挥市场资源配置作用，改善供需关系合理引导市场价格。阴秀琦（2013）认为，政府应建立理性投资的长效机制，在开展宏观调控的同时，要充分释放市场机制的作用，依靠市场信号来引导投资，有效发挥市场的矫正和调节功能。另外，要加强对国际和国内市场供需关系及价格变动的研究，在动态监测预判基础上，确定调控的方向、强度、频度，建立灵活的动态调节机制（何贤杰、张福良，2013）。深入理解各个影响因素之间的关系及其对于定价权的意义，建立价格波动监测预警体系，以及时了解价格波动趋势和可能导致价格剧烈波动的风险因素及其影响，采取正确的应对措施，稳定市场并避免价格波动风险，进而为

---

① 这一观点有争议。实际上，正是由于不少行业协会扮演"二政府"的角色，仍承担部分行政职能，制约了其作为中介组织的发育发展，影响协会发挥桥梁纽带作用。

提升国际定价权提供有力的支持（李艺、汪寿阳，2007）。依据定量结果提出的政策建议通常具有较强的实证支持。曾先锋等（2012）对2008—2010年碳酸稀土的理论价格做出核算，并与国内市场价格和出口价格进行比较。其研究发现，碳酸稀土的国内价格严重偏离其理论价格，市场价格长期扭曲。该文指出，出口管制政策是校正稀土市场价格扭曲、弥补稀土资源折耗成本和生态环境外部成本补偿不足的一种手段，从而为中国政府在稀土国际贸易争端中强调出口管制政策是"基于保护资源和环境的考虑，为实现可持续发展"的观点提供了经验支持。同时，作者强调破解稀土生产与出口内外困局的关键是改革稀土资源价格形成机制。因此，按照市场化原则和世界贸易组织规则改革稀土资源定价机制应作为相关政策调整的着力点。

在如何运用税收手段调节稀有金属价格区间的问题上，国内学者基于绿色发展理念，从生态环境修复、资源税及环境税改革等角度提出了不同建议。王晓真（2014）建议将固定费率调整为有幅度的动态税率，使回采率或资源开采后污染的处理情况与资源税的税率水平相结合，制定鼓励回收利用的优惠政策，从而促进保护稀有金属资源，进行有节制的商业开采，在保护环境的同时，将稀有金属价格提高到合理区间。马国霞、王晓君等（2017）通过对国内三大稀土资源生产基地稀土冶炼"三废"产生量进行环境成本核算，厘清中国稀土开发利用过程中外部环境成本、资源价值损耗，提出通过征收稀土环境税、建立稀土价格基准等手段实现资源环境成本内部化，推动稀土市场交易价格理性回升。同时，还应特别注意打击"黑稀土"走私，稳定市场秩序，避免因价格回升引发的采矿投资和走私牟利冲动，进一步加剧稀土卖出"白菜价"现象（余敏丽、章和杰，2017）。朱学红等（2016）利用Lloyd模型模拟改征资源税对钨矿产品出口价格的影响，结果显示，以征收资源税重新确定资源价格，能够更容易被国际市场接受，从而有效规避贸易争端，为提升中国矿产资源国际定价权提供了新思路。

基于产业组织理论的视角，优化行业的组织结构是学者关注的重点政策方向。刘衍、马明（2011）认为，由行业整合形成的大企业将会在很大程度上控制资源，形成对资源的垄断，从而可以实现统一定价。李金泽（2014）提出，要加速组建南北两个集科工贸、产学研为一体的大型国有矿产集团，按照国家战略需要重新规划及组织稀有金属的开采、生产和研发。通过产业结构调整，淘汰生产能力低下，高污染、高能耗的企业，或者由大企业抄底并购，整合一批中小企业，提高产业集中度（阴秀琦，2013）。建立一批资本雄厚，拥有自己核心技术的大型矿业集团（黄小珂，2010），形成类似于欧佩克的模式，进而提升中国在稀有金属国际定价方面的话语权。

为打破中国的定价权困境，除了开展行业整合，刘旭（2014）认为还需要从战略的高度转变国内相关产业的发展方式和产业结构，推动企业技术创新能力提高。这方面的政策思路包括：提升稀有矿产资源综合利用水平，以回采率、选矿回收率和综合利用率等指标构建稀有矿产资源综合利用标准体系，增强关键环节管理能力，抬高行业技术和环保准入门槛（SHEN Lei et al.，2017）；鼓励企业开展科技创新，对企业运用先进技术给予一定的政策倾斜以及税收奖励；调整产业结构，加大高附加值产品的开发和利用（刘振华、王世进，2012）；以资源保障为基础，以高端技术产业、绿色产业、低碳产业为主流，以聚集创新为支撑，以上下游产业链上粗加工到深加工、低附加值到高附加值产业相匹配、相互协调健康发展为根本，调整产业布局，提高产业集中度（吴建业，2011）。此外，吴志军（2011）提出，政府应设立专项资金，建立国家级的专业研发机构，加快培养相关人才。组织科研队伍，发挥产学研合作的优势，加大技术创新投入力度，形成一批拥有自主知识产权、国际领先的技术，扭转中国稀有金属企业普遍的技术水平落后局面（黄小珂，2010）。努力实现产品结构由初级矿产品向自主创新、附加值高的高端产品转变，推动产业从冶炼端为主向整个产业链延伸升级，建立起与国民经济和社会发展重大需求相适应的产业发展机制（王昶等，2014），推高中国稀有金属产品和企业在国际产业链中的层级和地位，从而增强企业的国际竞争力，在国际市场上获得优势地位，掌握话语权。

第四节　近期文献与研究展望

近年来，学者对稀有金属价格形成机制以及国际定价权竞争做出多视角的研究。越来越多的研究成果采取定量分析的方法，运用不同的经济学分析工具，得出的结论对于优化稀有金属产业结构和市场规范，提升中国企业在稀有金属国际市场上的定价能力具有重要的参考价值。从最新的进展看，相关研究在构建更具综合性的研究框架方面进行了积极探索，定量分析也更为系统（朱学红等，2019）。如袁中许（2019）的一项研究，从稀缺性价值和功能特性价值的异质性视角出发，在定价权缺失状态下对价格弹性条件分析基础上，根据异质成本古诺竞争理论和内生增长理论，分别构建不同性质稀土定价权缺失的内因机理模型，并采用1992—2009年稀土代表性产品贸易数据及相关稀土数据，开展动态面板 GMM 估计和面板 RE 检验，论证了中国稀土贸易定价权长期缺失的性质属于"双重性质缺失"：一般稀土定价权缺失是以牺牲资源和环境利益为代价的"绝对丢失"，而特种稀土定价权缺失则是为创造和体现可得性价值的"相对迷失"。导致这种"双重缺失"的原因分别指向稀土行业低集中度的产业组织因素和特种稀土国际专利水平落后的技术能力因素。由此推论出应采取分而治之的措施和战略，对于获取稀土国际定价权具有较为全面的参考价值。还有研究注意到在各方努力下，中国对部分稀有金属定价权的掌控力开始出现积极变化。梁姗姗、杨丹辉（2018）选取稀有金属的典型品种——钨，对其进行时间序列分解，采用 H—P 滤波法分别获得周期成分。结果显示，近年来中国钨的 APT 价格与欧洲自由市场 APT 价格的联动性有所增强。进一步通过 VAR 的实证分析表明，在钨产品的国际贸易中，中国已逐步拥有了一定的定价权。

然而，在肯定相关研究取得积极进展的同时，应该看到，稀有金属的国际定价权问题近几年才被政府和学者所重视。目前，国内对稀有金属定价权研究的高质量经济学文献并不多。其中，关于稀土的研究占相当一大部分，这主要是因为稀土在高科技领域和军工领域应用广泛，国际关注度也比较高，中国稀土资源优势较明显，稀土国际定价权长期缺位的问题及其影响比较集中，也很突出。而其他稀有金属的研究成果不够丰富，反映出目前关于稀有矿产资源的研究深度不够，有价值的研究成果匮乏，与稀有金属的重要战略地位不符。如现有研究对铟、钨等有重要战略价值且中国具有资源优势的稀有金属的文献较少，研究铷等小品种稀有金属的经济学文献几乎没有。这种研究现状势必导致定价权缺失的原因分析及对策建议存在一定的片面性。同时，由于稀有金属开采、加工、交易、储备等环节的资料和数据获取难度大，不少学者对稀有矿产品定价权缺失原因的探讨停留在定性讨论，并未形成综合性的定量研究脉络。这种情况虽有所改善，但总体来看，对稀有矿产品定价权缺失的理论阐释比较薄弱，给出的政策建议针对性和可操作性不足。另有一些研究把现象、问题与导致问题的原因混为一谈，未能找出稀有矿产品定价机制不合理的根源所在。

鉴于上述研究进展情况，未来一段时间内，有必要进一步夯实基于稀有矿产资源特殊性能的定价理论基础，深入开展稀有矿产品定价机制及影响的定量分析，形成定价权理论阐述的完整体系，客观、精准地识别中国优势稀有矿产资源价格波动背后的影响因素以及在全球定价过程中影响力不足的原因，全面探讨优势稀有矿产资源定价机制，有效管理优势稀有矿产资源国际市场价格波动风险，充分预判杠杆因素及其变动趋势，找准国际定价权提升对策的着力点。在此基础上，给出增强中国稀有矿产品国际定价能力、具有针对性和可操作性的政策建议。

同时，通过对最新文献的学习还可以发现，随着新一轮科技革命和产业革命推动全球产业朝着智能化、绿色化方向转型升级，新技术新产业对以稀土为代表的稀有矿产需求增加，这些被发达国家归于关键矿产的稀有矿产资源在新材料、航空航天、新一代信息技术、新能源、新能源汽车、节能环保等领域应用日益广泛，已成为新兴产业和国防工业的重要原材料。学者深度挖掘稀有矿产资源在高技术产业、先进制造、可再生能源等重点领域的应用，并提出面向新工业革命关键矿产高质量开发利用的保障策略（王昶等，2017；何朋蔚等，2018；柴松、葛建平，2019）。中国科学院城市环境研究所、清华大学、中国地质大学的联合研究构建了金属（稀土）—能源耦合模型，设立了不同情景，对中国能源系统转型及交通电气化所需的稀土资源量做出量化测算，并就不同资源循环策略对稀土资源全生命周期循环的影响进行对比探讨，该文的政策建议强调对稀土资源和能源系统转型实行协同管理（Peng Wang et al.，2019；Xiaoyang Li et al.，2019）。

在全球格局演进方面，发达国家高度重视关键矿产在智能硬件等先进制造部门的应用，相继制定实施"关键原材料战略"，引发这一领域日趋激烈的国际竞争（Gulley，2018），这方面国内外的最新研究成果频出（杨丹辉，2018）。其中，供应风险是发达国家评估矿产资源关键性的重要维度，矿产资源安全的内涵及其评估体系不断扩展，不仅涉及经济安全，而且涵盖环境影响、社会安全和国际安全（龙如银、杨家慧，2018）。在国家层面对矿产资源的供应风险进行评价，既要考虑由地质性、技术性及经济性因素共同决定的资源供应潜力，又要分析矿产品生产国的社会发展水平、矿业监管政策及地缘政治等影响资源开发和供应能力的因素（Graedel and Nassar，2013；李鹏飞等，2014；McCullough and Nassar，2017）。在中美经贸摩擦下，美国稀土等关键矿产的供应风险除了缺少替代技术和循环利用不足之外，显然更多地来自过高的供给集中度，特别是对中国进口的较高依赖（He，2018）。针对美国调整关键矿产清单、强化供给保障的做法，国内学者（王登红，2019）对中国关键矿产的矿种厘定、资源属性及找矿主攻方向展开讨论，进一步提出将9种稀有金属、17种稀土金属、8种稀散金属、6种稀贵金属、3种稀有气体矿产、12种关键黑色和有色金属矿产和8种非金属矿产及铀作为中国的关键矿产，并强调这41个矿种（组）基本上与美国35个矿种（组）的关键矿产做到了相互对应。吴巧生、薛双娇（2019）指出，关键矿产在中美竞争格局演变中所扮演的角色对两国经济的影响越来越突出。这篇文献通过分析全球钴资源的供给安全形势，得出了唯有中美两个大国开展资源合作，共同推进全球资源安全与平衡，才有可能实现各自安全目标的研究结论。这一较为客观的判断对未来中美两国在关键矿产领域的竞争中寻求协整性策略安排做出了有益探索。张所续等（2019）则追踪美国关键矿产战略调整的最新动态，特别强调美国重新审视资源保障与环境保护之间的关系，加紧推动从关键矿产勘查到开发利用的重大政策调整，以缓解中美经贸摩擦对美国关键矿产供给带来的压力。

上述成果和研究方向有助于更加全面地认识稀土等中国优势关键矿产在新一轮科技革命和产业变革中的战略价值，扩展了研究视角，从而为对稀有矿产资源开展全面、规范的学术研究提供了有力支撑。

第三章 稀有矿产资源在战略性新兴产业中的应用

绝大多数稀有矿产资源在很多工业领域都有极为广泛的应用，而且随着应用技术的创新发展，稀有矿产资源的应用领域在不断扩展。由于新材料不但会用于节能环保产业等战略性新兴产业，而且会更多用于满足工业转型升级的新型装备和材料需求，所以，本章仅对稀有矿产资源在七大战略性新兴产业中的重要应用做出分析和总结。

需要强调的是，对于各种应用的重要性，本章在分析相关技术文献的基础上，根据以下两个标准进行衡量：一是消费量占比标准。目前，稀有矿产消费占比较高的用途，以及现阶段消费占比不高，但增幅明显，并且以其制造的产品具有广阔前景的用途，均列入重要应用。① 二是可替代性标准，对于那些当前及可预见的未来消费占比不高的用途，但如果其对实现战略性新兴产业主要产品和关键设备的主要性能具有很强的不可替代性，也将该用途视为重要应用。②

---

① 以钼为例，在战略性新兴产业中，目前消费量占比较高的是高端装备制造产业中用到的各类钼合金，以及包括在新材料产业中的新型石油化工催化剂，两者的消费占比之和超过85%。用作液晶显示面板和太阳能光伏电池组件的溅射材料的高纯钼粉，在全球钼消费量中的占比虽然不高，但由于增速很快，而且液晶显示面板和太阳能光伏电池具有非常广阔的增长空间，因此同样把这一用途作为钼的重要应用。

② 再以钨为例，制造医用CT机的X线管侧准直器和探测器侧准直器需要用到高精度钨器件，其消耗的钨尽管在全球钨消耗量中的占比很低，但目前尚无更经济适用的材料能够替代，所以也将此用途视为钨的重要应用。

第一节　节能环保产业

节能环保产业是稀有矿产资源重要的应用领域之一。随着环境形势日益严峻、环保法律法规逐步规范，加之公众环保意识不断提高，节能环保产业快速发展，并且在供给侧结构性改革"补短板"的过程中，展现出巨大的市场潜力。通过识别各种稀有金属的性能及其应用方向，在节能环保产业中有重要应用的稀有矿产资源主要包括稀有高熔点金属钒、钛、钨、钼，稀散金属镓，稀有贵金属铂、铑、钯，以及稀土金属钇、镧、铈、钕、钐、铕、钆、铽、镝、铥等。这些金属是生产高效节能电机、高效节能电器、高效照明产品、环保催化剂、海水淡化换热装置的关键部件等节能环保产品所必需的关键原材料（见表3-1）。

表3-1　稀有矿产资源在节能环保产业的重要应用

稀有矿产资源类别	矿产资源品种	在节能环保产业的重要应用领域
稀有高熔点金属	钒	选择性催化还原（SCR）脱硝催化剂
	钛	SCR脱硝催化剂、铝钛多功能复合型硫磺回收催化剂、海水淡化换热装置
	钨、钼	SCR脱硝催化剂、高亮度发光二极管（LED）热控材料
稀散金属	镓	高亮度蓝色LED外延片
稀有贵金属	铂、铑、钯	汽车尾气净化催化剂
稀土金属	钇、镧、铈、钕、钐、铕、钆、铽、镝、铥	稀土永磁电机、磁制冷机材料、高效照明产品的发光材料、环保催化剂

资料来源：根据相关技术文献整理。

一　稀有高熔点金属

稀有高熔点金属主要考察钒、钛、钨、钼等金属。其中，钒和钛在制备环保催化剂和海水淡化换热装置的关键部件上都有重要应用。在催化剂方面，钒钛系催化剂是目前应用最广泛的产品，对燃煤电厂的烟气脱硝具有较高效率。另外，钛也是制备铝钛多功能复合型硫磺回收催化剂的必备材料（吕钢等，2010）。在海水淡化领域，其换热装置中的板式换热器、热交换器板片要有特殊的抗应力腐蚀能力，钛制设备在这方面仍有难以替代的优势（李明利等，2011）。

钨和钼的化合物三氧化钨（WO_3）与三氧化钼（MoO_3）是钒钛系选择性催化还原（SCR）脱硝催化剂的重要组分。其中，三氧化钨的主要作用是增强催化剂的活性和热稳定性，三氧化钼除了提高催化剂的活性之外，还能防止烟气中的砷（As）导致催化剂中毒（姜恒，2012）。此外，在高效率照明产品及系统的基础性产品——高亮度发光二极管（LED）制造中，钼铜复合材料以其优异的热性能和电性能而成为其热控材料最主要的选择（张惠，2013）。

二 稀散金属

稀散金属镓是十分特殊且重要的稀有矿产。镓在光电子领域有着广泛的应用，此用途的消耗量占比超过40%。砷化镓（GaAs）、氮化镓（GaN）等镓化合物具有禁带宽度大、电子迁移率高等优良的技术特征，可以直接用于制作光电子器件。值得关注的是，随着高效率照明产品及系统的进一步推广，作为制作高亮度蓝色LED的必备材料，氮化镓等镓化合物的需求量会持续增加（翟秀静、周亚光，2009），这也预示着镓在战略性新兴产业中的应用将呈现扩张态势。

三 稀有贵金属

稀有贵金属中的铂、铑、钯等金属的重要性除了体现在"贵"之外，近年来也开发出越来越多的工业用途。其中，汽车尾气净化催化剂是铂族金属最主要的应用领域。2010年，铂、钯、铑的全球消费量分别为245.1吨、299.37吨、27.15吨，用于汽车尾气净化催化剂的比重分别为40%、57%、83%。[①]

虽然汽车尾气净化领域的铜金属选择性催化还原（SCR）催化剂开

[①] 数据取自Polinares（2012），"Fact Sheet：Platinum Group Metals"，*Polinares Working Paper* No. 35。

始进入产业化阶段，未来有可能对稀贵金属形成一定的替代，但铂—铑—钯（Pt - Rh - Pd）三效催化剂，以及添加了稀土氧化物的钯基三效催化剂仍然在市场上占据绝对主导地位（康新婷等，2006；刘艳伟等，2009）。

四 稀土金属

在各类稀有矿产资源中，稀土的用途无疑是最受关注的，而且也是应用潜力最大的稀有矿产之一，全球稀土高端应用主要使用的是稀土功能材料。其中，稀土在节能环保产业中应用非常广泛。高效节能电机、高效节能电器、高效照明产品、环保催化剂等重要节能环保产品的生产都离不开稀土材料。

钕等稀土金属则是制备永磁电机所必需的关键材料。永磁电机是在普通电机的转子导条内侧镶入稀土永磁磁钢作为磁极，由永磁体提供的磁通替代励磁绕组励磁。因此，使用了稀土永磁材料的电机，其转子和定子无须外加励磁电源，消除了励磁损耗，大幅减少了无功电流，显著提高了功率因数与效率。即使与高效异步电机相比，稀土永磁电机的节能效果也更加明显（李绿山、张博利，2013）。目前，在所有稀土功能材料中，稀土永磁材料生产规模最大，产量增长最快，2018年永磁材料在稀土各类应用中占比接近40%，且这一比值仍在上升。日本是较早生产稀土永磁电机的国家，由于稀土原料供应不稳定，近些年日本大力开发减量使用稀土的永磁电机。即便如此，在高端数控机床、微动力驱动器、智能机器人、静音推动系统等高技术领域，轻量便捷的稀土永磁电机仍是优选产品。发展稀土永磁电机产业，符合节能降耗、低碳转型、绿色发展的政策导向。除了具备发展的资源条件，中国电机产能巨大，国内稀土永磁电机的技术路线与国外高效电机相比更为简单，竞争优势更突出。总体来看，中国稀土永磁电机已达到或超过发达国家高效电机水平，部分稀土永磁电机效能甚至超过美国的超高效电机。稀土永磁电机平均节电率达到10%以上，专用稀土永磁电机的节电率可达15%—20%。

磁制冷是借助磁致冷材料的磁热效应达到制冷目的的新兴技术，在低温和近室温领域，例如空调、冰箱、超市冷冻系统等高效节能电器中，磁制冷都有广阔的应用前景。稀土金属钆凭借其大的原子磁矩和良好的可加工性能，目前已成为室温磁制冷机中应用最广泛的材料（唐永柏等，2009）。而以稀土离子作为激活剂或基质组分制成的稀土荧光粉则是重要的发光材料，它与氮化铟镓（InGaN）基 LED 组成的白光固体照明光源具有节能、寿命长、体积小、无汞污染等突出优点，是应用前景广泛的高效照明产品（李晓丽、张忠义，2008）。

稀土材料用于催化剂可以发挥增强催化剂的储氧能力，提高活性金属的分散度，改善活性金属颗粒界面的催化活性，降低贵金属用量等重要作用，从而使催化剂的性能得到显著提升。目前，对汽车尾气以及工业源排放的有毒有害气体进行净化的环保催化剂，基本上都需要添加稀土材料，以改善其催化效果。例如，在汽车尾气净化领域应用最广泛的铂—铑—钯（Pt-Rh-Pd）三效催化剂中添加铈锆氧化物（CZO）固溶体之后，CZO 可以起到增强催化剂的储放氧能力，扩大操作窗口，改善高比表面涂层的热稳定性，提高贵金属组分的分散度、抗中毒和耐久性等作用。而在工业源有毒有害气体净化中，加入稀土氧化物—氧化铈（CeO_2）的催化剂可以促使二氧化硫（SO_2）形成三氧化硫（SO_3），然后经还原反应转化为单质硫，产生较好的脱硫效果。因此，氧化铈在流化催化裂化装置（FCCU）的催化氧化脱硫中得到了广泛应用（郭云、卢冠忠，2007）。

第二节　新一代信息技术产业

新一代信息技术正在加速改变生产方式、商业模式以及人们的生活方式，是现代产业体系的重要支柱。锂、铍、铷、铯等稀有轻金属，钛、铪、钽、铌、钨、钼等稀有高熔点金属，镓、铟、铊、锗、硒、碲等稀散金属，钌、钯等稀有贵金属，钕、铈、镱、铒、铽等稀土金属，以及稀有非金属石墨，在新一代信息技术产业中均有十分重要的应用，已经成为生产集成电路、光纤、锂离子蓄电池、光电池、光电管、新型晶体管、电容器、电子器件接触器、DVD 光驱和刻录机、液晶面板溅射靶材等重要电子信息产品或元器件的关键原材料，对整个行业的发展发挥着难以替代的支撑作用（见表 3-2）。

表3-2　稀有矿产资源在新一代信息技术产业的重要应用

稀有矿产资源类别	矿产资源品种	在新一代信息技术产业的重要应用领域
稀有轻金属	锂	锂离子蓄电池
	铍	计算机、光纤通信设备、集成电路板与印刷电路板等电子器件的接触器
	铷、铯	光电池、光电发射管、电视摄像管和光电倍增管
稀有高熔点金属	钛	计算机外壳、计算机硬盘盘片、DVD光驱和刻录机
	铪	新型晶体管材料
	钽、铌	电容器、阴极溅射涂层、高真空吸气泵活性材料
	钨	电子封装和热沉材料、半导体离子注入机离子源系统的约束屏蔽材料
	钼	液晶面板溅射靶材
稀散金属	镓	新型半导体材料
	铟	新型显示器用铟锡氧化物（ITO）
	铊、锗	光纤
	硒、碲	半导体材料硒化锡（SnSe）和碲化铋（Bi_2Te_3）
稀有贵金属	钌	超级电容器的电极材料
	钯	半导体器件的电触材料和电子浆料
稀土金属	钕、铈、镝、铒、铥	磁盘驱动器、新型显示设备发光材料、面板玻璃抗暗剂、集成电路抛光磨料、光纤
稀有非金属	石墨	半导体材料

资料来源：根据相关技术文献整理。

一　稀有轻金属

新一代移动终端设备的技术和产品演进趋势是在更加便携、小巧的同时，其应用功能不断增加，这无疑对电池的续航能力提出了更高的要求。锂离子蓄电池凭借工作电压高、体积小、质量轻、能量高、无记忆效应、循环寿命长等优势，成为新一代移动终端的首选电池技术路线（纪志永等，2013）。

铍与铜经固溶和时效热处理后形成的铍铜合金（含铍量0.2%—2.0%），具有高强度、高导电、高弹性、高硬度、高灵敏度、高工作温度、耐疲劳、耐腐蚀、非发火性、非磁性等优越性能，从而保证了铍铜元件性能的可靠性和长寿命。智能手机、笔记本等日趋高精化的发展方向则是电子元件微型化的重要驱动力，技术和产品升级要求使用更小、更轻、更耐久的电子元件。随着新一代信息技术的不断成熟和普及应用，用于计算机、光纤通信设备、集成电路板、印刷电路板等电子器件的接触器的铍铜需求量持续增加（潘奇汉，2004；刘若曦，2012）。

铷和铯能够在极其微弱的光照作用下放出电子，这种独特的光电性质使其在光电领域有重要的用途。例如，锑化铷、碲化铷、铷铯锑合金等铷化合物和合金是制造光电池、光电发射管、电视摄像管和光电倍增管的关键材料，也是生产红外设备的必需材料。利用这些光电管、光电池可以实现一系列自动控制（牛慧贤，2006）。这些性能和用途决定了铷和铯及其化合物在新一代信息技术产业原材料开发制备中的重要地位。

二 稀有高熔点金属

由于钛具有质量轻、无技术过敏性、可循环利用等优良特性，因此其在新一代信息技术产业中的应用日益增多。目前，钛在计算机等电子信息产品中的用途主要有三方面：一是用钛基复合材料作计算机外壳，这不但能提高机壳的强度和抗震性能，而且可以使电脑变得更薄、更轻；二是用钛合金替代铝合金和玻璃作计算机硬盘盘片，既能降低盘片厚度，提高存储密度和转速，还使盘片具备了损坏容许极限高、表面硬度高等特点；三是钛制零件用于 DVD 光驱和 DVD 刻录机制造，能够明显提高机器的耐磨性和精确度，并能延长产品和设备使用寿命（郭建军、何瑜，2010）。

铪基电路等新型晶体管材料的主要功效在于大幅降低晶体管闸极电介质的漏电量，从而有效提升晶体管密度，进而可以在保持处理器体积不变的条件下增加晶体管总数，或者在保持晶体管总数不变的前提下缩小处理器体积。因此，随着新一代信息技术产业对更加快速、节能环保的处理器的需求不断增长，铪基电路等新型晶体管材料会变得越来越重要（Wu et al.，2008）。

新一代信息技术产业同样是钽铌产品最重要的应用领域。首先，钽、铌是制作电容器的关键材料,作为综合性能最好的电容器,目前有60%左右的钽都进入此项用途。其次,钽铌靶材可用于阴极溅射涂层、高真空吸气泵活性材料等领域,在液晶平板显示器等新型显示器件,以及半导体生产用溅射设备等电子专用仪器设备中都有关键应用。最后,钽铌化合物晶体及薄膜材料是制造热释电红外传感器的重要材料,有可能使其应用范围扩展到新兴的物联网设备制造领域(李彬等,2006)。

长期以来,电子信息产业都是钨钼产品的重要应用方向,这一领域钨的消耗量仅次于冶金和机械制造行业。在新一代信息技术产业发展过程中,随着电子器件的大功率化和大规模集成电路不断升级,这些产品和零部件对钨铜复合材料、钨器件、大型高纯钼靶材等新材料需求会持续增加。钨铜复合材料既展现出很高的耐热性和良好的导热导电性;同时又具有与硅片、砷化镓及陶瓷材料相匹配的热膨胀系数,因此,作为电子元器件的嵌块、连接件和散热元件得到了广泛应用,已成为新的主要电子封装和热沉材料(冯威等,2011)。将厚度较高的钨板经过精密加工制备的钨器件是半导体离子注入机的离子源系统的关键部件,能够起到约束、屏蔽电离射线的作用(邓自南、赵娟,2008)。而液晶显示技术的发展带动了液晶电视面板的大型化,这也将拉动大型高纯钼靶材的需求持续增长(李晓敏,2010)。

三 稀散金属

新一代信息技术产业是稀散金属最重要的应用领域,所有稀散金属都在其中发挥着关键作用,而半导体行业则是镓最大的消费领域,约占总消费量的80%。①①作为第三代半导体材料,氮化镓可耐受极度高温,以其制备的晶体管在频率和功率特性方面显著优于硅、碳化硅、砷化镓等半导体材料。因此,氮化镓可以说是新一代信息技术产业中最重要的半导体材料。②铟的主要用途是制备铟锡氧化物(ITO),全球铟消费的70%都用来生产ITO靶材②,而ITO又主要用在液晶面板显示器,所以铟是制造新型显示器件的重要材料。③电子信息产业也是铊产

---

① 数据取自 Polinares,"Fact Sheet:Indium",*Polinares Working Paper* No.39,2012。
② http://baike.asianmetal.cn/metal/ga/application.shtml。

品最主要的应用领域,其中由溴化铊和碘化铊制成的光纤对二氧化碳(CO_2)激光的透过率比石英光纤要好许多,非常适合远距离、无中断和多路通讯,因此有望取代石英系光纤成为下一代长距离通信光纤。④锗在光通信系统中作为光导纤维中的添加剂,可提高折射率,减少光纤的色散和传输损耗,目前全球约30%的锗用于光纤制造领域[1],因此也是新一代信息技术产业发展所必需的材料。⑤硒化砷(SnSe)的禁带宽度约为0.9eV,具有优异的电学、光学性质,是一种重要的半导体材料,广泛应用于红外光电仪器、记忆切换开关和全息图的固相介质等。⑥碲化铋(Bi_2Te_3)及其固溶体合金是研究开发最早也是最为成熟的热电材料之一,Bi_2Te_3具有较好的导电性,并且可以允许电子在室温条件下无能耗地在其表面运动,因而能够大幅提高计算机芯片的运行速度和工作效率(翟秀静、周亚光,2009)。

四 稀有贵金属

在铂族金属中,钌和钯在新一代信息技术产业中有重要应用。2010年,全球钌消费总量为32.01吨,其中有73%用于电子信息产业,同时还有15%的钯也应用于这一领域。[2] 随着电子信息产业的不断发展,超级电容器的应用范围越来越广,因此开发高比容的电极材料显得非常重要。由于无定型二氧化钌(RuO_2)的比电容高达750F/g,目前是制作超级电容器的最佳选择。钯复合材料则因其具有物理化学稳定性高、电导率和热导率高以及特有的电学、磁学性能,成为制备集成电路等半导体器件的关键电触材料和电子浆料(刘艳伟等,2009)。

五 稀土金属

稀土在新一代信息技术产业中有广泛的应用。生产计算机驱动器、显示器、光导纤维、集成电路材料等电子信息产品都需要用到稀土永磁材料、稀土发光材料、稀土抛光粉(液)、稀土光导纤维、稀土电子陶

---

[1] 数据取自 UKERC,"Germanium Fact Sheet",*UK Energy Research Centre Materials Handbook*,2012。

[2] 数据取自 Polinares,"Fact Sheet:Platinum Group Metals",*Polinares Working Paper No. 35*,2012。

瓷材料等稀土材料。

稀土永磁材料的磁性能优异，因而使电子信息设备在不断提高性能的同时，还能实现设备的轻薄化、小型化。新一代信息终端设备的发展，带动磁盘驱动器朝着大容量化、高速数据传输和更小体积的方向持续推进，因此用于计算机和服务器的硬、软磁盘和光盘，打印头的驱动器的钕铁硼永磁材料会不断增加。同时，新一代信息终端设备对显示屏的要求也越来越高，作为液晶面板显示器等新型显示设备发光材料的稀土发光粉（氧化钇、氧化钆、氧化铕等），以及作为面板玻璃抗暗剂的稀土抛光粉（氧化铈等）的需求量会持续提高（肖方明、曹福康，2004）。

由于氧化铈磨料具有强化能力强、比硅片软、抛光速率快、晶形和活性好、不污染抛光环境等优良性能，近年来它已成为配制抛光液的最重要抛光磨料，用于化学机械抛光（CMP）。而 CMP 又是目前唯一能够提供超大规模集成电路制造过程中全局平坦化的技术，因此氧化铈在集成电路材料领域占有重要地位（梅燕，2006）。在玻璃光纤中掺入镱、铒、铥等稀土金属，能够有效放大光信号，从而使大容量、长距离通信成本变得更加低廉。目前，掺入稀土的光纤已在局域网光缆、电话光缆和电子数据光缆中替代传统的金属丝电缆。随着信息网络基础设施的不断优化，光纤用稀土材料的市场前景也会更加广阔。另外，新一代信息技术产业中广泛使用的高性能敏感元器件、新型晶体器件等许多新型元器件都需要用到稀土电子陶瓷材料（张宏江，2003）。

六 稀有非金属

历史地看，新工业革命必然伴随着材料的革命，而碳材作为新工业革命基础材料的角色得到了越来越多的重视，石墨在新型高端碳材制备中的作用则引起了广泛关注。在石墨的深度开发中，石墨烯是被寄予最多期待的新型优质材料，被誉为碳时代的"黑金"。

采用多种方法将石墨制成石墨烯之后，石墨烯及其衍生物在新一代信息技术产业中有极为广泛的应用。室温下石墨烯的载流子迁移率是普通硅片的 10 倍，受温度和掺杂效应的影响很小，表现出室温亚微米尺度的弹道传输特性。这是石墨烯作为纳米电子器件最突出的优势。超高频率的操作响应特性是石墨烯基电子器件的另一显著优势。同时,石墨烯的电子迁移率和空穴迁移率两者几乎相等,因此其"N"形场效应晶体管和"P"形场效应晶体管是对称的。另外,石墨烯还具有零禁带特性,即使在室温下载流子在石墨烯中的平均自由程和相干长度也可为微米级。这些优异特性使石墨烯器件制成的计算机的运行速度是目前常见计算机运行速度的1000倍,所以石墨烯是一种极具应用前景的半导体材料(梁爽等,2013)。

第三节 生物产业

随着生物医药和生物工程技术的不断发展,许多以稀有矿产品为原料制成的新型材料在生物产业中发挥着越来越重要的作用。其中,锂、铷、铯等稀有轻金属,钛、钽、铌、钨、钼、铼等稀有高熔点金属,铂、钌、钯等稀有贵金属,铈、镧、钕、钆等稀土金属,以及稀有非金属材料石墨,是制备抗癌药、催眠剂、镇静剂等新型长效药物与人工关节、人工心脏瓣膜、介入性心血管支架等医用内植入产品的关键原材料(见表3-3)。

一 稀有轻金属

在医药领域,锂化合物有比较广泛而重要的应用。例如,碳酸锂既可用于生产催眠剂、镇静剂及抵抗去氧核糖核酸(DNA)病毒的药物,还可有效治疗疱疹,作为癌症化疗的附属药品也很有效;二价水合物或四价水合物形态的柠檬酸锂盐或高纯碳酸锂可用于生产治疗精神疾病的药物;丁基锂可用作生产维生素的催化剂(纪志永等,2013)。

由于铷和铯具有优良的光电特性、导电性、导热性及强烈的化学特性,因此这类金属在医药领域的应用前景广阔。例如,使用了铷铯化合物或合金的光电发射管安装在电子探测和激活装置之后,此类电子探测和激活装置在宽辐射光谱范围内仍具有高灵敏度,可以用于医学影像设备。此外,铷的氯化物还可作为密度梯度介质用于超速离心机,以分离过滤病毒、核糖核酸和其他大分子物质;一些铷盐可以作为镇静剂、使用含砷药物后的抗休克制剂和用于癫痫病治疗等(牛慧贤,2006)。

表3-3　　稀有矿产资源在生物产业的重要应用

稀有矿产资源类别	矿产资源品种	在生物产业的重要应用领域
稀有轻金属	锂	催眠剂、镇静剂、抵抗DNA病毒的药物、治疗精神类疾病的药物、化疗的附属药品
	铷、铯	医学影像设备的电子探测和激活装置、超速离心机的密度梯度介质、镇静剂、抗休克剂
稀有高熔点金属	钛	人工关节、骨创伤产品、脊柱矫形内固定系统、牙种植体、牙托、人工心脏瓣膜、介入性心血管支架等医用内植物产品
	钽、铌	骨科重建手术的假体成分、骨移植替代物、磁共振成像仪的超导材料
	钨	医用CT机的X线管侧准直器和探测器侧准直器
	钼、铼	医用支架、导线和医用设备
稀有贵金属	铂、钌、钯	顺铂、奈达铂、草酸铂、乐铂、奥沙利铂等抗癌药，血液检查仪器器件和净化材料
稀土金属	铈、镧、钕、钆	深度烧伤治疗药、晚期肾衰竭高磷酸血症治疗药、核磁共振成像仪的谱仪、造影试剂
稀有非金属	石墨	药物载体、生物检测仪器中的生物装置或生物传感器、细胞成像和靶向成像

资料来源：根据相关技术文献整理。

二　稀有高熔点金属

稀有高熔点金属在生物产业特别是高端医疗产品和设备中具有越来越重要的应用，相关领域对钛、钨、钼等金属的需求量不断增长，也是全球稀有矿产资源最为引人注目的应用方向之一。其中，钛合金材料由于具有比重小、比强度高、弹性模量低、耐腐蚀以及优良的生物相容性和加工成型性，目前已经成为人工关节（髋、膝、肩、踝、肘、腕、指关节等）、骨创伤产品（髓内钉、钢板、螺钉等）、脊柱矫形内固定系统、牙种植体、牙托、牙矫形丝、人工心脏瓣膜、介入性心血管支架等医用内植物产品的首选材料（于振涛等，2010）。

生物医学工程产业目前已经成为钽、铌产品重要的新兴应用领域。多孔钽材料具有高容积孔隙率、低弹性模量、高摩擦系数、组织内生性及软骨传导性等特性，因此可应用于需要稳定力学支撑的骨科临床，在髋膝关节置换术、脊柱融合术等重建手术中用作假体成分，或用作骨移植替代物填补骨缺损（郭敏、郑玉峰，2013）。铌是一种重要的超导电性元素，所以，铌基化合物特别是铌钛复合材料是生产磁共振成像仪等医学影像设备的重要材料（李彬等，2006）。

钨钼铼产品在医用器械和医用内植物等领域的应用同样值得关注。钨具有优良的抗射线穿透能力，因此，以厚度较薄的高精度钨片经过慢走丝线切割成为直接装机的高精度钨器件是医用 CT 机的 X 线管侧准直器和探测器侧准直器所必需的器件（邓自南、赵娟，2008）。此外，由于钼铼合金和三元钼铼合金具有高熔点、高弹性模量、高硬度、高耐蚀、高 X 射线不透性等优异特征，在医用支架、导线和医用设备等领域有良好的应用前景（张文钲、刘燕，2012）。

三　稀有贵金属

铂族金属配合物是目前肿瘤及癌症治疗中应用最广、疗效最好的一类药物。其中，铂配合物能引起靶细胞 DNA 的交叉联结，阻碍 DNA 合成，同时妨碍 DNA 复制，从而抑制肿瘤细胞的生长。20 世纪 70 年代以来，已有顺铂、卡铂、奈达铂、草酸铂、宋铂、乐铂、奥沙利铂等抗癌药先后进入临床应用，在肺癌、食道癌、膀胱癌等癌症治疗上取得了显著疗效（陆晓晶，2010）。铂类金属中的其他金属配合物同样也有抗肿瘤的作用。例如，钌配合物毒性低，易于被肿瘤组织吸收，很可能会成为最有前景的抗癌药物之一（胡文玉等，2006）。此外，镀铂的钛阳极可用于血液的净化；铂、银/氯化银、金、过氯酸钌，钯/氧化钯等组成的微电极，可以直接插入人体动脉，测定血液中的葡萄糖、氧、一氧化碳的浓度，以及 pH 值、血液流动、温度变化等情况，以便对病人进行即时诊断（刘艳伟等，2009）。

四　稀土金属

稀土及其配合物既有较高的生物安全性，又有一系列特殊的药理作用，在生物医药、生物医学工程等领域有重要应用。在生物医药领域，硝酸铈—磺胺嘧啶银是治疗深度烧伤的合理药物，而碳酸镧则是目前治疗晚期肾衰竭高磷酸血症最有效和低副作用的药物。另外，已进入Ⅲ期临床试验的钆配合物［Gd（Ⅲ）-texaphyin］很有可能成为重要的抗癌候选药物（杨晓改等，2007）。在生物医学工程领域，钕铁硼永磁体是制造核磁共振成像仪（MRI）的核心部件——谱仪的重要材料（肖方明、曹福康，2004）；由于稀土金属钆有较多的未成对电子和较长的电子自旋弛豫时间，因此利用钆试剂，可以在核磁共振成像谱图上分辨出正常的和非正常的器官。目前已经有4种钆配合物作为造影试剂应用于临床（杨华，2007）。

五 稀有非金属

近年来，石墨烯及其衍生物在生物元件、微生物检测、疾病诊断和药物运输系统等生物医学领域的应用研究取得积极进展。从现有研究看，首先，基于石墨烯的药物载体由于其超高的载药量、靶向输送、药物的可控释放以及良好的生物安全性，有望在临床上实现实际应用。其次，以石墨烯为基底的生物装置或生物传感器可以用于细菌分析、DNA和蛋白质监测，而且与碳纳米管相比，石墨烯制备成本很低，易于大规模市场化，有望用于生物检测。最后，用聚乙二醇（PEG）连接荧光材料和纳米氧化石墨烯（NGO）可以防止NGO导致染料的荧光淬灭，有效提高NGO的生物相容性和稳定性，增强细胞对材料的吸收，因而可将其用于细胞成像和靶向成像（沈贺等，2011）。

第四节 高端装备制造业

高端装备制造业对其使用的各类金属及合金材料的性能要求更加严格。许多稀有金属及其合金材料由于具有一些特殊性能，因此在高端装备制造业中有不可替代的重要用途。其中，锂、铍、铷、铯等稀有轻金属主要用于制造飞机机身结构材料，飞机的轴承、轴瓦等传动部件，飞机的起落架等耐磨面部件，海上油气钻井设备中的钻探取样部件，精密磁测量仪器耐压外壳，卫星及应用产业的原子频标等重要部件或产品；钒、钛、钽、铌、钨、钼、铼等稀有高熔点金属主要用于制造航空发动机的燃烧室、燃烧导管、涡轮泵、喷管阀门，飞机的腹鳍、壁板和板筋，船舶推进系统中的螺旋桨、喷水推进装置、动力装置、燃气轮机叶片和轮盘等；添加了稀土材料的各类合金材料广泛应用于高端装备制造业的各个领域。此外，稀土永磁材料在航空装备和卫星及其应用领域、稀土固体激光材料在智能制造装备领域都有重要应用（见表3-4）。

表3-4　　　　稀有矿产资源在高端装备制造业的重要应用

稀有矿产资源类别	矿产资源品种	在高端装备制造业的重要应用领域
稀有轻金属	锂	飞机机身结构材料
	铍	飞机的轴承、轴瓦、起落架，海上油气钻井设备的无磁性管及钻头卡环、挠性钻探卡环、钻探测量元件、精密磁测量仪器耐压外壳、采矿或碳氢化合物钻探的取样工具等
	铷、铯	卫星发射、导航、无线通信、收发分置雷达、全球定位系统（GPS）等
稀有高熔点金属	钒、钛	超塑成形飞机的腹鳍、壁板和板筋，航空发动机和起落架，船舶的推进系统中的螺旋桨、喷水推进装置、动力装置、燃气轮机叶片和轮盘等
	钽、铌	飞机发动机燃烧室、燃烧导管、涡轮泵、喷管阀门等
	钨、钼、铼	飞机发动机、陀螺仪转子、轨道交通装备、海洋工程平台装备、智能制造装备等
稀土金属	全部17种稀土金属	几乎所有高端装备制造都要使用添加了稀土材料的合金产品，稀土永磁材料广泛用于航空装备、卫星及应用、智能制造装备等领域，稀土固体激光材料用于智能制造装备

资料来源：根据相关技术文献整理。

一　稀有轻金属

铝锂合金是以锂作为重要元素的新型铝合金，是研发最悠久，也是最重要的铝合金系统。铝锂合金的高比强度、高比刚度等优点是其他铝合金难以具有的,而且在实现工业化后,其成本仅为普通铝合金的2—3倍,远低于复合材料。当铝中含锂2%—4%时,可使合金强度提高10%,但单位重量却减少15%—20%。飞机如采用铝锂合金作为主要结构材料,在消耗等量燃料的条件下可提高运输能力20%以上。因此,铝锂合金已成为航空装备产业最具应用优势与发展潜力的材料(纪志永等,2013)。

由于铍铜合金具有高工作温度、非发火性、非磁性等特殊性能,因此在航空装备制造业、海洋工程装备产业中有重要应用。铍铜合金的高强度、低摩擦系数特性非常适用于飞机的轴承、轴瓦和耐磨面部件,最主要用途为飞机的起落架。起落架在飞机起落状态下要承受非常高的应力和产生大量的热,铍铜合金能提高可靠性比率,这在大型飞机中尤为重要。在海洋工程装备产业中,铍铜合金被广泛应用于海上油气钻井设备的无磁性管及钻头卡环、挠性钻探卡环、钻探测量元件、精密磁测量仪器耐压外壳、采矿或碳氢化合物钻探的取样工具等关键部件(董超群、易均平,2005)。

铷和铯辐射能的振荡频率具有长时间的稳定性,其原子频标能够实现低漂移、高稳定性、抗辐射、体积小、重量轻、功耗低等特殊性能,可用作频率和时间的标准,因此在卫星及其应用产业的卫星发射、导航、无线通信、收发分置雷达、全球定位系统(GPS)等领域都有重要应用。例如,气泡铷原子频标目前已成为应用前景最广泛的原子频标,而双泡铷微波激射器等新型高稳定性振荡器能够有效提高GPS的定位精度和系统稳定性(牛慧贤,2006)。

二 稀有高熔点金属

钒和钛及其合金具有强度高、耐腐蚀、耐高温等优良性能,在航空装备产业、海洋工程装备产业中有重要应用。在航空装备领域,大规格钛板主要应用于超塑成形飞机的腹鳍、壁板和板筋等零部件,高温钛合金用于航空发动机和起落架。在海洋工程装备领域,船舶推进系统中的螺旋桨、喷水推进装置、动力装置、燃气轮机叶片和轮盘等关键部件都需要用到钛合金零件、构件、管道等。钒铝合金则是生产钛合金的中间合金,钒在提高钛合金强度的同时还能保持其良好的塑性(李明利等,

2011)。

钽、铌具有熔点高、蒸气压低、冷加工性能好、化学稳定性高、抗液态金属和酸碱腐蚀能力强、表面氧化膜介电常数大等优良性能。基于这些性能，钽铌及其合金是用于制造飞机发动机燃烧室、燃烧导管、涡轮泵、喷管阀门等重要部件的关键材料（李彬等，2006）。

钨、钼及其合金由于其密度高、强度高、耐蚀性强、延性好、韧性好、热膨胀系数小等一系列优异特性而被广泛应用于飞机发动机、陀螺仪转子、轨道交通装备、海洋工程平台装备、智能制造装备等高端装备制造业的各个领域（范景莲等，2009）。铼及其合金在航空装备、卫星及其应用等领域有重要应用。目前，制造主要用于飞机和航天器上的镍基超耐热合金消耗的铼占全球铼消费量的70%左右。特别是含铼3%—6%、低铬、高钴和含钌的单晶超耐热合金，可以显著改善显微结构的稳定性；同时提高其高温蠕变强度，在民用客机和航天器制造中有重要用途（翟秀静、周亚光，2009）。

三　稀土金属

稀土材料在高端装备制造业有极为广泛的应用，几乎所有高端装备都会使用添加了稀土材料的合金产品。除此之外，稀土永磁材料在航空装备和卫星及其应用领域、稀土固体激光材料在智能制造装备领域都有重要应用。由于2∶17型钐钴永磁体具有居里温度高、温度稳定性好、耐腐蚀性强及抗氧化性好等优点，尤其是高温使用特性显著优于钕铁硼永磁材料，因而被用于制造航空航天器的重要部件——导航定位系统。同时，稀土永磁电机是飞机电力作动系统的执行元件，在其飞控系统、环境控制系统、刹车系统、燃油和启动系统等部件上有广泛应用（刘卫国、解恩，2007）。在智能制造装备领域，随着永磁电机设计制造技术及控制技术的发展，钕铁硼永磁伺服电机、同步电机在数控机床、机器人等领域已经获得了大量应用，有力地推动了工业设备的自动化和数字化，加快了机电一体化的进程。此外，由于稀土是激光工作物质中很重要的元素，固体激光材料中大约90%都涉及稀土，而在激光技术已经成为高精度、高难度机械加工主要手段的背景下，稀土固体激光材料的作用也越来越突出（仇晓明，2008）。

第五节　新能源产业

新能源产业对许多稀有矿产资源都有强劲的需求，但其内部不同行业对稀有矿产品的需求有比较明显的差别。其中，锂、铷、铯等稀有轻金属与钒、钛、锆、铪、铌、钼等稀有高熔点金属主要应用在核电设备领域；镓、铟、锗、硒、碲等稀散金属主要用于太阳能电池制造；稀土金属的使用范围相对广泛，包括核电设备、风力发电机和太阳能电池等；稀有非金属石墨既能用作核电设备的密封材料，又能用作太阳能电池的透明导电膜（见表3-5）。

一　稀有轻金属

在稀有轻金属中，铷和铯在新能源产业的核电领域有重要应用。铷和铯具有易离子化的特点，以其为高温流体添加剂制造磁流体发电机的发电材料（导电体），可以获得更高的热效率，同时还具有污染小、启动快等优点。例如，一般核电站的总热效率为29%—32%，而结合磁流体发电可以使核电站总热效率提高到55%—66%。这就使铷和铯在核电技术产业有重要用途（郭宁等，2013）。

近年来，随着磷酸铁锂电池作为储能产品日益成熟，稀有轻金属中的锂迎来了应用规模的急剧扩张，并因此获称"能源金属"，成为全球竞争最激烈的重要稀有金属之一。由于具有安全性、成本低等优点，锂电池正在加快应用于大规模电能储存系统，在可再生能源发电站发电安全并网、电网调峰、分布式电站、UPS电源、应急电源系统等领域有着良好的应用前景。巨大的应用需求推动全球锂消费量激增，价格大幅波动。与2018年的不足26万吨相比，2019年全球锂的消费量增长17%，至少达到31.5万吨。智利是全球锂储量丰富、开采集中的国家。据智利矿产集团（SQM）统计，2018年SQM共向世界各地的用户交付4.51万吨碳酸锂，销售均价为16292美元/吨，较2017年涨幅达25.6%。[①]

[①] http://www.juda.cn/news/80560.html。

表 3-5　　　　稀有矿产资源在新能源产业的重要应用

稀有矿产资源类别	矿产资源品种	在新能源产业的重要应用领域
稀有轻金属	锂、铷、铯	磷酸铁锂电池储能、核电站磁流体发动机的导电体
稀有高熔点金属	钒、钛	核电设备中的锥形应力接头、防火系统、海水提升管和升压器等，全钒氧化还原液流电池，高容量贮氢电池的电极合金
	锆、铪	核反应堆包套材料、结构材料、减速材料、屏蔽材料，核反应堆控制棒
	铌	核电站反应堆的核燃料包套、核燃料合金添加剂、热交换器结构材料
	钼	太阳能光伏电池组件的溅射靶材
稀散金属	镓	高温聚光太阳能电池
	铟	太阳能电池用铟锡氧化物（ITO）薄膜
	锗	高效太阳能电池用复合结构材料
	硒	太阳能电池用铜铟硒（CIS）薄膜
	碲	薄膜太阳能电池材料
稀土金属	多种稀土金属	核电设备、稀土永磁电机、硅基太阳能电池用稀土发光材料
稀有非金属	石墨	核电站压力容器、压力管道连接、调节阀等，太阳能电池用石墨烯透明导电膜

资料来源：根据相关技术文献整理。

二　稀有高熔点金属

新能源产业中，核电产业发展极端依赖钒、钛、锆、铪、铌等稀有高熔点金属及其合金材料。而高纯钼粉则是制备太阳能光伏电池板的最重要溅射靶材。

钒和钛在新能源产业的应用主要体现在核电站设备、大规模储能系统和高容量贮氢电池上。在核电设备领域，钛金属部件主要包括锥形应力接头、防火系统、海水提升管和升压器等（张冬清等，2011）。在储能系统研制中，全钒氧化还原液流电池（VRB）具有功率大、容量大、寿命长、响应速度快等优点,已成为重要技术发展方向(崔艳华、孟凡明,2005)。在高容量贮氢电池研制中,钒钛贮氢合金具备优良的吸放氢性能和良好的循环稳定性,并且钒基贮氢电极合金有很高的电化学容量,这可能是钒钛合金重要的新兴应用领域(涂铭旌、陈云贵,2006)。

锆和铪都是核电设备的关键应用材料。锆及其合金具有热中子吸收截面小的突出优点,能够保证原子能反应堆中有足够的热中子数量来维持反应堆正常运转。除此以外,锆合金还具有加工性能好、耐腐蚀性较强、机械强度适中等优点,因此被广泛用作核电站反应堆的包套材料、结构材料、减速材料、屏蔽材料等。铪则因其有适当的热中子吸收横截面,以及在超热中子范围内有良好的共振吸收,且铪是所有的控制材料中能以其金属本身被应用的两种材料之一,因此通常被用作核反应堆的控制棒(熊炳昆等,2006)。

铌的热中子俘获截面小,热导率和强度高,因此是用于制作反应堆的核燃料包套、核燃料合金添加剂、热交换器结构材料等核电站重要部件的关键材料(李彬等,2006)。由于钼与玻璃有很好的粘连性,而且与玻璃和硅的热膨胀系数能很好地匹配,可以形成稳定的扩散势垒区,所以在太阳能光伏电池组件的制造中,高纯钼粉是其最重要的溅射靶材(张惠,2013)。

三 稀散金属

稀散金属在新能源产业的应用主要是作为生产太阳能电池的重要材料。除了铊之外,其他5种稀散金属和半金属都是制造各类太阳能电池的关键材料。①就镓而言,由于砷化镓与太阳光谱的匹配较适合、禁带宽度适中、耐辐射且高温性能比硅强,因此特别适合做高温聚光太阳能电池,是一种应用前景比较广阔的太阳能电池材料。②就铟而言,由于铟锡氧化物(ITO)薄膜所具有的折射率和导电性,使其适合用于硅基太阳能电池的减反射涂层和光生电流的收集,因此是制作太阳能光伏电池所需的材料。③就锗而言,硒化砷、砷化镓、锗(ZnSe、GaAs、Ge)三层复合结构材料能够分别响应太阳光光谱的高、中、低频区,并叠加它们的效应,可以大幅提高太阳能光电、光化转换效率,因此是制备高效太阳能电池的重要材料。④就硒而言，在各种薄膜太阳能电池中，铜铟硒（CuInSe$_2$，CIS）薄膜由于材料有近似最佳的光学能隙、吸收率高、抗辐射能力强和长期的稳定性等优异性能，被认为是最有可能获得大规模应用的太阳能电池之一。⑤就碲而言，碲化镉（CdTe）经蒸发形成的多晶薄膜，对日光、红外辐射波长的吸收率为33∶1，远高于其他已知材料；同时碲化镉价廉、轻便，目前已成为最主要的薄膜太阳能电池材料（翟秀静、周亚光，2009）。

四 稀土金属

稀土金属在新能源产业的重要应用，除核电设备需要大量使用添加了稀土材料的合金之外，还表现在风力发电机需要用到稀土永磁材料，太阳能光伏电池组件需要用到稀土发光材料等方面。虽然风力发电机可以使用电励磁双馈式和永磁直驱式两种方式，但是使用稀土钕铁硼永磁材料的风力发电机无须励磁绕组，转子上也没有集电环和电刷，省去了电励磁风力发电系统中故障率较高的齿轮箱部件，减少了维护工作，降低了噪声，效率比双馈发电机高出20%以上，因此具有广阔的市场前景（王凤翔，2012）。对于绝大部分硅基太阳能电池来说，在添加了具有光谱上、下转化功能的稀土发光材料后，可以将以往不能有效吸收利用的紫外光和红外光转换成能有效吸收利用的光，从而使其光电转换效率提高2%—4%（谢国亚、张友，2012）。

五 稀有非金属

石墨在新能源产业的应用主要是作为核电站石墨密封件，以及铟锡氧化物（ITO）的替代物用于太阳能电池。核电站密封是核电站最关键的技术之一，石墨密封件产品广泛应用于核电站压力容器、压力管道连接、调节阀等设备（李平等，2011）。尽管铟锡氧化物（ITO）由于具有高的电导率和光透射率，是目前广泛使用的太阳能电池电极材料。但铟资源稀缺，所以需要寻找替代品来代替ITO。石墨烯具有良好的透光性和导电性，利用石墨烯制作透明的导电膜并将其应用于太阳电池中已成为研究的热点，预计石墨烯将在太阳能电池应用方面展现出独特的优势（梁爽等，2013）。

第六节 新材料产业

新材料产业是稀有矿产最主要的应用领域。在国家发展和改革委员会2013年3月发布的《战略性新兴产业重点产品和服务指导目录》列明的3大类20种新材料中，新型功能材料产业中的新型金属功能材料、稀土功能材料、高纯元素及化合物、功能玻璃和新型光学材料、电子功能材料、新型能源材料、高性能密封材料、新型催化材料及助剂、先进结构材料产业中的高品质特种钢铁材料、高性能有色金属及合金材料、新型结构陶瓷材料，以及高性能复合材料产业中的高性能纤维及复合材料、金属基复合材料和陶瓷基复合材料14种新材料，都是稀有矿产资源的应用重点（见表3-6）。这些新材料，不但会应用于其他战略性新兴产业，而且在满足工业转型升级对新型装备和材料需求方面也发挥着十分重要的作用。

表3-6　　　稀有矿产资源在新材料产业的重要应用

稀有矿产资源类别	矿产资源品种	在新材料产业的重要应用领域
稀有轻金属	锂	新型能源材料、新型催化材料及助剂
	铍	新型金属功能材料、高性能有色金属及合金材料、金属基复合材料和陶瓷基复合材料
	铷、铯	新型催化材料及助剂、功能玻璃和新型光学材料
稀有高熔点金属	钛	新型金属功能材料、高性能有色金属及合金材料、金属基复合材料和陶瓷基复合材料
	锆、铪	新型金属功能材料、新型结构陶瓷材料
	钽、铌	新型催化材料及助剂、新型金属功能材料
	钨、钼、铼	新型催化材料及助剂、新型金属功能材料
稀散金属	镓	高纯元素及化合物、电子功能材料
	铟	新型金属功能材料
	锗	新型催化材料及助剂、高纯元素及化合物
	硒、碲	功能玻璃和新型光学材料、高纯元素及化合物

续表

稀有矿产资源类别	矿产资源品种	在新材料产业的重要应用领域
稀有贵金属	铂、钌、钯等	新型催化材料及助剂、新型金属功能材料
稀土金属	17种稀土金属	稀土功能材料、新型金属功能材料
稀有非金属	石墨	高纯元素及化合物、高性能密封材料、高性能纤维及复合材料

资料来源：根据《战略性新兴产业重点产品和服务指导目录》以及相关技术文献整理。

一　稀有轻金属

在制备生产镍钴酸锂、镍锰酸锂二元体系，镍钴锰酸锂、镍钴铝酸锂三元体系等高纯化合物，以及锂离子电池材料等新型能源材料时，锂都是最主要的原料。① 此外，锂及其化合物还是冶金、化工、建材、家电等产业的重要催化材料及助剂。例如，在冶金工业上，利用锂能强烈地与氧、氮、氯、硫等物质反应的性质，充当脱氧剂和脱硫剂。在铜的冶炼过程中，加入十万分之一到万分之一的锂，能改善铜的内部结构，使之变得更加致密，从而提高铜的导电性。锂在铸造优质铜铸件中能除去有害的杂质和气体。在现代工业需要的优质特殊合金钢材中，锂是清除杂质最理想的材料（纪志永等，2013）。

与铍有关的新材料主要有三类：一是新型金属功能材料中的铍材及铍制品；二是高性能有色金属及合金材料中的铍铜合金管、棒、线型材；三是金属基复合材料和陶瓷基复合材料中的铍基复合材料。

铷和铯的化合物是重要的新型催化材料和功能材料。在催化剂方面，铷和铯的化学活性高，电离电位低，能改变主催化剂的表面性质，使催化剂具有更好的活性、选择性、稳定性，并能延长使用寿命，防止催化剂中毒。目前，已广泛应用于氨合成、硫酸合成、氢化、氧化、聚合等催化合成反应中。如环氧乙烷合成中用含钾、铯的催化剂，生产甲基丙烯酸树脂时用硝酸铯作催化剂。在功能材料方面，碱

---

① 锂在新材料领域的应用，与新能源产业、新能源汽车产业有交叉。

性电池中加入氢氧化铯,可以降低电解质的凝固点,增加导电率,提高电容量;在玻璃中添加碳酸铷后,可以降低其导电率、提高稳定性、延长使用寿命,此类特种玻璃已经大量应用于光纤通信和夜视设备(牛慧贤,2006)。

二 稀有高熔点金属

与钒和钛有关的新材料主要有三类:一是新型金属功能材料中的钛锆钼合金、钛及钛合金粉体材料、多孔钛及钛合金材料、钛铝钒合金等;二是高性能有色金属及合金材料中的高性能钛及钛合金线、棒、带、管、板、异型材等,钛及钛合金模锻件,旋锻件,铸锻件,医用钛合金材料,医用钛合金器件,大规格特种钛合金锻件;三是金属基复合材料和陶瓷基复合材料中的钛基陶瓷复合材料。

除新型金属功能材料中的钛锆钼合金之外,与锆和铪有关的新材料还包括新型结构陶瓷材料中的高纯氧化锆材料、氧化锆增韧陶瓷等。

铌化合物是在石油化工中有广泛应用的新型催化材料,既可作为催化剂,也可作为催化剂载体或助剂。铌酸和磷酸铌在水解、水合等很多酸催化反应中具有良好的催化活性。在含铌载体负载的金属催化剂中,存在着载体与金属间的强相互作用,可用于选择性催化加氢反应。铌作为催化助剂,在低碳烃选择氧化反应中,可提高目标产物烯烃、醛、酸或腈的收率(孙清等,2007)。此外,与钽铌有关的新材料还有新型金属功能材料中的高比容钽粉、高性能铌合金等钽铌材料。

钨和钼的化合物是重要的新型催化剂材料,对加氢、脱氢、烯烃水合、聚合、烷基化、酯化、加氢脱硫等许多反应具有良好的催化作用(赵冠鸿等,2010;姜恒,2012)。同时,含铼催化剂是重要的石油重整用催化剂,这方面消耗的铼约占全球耗铼量的20%(翟秀静、周亚光,2009)。此外,钼铜合金、钛锆钼合金、稀土钼合金等钨钼材料是重要的新型金属功能材料。

三 稀散金属

含铟的铝基合金 Al–In 和 Al–Ca–In 是重要的新型金属功能材料;高纯度砷化镓、高纯度硒化镓、高纯度碲化镉、高纯锗、高纯碲、高纯硒等都是具有广阔应用前景的高纯元素及化合物；氮化镓是等镓基化合物是重要的电子功能材料；金属锗、锗合金和二氧化锗都是重要的催化剂材料；硒和碲都可以用作玻璃的着色剂或脱色剂，是制造功能玻璃和新型光学玻璃的重要材料。

四　稀有贵金属

铂族金属不仅催化活性高，而且具有特殊的选择性和多种多样的催化作用。铂铼、铂锡等双金属催化剂及铂族金属的多相催化剂是最重要的新型催化材料，被广泛用作加氢催化剂（HPC）、催化裂化催化剂（CCC）和合成气/GTL 催化剂等（刘艳伟等，2009）。同时，铂等稀贵金属材料是重要的新型金属功能材料。

五　稀土金属

稀土在新材料产业有极为广泛的应用，这也是稀土最受关注的应用领域。不断挖掘各种稀土元素的特殊性能，开发新兴产业和国防军事工业所需的关键原材料，是主要发达国家研发投入的重点方向。除了高性能稀土（永）磁性材料及其制品、稀土催化材料、稀土储氢材料、稀土发光材料、超磁致伸缩材料、稀土光导纤维、稀土激光晶体、稀土精密陶瓷材料、高性能稀土抛光材料、稀土磁光存储材料、稀土磁致冷材料等稀土功能材料之外，稀土钼合金等新型金属功能材料也需要使用稀土。另外，分子筛型稀土催化材料、稀土钙钛矿型催化材料是在石油化工、精细化工领域有重要应用的稀土新材料。

六　稀有非金属

与石墨有关的新材料包括高纯元素及化合物中的高功率石墨电极、锂离子电池负极用石墨，高性能碳密封材料中的高性能碳石墨密封材料，高性能纤维及复合材料中的石墨纤维高性能纤维及其复合材料等。

第七节　新能源汽车产业

在新能源汽车产业中有重要应用的稀有矿产资源主要是稀有轻金属

锂，稀有贵金属铂和钌，稀土金属钇、镨、钕、镧、铈、钐、镝等，以及稀有非金属石墨。它们在锂离子动力电池、镍氢动力电池、燃料电池、超级电容器、永磁同步电机驱动系统等新能源汽车的关键部件中发挥着十分重要的作用（见表3-7）。

表3-7　　稀有矿产资源在新能源汽车产业的重要应用

稀有矿产资源类别	矿产资源品种	在新能源汽车产业的重要应用领域
稀有轻金属	锂	锂离子动力电池的正极材料、有机电解液
稀有贵金属	铂、钌	燃料电池的电极催化剂、超级电容器
稀土金属	钇、镨、钕、镧、铈、钐、镝等	镍氢动力电池的负极材料，燃料电池的固体电解质、阴极材料、阳极材料和连接材料，永磁电机
稀有非金属	石墨	锂离子电池负极材料

资料来源：根据相关技术文献整理。

一　稀有轻金属

新能源汽车的关键技术是动力电池，其主要性能指标是比能量、比功率、使用寿命和安全性能。目前看来，传统的铅酸电池比能量和比功率都较低，续驶里程较短，很难满足新一代新能源汽车的性能要求。与其他类型动力电池相比，锂离子动力电池具有良好的能量密度和功率系数，是为纯电动汽车和混合动力汽车提供能源的比较理想的产品。在生产锂离子动力电池的关键材料中，其正极材料通常使用锰酸锂、磷酸铁锂，以及镍基层状复合材料（镍钴锂等），其有机电解液也需要添加锂盐。显而易见，锂是锂离子动力电池须臾不可或缺的材料（刘昊等，2006；纪志永等，2013）。目前，磷酸铁锂电池广泛应用于乘用车、客车、物流车、低速电动车等新能源汽车产品，具有广泛的市场前景。然而，应该注意到，锂电池市场出现爆发式增长的同时，锂作为稀有轻金属，其属性非常活泼，采用现有技术和工艺条件下制成的锂电池，其性能及应用仍有局限性。总体来看，锂电池具有寿命长、使用安全，耐高温、容量大、无记忆效应、快速充电、相对环保等突出优点，但缺陷也不少，主要表现在：锂电池正极的振实密度小，体积大；导电性能一般，实际的比容量低；低温性能差；单个锂电池寿命长，锂电池组的寿命却明显缩短。

二 稀有贵金属

燃料电池、超级电容器等储能系统是燃料电池新能源汽车的关键部件。在燃料电池的制备中，电极对其性能的高低起着决定性作用。目前，大多数燃料电池的电极催化剂基本上都是碳载铂（Pt/C）或铂合金催化剂。特别是，新近开发的碳载铂—铬（Pt-Cr/C）、碳载铂—钒（Pt-V/C）等二效铂合金催化剂，以及碳载铂—铁—镍（Pt-Fe-Ni/C）、碳载铂钌（PtRu/C）等三效铂合金催化剂都通过提高催化剂的比表面和使用效率，不同程度地改善了燃料电池的性能。此外，由于无定型二氧化钌（RuO_2）目前是制作超级电容器的最佳材料，因此也在新能源汽车领域有重要应用（刘艳伟等，2009）。

三 稀土金属

稀土金属在新能源汽车产业的应用主要表现为：新能源汽车的镍氢动力电池、燃料电池、永磁同步电机驱动系统都需要用到钇、镨、钕、镧、铈、钐、镝等稀土材料（DOE，2010，2011）。目前看来，镍氢电池作为混合电动汽车（HEV）的动力电池在性价比等方面具有一定的优势。国际上制造 HEV 的六大汽车集团如日本丰田、尼桑、本田，美国通用、福特，德国大众，有 5 家公司选用镍氢动力电池系统。预计在今后一段时期内，镍氢电池仍将占据混合动力汽车的主要市场。而镍氢电池的负极材料主要就是稀土贮氢材料（李健靓等，2013）。燃料电池新能源汽车中使用的固体氧化物燃料电池的关键材料即固体电解质、阴极材料、阳极材料和连接材料都含有稀土，因此又被称为全稀土燃料电池（蒋柏泉等，2007）。在驱动系统方面，新能源汽车与传统汽车最大的区别在于，传统汽车的驱动部件变速箱在新能源汽车中被永磁同步电机驱动系统取而代之。而永磁同步电机是镝、镨、钕等稀土材料的主要应用领域之一（李绿山、张博利，2013；DOE，2011）。基于混合动力电动汽车（HEV）、插电式混合动力汽车

（PHEV）、纯电动汽车（EV）和燃料电池电动汽车（FCEV）四种技术的应用前景，考虑其技术进步、材料强度变化和关键零部件替代等关键参数的演变，在新能源汽车行业持续保持迅猛发展的趋势下，预计2018—2030年中国电动汽车的增长情况及其对稀土的需求量将达到31.5万吨，占同期全球稀土总产量的22%。其中，钕、镝、铈、镨和铽分别占总需求量的51%、20%、12%、9.5%和7.7%，而汽车行业发展将受到稀土资源（特别是镝和镨）供给的制约（Xiaoyang Li et al.，2019）。

四 稀有非金属

在新能源汽车领域，石墨的应用是作为锂离子动力电池的负极材料。石墨烯由于其高电导率、超大比表面积、高化学稳定性等优异的物理和化学特性，在锂离子电池中发挥着重要作用。目前，石墨烯在锂离子电池中的关键作用主要体现在以下两个方面：一是直接用作锂离子电池负极材料；二是将石墨烯与其他储锂材料复合以提高其电化学性能（朱碧玉等，2013）。

第八节 本章小结

综合分析稀有矿产资源在战略性新兴产业的各类重要用途，可以发现，就各产业需要用到的稀有矿产资源种类而言，新材料产业最多，新一代信息技术产业次之，新能源汽车产业最少。[①] 这种应用现状除了受产业技术特点的影响之外，也与产业自身的规模有关。以各类稀有矿产资源在不同产业应用中的代表性产品为基础，结合国家发展和改革委员会2013年3月发布的《战略性新兴产业重点产品和服务指导目录》所确定的7个产业近3100项细分产品和服务，本章对各类稀有矿产资源

---

① 本章在梳理各类稀有矿产资源在新能源汽车产业中的应用时，未将稀有轻金属锂列入，而是将其相关应用归于新材料产业，故而得出了稀有矿产资源在新能源汽车产业的应用最少的分析结论。

在 7 个产业 19 个发展方向①上应用的重要性做出了定性判断（见表 3 - 8）。需要指出的是，本章的研究结论主要是基于文献学习和整理得出的，这种研究方法虽有一定的局限性，但有助于打通稀有矿产资源应用的科学基础，因而不失为有意义的探索。

---

① 《战略性新兴产业重点产品和服务指导目录》确定了 7 个产业 23 个发展方向，但是，从目前的产业实践及相关技术文献看，本章所关注的 22 种稀有矿产资源在以下 4 个发展方向上尚无重要的应用：新一代信息技术产业中的高端软件和新兴信息服务产业、生物产业中的生物农业产业、生物制造产业、新能源产业中的生物质能产业。

表 3-8　22 种稀有矿产资源应用于七大战略性新兴产业 19 个发展方向的重要性

注：稀有矿产资源在各发展方向上应用的重要性从高到低依次以图中方框内由深到浅的颜色表示；表中稀有轻金属在新能源汽车产业中的应用未考虑锂电池的情况。

资料来源：笔者在文献学习基础上整理。

第四章 稀土资源分布与供求趋势

稀土是化学元素周期表第三副族镧系元素的一组金属元素的简称。作为重要的战略性稀有矿产资源，稀土在现代工业、农业特别是战略性新兴产业以及国防工业中有着广泛应用（杨丹辉，2015）。长期以来，由于其特殊功能及在军工领域的应用，在诸多稀有矿产资源中，稀土一直是最受各界关注的矿物之一。中国是稀土资源最丰富、品类最齐全的国家，同时也是稀土产品生产、消费和出口的世界第一大国。然而，经过多年过度开采，中国在世界稀土总储量中所占比重不断下降，随之而来的是全球稀土供给格局面临重大调整。

第一节 资源分布与应用领域

一 稀土资源的相对稀缺性

相比铁、铜、铝等基础金属，人类对稀土元素发现利用的历史较短（18世纪到19世纪陆续发现），国际上对全球稀土可开采储量至今仍有争议。[①] 由于其发现初期仅存在于较为稀少的矿物中，故被称为稀土。这一名称虽沿用至今，但随着勘探技术不断进步，稀土被证实在地壳中的分布相当广泛，总含量甚至超过铜、铅、锌等常见金属。其中，轻稀土铈在地壳中的储量在各种金属元素中居第25位，其常见程度与铜接

---

① 中国稀土协会对全球稀土资源储量一直未形成一致认识的原因做出了解释：一是随着世界各国对稀土资源勘探的不断深入，今后新的稀土矿藏有可能陆续被发现，从而改变世界探明储量；二是稀土矿的边界品位尚不统一；三是部分国家和地区的一些储量数据未公开发布。

近，高于铅在地壳中的含量。即使是含量最低的稀土金属镥，其在地壳中的含量也比金高出200倍。鉴于其相对稀缺性的变化，国际应用化学联合会如今已不再使用"稀土金属"这一概念。实际上，地壳中最为稀有的金属元素主要是金、钌、铑、碲、铼、钯、锇、铂、铱等稀散金属和稀贵金属，17种稀土元素均不在最稀少的金属之列。

总体来看，世界稀土资源储量相当丰富。迄今，除了南极洲尚未发现稀土资源的报道外，其他各大洲都有一定的稀土矿藏。根据美国地质调查局的最新数据，2018年，全球稀土储量为1.2亿吨（稀土氧化物，REO）。即使今后不再勘探发现新矿，全世界现有稀土仍可开采近1000年。因此，"稀土不稀"已是业内共识。在全球稀土资源分布中，中国毫无疑问是世界第一稀土大国，尽管国内外对中国资源储量及变化趋势有不同判断，但中国仍能占世界稀土总储量的30%—50%。据美国地质调查局统计，2017年，中国占全球稀土储量的36.70%，居第1位，巴西（18.30%）、越南（18.30%）、俄罗斯（15.00%）、印度（5.80%）、澳大利亚（2.80%）和美国（1.20%）分别居第2—7位（见图4-1）。近年来，随着全球稀土勘探日益活跃，非洲（如布隆迪）已发现稀土，格陵兰岛、尼日利亚、肯尼亚、马拉维、坦桑尼亚、马来西亚等多个国家和地区也相继勘探出具有一定规模的稀土矿。全球稀土的储量变化和分布情况对中长期全球稀土产品供应的格局将产生重要影响，加之世界范围内尚有海洋和更深地层的稀土资源未被勘探，地球上稀土的实际蕴藏量可能远远超出现有认知。同时也需要强调，稀土资源的开采冶炼条件与铁、铝、铜等矿石型金属相差很大，已探明的稀土资源分布非常分散，成矿条件较差，普遍品位较低，难以规模化开采制备，而且目前稀土开采和生产加工集中在较少的国家和地区，从这些情况来看，稀土仍具有较为突出的稀缺性。

二 中国稀土资源的优势及特点

（一）中国稀土资源品种全，储量大，优势突出

尽管占全球储量的比重有所下降，但中国仍是稀土资源世界第一大

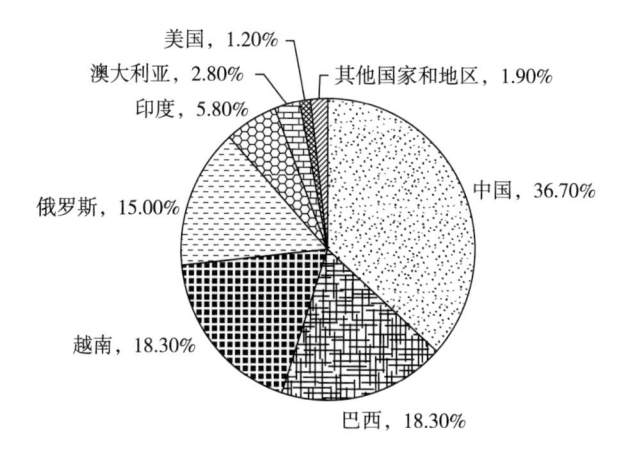

图 4-1　2017 年全球已探明稀土资源分布

资料来源：美国地质调查局。

国，而且未来相当长时期内中国的优势地位难以撼动。① 从现有勘探成果来看，中国稀土矿床主要是氟碳铈矿、离子吸附型矿和独居石，相对而言，资源品种比较丰富，并呈现出较为鲜明的"北轻南重"的资源格局。其中，内蒙古、山东等北方省区（包括四川冕宁地区）的稀土资源以轻稀土为主，仅内蒙古白云鄂博矿区的稀土储量在全国总储量中所占比重就高达 83%，而中重稀土则主要集中在江西赣州、广东粤北地区以及福建、广西等省区（见图 4-2）。从资源特点来看，中国赣南的离子吸附型中重稀土，易开采和提取，是全球最为重要的中重稀土资源和生产集聚地。

（二）客观认识中国重稀土的资源优势

综合评估，离子型稀土可以算是中国最为独特、最具战略价值的优势矿产之一。然而，中国重稀土的资源优势同样是相对的而非绝对的。

首先，中国重稀土资源具有相对"独有性"。尽管现阶段离子型重稀土集中分布在以赣南为核心的中国南方地区，但并不意味着世界范围内完全不存在重稀土。实际上，受土地私有、环保要求、城镇化水平等

---

① 参考中国稀土行业协会的有关报告，对国内资源集聚地区的公开数据进行汇总，可以得出中国稀土储量超过 1.5 亿吨。这一数据将支撑中国在全球稀土资源储量中占据绝对优势地位。

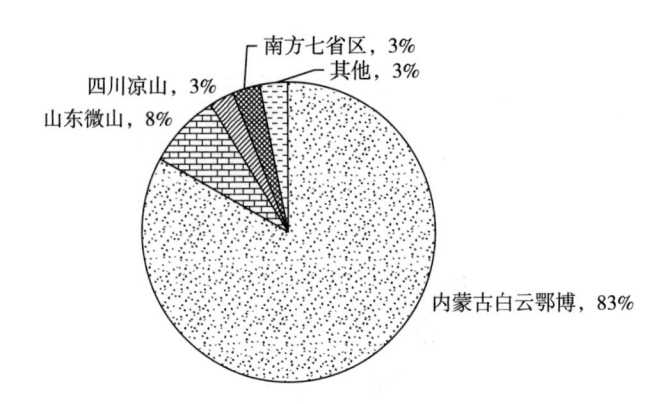

图 4-2　2016 年中国已探明稀土资源分布

注：南方七省区是指江西、广东、广西、福建、湖南、云南、浙江 7 个离子型稀土资源富集地区。

资料来源：自然资源部。

因素的影响，发达国家矿产勘探开采法规更为规范严苛，与中国矿产探采机制和标准相差较大。一些低品位、处于生态敏感区的矿产在发达国家无法实施勘查开采。随着稀土在新兴产业应用日益广泛以及勘探开发技术不断创新，发达国家加大对中国之外发展中国家稀土矿产勘探开发的力度，并加快向海洋要稀土。因而，中国在重稀土资源领域"一枝独秀"的局面并非铁板一块，将重稀土视为中国独有并长期垄断这一资源的思路和做法不现实。

其次，稀土与基础金属的应用不同。作为"工业维生素"或"工业味精"，稀土具有用量少、用途广、需求弹性大的典型特征，对于很多工艺设备和产品而言，稀土的作用在于"提质改性"，其功能属于"锦上添花"，（在很多情况下）而非不可或缺。到 2020 年，全球稀土消费量将保持在 15 万—20 万吨的水平（世界铁矿石年消费量约为 20 亿吨）。这种应用特点和需求规律决定了稀土这张"牌"虽有分量，但很难真正左右大国资源博弈。

最后，重稀土也是可以替代的。不得不承认，自 2010 年以来，中国控制稀土供给的"组合拳"刺激了全球下游环节减量循环替代技术的开发应用，对重稀土减量替代甚至成为下游行业难以逆转的研发导向。这种"倒逼效应"不仅发生在重稀土主要进口国——日本[①]，而且价格大起大落、政策预期不稳定也迫使国内下游企业压缩重稀土使用，一些永磁材料生产企业不断减少重稀土添加，2015年以来，部分企业已将重稀土使用率降至零，而电子、家电等下游企业则因稀土价格波动剧烈，成本不可控，被迫放弃通过添加稀土元素改进元器件性能的研发计划。对于国内用户来说，无论价格如何变动，一些下游企业都不会回归原有技术路线，而将坚持不再使用重稀土。这种情况意味着重稀土的价值在相当大的程度上取决于需求方而非供给侧，只有当价格等供给条件稳定可控时，下游需求才会释放，这一方面有助于缓解重稀土开采的生态压力；另一方面又会在一定程度上削弱了中国重稀土的资源优势。

三 稀土应用及产业链发展

稀土的价值终究要体现在应用上。由于其独特的物理和化学特性，稀土金属、稀土合金以及由其制成或含有稀土元素的新型材料，种类繁多，性能各异，从节能灯、催化剂、磁铁、平板电视，到混合动力汽车、风力发电机以及武器和先进军事装备，稀土在现代工业体系中几乎无处不在。虽然就其开采和初级产品生产加工的产值规模而言，仅有1000亿元左右的中国稀土产业在现代工业体系中属于比较小的行业，即使在中国这样的稀土大国，其增加值在GDP和工业增加值中所占比重也很小，但因在农业和工业、传统产业和高新技术领域都有着广泛的应用，因此稀土产业链具有很大的延伸空间。总体上稀土应用可分为传统领域和新兴领域。从产业链构成来看，这两个应用方向都处在中下游环节（见图4-3）。

全球的应用情况表明，稀土应用正由传统部门加快向新兴领域升级。目前，稀土永磁材料在全球稀土应用占比中达到25%，成为稀土应用的第一大方向，这主要归于中国稀土永磁材料生产和应用的快速发展。其次为石油硫化裂化、冶金材料（含储氢合金）和抛光材料等领

[①] 近年来日本研究机构和新材料企业连续发布重稀土替代技术和产品的最新研发成果。如日本东北大学的研究小组于2015年11月17日宣布成功研发出完全不含钐（Sm）、镝（Dy）、钕（Nd）等稀土元素的FeNi磁铁，相关论文已于2015年11月16日在 *Scientific Reports* 上刊载。

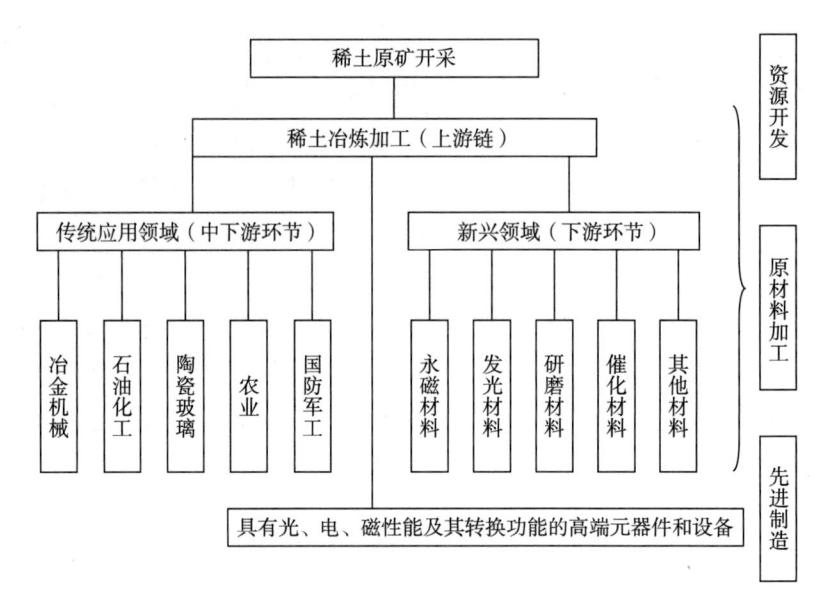

```
                    ┌─────────────────┐
                    │  稀土原矿开采   │         ┐
                    └────────┬────────┘         │ 资源开发
                             │                  ┘
                    ┌────────┴────────┐
                    │稀土冶炼加工（上游链）│      ┐
                    └────────┬────────┘         │
              ┌──────────────┴──────────────┐   │
     ┌────────┴────────┐           ┌────────┴────────┐
     │传统应用领域     │           │新兴领域         │
     │（中下游环节）   │           │（下游环节）     │   │ 原材料加工
     └─┬──┬──┬──┬──┬──┘           └─┬──┬──┬──┬──┬──┘   │
    ┌──┴┐┌┴─┐┌┴─┐┌┴┐┌┴──┐       ┌──┴┐┌┴─┐┌┴─┐┌┴─┐┌┴──┐  │
    │冶 ││石││陶││农││国 │       │永 ││发││研││催││其 │  ┘
    │金 ││油││瓷││业││防 │       │磁 ││光││磨││化││他 │
    │机 ││化││玻││  ││军 │       │材 ││材││材││材││材 │
    │械 ││工││璃││  ││工 │       │料 ││料││料││料││料 │
    └───┘└──┘└──┘└─┘└───┘       └───┘└──┘└──┘└──┘└───┘  ┐
                             │                           │ 先进
                    ┌────────┴─────────────────┐         │ 制造
                    │具有光、电、磁性能及其转换│         │
                    │功能的高端元器件和设备    │         ┘
                    └──────────────────────────┘
```

图 4–3　稀土产业链构成及应用领域

资料来源：笔者绘制。

域，应用占比分别为 22%、18% 和 14%。再从国内进展看，近年来，新能源汽车市场的爆发式增长直接推高了稀土永磁材料需求快速攀升。在现行技术路线下，纯电动汽车对钕铁硼材料的消耗量约为 5 千克/辆，插电式混合动力汽车钕铁硼的消耗量为 2.5 千克/辆，2020 年，中国新能源汽车产业将拉动稀土永磁材料消费 9400 吨。① 随着产业转型和消费升级，在绿色发展理念推动下，节能电梯、风力发电设备、变频家电、工业机器人、智能手机等设备和产品使永磁材料逐步成为国内稀土最具潜力的应用领域（见表 4–1）。

表 4–1　中国稀土永磁材料应用规模测算　　　　　　　　单位：吨

应用领域	2016 年	2017 年	2018 年	2019 年	2020 年
新能源汽车	2305	3375	4800	6740	9400
风力发电设备	5548	6310	7340	8500	9800

---

① 中国地质大学（武汉）地质调查研究院：《我国主要优势矿产资源供需趋势分析》，2019 年 3 月。

续表

应用领域	2016年	2017年	2018年e	2019年e	2020年e
变频家电	3020	4011	4440	5150	6080
节能电梯	4494	4944	5440	5980	6580
传统汽车EPS	2819	3046	3319	3725	3900
工业机器人	2860	3020	3280	3560	3820
智能手机	934	962	990	1010	1030
稀土永磁材料合计	21980	25669	29609	34665	40610
年增长率（%）	—	16.80	15.50	17.17	17.18

注：e表示该年数据为估计数，下同。
资料来源：中国地质大学（武汉）地质调查研究院：《我国主要优势矿产资源供需趋势分析》，2019年3月。

第二节 稀土市场与价格变动

一 全球稀土生产和消费情况

（一）稀土多元化供给格局不断强化

2007年以来，全球稀土产量总体呈现稳定增长态势。其间，2011—2013年全球产量下滑，但从2014年开始，世界稀土总产量出现恢复性增长，到2015年已经达到12.4万吨。作为战略性优势资源，中国稀土产量的全球占比一度高达到97.3%，2011年之后这一比值虽然有所下降，但2015年的全球占比高达85%，仍然占据绝对主导地位（见表4-2）。另据美国地质调查局的最新数据，2018年，全球稀土产量从2017年的13.2万吨增至2018年的17万吨，增幅达到28.8%，显示出国际市场上稀土供给趋于活跃。

表4-2 稀土产品主要供应国产量情况 单位：吨REO

国家	2006年	2007年	2008年	2009年	2010年	2011年	2012年	2013年	2014年	2015年	2016年e
美国	—	—	—	—	—	—	3000	5500	5400	5900	
澳大利亚	—	—	—	—	—	2188	3222	3000	8000	12000	14000
巴西	527	645	460	170	140	140	1620	330	—	880	1100

续表

国家	2006年	2007年	2008年	2009年	2010年	2011年	2012年	2013年	2014年	2015年	2016年e
中国	133000	120000	125000	129000	120000	93800	93800	93800	105000	105000	105000
印度	2700	2700	2700	2700	2800	1700	1700	1700	1700	1700	1700
马来西亚	430	380	120	13	400	410	100	180	240	310	300
俄罗斯	—	—	—	—	—	2500	2200	2500	2600	2800	3000
越南	—	—	—	—	—	200	200	100	—	250	300
泰国	—	—	—	—	—	3100	120	130	1900	760	300

资料来源：USGS, *Mineral Commodity Summaries*, Rare Earth (2006－2017)。

然而，虽然近期全球稀土产量有较大幅度增长，但国际稀土市场的供给压力却长期存在。在这种形势下，开发中国之外稀土资源成为大势所趋。为稳定战略性新兴产业和国防工业的关键原材料供给，近年来发达国家在"脱稀土化""去中国化"方面着力布局。随着中国政府对稀土资源保护加强，国外矿业公司加大了稀土资源的勘查开发力度，以期能够逐步摆脱对中国稀土出口的依赖。目前，海外稀土开发取得了一些阶段性的进展。据技术金属研究公司（Technology Metal Research LLC）统计，截至2015年9月，全球进入高级开发阶段的稀土项目有53个，涉及59个公司，遍及35个国家和地区，主要集中在澳大利亚、加拿大、美国以及南美和非洲的部分国家。这些国家和地区为了在稀土供应中取得更主动的地位，采取扩大产能的方式增加稀土产品供应。因此，除中国外的稀土产品供应量在未来一段时期会保持一定的增长速度，这也将进一步固化全球稀土多元化供给格局（见图4-4）。

从全球主要供应方的情况看，除中国之外，美国稀土资源较丰富，曾经是世界上最大的稀土精矿生产国，主要稀土产品生产企业有钼矿公司、格雷戴维森公司、活性金属和合金公司等。钼矿公司是美国唯一的从事氟碳铈矿生产的企业，其开发利用的稀土矿山是位于加利福尼亚的芒廷帕斯矿。1998年该公司所属的稀土分离厂停产，2003年美国不再进行本国稀土矿的开采，而转为从事稀土加工，并且继续保持稀土产品主要出口国地位。随着中国稀土产业政策调整，美国钼矿公司重启芒廷帕斯矿的生产计划。2012年，美国重新开始开采稀土矿，自2013年起

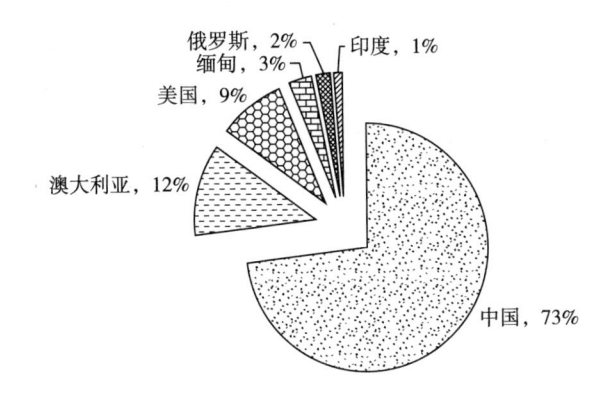

图 4-4 2018 年全球稀土生产布局

资料来源：美国地质调查局。

产量基本维持在 5000 吨 REO 以上，主要用于国内消费。但是 2015 年 1 月美国钼公司宣布破产，同年 6 月，芒廷帕斯矿也做出停产、维护和保养的决定，其中一个重要因素是过去几年稀土价格出现下降。近年来，在全球稀土供给变局下，美国不时传出国内稀土矿复采的消息，但事实却是一些矿开开停停，美国本土稀土矿并未全面恢复开采。

日本虽然没有稀土资源，所需的稀土原料完全依赖进口，却是世界上主要的稀土产品生产国，而且是应用稀土实现附加值最高的国家，日本用于高技术领域的稀土占其总用量的 90% 以上。目前，日本稀土产品主要是以高纯稀土氧化物和其他稀土产品为原料生产的高附加值产品，产品主要销往欧美和东南亚国家。

法国本土也没有稀土资源，生产所需的稀土原料均来自进口，但同样是国际稀土加工基地，是稀土冶炼加工产品的生产大国和主要供应国。如法国罗地亚公司是世界上最大的单一稀土生产商，罗地亚位于法国境内的工厂稀土产品生产能力占世界的 20%—25%，其分离原料主要依靠进口，产品销往欧美、日本等国家和地区。

除了上述稀土产品供应大国外，巴西、加拿大、印度等十几个国家也生产稀土产品，主要是供应稀土的深加工产品和功能性产品。

来自美国地质调查局的最新数据显示，2018 年，尽管中国仍以占全球 37% 的储量提供了世界 70% 的产量，但中国占全球稀土总产量的比重相比高点的 90%—95% 水平已经出现较为明显的下降。这主要是由于中国对稀土等稀有矿产资源仍实行总量控制的保护性开采管理方式，虽然开采总量指标有所增加，却没能跟上全球需求增长以及中国之外生产扩张的步伐。根据美国地质调查局发布的统计数据，2018年，中国稀土产量增加1.5万吨，达到12万吨；产量排名第二的澳大利亚2018年稀土产量小幅上升，为2万吨；美国一度重启芒廷帕斯稀土矿开采，产量上升至1.5万吨。此外，越南、马来西亚产量略有增加，2018年产量分别为400吨和200吨；巴西、泰国产量小幅减少，2018年产量均为1000吨。尤其值得注意的是，2018年，世界稀土生产格局中首次出现了缅甸、布隆迪等新的供给来源，这两个国家当年稀土产量分别为5000吨和1000吨，且缅甸产量占全球稀土生产总量的比重已达2.94%，居世界第4位，这进一步凸显出全球稀土供给趋于多元化的发展趋势。

（二）稀土消费集中在工业大国

稀土的应用领域决定了其在全球的消费分布集中在工业国的特点。中国是世界第一工业大国，同时具有稀土资源优势，稀土消费量居世界首位。2018年，中国消费的稀土量全球占比高达57%。作为材料强国也是稀土消费大国，日本曾经是世界上最大的稀土产品消费国，但自2000年后，日本稀土消费量降至世界第2位，2018年其消费量全球占比为21%。美国同样是主要的稀土产品消费国之一。1997年以前，美国一直是世界第一大稀土产品消费国，进入21世纪后，美国稀土产品消费量有所下降，但近5—6年呈反弹趋势。欧洲国家的稀土消费量在近20年开始逐步增加。目前，美国和欧洲的稀土消费量占世界消费总量的比重均为8%左右（见图4–5）。

受工业发展整体水平以及工业内部结构影响，主要工业国稀土消费结构存在一定差异。其中，中国消费稀土最多的应用领域为永磁材料，2017年占比为41.7%；日本稀土应用最多的领域是抛光粉和永磁材料，抛光粉消费占比最高，为26.3%；美国稀土产品应用领域中，消费量最大的是石油催化剂、冶金合金和汽车尾气净化催化剂等民用领域，人们普遍比较关注的军工领域并不是美国稀土应用的主要部门；欧洲的稀土产品应用领域也以催化剂、玻璃、冶金、永磁体等民用产品为主，催化剂的稀土产品消费量最大。这源于1992年欧盟颁布的一项环保规定，

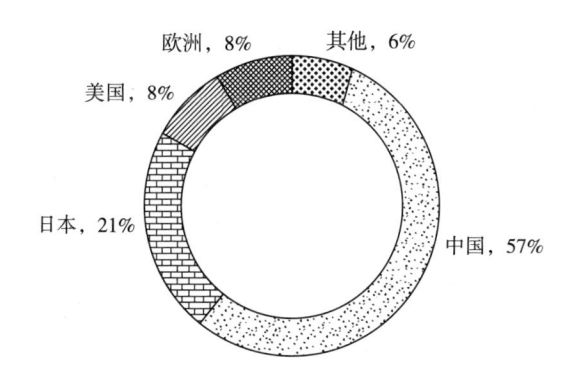

图 4-5　2018 年全球稀土消费布局

资料来源：美国地质调查局。

即所有新出厂的汽车必须安装尾气净化装置，直接导致汽车尾气净化催化剂中的稀土产品消费量迅速增加。总体来看，美国和欧洲稀土消费结构比较接近，集中用于催化剂、玻璃陶瓷等领域，这两个经济体催化剂消费分别占其稀土消费总量的 22.4% 和 30.6%。

（三）保持世界第一出口大国的同时，中国稀土进口快速增长

中国一直是全球最大的稀土出口国。2018 年，中国稀土出口量再创新高，达到 5.3 万吨，当年稀土出口总额为 5.2 亿美元。尽管中国为主导国际市场价格做出了各种政策安排，但是，现阶段稀土出口仍未走出低水平规模扩张的困境。2018 年，中国稀土出口均价为 0.98 万美元/吨，虽然相对于 2015 年稀土政策调整后连续两年下跌的情况，稀土出口均价有所回升，但与实行出口管控时期的价格水平相比却有明显下降（见图 4-6）。

在进口方面，近年来，受制于严格的稀土总量控制指标，国内稀土生产难以满足需求，海外稀土成为中国市场新的供应渠道。来自中国稀土行业协会的数据显示，2018 年，中国稀土实物进口总量约 9.82 万吨，远超过出口 5.3 万吨的水平，进口规模大幅增长 179.9%，金额增长 39.5%，进口已占国内供给的 20%。其中，稀土金属矿进口由 2017 年的 755 吨骤增至 2018 年的 28918 吨，增长 3730%。目前，中国稀土进口主要来自美国、缅甸、马来西亚、法国和日本，这些国家合计占总进口量的 99.51%。

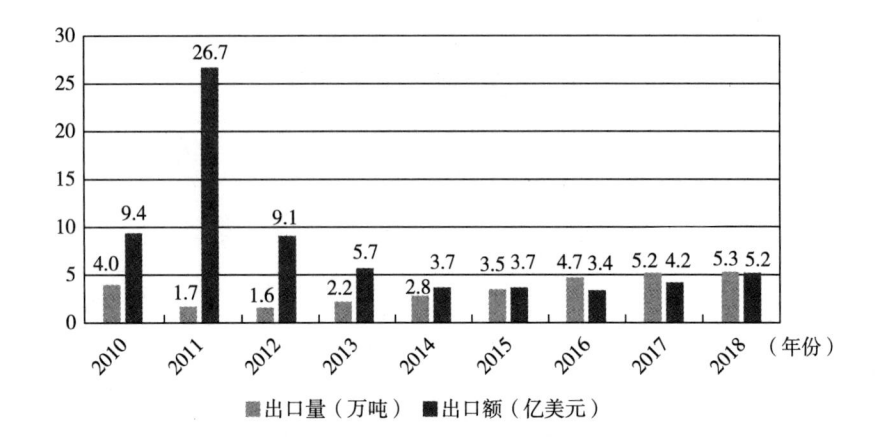

图 4-6　2010—2018 年中国稀土出口数量和金额

资料来源：笔者根据公开资料整理。

二　中国稀土市场行情与价格波动

（一）稀土价格波动态势

2015 年以来，中国政府取消了出口配额政策，国内稀土产品出口量有所增加。由于稀土供给一度出现结构性过剩，而全球需求增长相对比较平稳，导致国际国内市场上稀土价格持续下跌。虽然 2016 年 3 月，国家发展改革委会同有关部门组织召开稀土收储动员大会，稀土收储在短期内对稀土价格起到了提振作用，但由于私挖乱采的黑稀土供给量较大，稀土仍出现了阶段性供给过剩的局面。

然而，自 2016 年 10 月以来，国内稀土市场供求关系出现了一些新的变化，稀土产品开始酝酿新一波涨势（见图 4-7）。进入 2017 年第二季度后，作为稀土永磁材料基础原料的镨钕氧化物价格快速飙升，从 26 万/吨一路飙升到 39.8 万/吨，涨幅达 53%。同时，2017 年 8 月中旬，稀土价格指数一度站上了 188.2 点的高位，已经明显偏离市场稳态的价格水平。主要产品价格猛涨使稀土市场再度呈现出 2011 年第二季度发生的价格短期异常高位震荡的局面，严重影响下游生产及应用企业的正常经营。

（二）稀土价格"急涨急跌"的原因

"稀土案"败诉之后，中国政府于 2015 年取消稀土、钨、钼等关

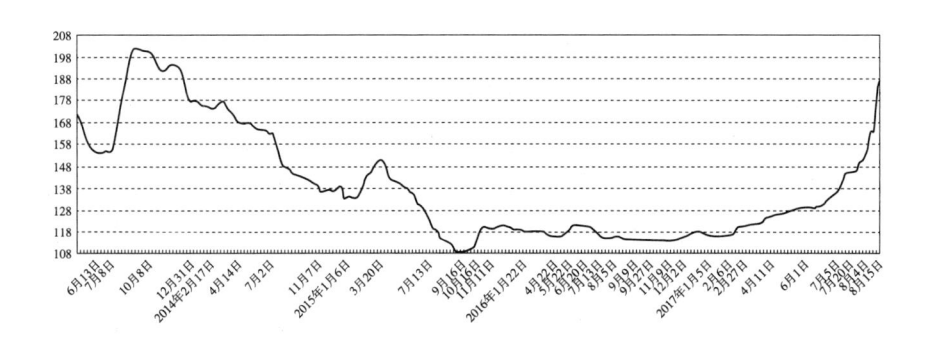

图 4-7　2013—2017 年中国稀土价格指数走势

资料来源：稀土信息网。

键矿产的出口数量管控，总体来看，此举有助于缓和部分稀有矿产品持续偏紧的供给形势。最近几年，国内稀土市场却一再出现震荡行情，价格波动幅度和频率屡次超出市场预期。探究 2017 年这一轮稀土价格暴涨的原因，是由多方面因素推动的：一是政府与行业协会联手，不断加大力度，改善稀土产品的定价条件和价格形成机制，在一定程度上扭转了上下游的价格预期；二是"稀土打黑"进入常态化、制度化，有效地打击了"黑"稀土生产交易，市场上"黑"稀土的供应量相应减少；三是随着环境税征管逐步到位，环保高压对落后的稀土产能起到了一定的抑制作用。

深入分析供求走势、政策环境变化以及资本在其中扮演的角色，可以发现，稀土价格上涨行情的推手更为复杂，其中的利益关系盘根错节。

首先，在总量控制的管理方式下，稀土的指令性生产指标调整存在一定的滞后性，难以适应战略性新兴产业发展的需求。一方面，供给侧结构性改革深化、产业转型升级加快推动新能源、新能源汽车、节能环保等行业快速发展，带动国内稀土需求转暖的同时，进一步加剧稀土元素内部需求结构的不平衡。由于稀土永磁材料及其下游应用的持续扩张，拉动镨钕、铽镝等稀土产品的国内需求急剧增加，而随着日本等国"去稀土化"力度加大，其稀土用量有所减少，进口日益多元化，镧、铈、钐、钇等高配分稀土产品出现了较为严重的过剩。目前，稀土永磁材料消耗的稀土元素占到市场供应总量的六成左右。粗略估算，仅满足国内新能源、新材料等行业对镨钕元素的需求，就需要1.5万—1.8万吨的稀土产品，其中相当一部分需求要由钕铁硼的低端产能消纳。另一方面，在供给层面，2017年，稀土（折合稀土氧化物）年度开采总量指标被限定为10.5万吨，已连续三年未做上调。在总量控制指标与需求发生错配的情况下，稀土供求矛盾有所激化，导致价格上行压力不断凸显。

其次，2017年1月，随着中国五矿完成整合验收，由政府主导的六大稀土集团对稀土行业的资源整合基本落实到位。虽然整合后的六大集团名义上掌控了全国100%的稀土资源，但这并不意味着稀土资源开发特别是南方离子型稀土的分散化生产方式和产业格局彻底被终结。实际上，离子型稀土特殊的资源赋存条件以及普遍偏低的资源品位决定了南方矿的开采环节主要由小企业承担，根本不适合大型矿企实施作业。目前，在行业整合过程中挂靠在六大集团下的地方性企业甚至作坊式的小矿小厂仍是离子型稀土开采冶炼的主力军。这些企业为获得生产和出口指标，向六大集团转让全部或部分股权，由游离在体制外继而进入了产业体系内。"稀土案"败诉后，出口环节管制放松，实现了身份转换的中小企业开始放量出口，在一定程度上挤占了国内需求，进一步加剧国内稀土市场的供求矛盾。

再次，国家稀土收储的时机选择备受质疑。针对稀土价格在较长时期低位徘徊的状况，2016年6月，国家收储启动新一轮招标，采取"少量多次"的方略实施收储，分别于2016年12月以及2017年1月、3月、5月连续4次实施收储。此举对稀土价格预期的影响十分明显，尽管在一定程度上有助于将持续低迷三年多的稀土价格拉回合格水平，但同时这种收储节奏放大了上游企业的惜售心理以及市场的投机情绪，收储效果难免背离政策投放的初衷，引发市场行情二次震荡。

最后，需要强调的是，稀土虽然具有突出的战略性，就其规模而言，却一直在国民经济体系中属于体量很小的行业，1000亿元左右的年产值意味着这一行业很容易被少数企业和少量资本所操控。频繁的价格暴涨不排除是由于部分企业在供给趋紧、国家收储等市场信号下囤货惜售，资本对氧化镨、氧化钕等行业主打产品的短期过度炒作也对稀土价格上涨起到了推波助澜的作用。

2017年，稀土价格暴涨的背后无疑有诸多非理性因素推动，其造成的危害不可忽视。从全产业链的角度观察，由于稀土初级产品向终端产品传导的机制同样存在一定的滞后性，镨钕产品的高位价格直接影响的是钕铁硼等下游企业的正常生产，而一旦价格信号进一步传导至新能源、新材料、节能环保等终端产品制造领域，则很有可能重蹈上一轮镝价格暴涨的覆辙。实际上，2011年那一轮镝价格拉升不仅没能使行业上游获得稳定、可持续的高收益，反而加快了国内外的"去稀土化"进程。日本主要下游企业（包括部分国内企业）纷纷加大投入力度，减少产品中镝的用量，消化原材料价格攀升的压力，并已经取得实质性的进展。近年来，主要进口国企业对稀土替代技术和产品的研发正在逐步削弱我国这一独特而重要的资源优势。与镝等中重稀土不同，镨钕等产品对南北稀土分离企业均是生命线，其价格偏离稳态对国内30万吨钕铁硼的产能势必造成严重冲击，而过度炒作对上游企业也无异于自断后路，不利于稀土产业的长期稳定发展。

2011年以来，国家为保持稀土资源的战略地位、促进稀土行业的健康可持续发展，发布了《关于促进稀土行业持续健康发展的若干意见》（国发〔2011〕12号文）。据此，主管部门以前所未有的政策力度，先后出台了完善国家收储、商业储备、指令性计划、行业准入，整顿稀土行业秩序，采用稀土增值税专用发票，实行资源税从价计征，组建稀土六大集团等多项措施。这一系列重大政策举措为保护稀土战略资源，规范行业行为，理顺市场秩序，加快资源地生态修复发挥了重要的引导作用。

长期以来，稀土行业无序竞争、稀土产品价格的非理性变动尚未根本性转变，严打下的稀土"黑产业链"也并未根除。同时，受日益多元化的国际稀土市场的冲击，中国稀土产品的优势地位有所弱化，稀土产品的进出口发生逆向倒流，非法开采和走私仍有空间。究其根源，"黑色稀土产业链"的存在既是重稀土独特的资源条件以及开采主体的特征造成的，也在一定程度上是"总量控制指标"和稀土资源税税率不尽合理的结果。现行总量指标难以满足产业转型升级催生的实际需求，给非法开采带来了市场机会，而非法开采主要发生在南方稀土集聚区，偏高的环境税税率虽然理论上有助于推动矿区生态修复、绿色发展，但高达 27% 的南方矿资源税税率又进一步为非法矿提供了生存空间。

2017 年，稀土价格突涨之所以引发各方高度关注，很大一部分原因在于这一情况是在前期主管部门密集调整稀土产业政策、推动以六大稀土集团为主体的行业资源整合基本到位、持续加大稀土"黑产业链"打击力度的条件下发生的。价格大幅攀升干扰了下游企业正常生产秩序，进而影响新能源等战略性新兴产业的发展。实际上，稀土价格高企的情况并未持续太长时间，暴涨后很快转入暴跌行情（见图 4-8）。

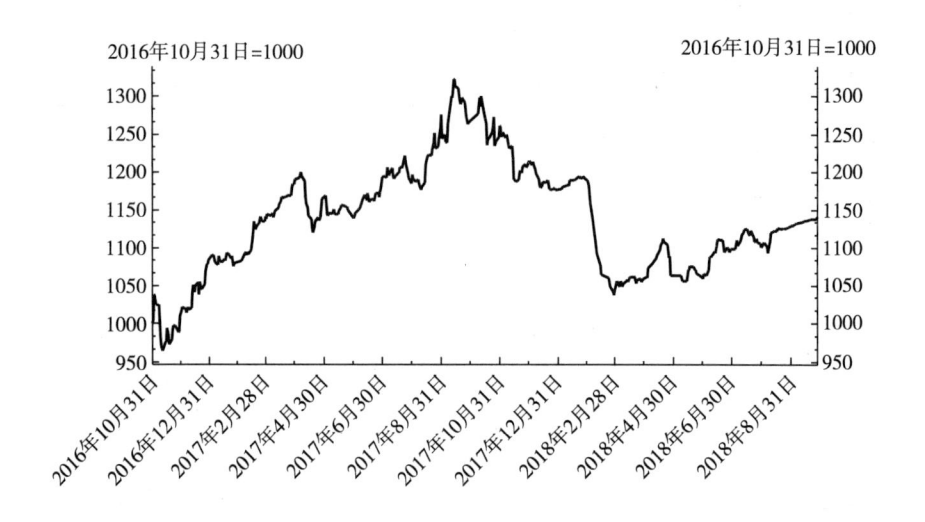

图 4-8　2016—2018 年稀土综合价格指数

资料来源：Wind 数据库。

国内稀土结构性供求不平衡，价格暴跌暴涨，严重影响下游行业稳定运行。受中美经贸摩擦升级影响，市场频传中国有可能收紧对美稀土出口的信号，但其影响首当其冲的却是国内稀土企业，主要稀土产品再度掀起一拨暴涨行情。其中，中重稀土上涨尤为明显。截至 2019 年 5 月 31 日，镝铁合金价格指数上涨 33.0%，同比上涨 67.0%；氧化镝价格指数上涨 33.0%，同比上涨 71.0%；金属镝价格指数上涨 29.5%，同比上涨 40.9%。价格非理性的急涨对下游企业形成了巨大的成本压力和负面市场预期，下游企业纷纷寻求新的供给渠道，推动稀土进口快速增长。令人担忧的是，稀土价格反复涨跌进一步强化了下游应用方

"脱稀土化"的意愿，严重挫伤企业、协会对稀土产业政策有效性以及行业管理体制的信心，增大了今后稀土政策调整及工具选用的难度。同时，也表明六大集团在稳定生产交易等方面尚未发挥整合政策的预期作用，而现行政策体系及其工具手段难以从根本上消除稀土价格暴涨暴跌的体制机制因素。

第三节　全球稀土产品供求预测

一　供求态势

1990年以来，全球稀土产品的产量经历了快速增长的阶段之后，自2006年起略有下降，此后进入了一个较为平稳的时期，产量保持在约12万吨REO的水平。全球稀土产品的消费量与稀土产品的产量变化趋势基本一致，自1990年以来稀土产品需求保持了较快增长。但受国际金融危机的影响，世界经济低迷导致稀土需求相应萎缩，2009年的稀土产品消费量急剧下降，2010年之后有所反弹，之后也保持在一个较稳定的水平，稀土消费量约12万吨（见图4-9）。从供求关系的平衡方面来看，除了某一两年供少于求外，稀土产品的产量基本上都大于消费量。这些富余的稀土产品产量（产量－消费量）一部分形成了生产企业的库存，另一部分被进口国购入当作战略资源储备。因此，稀土产品供少于求的年份，利用之前的库存或储备来弥补缺口。2014年后供过于求的现象持续一段时期，但2017年以来，受需求扩张的影响，稀土特别是镨钕氧化物的供求关系再度发生反转，出现了价格拉升和供求紧张的局面。

二　情景假设与预测结果

（一）情景设置

根据历年来全球稀土产品的供求情况，参考国内外相关机构预测稀土产品供求的方法，本章采用情景分析法，分4种情景对稀土产品的产量进行预测，并以4种情景预测结果的平均值作为稀土产品产量的最终预测值。这里假设国内和国外两个市场对稀土产品的需求没有差异，因此，需求量的预测仅根据不同阶段增速来进行计算。

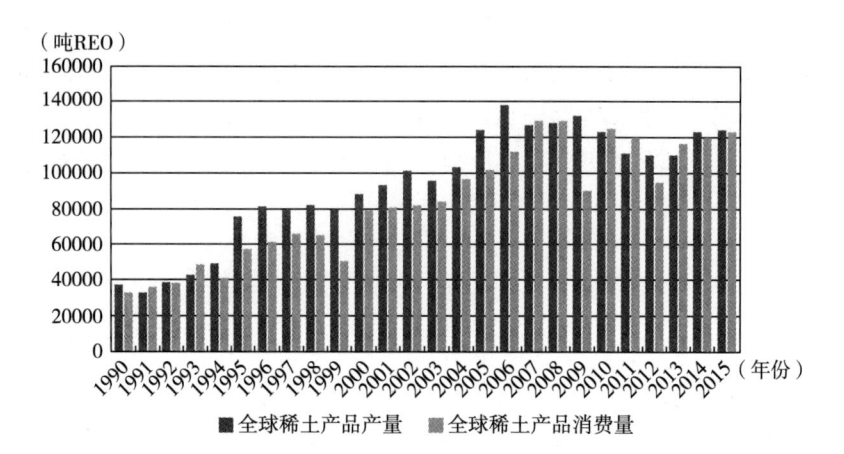

78 | 稀有矿产资源开发利用的国家战略研究

图4-9 历年稀土产品供求状况

资料来源：1990—2007年产量和消费量数据参考苏文清（2009），2008—2010年全球稀土产品产量数据参考美国地质调查局（USGS）公布的 *Minerals Yearbook* (2010)，2011年全球稀土产量数据参考美国地质调查局（USGS）公布的 *Mineral Commodity Summaries：Rare Earth* (2012)，2008—2011年稀土产品消费量数据参考郑明贵等（2012）；2012—2015年全球稀土消费量数据根据中国产业信息网数据计算。

同时，假设国内稀土产品产量（稀土氧化物）和世界其他地区（ROW）稀土产品产量在不同时间段的增速各不相同，国内稀土产品产量的增速和ROW稀土产品产量的增速也各分低情景和高情景，4种情景分别是：A（低，低）、B（低，高）、C（高，低）、D（高，高），情景的设置见表4-3。

表4-3　　　　　全球稀土产品供求预测情景设置　　　　　单位：%

时间	产量								需求量增速	
	情景A（低，低）		情景B（低，高）		情景C（高，低）		情景D（高，高）			
	国内	ROW	国内	ROW	国内	ROW	国内	ROW	国内	ROW
2014—2018	1	5	1	10	3	5	3	10	3	2
2019—2023	3	10	3	20	5	10	5	20	5	4

资料来源：笔者整理。

(二) 预测结果及分析

根据上述情景设置，预测的结果见表4-4和图4-10。产量平均值是4种情景的预测结果求平均值得来，作为产量预测的最终结果。从到2025年全球稀土产品产量和需求量的关系来看，稀土产品的需求基本能够得到满足。到2025年，稀土产品的产量约为19.92万吨，而稀土产品的需求量约为17.8万吨。中国的稀土产品产量占全球稀土产品总量的比重降到约70%。一方面，目前全球稀土需求大部分仍由中国的供应满足，虽然加拿大、澳大利亚、非洲等地区一些稀土开发项目已经进入高级开发阶段，但是短期内甚至中期要想撼动中国的主导地位很难；另一方面，根据美国地质调查局的数据，除中国外的其他地区相继发现相当数量的稀土储量，但是，新发现储量转化为产量的成本和时间还有待进一步评估。而2016年，广西壮族自治区也已发现可供年产200万吨矿石的矿山企业开采100年以上的特大型稀土矿床，这不仅将为中国战略性新兴产业发展提供强有力的资源保障，而且也将使中国继续主导全球稀土的供应格局。

表4-4　　　　　　　　全球稀土产品供求预测结果　　　　　　单位：吨REO

年份	产量A	产量B	产量C	产量D	产量平均值	需求量
2015	124000	124000	124000	124000	124000	123000
2016e	126000	126950	128100	129050	127525	126400
2017e	128058	130100.5	132342	134384.5	131221.3	129896.2
2018e	130176.48	133470.605	136731.2	140025.3	135100.9	133491.4
2019e	132358.04	137081.321	141273	145996.3	139177.2	137188.4
2020e	134605.4	140955.745	145973.1	152323.5	143464.4	140990.1
2021e	140341.02	150386.365	154484.3	164529.6	152435.3	147719.4
2022e	146418.45	161140.293	163542.3	178264	162341.2	154772.4
2023e	152864.93	173465.306	173186.4	193786.8	173325.8	162164.7
2024e	159710.19	187658.23	183459.5	211407.5	185558.9	169912.8
2025e	166986.73	204074.734	194407.6	231495.6	199241.2	178033.9

资料来源：2015年数据参考美国地质调查局（USGS）公布的 *Mineral Commodity Summaries*：*Rare Earth* (2016)。

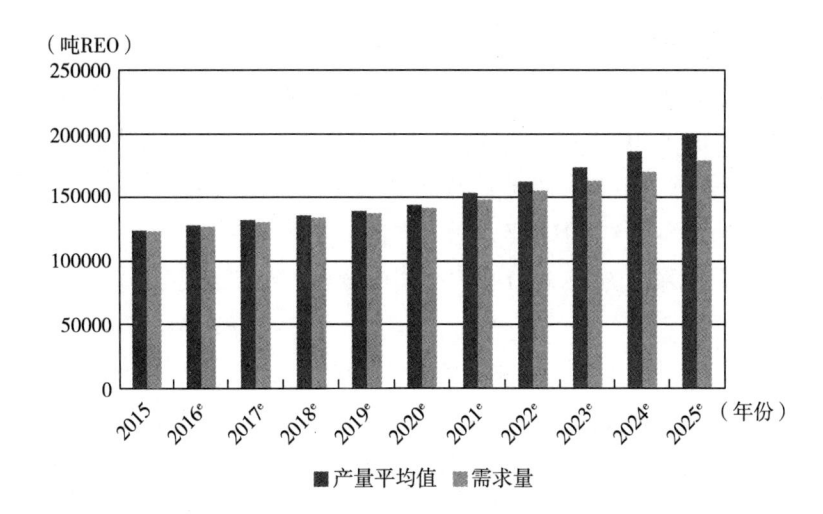

图 4-10　全球稀土产品供求预测

资料来源：1990—2007 年产量和消费量数据参考苏文清（2009），2008—2015 年全球稀土产量数据参考美国地质调查局（USGS）公布的 *Mineral Commodity Summaries：Rare Earth*（2009—2016），2008—2011 年稀土产品消费量数据参考郑明贵等（2012）；2012—2015 年全球稀土消费量根据中国产业信息网数据计算。

2015—2025 年的中国稀土产品产量和需求量数据如表 4-5 所示，中国稀土产品的产量将稳定在 10 万—14 万吨，需求量呈现出缓慢增加的态势（见图 4-11）。尽管在相当长时期内中国稀土产品产量相对于国内的需求量来说有一定的余量，但是由于产品质量、产品需求结构等原因，自 2003 年起，中国在大量出口稀土产品的同时，也从国外进口稀土产品。2016 年 10 月，工业和信息化部宣布到 2020 年，稀土矿产量的总量控制指标将不超过 14 万吨，从预测结果来看，至 2025 年稀土矿产量约 14.16 万吨，总体处于合理范围。①

（三）小结

由于影响稀土产品供求的部分因素很难量化，相关数据的获得十分困难。目前，国内外稀土相关部门和研究机构对稀土产品中长期供求的预测方法一般是基于分析判断下的增长率的推算。本章对未来全球稀土

---

① 考虑到战略性新兴产业发展以及产业转型升级加快带动稀土结构性需求的增加，这一预测结果有可能偏于保守。由于 2017 年以来稀土主要产品价格暴涨，在企业和行业协会的不断呼吁下，工业和信息化部着手对稀土生产总量控制指标做进一步评估。

表 4-5　　2015—2025 年中国稀土产品供求预测　　单位：吨 REO

年份	稀土产量	稀土需求量	稀土产品产量盈余
2015	105000	94000	11000
2016e	107100	96820	10280
2017e	109252.5	99724.6	9527.9
2018e	111459	102716.3	8742.632
2019e	113720.9	105797.8	7923.095
2020e	116039.9	108971.8	7068.154
2021e	120738.4	114420.4	6318.001
2022e	125638.6	120141.4	5497.233
2023e	130749.8	126148.4	4601.328
2024e	136081.4	132455.9	3625.504
2025e	141643.4	139078.7	2564.712

资料来源：笔者估算。

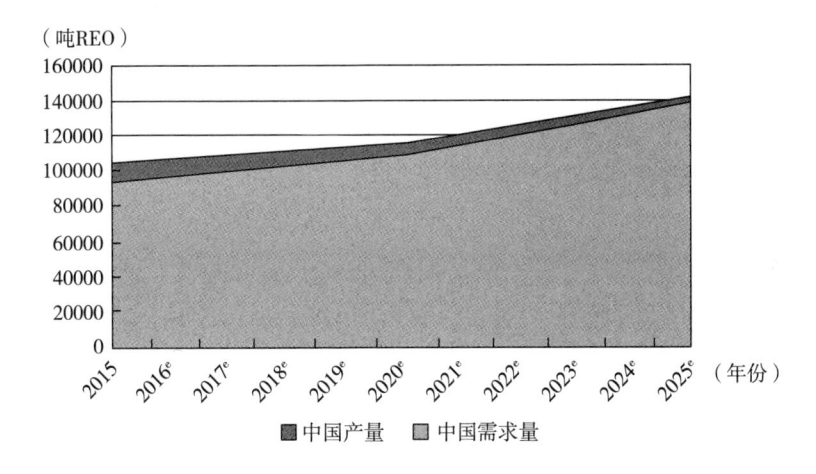

图 4-11　2015—2025 年中国稀土供求状况预测

资料来源：笔者估算。

产品的供求预测也是在前文分析的基础上，设置了 4 种不同的增长情景，估算稀土产品的供求趋势。再从全球稀土产品的供应和需求情况来看，未来稀土产品需求将保持相对平稳增长的态势，除中国之外的稀土供应量会有所增加，但短期内增幅不会太大。预测结果显示，至 2025

年，全球稀土产品的供求趋于平衡，供给略大于需求。需要强调的是，相比国际供求关系，国内的情况相对更难判断，供求两个层面均存在较多的不确定性。总体来看，国内稀土市场的供求关系波动较大，政策、行业上下游环节等因素对供求变化的影响比较复杂，未来不排除出现突出的阶段性、结构性供求矛盾。

第五章 锂的供求变化趋势

锂是重要的稀有轻金属。作为全球重要的小品种金属之一，近年来，在智能手机、新能源、新能源汽车等下游需求的拉动下，全球锂资源供求及其下游产业发展表现出与其他金属品种不同的态势。有别于基础金属较为低迷的市场行情，锂一度成为国际矿产品市场上少有的供需两旺、价格攀升的品种。目前，动力锂电池和储能锂电池在技术成熟度以及性能、成本等方面的优势显著，拉动锂在近期全球小品种金属市场表现中"一枝独秀"，其战略性日益突出。总体来看，全球范围内锂资源相对丰富。随着战略性新兴产业加快发展，上游资源供给成为制约中国锂行业发展的重要因素，替代储能技术的开发和产业化也将直接影响未来锂产业的发展。

第一节 全球锂资源供给现状

金属资源供求受到资源禀赋条件和下游相关产业发展态势两方面因素制约。目前，世界范围内锂矿资源集中分布在"南美三角洲"地区，需求方面则主要受传统玻璃工业以及新兴的锂电池行业影响。近年来，由于生态环境问题日益突出，主要国家节能减排进程加快推进，对清洁能源及绿色交通工具的需求持续增加，新能源汽车产业在全球范围内出现爆发式增长。在现有技术经济性下，主要生产国确定了以锂电池为主的新能源汽车电池技术路线，直接带动了锂资源需求量上升，进而推动上游基础锂业的快速发展。

一 资源储量相对丰富，分布集中度较高

锂在地壳中含量约为 0.0065%，在稀有金属中，锂是丰度相对较高的品种。锂资源主要以固体锂和盐湖锂两种形式存在，其中以盐湖锂形式存在的锂资源占资源总量的 2/3 以上。目前已探明的全球锂资源储量总计超过 5300 万吨，附属资源种类主要包括盐湖卤水锂、地热卤水锂、锂蒙脱石锂、油田卤水锂以及伟晶岩锂等。锂资源大国主要包括阿根廷 980 万吨、玻利维亚 900 万吨、智利 840 万吨、中国 700 万吨、美国 680 万吨、澳大利亚 500 万吨、加拿大 190 万吨等。从全球锂资源分布看，南美洲的"锂三角"是世界上锂资源最为丰富的地区。而阿根廷、玻利维亚、智利以及澳大利亚 4 国的锂资源储量占全球储量的六成以上。[①] 从需求情况看，据 Orocober 预测，2025 年全球锂资源需求量将达到 12.7 万吨[②]，与现有探明锂资源采储比为 181.81 年，可使用年限较长，全球范围内资源储量相对较为丰富。

目前，全球 68.8% 的储量分布在"锂三角"地区，资源地主要包括玻利维亚、智利、阿根廷等南美洲国家。USGS 的资料显示，截至 2017 年，全球锂资源储量接近 2000 万吨。其中，智利和澳大利亚的储量分别为 750 万吨和 670 万吨，约占全球锂资源储量的七成，世界锂资源分布呈现出高度集中的特点（见表 5-1）。同时，锂资源分布在一国或地区内部的集中度也比较高，如玻利维亚乌尤尼盐湖的锂储量为 550 万吨，占该国锂资源总量的 60.67%，中国锂矿床同样集中分布在青海、西藏、四川、江西四省区，这 4 省区查明资源储量占全国资源总量的 96%。[③]

二 资源供给稳中增长，长期潜力有限

2015 年，全球锂资源储量 1400 万吨，产量 3.25 万吨（不含美国），储产比约 430.77 年。若考虑美国产量，采用 2013 年 USGS 公布

[①] 智研咨询网：《2018—2024 年中国锂市场专项调研及发展趋势研究报告》，http://www.chyxx.com/industry/201804/627332.html。

[②] 王秋舒：《全球锂矿资源勘查开发及供需形势分析》，《中国矿业》2016 年第 3 期。

[③] 刘舒飞等：《中国锂资源产业现状及对策建议》，《资源与产业》2016 年第 2 期。

表 5-1　　　　　　全球主要国家和地区锂资源储量　　　单位：万吨金属锂

国家或地区	2012 年	2013 年	2014 年	2015 年	2016 年	2017 年
阿根廷	85	85	85	200	200	200
智利	750	750	750	750	750	750
巴西	4.6	4.6	4.8	4.8	4.8	4.8
澳大利亚	100	100	150	150	160	670
中国	350	350	350	320	320	320
葡萄牙	1	6	6	6	6	6
津巴布韦	2.3	2.3	2.3	2.3	2.3	2.3
美国	3.8	3.8	3.8	3.8	3.8	3.5
全球合计	1296.7	1301.7	1351.9	1400.0	1446.9	1956.6

资料来源：Wind 数据库。

的美国锂资源产量数据 0.08 万吨，全球锂资源储产比约为 429.71 年。由此可见，世界范围内锂资源长期内供给较为稳定。同时，2011—2017 年，全球锂资源供给量始终保持 3 万吨/年以上的水平，锂矿及含锂盐湖主要分布国家和地区的资源供给量也相对平稳，但 2016 年之后供给量增长出现提速的态势（见图 5-1）。2014—2015 年，受智利、阿根廷等南美"锂三角"国家地震、暴雨等自然灾害影响，主矿区产量下滑，全球锂资源供给量略有收缩，但较为稳定的总体供给形势未发生根本性变化。未来，随着锂的开采提炼技术趋于成熟、矿业投资全球范围内流动、下游相关行业迅速发展，全球锂资源供给将回升到南美"锂三角"受灾前水平并有所提升。

全球锂资源供给总量虽然有所增加，但资源供给增速却稍显乏力，资源的长期供给潜力有限。中商情报网对全球锂资源供给量及供给量增速进行了分析，以碳酸锂当量计量，2017 年全球锂资源供给量为 29.24 万吨，同比增长 33.3%，较 2016 年预计增速提高 7.5 个百分点（见表 5-2）。短期内刺激供给增长的因素主要来自两方面：一是 2012—2014 年全球范围内锂业巨头并购重组，新建产能相继投产；二是下游锂电池行业迅速发展拉动上游锂矿资源供给增加。同时，也应该看到，由于矿产资源本身储量、开采条件限制，加之锂矿主产国（如智利、澳大利

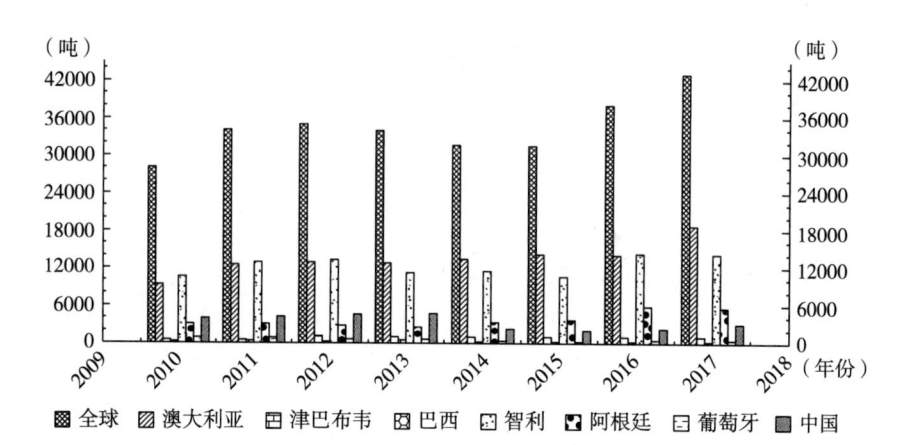

图 5-1　全球主要国家和地区锂资源产量

资料来源：Wind 数据库。

表 5-2　　　　　　　2015—2017 年全球锂资源供给量预测

碳酸锂当量	现有产能	远景产能	2011年	2012年	2013年	2014年	2015年e	2016年e	2017年e
全球盐湖提锂（万吨）	15.05	45.75	9.42	9.09	9.27	10.38	10.85	13.25	18.25
同比增速（%）	—	—	—	-3.50	2.00	12.00	4.50	22.10	37.70
全球矿石提锂（万吨）	11.7	28.7	4.82	7.10	7.55	7.59	6.6	8.69	10.99
同比增速（%）	—	—	—	47.40	6.20	0.70	-13.20	31.80	26.50
全球合计（万吨）	26.75	74.45	14.24	16.19	16.81	17.98	17.45	21.94	29.24
同比增速（%）	—	178.30	—	12.30	18.00	-2.90	-2.90	25.80	33.30

资料来源：中商情报网。

亚）等政府针对新矿藏勘探开采、海外矿业投资等供给扩容的趋势出台了新规定，全球主要锂业公司的产能扩张计划低于预期（见表 5-3），从长期来看，全球锂资源供给潜力受限，锂及其制品的供求矛盾将进一步显现。

表5-3 2015—2016年全球主要锂业公司产能扩张计划及实施情况

公司名称	原计划	实际情况
SQM	无扩产计划	—
FMC	无扩产计划	
Rockwood	2015年上半年投产2万吨/年电池级碳酸锂加工产能	仍处于调试阶段
	与Talison合资建设矿石提锂工厂	2019年投产
Orcobre	2015年4—8月达产并批量出货	由于技术"瓶颈",实际出货时间推迟到2015年年末
合众股份	马尔康矿2015年上半年达产40万吨/年原矿产能	2015年6月矿山开始运行,产能预计为20万吨/年

资料来源:《锂矿需求持续增长,供需格局依然良好》,中国证券网,2015年9月17日。

三 全球供给格局成形,主要供应商开展寡头竞争

与高度集中的全球锂资源分布格局相对应,全球锂产业链下游的供应商已形成较为典型的寡头格局,对锂矿及其开采冶炼环节具有较强的控制力,并主导着国际市场上锂及相关产品的价格走向。其中,智利化学矿业公司(SQM)、泰利森(Talison)矿业公司、洛克伍德(Rockwood)控股公司、美国富美实公司(FMC)控制了全球超过80%的锂资源供应量。2014年,国际市场65%的矿石锂资源被智利化学矿业公司(SQM)控制,而泰利森(Talison)矿业公司、洛克伍德(Rockwood)控股公司、美国富美实公司(FMC)则拥有全球92%的盐湖锂资源(见表5-4)。

表5-4 全球主要锂业公司产品及产能情况　　　　单位:万吨

公司名称	主要产品	产量	2014年主要产品销量
SQM	碳酸锂、氢氧化锂、氯化锂	4.8(碳酸锂)	3.95
FMC	碳酸锂、氯化锂、丁基锂等深加工产品	3.2	2.2

续表

公司名称	主要产品	产量	2014 年主要产品销量
Albemarle（Rockwood lithium）	碳酸锂、氢氧化锂、金属锂、丁基锂	5.3	3.2
Talison	锂精矿	74（80%为化工级锂精矿）	42.6

资料来源：《全球主要碳酸锂生产厂家一览》，OFweek 锂电网，2015 年 12 月 29 日。

实际上，锂行业内并购重组进程自 21 世纪初就已启动，各大锂业公司通过在世界范围内并购投资，整合全球锂业资源，特别是通过参与境外锂矿开发和矿权投资，进一步增强企业垄断势力。近年来，由于新能源汽车及其配套的动力电池等锂资源下游新兴领域发展迅速，推动锂的需求不断上升，行业内主要企业加紧布局，并购重组步伐明显加快（见表 5-5）。随着全球各大锂业公司对矿山、盐湖资源整合，锂业寡头垄断格局进一步强化，整个行业进入壁垒将随之提高，规模效应更加显著。

表 5-5　　全球锂行业的企业重大并购重组事件

年份	交易内容
2004	美国 Rockwood 控股公司收购世界领先的锂业公司凯密特尔，成为全球第二大锂业公司
2007	美国 RCF 财团收购澳大利亚桑斯·夸拉尔公司高级矿产部，2009 年正式更名为 Talison 锂业有限公司，成为全球第一大锂业公司
2010	美国西部锂业公司通过向西部铀业公司发行 585.5 万股普通股方式，收购其旗下内华达州金斯谷项目
2012	全球锂辉石开采龙头——银河资源收购加拿大锂矿石及锂盐湖勘查开采企业 Lithium One
2013	中国天齐锂业收购 Talison 公司 51% 股权，其余 49% 股权归 Rockwood 公司持有
2014	美国 Albemarle 公司以现金交换股权方式出资 62 亿美元，收购全球最大锂生产商之一 Rockwood 控股公司

续表

年份	交易内容
2015	中国赣锋锂业的全资子公司赣锋国际有限公司收购 Reed Industrial Minerals Pty Ltd18.1%股权
2016	天齐锂业通过收购 Pampa Calichera S. A.，获得全球锂业巨头 SQM23.02%股权

资料来源：转引自王秋舒《全球锂矿资源勘查开发及供需形势分析》，《中国矿业》2016 年第 3 期；高工锂电《赣锋锂业拟进一步收购澳大利亚 RMI18.1% 股权》，http：//www.gg-lb.com/asdisp2-65b095fb-22427.html，2016 年 5 月 18 日；网易财经《天齐锂业间接收购全球锂业巨头 SQM 股权》，http：//money.163.com/16/0909/11/C0H5L6AB002580S6.htm，2016年 9 月 9 日。

第二节　锂的全球需求变化

一　资源消费高度集中，受下游行业发展的影响显著

锂资源消费在全球的地区分布及下游产业应用表现出高度集中的特点。其中，中国、日本、韩国的锂消费量合计占全球资源总量的 64%，欧洲占 26%，北美地区约占 9%。[1] 需要强调的是，锂资源在下游应用领域的消费结构取决于行业发展的水平和潜力。锂的应用分为传统应用领域和新兴消费领域两大类。传统应用领域主要包括玻璃陶瓷、润滑脂、电解铝等行业，其中玻璃陶瓷领域的资源消费在锂资源消费总量中占比始终超过 30%。进入 21 世纪，随着电子消费品普及程度提高，锂电池在手机、电脑等领域内的应用不断增加，2014 年后，锂电池行业再度呈现爆发式增长态势。2015 年，在全球锂资源消费结构中，电池行业占 35%、陶瓷和玻璃占 32%、润滑脂占 9%、电解铝占 1%，其他行业占 23%，电池行业锂资源消费量占比首次超过传统玻璃陶瓷行业（见图 5-2）。

---

[1] 唐尧：《世界锂生产消费格局及资源安全保障分析》，《世界有色金属》2015 年第 8 期。

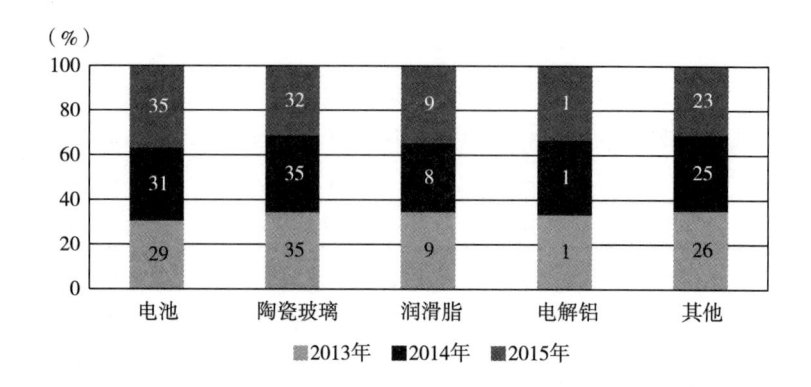

图 5-2 锂资源消费行业占比情况

资料来源：USGS，*Mineral Commodity Summaries*，2014-2016。

二 下游行业发展潜力较大，需求量快速攀升

受矿业产业链下游行业发展状况的影响，资源需求会表现出与之密切相关的变动趋势。一般而言，资源需求量的变化往往会滞后于产业需求的变化，随后下游企业根据市场预期做出调整，反作用于上游资源供给行业。据 Signum BOX 预测，2020 年全球锂需求量 28 万吨，年均增长 8.3%；电池行业锂需求 21 万吨，年均增长 18.6%；2025 年全球锂需求量 40 万吨，年均增长 7.4%；电池行业锂需求 25 万吨，年均增长 10.8%[1]，锂电池行业资源需求量的增速明显高于同期锂的总需求增速，电池行业对资源需求量的推动效果显著。

同时，随着世界各国能源结构转变、节能环保意识不断增强、技术水平逐步提升，新能源汽车和风光发电储能成为锂产业链下游新的增长点，对储能、储电锂电池需求上升，推动锂资源需求量攀升，为产业链上游资源企业带来新的供给压力。OFweek 锂电网的数据显示，到 2022 年全球锂电池市场规模将超过 400 亿美元（预计为 422 亿美元），锂电池需求量 125GWh，2016—2022 年，锂电池市场规模和锂电池需求量的年复合增长率分别达到 9.94% 和 12.10%，锂电市场发展潜力巨大，将

---

[1] 尹丽文等：《全球锂资源供需关系及对锂资源开发的几点建议》，《中国国土资源情报》2015 年第 10 期。

拉动锂资源需求量快速攀升（见图 5-3）。

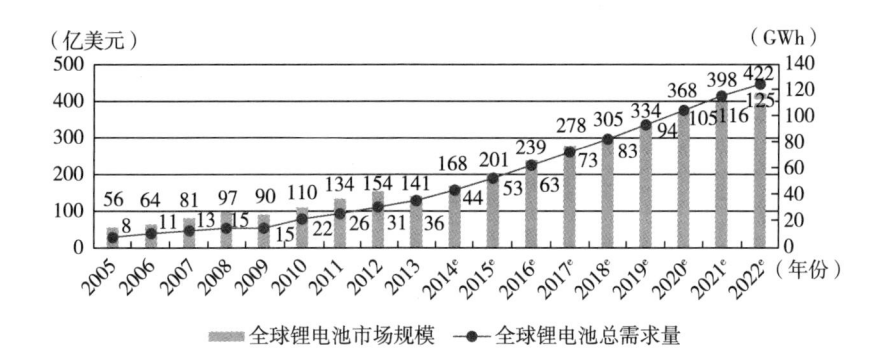

图 5-3 全球锂电池市场规模及需求总量

资料来源：OFweek 锂电网：《2015 年全球锂电池市场规模需求预测》，http://libattery.ofweek.com/2014-12/ART-36001-8440-28913704.html。

（一）新能源汽车行业

近年来，主要工业化国家和地区不断加大对新能源汽车行业的投入力度。凭借其突出的安全性、体积轻巧等优良性能，锂电池在新能源汽车动力电池领域得到广泛应用。2011—2014 年，全球新能源汽车销量由 6.70 万辆增至 35.35 万辆，销量增长 427.61%，到 2020 年销量达到 207.20 万辆，带动锂电池需求达到约 6.29GWh（见图 5-4）。新能源汽车按照动力驱动系统划分为混合动力电动汽车、插电式电动汽车和纯电动汽车，这三类车型动力锂电池中锂的含量分别为 0.8—2 千克/辆、1—10 千克/辆和 8—40 千克/辆。[①] 到 2020 年，纯电动汽车将成为新能源汽车的主流产品，行业对锂资源的需求将进一步扩大到 1.66 万—8.29 万吨。

（二）储能领域

随着主要发达国家能源转型加快，世界能源消费结构正在发生革命性的变化。主要发达国家一次能源消费中可再生能源比重不断提升，风力发电和光伏发电占比逐步提高。由于风光发电的随机性、间断性较大，

---

① 邢佳韵等：《世界锂资源供需形势展望》，《资源科学》2015 年第 5 期。

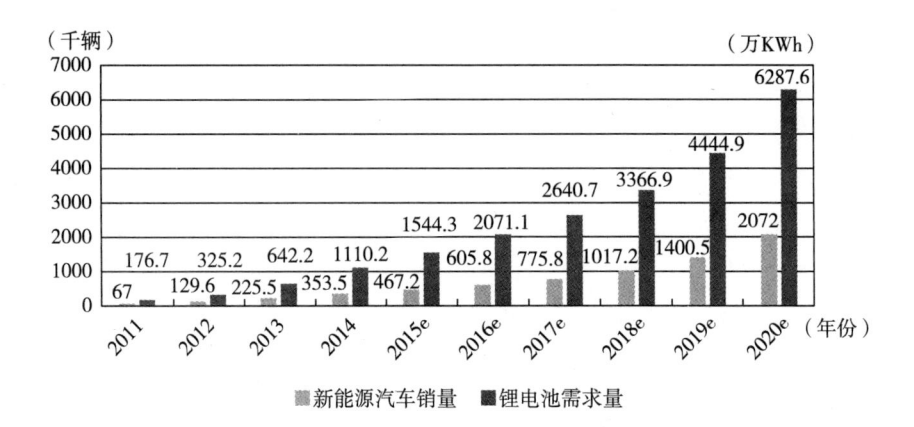

图 5-4　2011—2020 年全球新能源汽车销量及锂电池需求量变化情况

资料来源：中国产业信息网：《2016 年中国锂电池行业发展现状及发展趋势预测》，http://www.chyxx.com/industry/201607/428556.html。

需要在电力储能环节实现改进和突破。与传统铅酸电池相比，锂电池循环寿命更长，放电功率较大，是替代铅酸储能电池较为可靠的技术选择。目前，美国、日本电网储能电池技术中锂电池的份额约占 50%。[1] 据化学与物理电源行业协会预测，2008—2018 年全球储能市场从 111263GWh 增长到 4661970GWh，年复合增长率 45%（见表 5-6），全球储能市场需求释放将带动锂电池材料需求增加，进而拉动锂资源需求扩张。另外，电子信息产业也是锂电池的主要需求领域，广泛应用于各种类型的电信基站运行。其中，仅国内三大电信运营商拥有的有电池需求的基站就高达 170 万个（不含末端供电小型设备等），而移动通信公司的这类基站则超过 90 万个。按照铅酸电池原 1000 亿元/年的采购量，如果运营商每年将其中的 10% 更换为磷酸铁锂电池，就将为锂电池释放出年均上百亿元的市场空间。此外，智能电网、微电网等下游行业方兴未艾，随着锂电池材料性能和储能技术进一步成熟，储能锂电池的应用领域将从工业企业、电信运营商向居民用户拓展，锂电池需求空间广阔，上游锂资源市场有望持续扩大。[2]

---

[1]　李方方等：《动力锂电池行业现状和发展趋势》，《交通节能与环保》2016 年第 3 期。
[2]　OFweek 锂电网：《储能领域对锂电池的需求高于新能源汽车》，http://libattery.ofweek.com/2015-08/ART-36001-8420-28989232.html，2015 年 8 月 5 日。

(三) 需求面临的不确定因素

值得注意的是，新能源汽车产业在全球范围内发展迅速，有可能取代传统汽车成为未来交通工具的主导产品，但新能源汽车的技术路线并不是唯一的，特别是储能技术仍处在快速变革和密集创新的阶段。随着燃料电池技术趋于成熟、成本不断下降，未来将有可能全面代替锂电池成为新能源汽车动力的能源技术路线。因此，新能源汽车产业对上游锂资源的需求尚存在不确定性，难以提供长期、稳定、可靠的需求刺激，来自需求侧的风险有加大的态势。而风光发电储能领域，为适应全球能源结构转变，锂电池向智能电网、微电网等细分领域进一步发展潜力较大，成为锂资源需求可靠的持续增长点的概率更大。

表 5-6　　　　主要储能技术储电量　　　　单位：GWh

储能技术	2008 年	2013 年	2018 年e
抽水蓄能	—	500000	500000
压缩空气	—	250000	750000
钠硫电池	75000	223665	343131
铅酸电池	25000	14762	8717
钒溴电池	1018	2374	4100
钒硫电池	295	734	1404
锂电池	3000	727300	3034231
飞轮	500	1059	1706
超导储能	6000	8415	11803
超级电容器	450	2764	6878
合计	111263	1731074	4661970

资料来源：中国产业信息网：《储能领域的发展对于锂离子电池的需求》，http://www.chyxx.com/industry/201607/428556.html，2016 年 7 月 5 日。

第三节　中国锂资源分布及锂业发展

一　资源总量大，禀赋差，对外进口依存度高

中国锂资源储量丰富，据 USGS 统计，2015 年中国锂资源储量 320 万吨、探明资源量 510 万吨，资源储量及产量仅次于智利，位居世界第二。另据《中国矿产资源报告（2017）》，2016 年，全国锂矿（氧化物）查明储量 961.46 万吨，同比略降 1.0%。由于持续不断的勘探，锂资源储量在世界范围内已大幅度增加。目前，全国已探明锂矿床 151 处，其中超大型矿床 3 处、大型矿床 10 处，以盐湖卤水资源为主。主要分布于西藏、青海、新疆、四川、湖南、湖北、江西等省区。其中，青海、西藏两省区盐湖锂资源储量占全国资源总储量的 80% 左右，资源分布集中度较高（见表 5-7）。

表 5-7　　　　　　　中国锂资源分布情况　　　　　　单位：万吨；%

地区	主要矿物	储量	基础储量	已探明资源储量	占比
青海	盐湖卤水	640.09	667.28	753.38	49.63
西藏	盐湖卤水	101.49	362.18	430.5	28.36
四川	锂辉石	31.73	35.39	117.98	7.77
江西	锂云母	50.8	56.61	63.71	4.20
湖北	盐湖卤水	—	—	108.78	7.17
湖南	锂云母	0.13	0.18	35.86	2.36
新疆	锂辉石	1.12	3.57	6.24	0.41
河南	锂云母	0.37	0.5	1.21	0.08
福建	锂辉石	—	—	0.43	0.03
山西	锂辉石	—	—	0.04	0.002

资料来源：中国产业信息网：《2015—2016 年中国锂矿区域集中度分析》，http://www.chyxx.com/industry/201601/376600.html，2016 年 1 月 7 日。

与较大的资源总量形成反差的是，中国现有锂矿的资源禀赋条件较差，锂矿品位低，与世界主要资源国相比，中国锂矿的开采和提炼成本

偏高，因此锂产品加工行业仍需大量进口锂资源，对外依存度高企。具体来说，全球主要36处锂矿资源中，资源品位高于10%的共16处，而中国只有甲基卡锂辉石矿品位高于10%。此外，国际上一般使用镁锂比作为衡量锂矿资源禀赋条件、开采难度、开采成本的主要指标。从表5-8可以看出，世界上36处主要锂矿资源中，阿塔卡玛盐湖、银湖、乌尤尼盐湖的镁锂比分别为6.4、1.5和19，而青海台吉尔乃盐湖的镁锂比高达34。即使拥有西藏当雄错盐湖、扎布耶盐湖等镁锂比相对较低的锂矿资源，但由于受西藏气候条件、交通基础设施、工业配套条件等限制，这些锂矿资源开采和运输难度较大，大规模产业化开发利用面临诸多障碍。2015年，中国生产的锂产品共计加工矿产资源原料43.1万吨，其中进口锂辉石36万吨，同比增长9%，进口锂辉石加工依赖度达70%；进口高浓卤水1.8万吨，占加工用锂原料的4%，而国内锂资源供应量仅占8.5%。①

表5-8　　　　　　　全球主要锂矿品位比较

盐湖/矿名称	国家	品位（锂含量）	镁锂比	开采成本（美元/磅）	成本（美元/千克）	储量（等价吨锂）
阿塔卡玛	智利	0.15	6.4	0.7—1	1.5—2.2	35700000
当雄错	中国（西藏）	0.04—0.05	0.22	1—1.2	2.2—2.6	140600
扎布耶	中国（西藏）	0.05—0.1	0.001	1—1.2	2.2—2.6	1530000
台吉尔乃	中国（青海）	0.03	34	1.1—1.3	2.4—2.9	260000
翁布雷穆埃尔托（Hombre Muerto）	阿根廷	0.06	1.37	1.1—1.3	2.4—2.9	815000
Olaroz	阿根廷	0.09	2	1.1—1.3	2.4—2.9	325000
银湖（Sliver Peak）	美国	0.023	1.5	1.1—1.3	2.4—2.9	40000
里肯（Rincon）	阿根廷	0.04	8.5	1.2—1.5	2.6—3.3	1870000
马里昆加（Maricunga）	智利	0.092	8	1.2—1.5	2.6—3.3	220000

① 李冰心：《中国锂产业现状及未来发展趋势分析》，OFweek 锂电网：http：//libattery. ofweek. com/2016 -08/ART -36002 -8420 -30020802. html，2016 年 8 月 8 日。

续表

盐湖/矿名称	国家	品位（锂含量）	镁锂比	开采成本（美元/磅）	成本（美元/千克）	储量（等价吨锂）
Greenbushes	澳大利亚	1.36	—	1.2—1.5	2.6—3.3	255000
乌尤尼	玻利维亚	0.04	19	1.3—1.8	2.9—4.0	5500000
Masvingo（Bikita）	津巴布韦	1.4	—	1.3—1.8	2.9—4.0	56700
Bernic Lake	加拿大	1.28	—	1.3—1.8	2.9—4.0	18600
Cherryville	美国	0.68	—	1.3—1.8	2.9—4.0	335000
Barroso-Albao & Covas de Barroso	葡萄牙	0.37—0.77	—	1.4—2.0	3.1—4.4	10000
嘎吉卡	中国	—	—	1.4—2.0	3.1—4.4	560000
马尔康	中国	—	—	1.4—2.0	3.1—4.4	220000
Brazil	巴西	—	—	1.5—2.0	3.3—4.4	85000
Separation Rapids	加拿大	0.62	—	1.8—2.0	4—4.4	72200
Barraute，Quebec	加拿大	0.53	—	1.9—2.3	4.2—5.1	106000
甲基卡	中国	0.59	—	1.9—2.3	4.2—5.1	450000
柴达木盆地	中国	—	—	1.5—2.5	3.3—5.5	2020000
Searles Lake	美国	0.0065	125	2.0—2.5	4.4—5.5	31600
Kings Mountain	美国	0.69	—	2.0—2.5	4.4—5.5	200000
Etykinskoe	俄罗斯	0.23—0.79	—	2.1—2.7	4.6—6.0	—
Namibia	纳米比亚	—	—	2.2—2.8	4.9—6.2	11500
Salton Sea	美国	0.022	1.3	2.2—2.8	4.9—6.2	1000000
大盐湖	美国	0.004	250	2.2—2.8	4.9—6.2	526000
死海	以色列	0.002	2000	2.4—3.0	5.3—6.6	2000000
Manono-Kitololo	扎伊尔	0.58	—	2.4—3.0	5.3—6.6	2300000
Bougouni Area	马里	1.4	—	2.4—3.0	5.3—6.6	26000
Yellowknife	加拿大	0.66	—	2.5—3.0	5.5—6.6	129000
McDermitt	美国	0.24—0.53	—	3.5—4.7	5.5—10.4	—
North Carolina	美国	—	—	3.5—4.7	7.7—10.4	2600000
Russian pegmatites	俄罗斯	—	—	3.5—4.7	7.7—10.4	—
Smackover	美国	0.04	20	5.0—6.4	11—14.1	1000000

资料来源：中国产业信息网：《全球锂矿资源分布格局及锂矿企业国际竞争力水平分析》，http：//www.chyxx.com/industry/201402/230161.html，2014年2月28日。

由于中国锂矿普遍品位较低，国内不少上游产品生产企业集中在西北和西南地区投资开发（见表5-9），作业条件恶劣，运输成本普遍较高。

表5-9　　　　　　　　　中国主要锂矿的开采情况

地区	企业	矿区	产能情况	远景规划	2015年生产情况
西藏	西藏矿业	扎布耶盐湖	4500吨碳酸锂+氢氧化锂	后期计划扩张至2.6万吨，时间待定	全年产量4000吨
	西藏域投	龙木错盐湖和结则茶卡盐湖	中试3000—5000吨，尚未出量	远景规划4万吨	少量精矿
青海	青海中信国安	西台吉乃尔和部分东台吉乃尔	1万吨碳酸锂，2014年产量3000吨	远景规划2万吨	技改中
	青海锂业	东台吉乃尔	1万吨，2013年实际产量3000吨，2014年实际产量5000吨	远景规划2万吨	全年产量3000吨
	青海蓝科锂业	察尔汗盐湖	1万吨产量，2013年实际产量1000吨，2014年实际产量2400吨	远景规划2万—3万吨	目前每天产30吨，生产顺利，年产量4000—5000吨
	五矿一里坪	一里坪盐湖	1万吨碳酸锂，预计2015年建成	远景规划3万吨	未出产品

资料来源：转引自李冰心《新能源汽车产业爆发锂市场迎来黄金期》，《新材料产业》2016年第1期，第49页。

二　下游产业发展迅速，国内需求不断扩大

随着国内需求增加，中国已经形成较为完整的锂业产业链。整个产业链以矿石、盐湖卤水提炼为基础，覆盖碳酸锂、氧化锂、氢氧化锂、金属锂等中间产品，辐射玻璃陶瓷、新能源汽车、润滑脂、储能电池等诸多领域，锂业呈现快速发展态势。

新能源汽车产业是锂的主要应用领域。根据《中国制造2025》对新能源汽车动力能源设定的发展目标，到2025年，新能源汽车动力电

池系统电池单体比能量要达到 400 瓦时/千克以上。相应地，成本需降至 0.8 元/瓦时，系统成本降至 1 元/瓦时，这对动力电池性能和性价比都提出了较高要求。在现有技术水平下，磷酸铁锂、钴酸锂、锰酸锂、三元材料等锂电池工作电压是镍镉电池、镍氢电池的 3 倍，能量则是镍氢电池的 3 倍，体积小、质量轻、循环寿命长、自放电率低，逐渐替代镍氢电池和铅酸电池成为动力能源市场主力。因此，新能源汽车爆发式增长带来的锂电池需求攀升推动了国内锂资源需求激增。

近年来，在各级政府的大力推动下，中国新能源汽车产业发展取得了令人瞩目的成绩，市场规模急剧扩张（见图 5-5）。随着充电桩等电动汽车基础设施建设完善，新能源汽车从主要应用于公共交通系统快速进入个人消费、公车采购以及出租车运营等领域。另据中国产业信息网预测，2016—2020 年中国新能源汽车产量将稳步增长，除个别年份，年增速基本保持在 50%，市场规模扩张迅速。其中，乘用车和专用车增量增速将超过客车，成为市场增长主力。在新能源汽车产业拉动下，2020 年，锂需求量 13 万吨，年均增长 7.6%；2025 年，锂需求量增长至 19 万吨，年均增长 7.9%，占世界总需求量的 45%。①

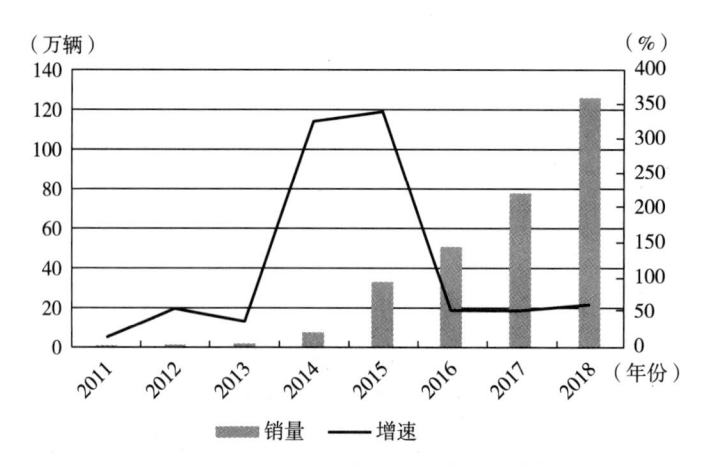

图 5-5　2011—2018 年中国新能源汽车销量

资料来源：笔者根据公开资料整理。

---

①　尹丽文等：《全球锂资源供需关系及对锂资源开发的几点建议》，《中国国土资源情报》2015 年第 10 期。

三 国内企业积极参与全球并购,加快布局海外锂矿开发

受新能源汽车等下游产业快速发展影响,国内锂需求不断攀升,主要锂业公司主动加快海外布局进程,拓展资源边界,扩大生产规模、提高产能。一方面,积极参与海外锂矿资源开发投资,通过并购重组海外锂业公司进一步掌控全球锂矿资源,保障企业生产资源供给,降低锂矿加工产品原料进口成本;另一方面,横向整合国内锂业,扩大企业生产规模,配合国际纵向并购,发挥协同效应,提升企业生产能力和综合竞争力。

由于国内锂矿资源禀赋较差、资源供给成本偏高,加之南美"锂三角"地区对迅速发展的锂业不断实施低价竞争策略、抢占资源供给市场份额,对国内开采、提炼成本较高的锂业公司构成明显的压力。2010—2014 年,南美地区向中国出口碳酸锂产品的价格甚至低于日本、韩国 0.3—0.9 美元/千克(见表 5 - 10)。因此,在全球范围内布局锂矿资源、掌控上游产品价格成为国内大型锂业公司参与国际竞争的重要步骤。

表 5 - 10　2010—2014 年中国、日本、韩国从南美进口碳酸锂均价

单位:美元/千克

国家	2010 年	2011 年	2012 年	2013 年	2014 年
日本	5.1	4.9	5.1	5.1	5.0
韩国	5.0	4.6	4.9	5.3	5.1
中国	4.4	4.0	4.6	5.0	4.8

资料来源:转引自尹丽文等《全球锂资源供需关系及对锂资源开发的几点建议》,《中国国土资源情报》2015 年第 10 期。

近年来,主要锂业公司对国内外上游资源供给环节、中游加工品生产环节进行整合并购,强化企业的纵向一体化发展。目前,国内主要上市锂业公司有天齐锂业、赣锋锂业、西藏城投等。以天齐锂业为例,2008 年开始,该公司将业务重点由生产工业级碳酸锂产品转向电池级

碳酸锂，抢占市场前沿。同时，着手在全球范围布局，收购境内外锂矿资源以保障原料供应，并购国内锂业生产企业以扩大生产规模占领市场。自 2008 年至今，公司先后收购和竞买澳大利亚泰利森 100% 股权、四川雅江措拉锂辉石矿探矿权、银河锂业国际 100% 股权、西藏日喀则扎布耶锂业高科技有限公司 20% 股权。其中，泰利森是全球最大固体锂矿供应商，占全球锂资源 30% 的市场份额。通过对国内外锂矿资源以及探矿权的收购、竞买，天齐锂业获得了较为稳定的资源供给，为扩大公司生产能力、获得规模效应、掌握锂资源的定价权奠定了坚实的基础。

第四节　锂电池行业发展态势

随着世界能源结构转型升级，各国碳减排进程深入推进，新能源汽车作为零碳排放交通工具受到各国政府的高度重视。2015 年，第 21 届联合国气候大会发布的《零排放汽车宣言》中明确提出，到 2050 年，"零排放车辆同盟"成员国内全面禁止燃油车辆销售。虽然，目前只有德国、英国、荷兰、挪威以及美国 8 个州参与该同盟，但其示范效应不容忽视。近年来，新能源汽车技术日益成熟，德国等欧盟国家将全面禁售传统燃油汽车的时间进一步提前至 2030 年，甚至一些发展中国家包括印度也加入了全面禁售燃油汽车的行列。作为新能源汽车核心部件，动力电池行业也随之快速发展，锂电池因其优良性能得到广泛应用，以日本、韩国为代表的动力电池技术领先国家迅速在市场中占据首要位置。2009 年，中国正式颁布《汽车产业调整和振兴规划》，为新能源汽车产业发展设立明确目标，推动了新能源汽车产业发展。锂电池作为新能源汽车重要组成部分，中国的锂电池行业也呈现出蓬勃发展之势。

一　中国新能源汽车产业发展现状与技术路线

（一）新能源汽车产业发展现状

2009 年以来，中国新能源汽车产业进入快速发展阶段，国务院、科技部、工业和信息化部等政府部门先后出台多项直接或间接扶持新能源汽车产业发展的政策、规划，从战略层面和实操层面对新能源汽车产业给予政策指导和资金扶持。与先发国家相比，中国新能源汽车产业起步较晚，但近年来产业规模增速较快（见图 5-6）。2015 年，中国新能源汽车销量达 33.10 万辆，占全球市场份额 37% 以上，首次超越美国位居全球第一。

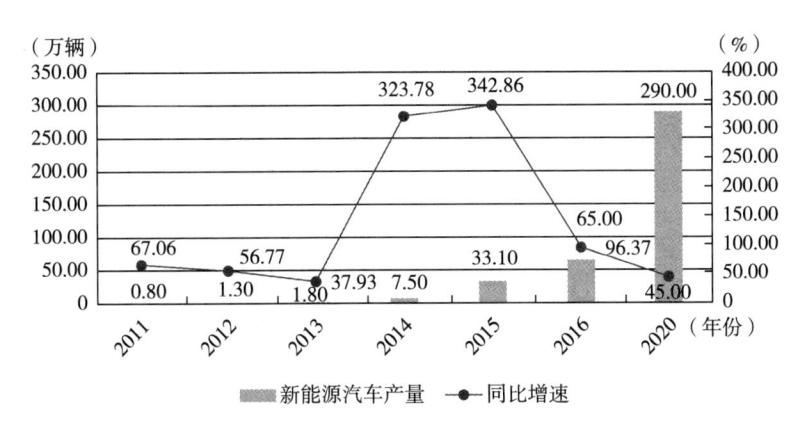

图 5-6　2011—2020 年中国新能源汽车产量及预测

资料来源：中国产业信息网：《2017—2022 年中国新能源汽车市场运营态势与投资前景分析报告》，http://www.chyxx.com/research/201701/484995.html。

（二）新能源汽车产业政策调整

中国新能源汽车产业基础薄弱、起步较晚，近年来能够实现迅速发展主要受益于两个方面因素。

（1）保障国家能源安全和治理环境污染的需要。随着经济总量扩张、工业化城镇化提速、消费升级，中国能源需求量不断攀升。特别是 2008 年国际金融危机以来，中国石油进口依存度持续提高，2015 年突破 60%。2016 年，中国原油净进口量 3.76 亿吨，石油净进口量 3.56 亿吨，同比增速分别为 13.1% 和 3.3%，原油和石油对外依存度分别达到 65.5% 和 64.4%，再创历史新高。持续高企的一次能源进口依存度表明中国能源安全面临严峻挑战，转变能源结构迫在眉睫。另外，2013 年以来，雾霾污染愈加严重，对生产生活乃至中国的国际形象造成严重影响，环境治理和交通能源结构转型压力增大，同时也为新能源汽车产业发展提供了重要推动力。

（2）中央和地方政府积极扶持。世界各国新能源汽车产业发展都在不同程度上受到本国政府政策扶持和推动，中国尤为显著。中国新能源汽车产业政策可以分为中央和地方两级体系，中央层面产业政策从技术创新、行业标准和刺激消费等方面对产业发展进行整体布局和规划，政策手段和目标也随产业发展进程加快表现得更具针对性（见表5-11）。同时，"十城千辆"试点城市也相继建立起适应于本地区情况的扶持政策体系，进一步分解中央政策目标，推动新能源汽车产业发展。

表5-11　2009年以来国家层面主要的新能源汽车支持政策

发布年份	政策名称	主要内容	作用环节
2009	《节能与新能源汽车示范推广财政补助资金管理暂行办法》	公布新能源汽车财政补贴的具体标准	产业化促进
	《"十城千辆"节能与新能源汽车示范推广试点工作的通知》	确定北京、上海等13个城市为国家新能源汽车示范推广试点城市，对试点城市相关公共服务领域示范推广单位购买和使用节能与新能源汽车给予一次性定额补助	产业化促进
	《汽车产业调整和振兴规划》	要求实施新能源汽车战略，明确提出推动纯电动汽车、充电式混合动力汽车及其关键零部件的产业化	研发创新、产业化促进
	《新能源汽车生产企业及产品准入管理规则》	规定企业进入新能源汽车市场的条件	投融资
2010	《关于开展私人购买新能源汽车补贴试点的通知》	规定试点城市私人购买新能源汽车的补贴	产业化促进
2011	《中华人民共和国车船税法》	对节约能源、使用新能源的车船可减免车船税	产业化促进
2012	《新能源汽车产业技术创新工程财政奖励资金管理暂行办法》	宣布从节能减排专项资金中安排部分资金推进新能源汽车重大关键技术突破与产业化进程，重点推动整车和动力电池项目	研发创新
2013	《关于继续开展新能源汽车推广应用工作的通知》	进一步落实财政补贴，确定以纯电续驶里程、车长等作为补贴标准依据；确定推动公共服务领域率先推广应用，扩大公共服务领域新能源汽车应用规模	产业化促进
2014	《关于免征新能源汽车车辆购置税的公告》	确定2014—2017年对购置的新能源汽车免征购置税	产业化促进

续表

发布年份	政策名称	主要内容	作用环节
2015	《国家重点研发新能源汽车重点专项实施方案（征求意见稿）》	推动建立完善的电动汽车动力系统科技体系和产业链	研发创新
	《关于加快推进新能源汽车在交通运输行业推广应用的实施意见》	要求各地政府加大支出力度，对新能源汽车原则上不限行、不限购	产业化促进
	《电动汽车充电基础设施发展指南（2015—2020年）》	确立充电基础设施建设过程中的若干原则	产业化促进
	《新建纯电动乘用车企业管理规定》	对新建纯电动乘用车企业投资主体的资质做出规定	投融资
	《关于2016—2020年新能源汽车推广应用财政支持政策的通知》	将补贴范围由试点城市扩展至全国；调整完善客车的补助标准，提出补贴逐步退坡	产业化促进
2016	《关于调整新能源汽车推广应用财政补贴政策的通知》	对财政补贴的标准进行调整，增设动力电池等方面的技术门槛	产业化促进
	《新能源汽车生产企业及产品准入管理规定》	细化了生产企业准入条件和产品准入条件，并建立了运行安全状态监测制度	投融资
2017	《中国电动汽车标准化工作路线图》	规划新能源汽车领域的标准制定工作	研发创新
2018	《关于调整完善新能源汽车推广应用财政补贴政策的通知》	进一步调整补贴标准，将快充倍率、系统能量密度等技术指标纳入财政补贴	产业化促进
	《汽车产业投资规定》	新能源汽车市场准入由核准制转为备案制	投融资

资料来源：笔者根据公开资料整理。

（三）新能源产业发展存在的主要问题

在能源转型、环境治理压力和政府政策的共同推动下，中国新能源汽车产业总体上发展较快，迅速成为全球新能源汽车产业的重要组成部分。然而，新能源汽车产业快速发展过程中也暴露出一系列突出问题和矛盾，主要表现为产业扶持政策的实施效果不理想。

政策扶持这一剂"灵丹妙药"在新兴产业发展过程中发挥着重要作用，中国新能源汽车产业也不例外。依靠国家财政资金扶持和各部门政策引导，中国已经建立了较为完整的政策扶持体系，国内新能源汽车市场规模迅速扩大，但部分产业政策的实施效果却不尽如人意。自2009年起，中央财政对新能源汽车推广应用予以补助。截至2015年，中央财政累计安排补助资金334.35亿元①，大规模补贴虽然有助于加快新能源汽车的市场化进程，增强新能源汽车与传统汽车的竞争力，但同时也催生了国内车企的"骗补"行为，仅2015年国内就有超过70家车企涉嫌骗取国家新能源汽车补贴。大量"骗补"行为不仅严重干扰了新能源汽车产业的正常市场秩序，而且导致国家财政投入效率低下，资源浪费，也使提高新能源汽车补贴的"质量"成为改进政策效率，进而决定新能源汽车产业未来走向的重要影响因素。

与发达国家相比，中国新能源汽车产业政策从主导模式、技术路线、油耗法规、产业化重点、发展目标和能源战略、财政政策等多个方面都存在差异（见表5-12），发达国家产业政策更注重发挥"杠杆"效果，在技术和战略目标上对产业发展给予引导和刺激，推动自主发展、自主竞争，从而形成合理产业格局。

表5-12　　　　主要国家、地区新能源汽车产业政策比较

国家或地区	美国	日本	欧盟	中国
主导模式	新能源汽车联盟多为利益集团	与美国近似	与美国近似	由政府主导
技术路线	着重发展插电式混合动力车型	全面发展混合动力、纯电动和燃料电池三种电动汽车	依托强大的传统汽车技术和产业背景	燃油汽车—油电；混合动力汽车—插电式混合；动力汽车—纯电动汽车—氢燃料电池汽车依次过渡

---

① 中国储能网：《新能源汽车产业政策驱动及前景展望》，http://www.escn.com.cn/news/show-348659.html，2016年9月25日。

续表

国家或地区	美国	日本	欧盟	中国
油耗法规	实行强制性汽车燃油效率政策	实行分重量级燃油经济性标准	自愿协议	与欧盟相似
产业化重点	在新能源商用车方面率先实现产业化	提高整个产业竞争力	高端电动汽车	混合动力、燃料电池汽车是过程,纯电动汽车是战略目标
发展目标	2015年普及100万辆插电式混合动力汽车	2020年新能源汽车市场占有率达到50%,保有量1350万辆	2016年新能源汽车100万辆,2020年新能源汽车500万辆	2015年发展各种新能源汽车百万辆级别
能源战略	电动汽车是降低石油依赖,确保能源安全的重要措施	确保能源安全与提升产业竞争力,高度重视技术创新	温室气体减排,满足日益严格的二氧化碳排放限值	缓解车辆保有量快速增长带来的交通领域能耗和排放压力,培育战略性新兴产业
财政政策	48亿美元支持插电式混合动力汽车发展,包含20亿美元研发与生产锂离子动力电池	245亿日元开发下一代汽车电池,210亿日元用于电池创新科学研究	18亿欧元支持电动汽车研发,70亿欧元贷款支持制造商生产清洁能源汽车	"十二五"时期投入100亿元支持电动汽车研发,50亿元补贴新能源汽车

资料来源：转引自唐葆君《新能源汽车：路径与政策研究》，科学出版社2015年版，第14—15、22页。

以德国为例，中德两国虽然在新能源汽车产业政策设计体系上比较接近，覆盖全产业链各环节，综合考虑供给、需求和发展环境等要素，但德国新能源汽车产业政策制定更具有前瞻性，政策工具运用更加灵活。德国新能源汽车产业政策主要依靠降低用车成本来推动市场发展，补贴资金仅流向消费者，并将政府角色定位为平台搭建者，引导多元化市场主体推动产业发展。值得注意的是，德国新能源汽车产业补贴资金来源及其补贴对象与中国的政策体系差异较大。德国的补贴资金来自政府和企业两个方面，补贴对象仅限于终端消费者，新能源汽车企业和销售商都需要负担一半的补贴额度。德国政府通过与汽车企业共同负担新能源汽车补贴的方式，有效激励车企自发提高新能源汽车效率、降低成本，从技术层面推动产业市场化发展和升级。反观中国，新能源汽车的政策补贴资金全部来源于中央和地方财政，政府补贴支出压力较大，不利于调动汽车企业通过技术创新主动降低成本的积极性。

同时，德国作为世界汽车大国，传统汽车产业具有国际竞争优势，但德国汽车行业并未拘泥于既有优势，而是积极配合国家能源转型战略，在新能源汽车领域加大投入，积极布局，很快形成了技术和产能新优势。同时，德国智能电网起步较早，依靠智能电网对新能源汽车充电用电进行有效控制，进一步优化德国国内能源利用结构，为新能源汽车发展提供动力能源保障，有效推动终端用户消费需求增长，从而真正实现本国能源转型，为全面禁售燃油汽车创造了有利条件。与德国等先行国家相比，中国现阶段智能电网发展、充电桩建设等配套设施建设仍明显滞后，加上国内新兴产业发展对政策补贴产生了不同程度的路径依赖，交通方式、能源结构转变进程、智能电网产业化应用程度会受到政策关注度、资金扶持力度、技术发展水平等多重因素影响，导致新能源汽车产业政策实施效果不佳（见表5-13）。

表5-13　　　　中德两国新能源汽车主要产业政策比较

政策类型	具体内容	
	中国	德国
补贴政策	●补贴资金全部来源于财政部 ●部分省市在中央补贴基础上按一定比例进行地方补贴	●补贴资金由政府和与政府达成一致的汽车企业各付一半 ●没有相应的地方补贴
	●补贴消费者和新能源汽车制造厂商	●只补贴消费者 ●汽车制造商还需要与政府共同承担补贴，形成双向刺激
	●纯电动和插电式混合动力（包括增程式）乘用车、客车、专用车 ●货车 ●燃料电池汽车	●仅针对乘用车 ●车型净售价低于6万欧元

续表

政策类型	具体内容	
	中国	德国
技术路线	重点发展插电式混合动力、纯电动和燃料电池汽车，并重点推进电机、电池、逆变器等关键核心零部件自主化，满足新能源汽车产业的发展需求	以市场为目标力推纯电动汽车和插电式混合动力汽车，把氢燃料电池汽车作为长远发展目标
税收减免	●免征车船税 ●免征车辆购置税	●免征5年行驶税 ●可使用公交车专用道
基础设施	设置奖励资金，专门用于支持充电设施建设运营、改造升级、充换电服务网络运营监控系统建设等相关领域	将基础设施的发展界定为充电站的建造与运营、电网配套设施、基础设施领域的人才培养与能力发展四个方面

资料来源：笔者整理。

（四）新能源汽车技术路线

2015年10月，工业和信息化部正式发布《中国制造2025》重点领域技术路线图，其中新能源汽车产业作为七大战略性新兴产业被列入其中，从产业需求、目标、重点产品、关键零部件、关键共性技术、应用示范工程和战略支撑与保障建议上予以分解。综观整个新能源汽车技术路线图，自始至终贯穿"自主"二字——"到2025年，形成自主可控完整的产业链""2030年主流自主企业新能源汽车技术国际领先""推动企业成为创新和研发主体、以国家科研扶持和高水平研究团队为依托，到2030年实现自主化、高水平的新能源汽车整车生产、关键零部件供应体系"。在关键零部件和关键共性技术方面，覆盖电机、电池系统、控制系统、动力技术、传动技术、轮胎等汽车生产的各个方面，高度重视汽车研发和生产技术水平改进、达到国际先进水平，从而促进新能源汽车出口，提高国际市场占有率。另外，在战略支撑与保障方面，除了加快充电桩、加氢站等基础设施建设，还提出建立新能源汽车与智能网联汽车、智能电网、智慧城市建设等领域的协同发展机制，与当前快速发展的互联网经济、智能化体系相结合，从经济发展战略全局把控新能源汽车产业发展。

技术路线选择在很大程度上决定了中国新能源汽车产业的市场格

局。目前，纯电动和插电式混合动力汽车仍是新能源汽车市场的主导技术路线，其中又以纯电动汽车占据份额更大（见图5-7）。2011年以来，纯电动汽车占中国新能源汽车总销量的比例始终保持在60%以上，成为占优势地位的技术路线。2014年以来，由于政策更加鼓励纯电动汽车发展，纯电动汽车占总销量的比例更是节节上升。2017年，纯电动汽车销量占中国新能源汽车总销量的84.2%，而插电式混合动力汽车仅占15.8%。

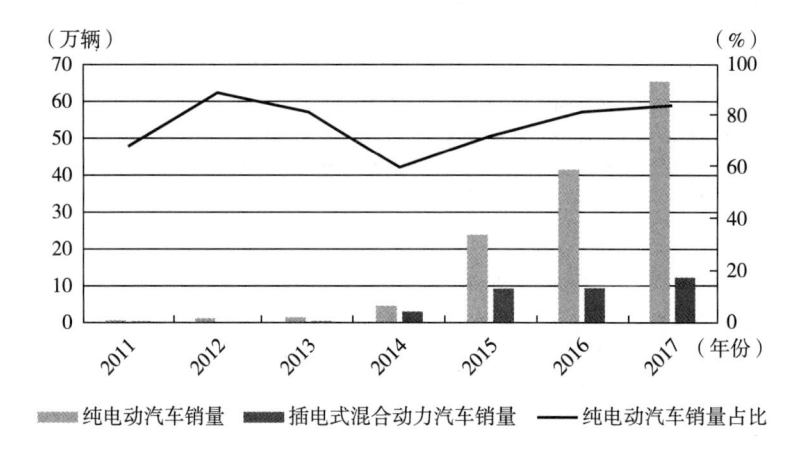

图5-7 2011—2017年中国纯电动汽车与插电式混合动力汽车销量

资料来源：笔者根据公开资料整理。

二 动力锂电池行业发展现状

（一）新能源汽车产业动力电池的选择

在当前技术水平下，新能源汽车动力电池主要由两大类构成：蓄电池和燃料电池。其中，蓄电池包括镍镉电池、镍氢电池和锂离子电池，是目前纯电动汽车的唯一动力能源。从蓄电池和燃料电池的综合比较来看，镍氢电池技术上较为成熟，锂离子电池商业化程度最高，而燃料电池则被业界普遍认为是未来新能源汽车领域中最有竞争力的电池类型。

虽然国内各新能源车企在锂电池选择上还存在差异，磷酸铁锂电池与三元电池之争仍然火热，但随着工业和信息化部公布新能源汽车技术路线图，动力电池技术路线逐渐确立，单一锂电池技术路线一度基本明确。相较于其他类型的动力电池，锂离子电池在技术成熟性、成本和便利性方面具有综合比较优势，因而成为新能源汽车动力电池的首选。锂电池正极材料是决定锂离子电池容量、安全性、成本等最关键要素，占电池成本的30%—40%。[①] 新能源汽车动力锂电池技术路线依据其正极材料不同大致分为三类，包括三元系材料、锰酸锂和磷酸铁锂。现阶段，磷酸铁锂因其在安全性能、循环寿命方面表现出来的优异性能，以及较为适中的成本成为国内主流技术路线。然而，磷酸铁锂在低温性能、能量密度等方面存在明显缺陷，未来随着锂电池成本下降和安全性能提升，三元材料有可能逐步取代磷酸铁锂成为新能源乘用车的主流动力电池（见表5-14）。

表5-14　　　　　　3种主流锂电池技术路线比较

正极材料	能量密度	安全性能	循环寿命	成本	高低温性能
三元系材料	最高	一般	一般	最高	容易热分解
锰酸锂	居中	较好	一般	最低	高温下最稳定
磷酸铁锂	最低	最好	好	居中	低温性能差

资料来源：新材料在线产业研究院：《锂电池行业分析研究报告（2015）》。

目前，国内新能源汽车厂商在动力电池技术路线上的三元系趋势已经基本形成，北汽新能源、吉利汽车、众泰汽车等多家国内汽车企业在纯电动新能源汽车和插电混合动力汽车中应用三元电池。据中国汽车协会和浙商证券研究所预测，2020年国内三元电池总需求量达到55.4GWh，增长1164%，未来五年内，三元电池行业年复合增长率将达到60.04%。[②]

近期，有关特斯拉公司电池技术路线有可能发生转向的报道对未来新能源汽车产业发展及其上游稀有金属的需求都将产生重要影响。特斯

[①] 新材料在线产业研究院：《中国锂电池行业分析研究报告（2015）》，http://www.docin.com/p-160 3571771.html。

[②] 澄泓研究—新视界：《锂电池三元正极材料行业研究报告》，http://media.weibo.cn/article? id=2309403986397978603204&jumpfrom=weibocom。

拉电池技术转向反映出新能源汽车产业技术路线仍存在不确定性，一旦出现颠覆性技术或产品，将直接改变上游稀有金属的需求结构。同时，特斯拉可能采用无钴电池，从而使锂作为所谓"能源金属"的战略地位必然得以强化。相反，技术路线的潜在变化将使锂的全球供求形势更加复杂（见专栏 5-1）。

专栏 5-1

特斯拉电池的技术路线转向

据报道，特斯拉公司准备在其上海工厂生产的电动车中使用不含钴的电池。随后，特斯拉相关人士表示，公司将自主研发新电池，预计会在 2020 年 4 月宣布电池成分等具体安排。这些信息提升了国产特斯拉汽车采用无钴电池的预期。

一 特斯拉转向的驱动因素

新能源汽车的心脏是动力系统，动力系统的核心是锂电池，而锂电池性能和成本的关键在于正极材料。新能源汽车 50% 左右的成本集中在动力系统，其中动力系统七成左右的投入用于锂电池（占总成本的 35%）。在锂电池中，正极材料基本占成本的 40% 以上，且锂电池系统的能量密度也取决于正极材料，正极材料成为锂电池成本+性能的关键。基于不同的正极材料，目前主流锂电池技术路线有钴酸锂、锰酸锂、磷酸铁锂、三元镍钴锰酸锂（NCM）/镍钴铝酸锂。其中，钴酸锂各方面性能适中，成本较高，主要应用于数码电池领域，如手机、笔记本电脑等，而不用在汽车动力电池中；锰酸锂安全性高，但性能较差，主要用于动力电池领域，其市场逐渐被三元电池取代；磷酸铁锂安全性能优异，价格低廉，能量密度却有限制（续航能力低），故而一直用于中低端动力电池以及储能领域；三元锂电池安全性能比磷酸铁锂低，成本比磷酸铁锂高。其优势是能量密度高，目前主要应用于高端动力电池和数码电池领域。

由此可见，高安全性＋低成本＋能量密度提升，是特斯拉转向磷酸铁锂的核心驱动力。一方面，国产特斯拉的中长期目标是不断降低成本，推动降价然后提升中国市场份额，降低锂电池成本成为公司的必要手段。另一方面，磷酸铁锂电池具有更高的安全性，成本更低，其成本一直比三元电池低得多。最新数据显示，磷酸铁锂技术路线目前的成本是 0.6 元/瓦时，远低于三元电池的 0.85 元/瓦时。近期技术突破，使磷酸铁锂电池能量密度提升，部分产品已接近部分三元电池。再者，磷酸铁锂产能充足。由于一直广泛应用于客车、大巴等商用车，国内磷酸铁锂产能充足，如果转向磷酸铁锂，不需要新建太多生产线。

二　特斯拉此举对行业的影响

总体来说，影响尚待观察。锂电池仅占钴下游需求量的 50% 左右，其他下游应用还有高温合金、硬质合金、催化剂、磁性材料等；含钴锂电池还有钴酸锂和三元两个路线。所以，钴在动力电池市场上主要是三元电池领域，而这部分需求量占整个钴下游需求仅 10% 左右。目前，钴酸锂代表的数码电池领域正迎来消费电子新一轮市场需求，尤其是 5G 手机的推广，将使钴酸锂电池的需求持续放量。从短期来看，特斯拉部分电池虽然转向，但追求能量密度（续航能力）的高端动力电池市场仍会采用三元电池，这相当于磷酸铁锂只是分流了三元电池的一部分中低端市场。同时，随着新能源汽车动力电池市场蛋糕越做越大，钴在这一领域的需求只会增多。

特斯拉转向磷酸铁锂必然大幅提升磷酸铁锂技术路线的预期，将给磷酸铁锂路线带来一部分增量市场，磷酸铁锂产业链会因此受益。首先，不管是特斯拉自己建厂还是与国内厂商合作，都必然推动磷酸铁锂需求量增加，并使上游环节的核心企业受益。其次，从长远来看，特斯拉的转向标志着磷酸铁锂技术路线

> 再次得到下游品牌的认可，预计后续会有更多车型转向磷酸铁锂路线。最后，随着比亚迪"刀片"电池以及宁德时代CTP等技术的创新，电池体积密度得以提升，带动磷酸铁锂动力电池的需求进一步攀升，此外，大储能以及基站备电都会产生增量需求，磷酸铁锂产业的前景向好。
>
> 资料来源：根据研报社2020年2月25日的相关报道整理。

值得注意的是，在电池技术上一直处于领先水平的日本，其新能源汽车技术路线也具有超前性。在日本政府发布的《新一代汽车战略2010》中，已提出将燃料电池车（FCV）作为未来新能源汽车发展的战略重点。同时，日本在新能源汽车技术路线制定和选择上，从全社会能源战略转型的全局考虑，立足"氢能源社会"的战略规划，确立了以氢燃料为电池动力的新能源汽车技术路线，更加有力地推动氢燃料电池产业发展。氢燃料电池汽车不仅能够实现零排放，且一次补给加氢续航里程长，具有锂电池无可比拟的优越性。不过与动力锂电池面临的问题类似，氢燃料电池在新能源汽车领域的应用也需要大量配套基础设施投入以及前期政府财政支持，究竟哪种新能源汽车动力电池将成为全球新能源汽车产业的最终选择尚未可知。未来，以氢燃料电池为动力电池的新能源汽车有可能占领高端市场，而锂电池新能源汽车则主攻中低端市场，新能源汽车领域或因电池技术路线选择的差异而出现终端市场的分化。

（二）动力锂电池行业发展情况

目前，全球电池市场主要集中在亚洲地区，尤其是中国、日本、韩国。2015年，中国、日本、韩国锂电池规模占全球市场的95%以上，其中日本市场份额超过60%、韩国为30%、中国为8%[①]，中国、日本、韩国成为全球锂电市场三大巨头。2015年，中国新能源汽车动力

---

① 科技部：《日韩中垄断世界锂电池市场》，http://www.most.gov.cn/gnwkjdt/201605/t20160519_125656.htm，2016年5月20日。

锂电池产量16GWh，同比增长300%，2016年达到25GWh。①

2015年，全球动力锂电池市场规模631亿元，前十大动力锂电池生产企业占全球市场份额的68.28%，市场集中度较高。得益于中国新能源汽车产业的迅速发展，比亚迪（BYD）、宁德时代新能源科技股份有限公司（CATL）、天津力神能源科技股份有限公司（Lishen）、合肥国轩高科动力能源有限公司（Guoxuan）、深圳沃特玛电池有限公司（Wotema）5家国内企业位列其中，5家公司共占全球动力锂电池市场份额的31.8%（见图5-8）。锂电池厂商具有显著的"内销"特点，以比亚迪为例，其动力锂电池选用磷酸铁锂技术路线且全部用于本企业新能源汽车生产，其动力锂电池全球11.89%的市场份额全部来自企业内部新能源汽车生产需求，国内动力锂电池市场需求空间广阔。

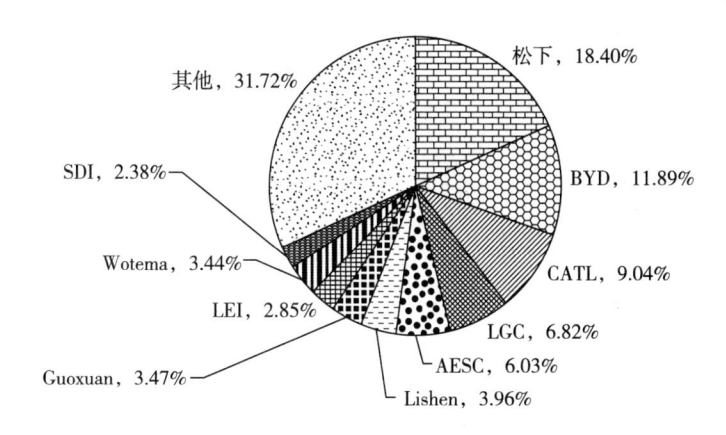

其他，31.72%
松下，18.40%
SDI，2.38%
BYD，11.89%
Wotema，3.44%
CATL，9.04%
LEI，2.85%
LGC，6.82%
Guoxuan，3.47%
AESC，6.03%
Lishen，3.96%

图5-8 全球前十大动力锂电池厂商

资料来源：OFweek锂电网：《全球锂电池市场规模分析》，http://libattery.ofweek.com/2016-09/ART-36001-8420-30039065.html，2016年9月16日。

随着国内新能源汽车产业实现爆发式增长，以松下、三星、LG为典型代表的日、韩大型动力锂电池厂商纷纷在中国境内投资设厂，抢占市场份额。2015年，三星、LG先后在西安、南京设厂，其中，三星

---

① OFweek锂电网：《动力锂电池市场分析技术革新势在必行》，http://libattery.ofweek.com/2016-04/ART-36001-8420-29086066.html，2016年4月13日。

SDI 西安工厂拥有年产 4 万台高性能汽车动力（纯电动 EV 标准）电池的最尖端生产线，生产线涵盖了生产汽车动力电池单元与模块的全工艺流程；LG 化学南京工厂具备年产 10 万台以上新能源汽车电池的生产规模。随后，松下投资 500 亿日元在大连市设厂，2017 年投产后年生产电池可供 20 万辆新能源汽车使用。由于日本、韩国企业在锂电池生产技术水平上处于领先地位，其电池在性能、成本等多方面优于国产动力锂电池，国内锂电池行业现有竞争格局将会受到冲击。

（三）动力锂电池回收利用情况

一般而言，工业品产业生命周期自生产环节开始至废弃环节结束，而锂电池废弃会对环境造成污染，需要建立科学完善的回收体系。同时，废弃锂电池回收的意义不仅局限于环境保护，在节约资源方面意义同样重大。不同动力锂电池正极材料中所含的有价金属成分不同，其中回收再利用价值较高的金属包括钴、锂、镍。以三元电池为例，平均含量锂为 1.9%、镍 12.1%、钴 2.3%、铜 13.3%、铝 12.7%。若合理回收，2018 年市场规模会达到 52 亿元，2030 年将超过 300 亿元。[①]

锂电池回收产业链最大的特点就是循环性，下游回收企业对锂电池回收处理后又重新成为上游电池生产企业的原料供应商（见图 5-9）。由于发达国家环境规则严格，环保产业发达，目前全球主要锂电池回收行业的市场主体集中分布在发达国家，以 UMICORE（比利时）、BATREC（瑞士）、三菱（日本）、RECUPYL（法国）、IME（德国）等技术较为先进的企业为主。

动力锂电池回收利用可以分为梯次利用和拆解回收两个循环过程，拆解回收主要针对无法继续使用的电池，将电池进行资源化处理，回收其中可以再利用的有色金属氧化物、稀有金属、有机电解液和塑料外壳，而梯次回收主要针对尚可使用于其他对电池容量要求较低的领域，如电力储能领域。近年来，美国、德国、日本先后通过政府约束与市场主动推进相结合的方式建立了本国的废旧锂电池回收体系，在这一领域遥遥领先于中国。

---

① 中国产业发展研究网：《2016 年中国动力锂电池行业市场现状及发展前景预测》，http://www.chinaidr.com/tradenews/2016-09/104287.html，2016 年 9 月 25 日。

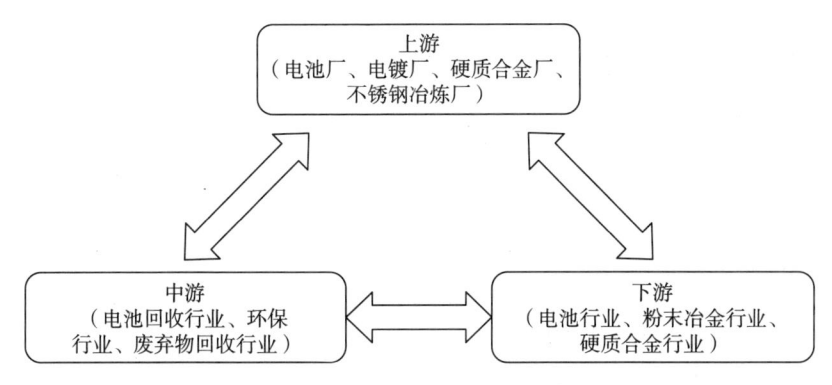

```
         ┌─────────────────────────┐
         │         上游            │
         │（电池厂、电镀厂、硬质合金厂、│
         │    不锈钢冶炼厂）        │
         └─────────────────────────┘
              ↑                ↑
              │                │
              ↓                ↓
┌──────────────────┐    ┌──────────────────┐
│      中游        │←──→│      下游        │
│（电池回收行业、环保│    │（电池行业、粉末冶金行业、│
│ 行业、废弃物回收行业）│  │  硬质合金行业）   │
└──────────────────┘    └──────────────────┘
```

图 5-9　锂电池回收产业链示意图

资料来源：笔者绘制。

锂电池拆解回收办法一般包括干法回收、湿法回收和生物回收，通过上述方法对废旧锂电池进行处理，提取其中仍有利用价值的金属资源。而随着锂电池在储能领域的应用，梯次利用逐渐成为锂电池回收的另一个重要方式。一般而言，电动汽车上锂电池废弃后仍有70%—80%的容量可用于电动自行车、风光储电、智能电网等领域。锂电池在风光储电方面的梯次利用，有利于削峰填谷，服务于偏远地区分布式供电和充电站储能，更加充分地发挥锂电池容量价值，从而缓解大量废旧电池直接进入回收领域的压力。

中国动力锂电池回收网络以中小回收公司为主，普遍存在回收效率较低、规模较小、技术标准不健全等问题，难以保证对废旧锂电池中有价值金属资源的充分回收。同时，由于回收市场管理混乱，非法回收企业会带来安全风险和环保隐患，需要从立法环节进行关注和管制。近来，中央和地方各部门已经相继出台管理政策（见表5-15），加快建设良好的锂电池回收产业生态网络，推进锂电池回收再利用进程。

表 5-15　废旧锂电池回收主要政策

年份	名称	具体内容
2012	《节能与新能源汽车产业发展规划》	制定动力电池回收管理办法，建立动力电池梯级利用和回收管理体系，引导动力电池生产企业加强对废旧电池的回收利用，鼓励发展专业化电池回收利用企业

续表

年份	名称	具体内容
2014	《国务院办公厅关于加快新能源汽车推广应用的指导意见》	研究制定动力电池回收利用政策，探索利用基金、押金、强制回收等方式促进废旧动力电池回收，建立健全废旧动力电池循环利用
2015	《汽车动力蓄电池行业规范条件》	系统生产企业应会同汽车整车企业研究制订可操作的废旧动力蓄电池回收处理、再利用方案
2016	《电动汽车蓄电池回收利用技术政策（2015年版）》	建立动力电池编码制度，建立可追溯体系
2016	《废电池污染防治技术政策》	鼓励研发锂原电池、动力电池、储能电池等逆向拆解成套设备

资料来源：笔者整理。

第六章　钨的供求形势变化

钨，因其熔点高、密度高、硬度高而有着"工业牙齿"的美誉，是重要的战略性矿产资源，钨及其合金制品在装备制造、航空航天、钢铁、汽车等多个关键领域广泛应用。在中国具有资源优势的稀有金属中，钨具有突出的典型性。中国钨矿的资源占有量、钨资源储量和消费量均居世界首位。一方面，全球钨市场格局演进、供求关系变化、价格波动会对中国钨业发展产生直接影响；另一方面，中国长期作为国际市场上最大的卖方，占据着出口市场的垄断地位，但这种市场势力相当长时期内并未形成定价权优势。近年来，随着钨业管理体制改革不断深化，国内生产企业、出口商及行业中介组织对钨产品的国际定价权经历了从忽视到重视、从不掌握到逐步提升的过程。受国际金融危机的滞后影响，全球经济复苏步伐缓慢，以钨为代表的重要稀有金属资源供求基本均衡、价格合理回归成为国际市场行情变化的主要特点，全球钨市场格局变动、供求关系变化、价格波动对中国钨业发展带来显著影响。

第一节　全球钨的供给状况

钨的供给受一系列因素约束，最关键的刚性约束条件即钨在全球范围内矿藏分布及资源禀赋条件。由于地质变迁和成矿条件限制，全球钨矿矿床资源主要分布在环太平洋、地中海及欧洲滨大西洋两大区域内，并形成了五大成矿带，位于成矿带上的国家由此成为全球主要钨矿开采国和钨的初级产品供给方。与此同时，由于钨资源的稀缺性，加之相关技术不断成熟，近年来下游产业生产过程以及最终产成品的废料回收再利用逐步成为资源供给的重要组成部分。中国产业信息网的公开数据显示，目前全球钨资源供给中约24%来自钨产品废旧物，而新增钨原矿中也有10%用于重新生产。①

一 全球钨资源分布高度集中

世界范围内，钨矿资源分布相当集中，五大成矿带分别为华南—朝鲜滨太平洋钨矿带、喜马拉雅—马来西亚钨矿带、西落基山钨矿带、安第斯山钨矿带、东澳大利亚滨太平洋钨矿带。上述五大成矿带集中分布于太平洋沿岸国家和地区，中国、美国、澳大利亚、加拿大因此成为全球主要钨矿资源供给国和储备国。美国地质调查局的数据显示，截至2015年，全球钨矿资源储量330万吨，其中中国以190万吨钨矿储量居全球第一位，占全球钨矿资源总量的57.58%。钨矿资源超过10万吨的5个国家资源量共占全球资源总量的81.22%，控制了全球80%以上的钨矿资源（见表6-1）。

表6-1　　　　　　　　　　全球钨矿资源储量分布

国家	储量（万吨）	占比（%）	国家	储量（万吨）	占比（%）
中国	190	57.58	英国	5.1	1.55
加拿大	29	8.79	西班牙	3.2	0.97
俄罗斯	25	7.58	奥地利	1	0.30
美国	14	4.24	葡萄牙	0.42	0.13
越南	10	3.03	其他	47.08	14.22
玻利维亚	5.3	1.61	总计	330	100

资料来源：USGS, *Mineral Commodity Summaries*, 2016。

二 国际市场上钨供给稳中趋紧

国际金融危机后，由于主要市场国家经济复苏进程缓慢、下行压力加大，对矿产资源的需求进一步紧缩，加之供给侧结构性改革逐步推

---

① 中国产业信息网：《2016年中国钨行业发展前景及市场规模预测》，http://www.chyxx.com/industry/201607/432407.html，2016年7月21日。

进，有色金属行业进入深度改革和全面调整时期，国内主要有色金属企业相继重组并购，矿产资源开采和冶炼总量控制方面效果开始显现。在上述因素共同作用下，全球钨资源供求将理性回归，市场供给稳中趋紧、不断收缩。

如图6-1所示，受资源供给量驱动因素变化影响，2001—2016年，全球钨矿资源产量、储量呈现出两个明显的阶段。2001—2009年，全球钨资源产量总体上滞后于储量变化，钨矿资源供给主要由矿产资源开采情况和产能决定。2009年之后，钨资源产量变化快于储量变化，全球钨资源供给推动因素由资源禀赋刚性驱动向市场需求因素推动转变。近年来，受全球经济下行压力影响，钨矿资源市场需求减少，加之各国对钨废料回收利用技术和产业发展不断成熟、战略性矿产资源储备和保护意识显著增强，原矿供给量将进一步收缩，全球范围内钨矿资源开采量增长趋缓。

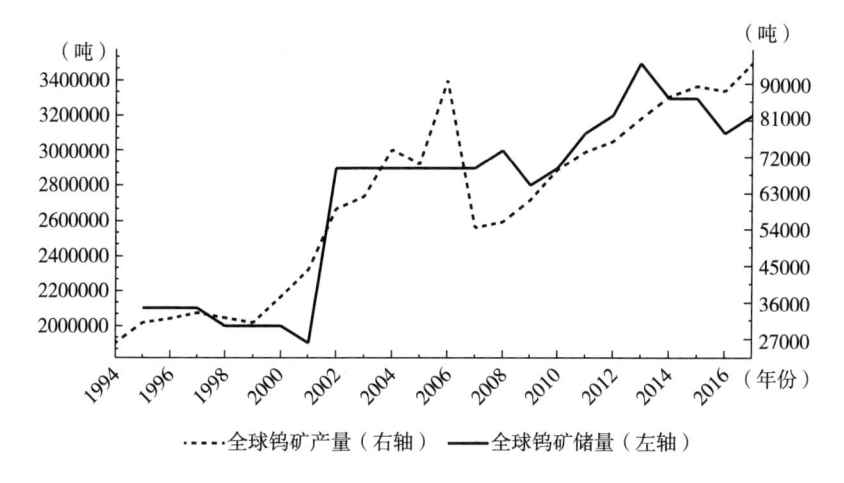

图6-1 全球钨矿资源产量和储量

资料来源：Wind数据库。

从钨矿主要供给国情况来看，全球钨矿供给量收缩的趋势更为明显。2011—2015年，全球钨精矿产量从2013年的9.71万吨回落至2015年的8.70万吨，与2011年产量水平基本持平。2014—2015年，中国、卢旺达、奥地利三国钨精矿产量水平持平，其余五国均出现不同程度下滑，全球主要钨矿供给呈现收紧态势（见图6-2）。其中，中国作为全球最大的钨资源供给国，钨精矿产量从2013年的8.5万吨降至2015年的7.1万吨，加之去库存、淘汰落后产能进程深入，关税、资源补偿税、环境税等一系列政策变化使国内市场预期不确定性因素增多。同时自然资源部对钨矿开采矿权审批和总量控制指标进一步收缩，预计国内市场供给短期内上升可能性较小，全球钨矿资源供给趋势将继续保持稳中趋紧态势。

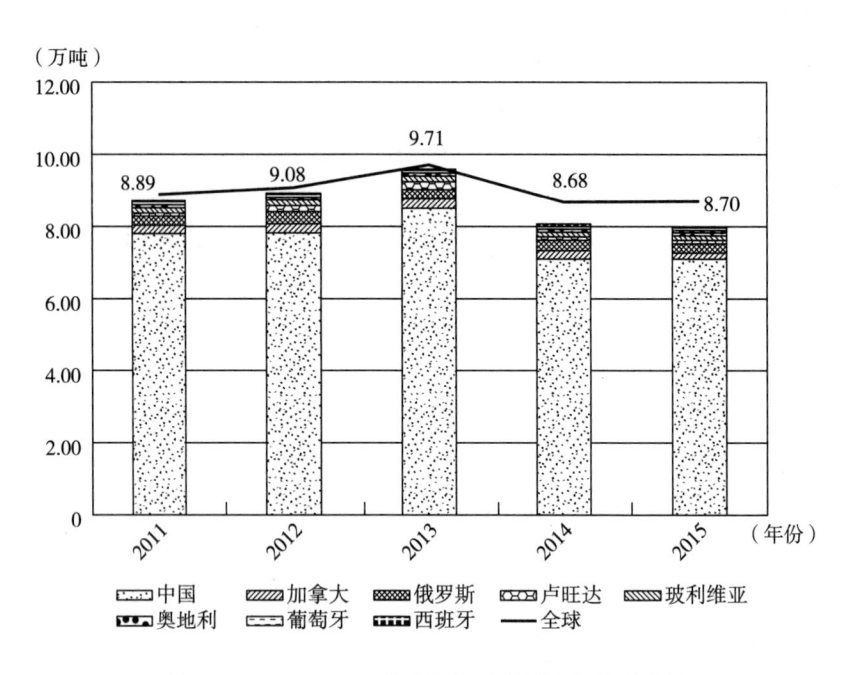

图6-2 2011—2015年主要钨矿供给国钨精矿产量

资料来源：USGS, *Mineral Commodity Summaries*, 2014；2016。

三 钨废料回收再利用比重持续提升

随着全球钨资源开发利用技术不断成熟，钨废料回收利用已成为资源供给的重要组成部分。目前，全球钨资源供给中约24%来自钨最终产品回收。其中，以美国、日本、德国为代表的先发工业化国家在废料回收意识、回收再利用技术等方面处于领先地位，这些具有先发优势国家的钨业企业通过钨废料蒸煮、焙烧再生处理或建立跨国钨废料回收网络，对钨废料进行回流再生处理，不断拓展原材料供给渠道，大幅降低企业生产原料成本。[①]

自 1995 年起,美国地质调查局在矿产资源报告中对钨回收量及其在本国钨资源表观消费量中占比做出单独列示。1995 年,美国钨回收量为 2100 吨,占表观消费量的 13%。到 2015 年,美国本土钨回收量占全部钨消费量的比重已经达到 59%（见图 6-3）,较 1995 年增长了 46 个百分点,钨废料回收逐渐成为具有技术先发优势国家钨资源供应的重要来源之一。

实际上,钨废料回收的经济价值不仅局限于资源供给方面,在降低垃圾处理成本、钨矿开采成本及环境治理成本,提高社会经济效益等方面也发挥着重要作用。采用钨废料回收再利用技术,在一定程度上抑制了钨矿山过度开采和私挖乱采行为,有助于缓解主要矿区生态环境恢复和治理压力,为其他战略性矿产资源和不可再生资源可持续开发利用提供了新思路、新方法。

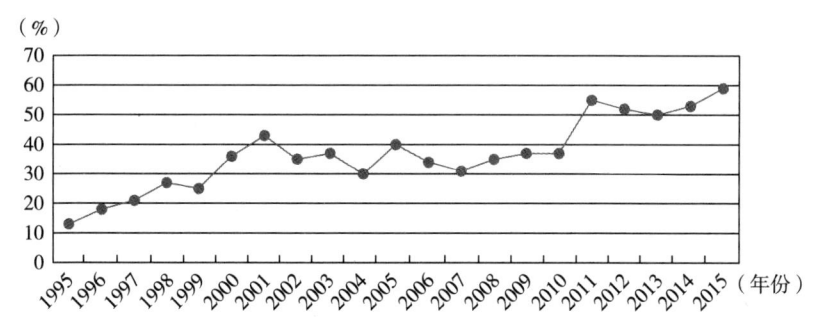

图 6-3　1995—2015 年美国钨回收量占本国钨资源表观消费量比重

资料来源：USGS, *Mineral Commodity Summaries*, 1996-2016。

第二节　全球钨资源消费趋势

矿产品消费量通常与经济周期有一定相关性,受主要经济体经济复苏进程缓慢的影响,钨资源消费收缩。随着钨产业链下游深加工环节不断延展,高端硬质合金、航空航天及武器装备领域对钨的需求上升。总

---

① 许礼刚：《废钨回收产业的价值和发展模式探析》,《有色金属科学与工程》2013 年第 5 期。

体来看，受上下游消费共同作用，短期内全球钨资源消费量基本稳定可预期，主要消费方集中在下游深加工技术成熟的国家和地区。长期来看，将主要受到各国经济发展潜力和结构调整的影响。

一 资源消费与经济周期变化契合度较高

如图6-4所示，全球钨资源消费量与全球GDP增速、主要经济体经济增速变化趋势基本吻合，且矿产资源消费周期变化先于经济周期变动，在一定程度上反映出未来全球经济变化趋势。2008年以来，受国际金融危机影响，各国经济增速出现较大幅度下滑，全球钨资源消费量先于经济出现较大幅度收缩，全球钨消费量以低于6万吨/年的水平低位徘徊。2009年以来，世界主要经济体，尤其是主要钨资源消费经济体面临的政治经济风险加剧，国内经济改革进入关键时期，资源消费量回升速度较慢，短期内难以出现较大需求增长。长期来看，本轮全球经济调整、去库存周期相继进入尾声，各国经济发展进入新的增长阶段。以美国和德国为代表的发达经济体借助"工业4.0""工业互联网"等战略布局进行再工业化，中国等新兴经济体也进入工业化中后期，发达经济体制造业回流和中国工业强基举措将扩大对战略性矿产资源的需求，钨资源潜在需求和消费量将随着各国新一轮产业结构调整逐步增加。

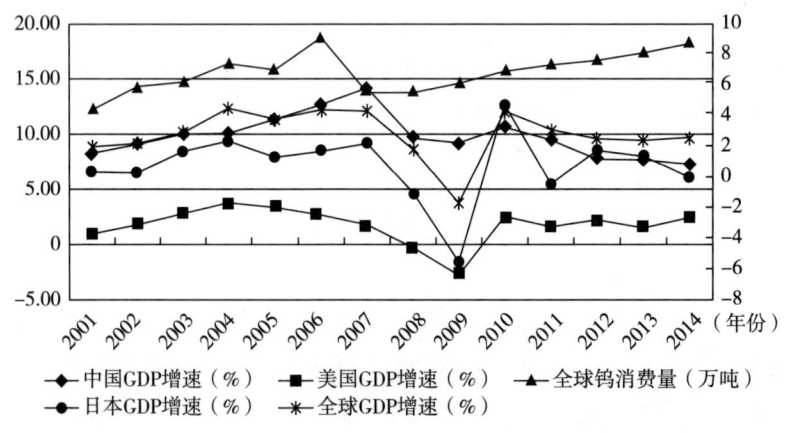

图6-4　2001—2014年全球钨消费量及主要国家GDP增速

资料来源：（原）国土资源部经济研究院：《重要矿产资源市场监测与综合评价（2015年度成果）》，世界银行网站。

二 消费集中于主要经济体

作为高技术产业和国防军事工业的重要原材料,钨资源消费始终集中于世界主要经济体,且资源消费呈现出集中度日益提高、消费重心向亚洲转移的趋势。1974年,全球钨资源消费集中于苏联、日本、英国、德国、法国等14个国家和地区,主要是经济发达的欧洲工业化国家。[①] 近年来,随着亚太地区工业化和城镇化水平不断提高,钨的资源消费重心逐步向亚洲转移,消费集中度进一步提高。2014年,中国、美国、日本钨资源消费量占全球资源消费量的77.90%。其中,中国钨资源消费量占全球总消费量一半以上(52.60%),成为全球第一大钨消费市场,美国、日本分别以13.90%和11.40%排在第二位和第三位(见图6-5)。

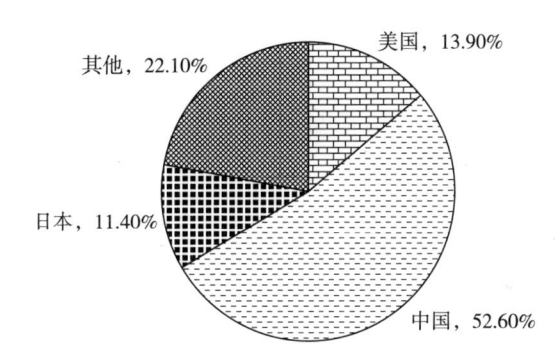

图6-5 2014年主要国家钨资源消费结构

资料来源:(原)国土资源部经济研究院:《重要矿产资源市场监测与综合评价(2015年度成果)》。

第三节 国际市场上钨的价格变化态势

矿产品价格波动一般受供需格局和市场预期两方面因素影响,其中市场供需格局是价格变化的基础,也是市场预期的重要影响因素之一。

---

① 张洪川等:《全球钨资源供需格局分析及对策建议》,《中国矿业》2015年第S1期。

总体来看，钨资源供求格局受矿藏分布、开采利用技术、国家战略规划等一系列因素影响，而市场需求则主要受到经济发展，特别是工业发展影响。同时，供需格局与市场预期相互作用，形成动态的市场价格博弈。2011年以来，在市场供需格局变动及市场预期等诸多因素共同作用下，国际市场上钨的价格表现出震荡下跌的变化趋势。

目前，国际市场上钨价主要参照英国《金属导报》小金属报价。从钨资源供求量上看，2011年以来，全球范围内供给过剩趋势不断加深，2015年全球钨资源过剩供给超过2万吨，同比增长2.44%（见表6-2）。实际上，2011年以来全球钨资源供给过剩受资源开采量扩大和产业下游需求疲软双重作用影响，2011—2015年全球钨产量复合年增长率为3.67%，而消费量复合年增长率为-3.42%，资源供给增速远高于消费量增速，从而导致近年来国际钨价持续波动，总体上表现为下降态势。

表6-2　　　　　2011—2015年全球钨供求平衡　　　　　单位：吨

	2011年	2012年	2013年	2014年	2015年	同比（%）
全球钨产量	73248	75144	83092	83770	84620	1.02
全球钨消费量	74141	64716	63000	64145	64516	0.58
供需平衡	-893	10428	20092	19625	20104	2.44

资料来源：钼都贸易网。

通过对2005—2015年英国《金属导报》报价整理，采用APT（仲钨酸铵）[①] 月平均价格变动趋势反映钨资源价格变动趋势，可以看出，价格变动与全球经济周期性变动趋势呈现较高相关性。2008年国际金融危机使全球经济增速大幅下滑，受此影响，2009年，APT月平均价格跌破220美元/吨度。随后，全球主要经济体出台一系列经济刺激政策，包括量化宽松货币政策、需求刺激政策等，宏观经济预期向好，APT月平均价格随之迅速回升至398.69美元/吨度（见图6-6）。近年来，全球经济复苏进程放缓，主要矿产资源消费国纷纷进入新一轮去库

---

① 本章英国《金属导报》APT价格均采用欧洲自由市场月平均报价下限值。

存周期，宏观经济运行不确定性风险因素增多导致下游制造业企业需求动力不足，全球钨价震荡下跌。

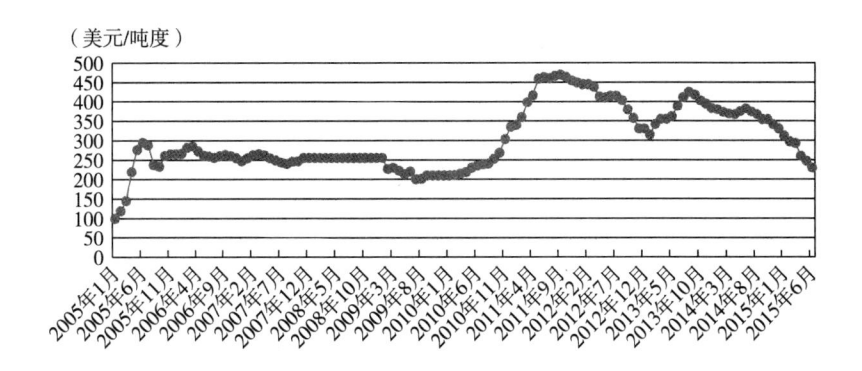

图 6-6　2005—2015 年英国《金属导报》APT 月平均价格

资料来源：笔者根据中国有色金属工业协会等网站公开信息整理。

第四节　中国钨资源禀赋与行业发展现状

中国是全球最大的钨资源生产国和消费国，国内钨矿资源开采及产能释放程度、价格波动等都会对国际钨市场产生重要影响。虽然中国钨矿资源储量丰富、分布集中（见图6-7），但随着矿藏大量开采，采矿成本不断增加，资源优势有所削弱。同时，尽管有色金属行业本轮去库存周期持续推进，下游硬质合金、钨钢等行业市场需求却处于疲软状态，国内主要钨矿企业利润持续下滑，行业总体下行压力较大。

一　资源储量丰富，矿藏开采禀赋较差

中国钨矿资源储量、产量均居世界第一位，据中国矿业网和《中国矿产资源报告（2015）》相关资料显示，现已探明钨矿储量600多万吨，预测资源量2973.1万吨，资源储量丰富，主要分布在全国23个省、市、自治区，资源保有储量较大的省份有湖南（179.89万吨）、江西（110.09万吨）、河南（62.85万吨），这三省钨资源储量约占全国已探明总储量的58.8%。与矿藏资源总量分布集中相对应，主要钨矿

矿区也集中分布在江西、湖南等省份，其中29%的钨矿区位于江西省，江西、湖南、广东三省矿区合计占全国钨矿区数量的60%（见图6-7）。2016年，江西省浮梁县勘探铜钨伴生矿，氧化钨资源储量286万吨，刷新钨矿储量规模世界纪录，大幅度提升中国钨矿储量。据《中国矿产资源报告（2017）》的数据，2016年，中国钨矿氧化钨查明储量为1015.96万吨，同比增加6%。

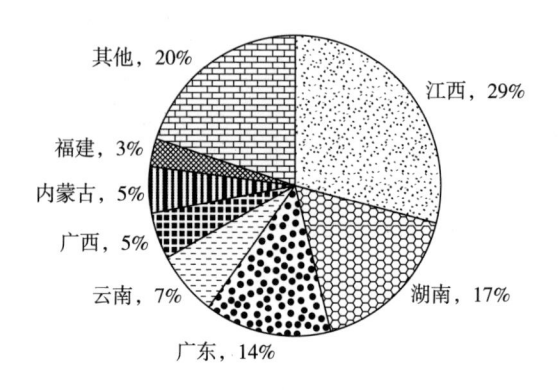

图6-7 中国钨矿矿区分布情况

资料来源：中国产业信息网：《2016年中国钨矿行业市场前景预测》，http://www.chyxx.com/industry/201602/387787.html。

应该看到，尽管中国钨矿资源储量丰富，但与多种矿产的赋存条件相似，总体来看矿藏品位和开采条件都比较差。国内钨矿矿藏中黑钨矿约占20%、白钨矿约占70%、混合钨矿约占10%。表6-3为中国目前主要钨矿矿区，从中可以看出，除江西武宁大湖塘钨矿为黑钨矿外，其余10个主要矿区均为伴生矿或白钨矿。受勘探、开采技术水平限制，中国矿产资源开发长期延续"先富后贫"的路径，钨矿开采利用过程中，黑钨矿采选技术难度较低，白钨矿组成复杂，嵌布粒度细，开采难度较大，因此，国内早期钨矿开采以黑钨矿为主，资源消耗量大，矿产资源储量急剧减少。截至2015年，全国共有钨矿矿山382座，80%以上的品位低于0.4%，现有钨矿平均回采率72.2%，采选加工综合利用率56.6%，中小企业采选回收率只有30%左右。近年来，随着可开采黑钨矿矿藏减少，国内逐渐形成以白钨矿为主的开采新格局，由于白钨矿往往品位更低，导致开采成本进一步攀升，中国钨资源优势有所弱化。因此，对钨矿资源进行战略性管控和储备，提高钨矿资源综合利用率，确保资源安全，成为矿产资源主管部门、钨业协会以及业内企业未来改革发展的重点。

表6-3　　　　　　　　中国主要钨矿区排名

矿产名	所在地	钨种类	资源储量（万吨）	钨矿品位（%）
浮梁县朱溪钨矿	江西浮梁	铜钨伴生	286.00	0.55
大湖塘	江西武宁	黑钨	93.00	0.20
柿竹园	湖南郴州	白钨	71.60	0.32
三道庄	河南栾川	钼半生白钨	37.00	0.15
新田岭	湖南郴州	白钨	30.00	0.37
杨林坳	湖南衡阳	白钨	28.80	0.46
行洛坑	福建宁化	黑白钨共生	28.00	0.23
塔尔沟	甘肃肃北	黑白钨共生	22.30	0.74
黄沙坪	湖南桂阳	白钨	20.60	0.25
裕新	湖南宜章	白钨	20.44	0.28
小柳沟	甘肃肃北	白钨	15.20	0.55

资料来源：（原）国土资源部：《江西省探明浮梁县朱溪钨铜矿为世界最大钨矿》；陶银龙等：《新形势下我国钨产业发展方向探讨》，《中国矿业》2015年第1期。

二　国内钨价震荡下行，行业协会发挥价格引导作用

钨产品价格波动除了受市场供求作用之外，还一定程度上受国内主要行业协会指导价格的影响。自2009年以来，赣州钨协按月发布黑钨精矿预测价格，2011年增加APT预测价格，2016年又与中国五矿集团联手发布钨产品预测指导价格以期提振市场信心、刺激钨价理性回升。如图6-8所示，2013年以来，黑钨精矿和APT价格持续震荡下降，尤其是2014—2015年，黑钨精矿价格由11.5万元/标吨降至6万元/标吨、APT价格由17.6万元/吨降至9.7万元/吨，降幅分别达到47.82%和44.89%，市场下行压力大。在此情况下，赣州钨协作为国内钨资源

主要矿区影响力最大的钨业行业组织，率先通过发布主要产品预测价格的方式引导市场价格走向，平抑价格震荡下行趋势。2016年，赣州钨协与国内影响力最大的矿产企业五矿集团联合发布预测价格，将钨协发布预测价格、引导市场预期的作用扩大到全国。自2016年以来，通过发布略高于市场行情的预测价格引导国内钨产品价格缓慢回升，2016年6月国内黑钨精矿价格和APT价格基本恢复到上年同期或之后1—2个月的价格水平，刺激和引导价格理性回升效果显著。

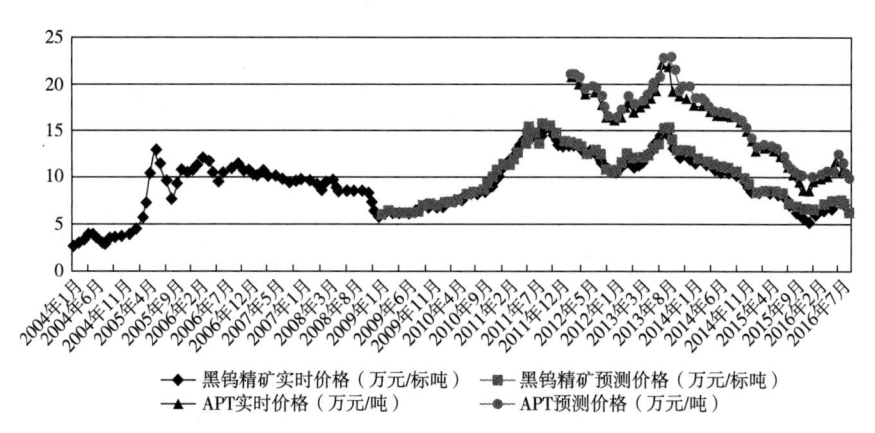

图6-8 2004—2016年6月赣州钨协钨产品预测价格及其实时价格

资料来源：钨都网。

三 供给侧结构性改革效果逐步显现

2015年以来，中国有色金属行业供给侧结构性改革持续推进，中国钨业协会及国内主要钨业企业根据供给侧结构性改革目标限产、收储（见表6-4），推动国内钨业进一步去库存。2016年6月，国内钨精矿生产商库存量4930吨，较上月环比下降12.7%。[①] 国内钨精矿价格虽然仍未止跌，但随着国内钨业过剩供给减少，推动产能出清有望实现，市场供求平衡将理性回归，钨业改革效果将逐步显现。长期来看，中国钨业未来是否能回暖取决于两个方面的因素：一是行业内限产、收储目

---

① 长江证券：《金属非金属行业：6月钨精矿生产商库存量环比下滑12.7%》，http://finance.qq.com/a/20160729/015727.htm，2016年7月29日。

标达成效果，若实施效果低于预期，行业下行压力将进一步加大；二是下游硬质合金、钨钢等行业需求的改善，市场供给回归合理区间后，行业上行动力仍将取决于需求侧拉动。

表6-4 2015年以来国内主要钨矿企业限产、收储情况

时间	标志性事件	主要内容
2015年11月	厦门会议	2015年限产钨精矿20%，2016年1月底前停止对市场供应钨精矿
2016年2月	广州会议	2016年钨精矿减产15%，2月销售底价为7.5万元/标吨
2016年4月	黑钨精矿收储	收储量约为11000吨，价格在7.6万元/标吨以上
2016年4月	白钨精矿收储	收储量为6000—7000吨，价格在7.4万元/标吨以上
2016年6月	潮汕会议	国内几家主要矿企暂停出货；65%黑钨精矿销售价不低于7.5万元/吨，APT销售价不低于11.5万元/吨

资料来源：国金证券研究所：《钨行业深度报告：供给侧改革步入深水区》，2016年6月。

四 应用水平不断提升

近年来，延伸产业链、向下游高端应用环节加速迈进，成为中国钨产业挖掘资源优势、全面提升产业竞争力的主攻目标。随着研发投入力度加大，中国钨业的工艺技术及装备水平、主要产品质量有了很大提高，逐步向高性能、高精度、高附加值方向发展，开始进入世界钨工业发展的先进行列。其中，中国的钨冶炼工艺技术和产品质量均已达到全球领先水平，而在钨硬质合金材料以及超大型硬质合金制品等高端钨制品生产加工领域，中国也在不断缩小与发达国家的差距（见图6-9）。

另据中国钨业协会统计，2018年，中国PCB用微钻、硬质合金等主要钨产品产量均居世界第一位。其中，硬质合金产量达到4.90万吨，比2008年增长130.30%，硬质合金年产量超过千吨的企业由2008年的3家上升到2018年的9家。同时，高端装备等先进制造业快速发展推动钨矿产品的深加工程度进一步提高，带动中国硬质合金数控刀片国产化进程提速，市场规模扩大。2018年，中国硬质合金数控刀片生产企

业有35家，产能超过2亿片。这些技术含量和附加值"双高"的钨产品有力支撑了中国冶金、电子、化工、机械、航空航天和核工业的发展，中国也正在由钨资源和产业大国向钨工业强国靠近。

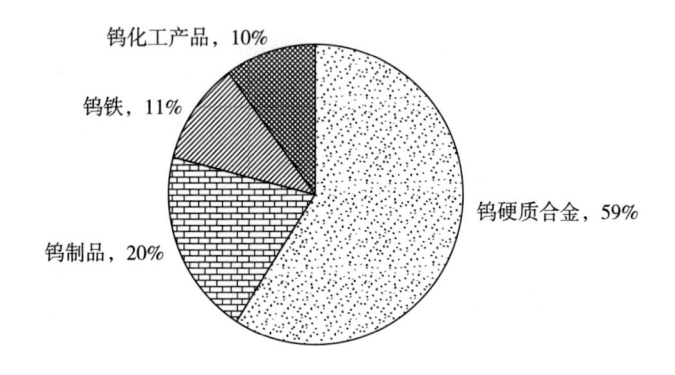

图6-9 2017年中国钨终端用途的产品结构

资料来源：中国钨业协会。

第七章 钛的供求形势分析

第一节 全球钛资源的分布与开采

钛金属的地壳丰度为 0.61%，元素丰度列第 9 位，仅次于氧、硅、铝、铁、钙、钠、钾和镁，比常见的铜、镍、锡、铅、锌等金属都高。钛化学性质比较活泼，不能以单质形式存在，而主要以氧化物和钛酸盐的形式存在于自然界，这种成矿特点决定了其相对稀缺性。钛化合物通常与铁、钙、镁和稀土等元素共生，二氧化钛（TiO_2）含量大于 1% 的已知钛矿物超过 140 种。根据钛矿的特性，常见的钛矿分为钛岩矿和钛砂矿两大类（见表 7-1）。

表 7-1　　　　钛岩矿和钛砂矿的特性与分布情况

	钛岩矿	钛砂矿
特征	原生矿，基本上都是共生矿，有钛铁矿、钛磁铁矿和赤铁钛铁矿等不同类型	次生矿，在海岸或河滩附近沉积成矿，主要矿物是金红石、钛铁矿，多与独居石、锆英石和锡石等共生
优点	产地集中，储量大，可大规模开采	结构松散，脉石含量少，可选性好，精矿品位高
缺点	脉石含量高，结构致密，可选性差，选矿回收率低，精矿品位低	资源分散，原矿品位低
主要产国	加拿大、中国、印度和俄罗斯	南非、澳大利亚、印度和南美洲国家的海滨和内河沉积层中

资料来源：亚洲金属网。

钛矿物种类虽多，但具有工业利用价值的品种较少，从这一意义上讲，钛可以归为稀有金属。可工业利用的主要有钛铁矿和金红石，其二氧化钛的理论含量分别为 52.64% 和 100%。钛铁矿的理论分子式为 $FeTiO_3$，通常为不规则粒状集合体，矿物无固定组成，二氧化钛含量一般为 70%—92%。金红石主要成分是二氧化钛，矿物呈黄色至红棕色，含有硅、铝、铁、钙、镁、钒等杂质，二氧化钛含量不确定。目前，全球范围内已大规模开采利用的钛资源也主要是钛铁矿和金红石矿。

一 全球钛资源的总体情况

全球钛资源储量较为丰富，甚至高于常见的铜、铅、锌金属储量之和。美国地质调查局的数据显示，2018 年全球探明可开采的钛铁矿储量为 7 亿吨，金红石矿储量为 4800 万吨，钛精矿储量总计约为 7.5 亿吨。同时，钛资源分布较广，遍布全球 30 多个国家。其中，澳大利亚是探明钛铁矿储量最高的国家，2018 年其钛铁矿储量 1.6 亿吨，占全球总储量的 22.86%；其次是印度，储量为 8500 万吨，占全球总储量的 12.14%；南非储量为 6300 万吨，占全球总储量的 9.00%（见图 7-1）。

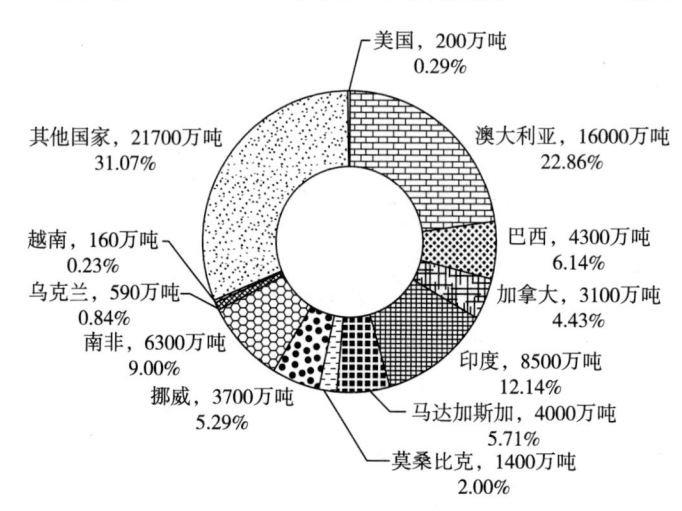

图 7-1　2018 年全球钛铁矿探明储量的国别分布

资料来源：USGS, *Mineral Commodity Summaries*, 2019。

2018 年，澳大利金红石资源探明储量为 2400 万吨，占全球整体储量的 50.00%，同样高居世界首位。储量居世界第 2—4 位的国家分别是：南非储量 830 万吨，占 17.29%；印度储量 740 万吨，占 15.42%；乌克兰储量 250 万吨，占 5.21%（见图 7-2）。

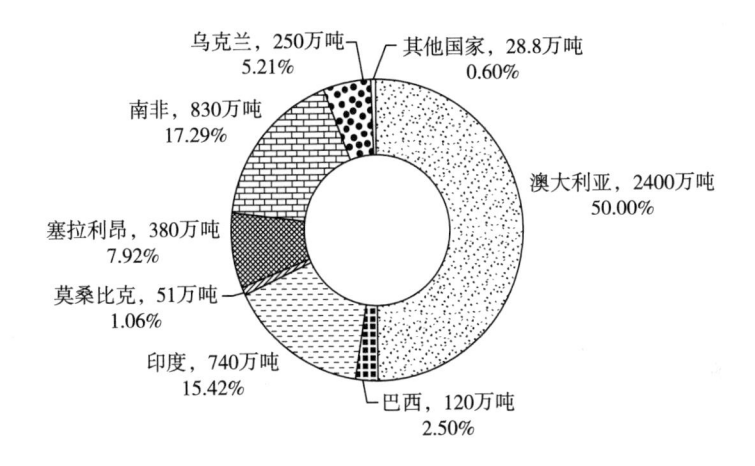

图 7-2　2018 年全球金红石探明储量的国别分布

资料来源：USGS, *Mineral Commodity Summaries*, 2019。

二　全球钛精矿产量及变化趋势

《2019—2025 年中国钛矿行业市场专项调研及投资战略研究报告》的数据显示，2013 年之后，全球钛精矿产量出现波动下降态势，且主要是钛铁矿产量萎缩。2018 年，全球钛铁矿产量 540 万吨，比 2013 年的高位水平减少了 129 万吨。相比之下，2018 年全球金红石产量 75 万吨，与 2013 年基本持平。再从生产的国别格局来看，南非凭借资源优势，曾是全球最大的钛精矿生产国，但近年来其产量波动幅度加大，且明显下滑，产量世界第一的位置已被加拿大取代，中国等"其他国家"的产量也不断扩大（见表 7-2）。目前，全球钛矿主要的生产商力拓（Rio Tinto）、伊鲁卡（Iluka）、艾克斯罗（Exxaro）和克罗诺斯（Kronos）等国外大型矿业企业对全球钛资源开发具有较高的掌控程度，钛精矿的生产集中度高，世界前 6 大供应商垄断了超过 60% 的全球精矿市场份额。其中，作为全球最大的钛矿生产商，力拓集团主要拥有加拿大、南非和马达加斯加 3 个生产基地。高度集中的市场结构使跨国巨头之间倾向于形成国际价格同盟,对全球钛精矿的定价具有较强的掌控力。

表 7－2　　2012—2018 年全球钛精矿产量及国别结构　　单位:千吨

		2012 年	2013 年	2014 年	2015 年	2016 年	2017 年	2018 年
钛铁矿	美国	300	300	100	200	100	100	100
	澳大利亚	940	940	720	720	780	730	700
	巴西	45	45	100	48	48	50	50
	加拿大	750	770	480	595	595	880	850
	印度	340	340	190	180	180	300	300
	马达加斯加	380	430	300	140	92	110	100
	莫桑比克	350	480	510	460	540	600	600
	挪威	360	400	440	258	260	220	200
	南非	1100	1100	680	1280	1020	500	500
	乌克兰	360	250	210	375	210	230	230
	越南	510	500	560	360	240	200	200
	其他国家	74	90	90	77	71	150	150
	钛铁矿合计	6500	6790	5570	5190	5540	5550	5400
金红石	澳大利亚	410	450	190	380	380	290	250
	印度	24	26	22	18	19	10	10
	塞拉利昂	89	90	100	113	130	160	170
	南非	120	120	53	67	67	95	100
	乌克兰	56	60	63	90	95	95	100
	其他国家	24	17	17	14	8	13	10
	金红石合计	730	770	470	760	800	770	750
	钛精矿总计	7230	7550	6040	6940	6300	6100	6100

资料来源:智研咨询:《2019—2025 年中国钛矿行业市场专项调研及投资战略研究报告》。

第二节 中国钛资源分布及钛产业发展

一 中国钛资源的分布情况

中国钛资源相对比较丰富，2018年，中国钛矿储量为2.3亿吨，全球占比为26.1%，仅次于澳大利亚，居全球第二位，但中国钛矿整体品位偏低，矿种以钒钛磁铁矿为主。这类矿物属于低品位岩矿，钙镁杂质含量高（≥2%），开采加工的工艺流程长，生产成本较高，环境影响较大。

从矿石类型来看，国内钛铁矿和金红石矿储量悬殊，钛铁矿占钛资源总储量的98%，金红石仅占2%。同时，钛矿品位普遍不高，二氧化钛含量约为46—48%。钛铁矿平均品位通常为5%—10%；金红石平均品位为1%—5%，并多集中在1%—2%。钛铁矿包括钛铁矿岩矿和钛铁矿砂矿，其中岩矿以钒钛磁铁矿为主，约占全国钛资源的94%，主要产区有四川攀西地区和河北承德；砂矿约占4%，主要分布在广东、广西、海南和云南等省区。金红石岩矿约占钛资源总量的1.5%，分布在湖北、河南、陕西、江苏、山西及山东等地；金红石砂矿约占0.5%，主要产区在海南、广西、广东等省区（见表7-3）。

表7-3　中国钛矿资源储量（二氧化钛含量）和分布

地区	矿区数量（个）	储量（万吨）	储量基础（万吨）	资源量（万吨）	资源储量（万吨）
四川	27	14979	20790	40822	61612
广西	10	226	425	334	7585
海南	42	189	409	1696	2105
河北	8	380	572	1007	1579
云南	11	168	256	987	1243
广东	11	43	556	67	623
合计	109	15985	23008	44913	74747

资料来源：《中国国土资源年鉴（2009）》。

四川攀西地区是中国铁矿储量最丰富的地区之一。经过新中国成立70年来的多轮探勘，2018年攀西地区已探明钒钛磁铁矿储量达到618亿吨，占全国同类型铁矿储量的95%以上。伴生矿物多、储量大是攀西地区的钒钛磁铁矿突出的成矿特点之一。其中，全矿区二氧化钛储量达到8.98亿吨，钛的储量占全国总储量的比重高达92%。近年来，攀西地区的资源优势逐步显现，中国钛精矿生产呈现出进一步向四川攀西地区集中的态势，2018年，该地区钛精矿产量占全国的比重接近80%（见图7-3）。

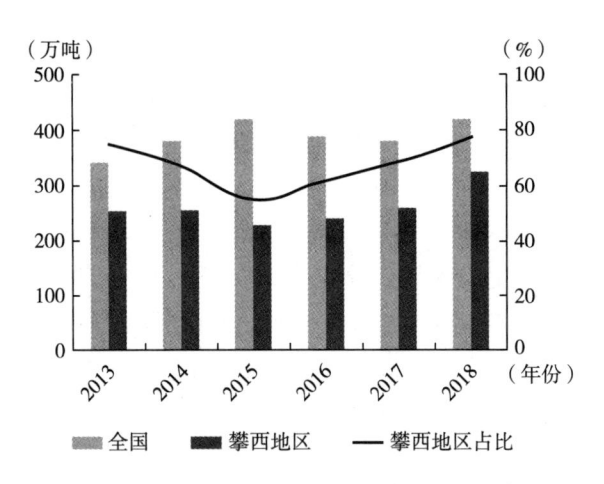

图7-3　2013—2018年全国及四川攀西地区钛精矿产量

资料来源：http://www.chyxx.com/industry/201909/781562.html。

二　中国钛产业发展及存在的主要问题

（一）国内消费快速增长，原材料依赖进口

随着国内产业升级提速，中国钛加工材料消费量增长较快。2018年，中国钛加工材料消费量为5.7万吨，2015—2018年复合增长率达到15.5%（见图7-4）。

总体来看，中国现有钛资源储量和开采能力难以满足快速增长的市场需求特别是产业下游对高端原材料的需求，国内长期存在供求缺口，钛材需要大量进口，特别是用于航空航天等领域的高端钛材料仍在很大程度上依赖国外供给（见图7-5）。

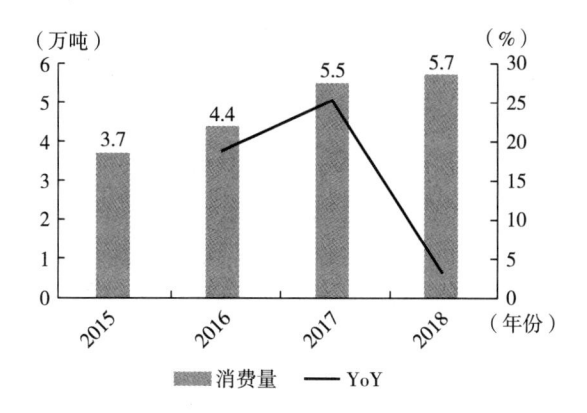

图 7-4　2015—2018 中国钛加工材料消费量

资料来源：智研咨询：《2019—2025 年中国钛矿行业市场专项调研及投资战略研究报告》。

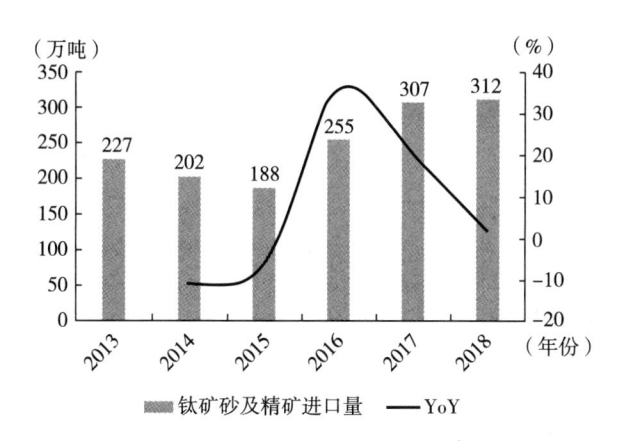

图 7-5　2013—2018 年中国钛精矿进口量

资料来源：智研咨询：《2019—2025 年中国钛矿行业市场专项调研及投资战略研究报告》。

(二) 钛产业加快向高端化发展，出口产品结构不断优化

近年来，中国钛深加工产品的生产制造能力有了很大提高，带动钛材料出口实现较快增长，出口产品质量和附加值有所提升。2018 年，除钛制品和钛丝之外的主要钛加工材料的出口均有增长。其中，钛管、钛带和钛板的出口量同比增速超过 40%。随着出口规模扩大，中国出口的钛管、钛带和钛板材等钛材料的国际竞争优势逐步显现（见图 7-6）。预计到 2021 年，国内海绵钛产能将增至 18.2 万吨，2019—2021 年的年

复合增长率超过19%。值得注意的是，尽管钛产业发展呈现良好势头，但近期行业发展面临的环保压力增大，将直接影响在建产能按期达产。

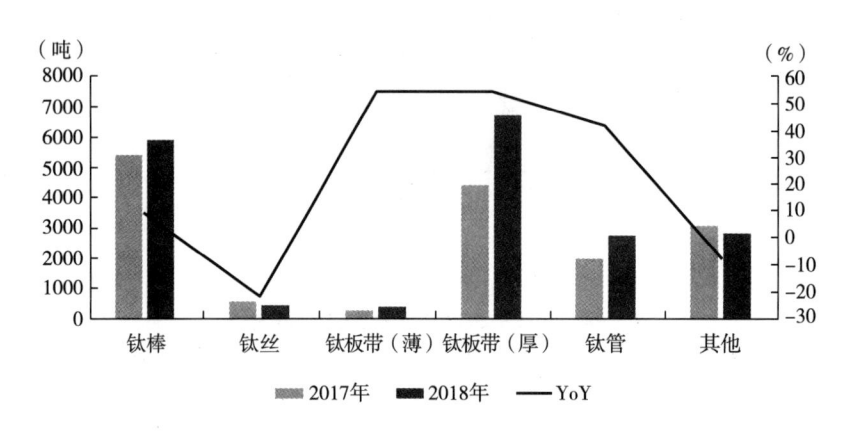

图7-6 2018年中国主要钛加工产品出口规模

资料来源：智研咨询：《2019—2025年中国钛矿行业市场专项调研及投资战略研究报告》。

第三节 钛资源应用现状与展望

一 主要应用领域

钛及其合金不仅具有密度小、强度大、比强度高、耐腐蚀、高低温性能好、生物相容性好等特性，还具备记忆、超导和储氢功能，广泛应用于化工、航空航天、电力、冶金、体育休闲、制盐、船舶、医药和海洋工程等领域（见表7-4）。随着钛及其合金应用技术的发展，相关钛制品已日益渗透到人们日常生活的各个领域。除以上九大应用领域外，钛还应用于汽车行业。汽车发动机、底盘、车轮、车门和排放系统等，摩托车排气管、消音器、传动链条、弹簧等，以及自行车车架等零部件由钛制品替代均可以提升性能，起到减重、减震、降噪、延寿等作用。此外，钛制品在生活用品领域的应用也很广泛，即可用作计算机、手机、照相机等产品的壳体材料，也可用于钛版画、首饰等工艺品和装饰材料。

表7-4　　　　　　　　　　钛及其合金的主要应用领域

应用领域	主要特性	应用场景	所用钛及其合金种类
化工	导热系数小、耐腐蚀性好	氯碱等行业的化工设备零部件，如换热器、阳极、容器等；石油化工领域所需设备，如氧化反应器、真空过滤机等	工业纯钛、Ti-32Mo等
航空航天	密度小、比强度高、高低温性能好	军用、民用飞机的发动机和机身；火箭、导弹、航天飞机等航天设备的零部件	工业纯钛、Ti-6Al-4V、Ti-13V-11Cr-3Al、IMI551、Ti-4Al-3Mo-1V等
电力	密度小、导热系数小、耐腐蚀	电站热换器、凝汽器、蒸汽涡轮叶等	工业纯钛、Ti-0.9Pd、Ti-0.3Mo-0.8Ni等
冶金	耐腐蚀、高温性能好	冶炼金属所需设备，如电解槽、洗涤塔等；作为添加剂；焦化厂熄焦除尘装置等；电镀液加热管、框架等设备	工业纯钛、Ti-0.3Mo-0.8Ni等
体育休闲	密度小、比强度高	登山和滑雪用具，如登山杖、登山鞋底钉、滑雪杖、冰刀；眼镜架、手表、高尔夫球棒等	Ti-4.5Al-3V-2Mo-2Fe、Ti-6Al-4V等
制盐	耐腐蚀、高温性能好	真空制盐设备零部件，如蒸发器、换热管、预热器、管板等	工业纯钛、Ti-0.3Mo-0.8Ni等
船舶	比强度高、耐腐蚀	船舶耐压壳体、船体结构、管道等	Ti-6Al-4V、Ti-15Mo-5Zr、Ti-10V-2Fe-3Al、Ti-17等
医药	无毒性、生物相容性好、耐腐蚀	人体植入件，如牙齿、支架、心脏补片等；制药工业，搅拌器、离心机等	工业纯钛、Ti-6Al-4V ELI、Ti-6Al-7Nb、Ti-5Al-2.5Fe等
海洋工程	耐腐蚀、强度大	海水淡化所需传热管等设备；海洋石油钻探所需发动机冷凝管和换热管等零部件	工业纯钛、Ti-6Al-4V等

资料来源：笔者整理。

二 钛及其合金的应用结构

20世纪50年代,钛作为战略物资始用于军用和民用航空结构件,之后其应用领域及下游产业发展始终与高新技术产业息息相关。在国民经济持续发展和技术水平大幅提升的背景下,中国钛市场迅速扩大。随着航空航天和电力等行业钛需求量的增长,2017年比2006年,中国钛加工材销售量10年间已增长近3倍。

如表7-5所示,钛加工材应用主要集中在化工、航空航天和电力三大领域,2017年销售量分别占比44.6%、15.7%和12.7%。在化工领域,由于氯碱、纯碱、无机盐、化肥、染料等行业所需设备逐步推广钛加工材零部件的使用,并受到国家刺激内需宏观政策的影响,2011年钛用量已达2.7万吨之多;之后随着经济的结构性调整和可持续发展的深化,化工行业钛加工材消费量持续下滑,2015年已降至1.9万吨左右。在航空航天领域,钛加工材销量受到国际金融危机的影响在短期内大幅下滑,但总体态势呈稳步增长,尤其是在国产大飞机等重大项目拉动下,潜在需求逐步显现。在电力领域,钛材消费量明显增加后维持相对稳定,核电站建设计划是其主要利好因素之一。在其他应用领域中,冶金、制盐、体育休闲等传统领域的钛材消费量近年来均不同程度减少,而医药、海洋工程等高端制造领域的钛用量却呈现增长势头。

表7-5 2006—2017年主要钛加工材企业在不同应用领域的销售量 单位:吨

	2006年	2007年	2008年	2009年	2010年	2011年	2012年	2013年	2014年	2015年	2016年	2017年
化工	5336.9	10316	11556	11918	19718	27156	25216	21778	20867	19486	18553	23948
航空航天	1338.8	4061	3575	2518.8	3603.2	4080	4261	4666	4861	6862	8519	8986
电力	347.5	938	853	2005.6	1443	3253	6131	5706	6499	5537	5590	6692
冶金	279	652	1831.5	1658.1	2472	2742	2139	2631	2840	2168	1604	1393
体育休闲	3288.3	3801	3858.1	1746	2904	2414	4743	2150	3030	2031	2090	2091
制盐	580	1393	1863	1319.9	2256	2556	2110	1676	1744	1715	1175	1342
船舶	294	197	934.5	836.1	625	720	1279	352	881	1279	1296	2452
医药	74	416	1402.5	1030.3	1083.5	1027	1313	538	698	884	1834	2125
海洋工程	87	374	1086	622	766	1343	572	880	807	541	1512	2145
其他	2253.6	1492	777	1310.5	2183.3	4101	2567	891	2241	3214	1983	3275
共计	13879.1	23640	27736.6	24965.3	37054	49392	50331	41268	44468	43717	44156	54449

资料来源:《2006—2015年中国钛工业发展报告》,Wind数据库。

三 钛及其合金应用展望

20世纪50年代，钛材作为一种新型实用金属材料进入工业生产，首先在航空航天工业使用，后相继在兵器、舰艇等军用工业以及民用工业等部门推广使用。尤其是化工、航空航天、海洋工程等领域对钛的需求具有很强的刚性，这主要是相关设备对材料耐蚀性和高温性能的要求决定了钛材成为其唯一选择。随着钛冶炼、加工、制造等相关技术不断发展和低成本新型合金的持续开发，钛应用市场发展迅速，在化工、体育休闲、冶金等领域的应用日益发展成熟。作为支撑尖端科学技术进步的重要原材料，钛材已成为传统产业升级换代和高新技术产业发展的先导性原材料，航空航天、医药、汽车和海洋工程等是钛材最具前景的应用领域。

其中，航空航天领域一直以来都是钛材最主要的市场，这一领域钛材的消费量占钛材消费总量的比重超过50%。如今，航空新材料对于比强度和性能的要求越来越高，机体和发动机的钛合金用量直接代表着其技术先进性。目前，民用客机A350XWB和波音787钛合金用量分别为14%和15%；军用飞机F-35和F-22钛合金用量分别已达27%和41%。随着各国国防系统和民航系统的发展，对于安全可靠性和全寿命成本的要求日益提高，需要通过减轻结构重量等有效途径不断改善使用性能。钛材料作为航空技术的重要基材，新型合金的研发和应用将是航空工业发展中最具发展潜力的领域。

同时，钛具有优良的耐蚀性及生物相容性，且金属过敏性及强度等优点也为其在牙科、人体器官移植、人体矫形外科、制药设备、医疗器械等方面的应用提供了条件和基础，具有较好的发展前景。钛材在牙种植、义齿部件等口腔修复中的应用一直较受重视，已得以推广。美国和日本等国家在骨科固定植入物、外科器械和心血管植入等方面的研究和应用也日益成熟，人工骨关节、人工骨、血管缝合针、胸骨缝合线等已应用于临床医学。近年来，3D打印技术的发展进一步推动了钛合金的应用。2016年6月，清华大学附属医院完成世界首例3D打印的钛合金骶骨植入医疗应用。随着3D打印等高新技术的发展和钛合金成本的降低，医用材料及其制品的需求将持续上升，这为钛材应用提供了广阔的发展前景。

钛合金在汽车行业的应用也备受关注，许多知名汽车制造商已投入汽车工业用钛的研究开发。汽车燃料燃烧能量的 60% 消耗于自身质量，虽然铝材、镁材、高强度薄钢板、金属基复合材料及塑料等树脂类材料的应用已经在一定程度上减轻了汽车重量，但钛合金的出现为汽车制造行业提供了更好的选择。例如，大众汽车公司将钛合金弹簧用于 Lupo FSI 轿车，使这款汽车减重 82 千克。虽然钛合金汽车零部件质量轻、强度高、性能好、寿命长，但由于成本原因，目前主要用于赛车和高档汽车。随着低成本钛合金的研发和制备技术的提升，钛加工材将在汽车制造行业占据重要地位。

由于钛的强度高，具有良好的耐腐蚀性，这一性能决定了钛在海洋工程领域的应用前景广阔。目前，耐腐蚀的含钛零部件和设备已广泛应用于海水淡化和海洋石油钻探等海洋工程，船舶工业、海水淡化、海上钻井平台、深潜器、深海空间站、沿海设施等应用方向也在加快推进。例如，位于挪威海的石油钻井每个平台使用的钛合金总量超过 500 吨；天津和山东的海水淡化工程用钛量约为 250 吨。海洋工程对材料的耐腐蚀性要求较高，钛设备较长的使用寿命和较低的运行投入可以弥补其较高的先期投入。在能源紧缺的大环境下，许多国家已经加强对海洋资源的开发和利用，钛加工材在降低成本和提高产品质量稳定性的前提下，市场应用潜力巨大。未来，海洋工程将成为钛民用的主要领域之一。预计到 2025 年，中国海洋领域钛材用量预计超过 1.1 万吨，是 2018 年的 3 倍，其钛材用量增长将领先其他领域。

第四节　本章小结

钛作为"太空金属""海洋金属"，其特性显著，是极具应用价值的高端稀有金属，有望成为未来新材料产业发展的制高点。鉴于钛工业在国家发展中的重要战略地位，各国对钛材相关技术研究高度重视，美国、日本、苏联等国家的钛工业发展都得到了政府的大力支持。中国钛工业虽然起步较晚，但自 20 世纪 60 年代以来发展势头强劲，全球钛产业目前已形成美国、日本、俄罗斯、中国"四足鼎立"的局面。

中国钛材产量快速增长，已掌握了部分拥有自主知识产权的工艺技术，正处于由钛材大国向钛材强国过渡的关键时期。目前，应抓住制造业转型和军民需求升级的机遇，进一步释放行业政策红利和市场红利，加速钛材领域转型和增长。

第一，加强自主创新能力。中国虽然目前已可生产国际市场上各种牌号的钛及钛合金产品，但原创的合金牌号却较少。为推动技术创新与进步，可以钛行业龙头为主体，搭建起以市场为导向的产学研合作平台，加强行业间合作，增强研发的系统性和集中性。

第二，提升工艺水平，降低钛材成本。目前，国内钛材生产还存在批次生产质量不稳定的情况，需要进一步推动数控、自动化、智能化技术的大规模应用。工艺数字化进程的加快，可以提高加工水平和产品质量，降低损耗和生产成本，为钛材大规模应用打好基础。

第三，统筹钛材行业发展布局。近年来，国内一些钛材企业成长迅速。如钛行业龙头企业宝钛集团围绕主导产品钛及钛合金加工材，已形成从海绵钛矿石采矿到冶炼、加工及深加工、设备制造的完整钛产业链。但也有部分企业发展缺乏长远规划，产业关联度低，行业上下游缺少联系的问题突出，导致中间产品价格波动较大，不利于行业的整体发展。今后，在扶持骨干企业大规模、全产业链生产的同时，应高度重视中小企业的多样化需求，通过投资参股协议、长期供货协议等手段降低价格波动的影响，维护行业稳定发展。

第八章　铂族金属的开发利用与供求分析

稀有贵金属主要有金、银、铂、钯、锇、铱、钌和铑8种元素，其中后6种被称为铂族金属。在铂族金属中，用量最大、用途最广的是铂，其次是钯，这两种金属的产量和消费量约占铂族金属生产和消费总量的90%以上。与金银等贵金属类似，铂族金属因兼具特有的金融和金属"双重属性"，不仅是现代工业中用途广泛的原材料，而且其中一些金属可以作为储备资产，对于居民而言，是具有保值增值价值的投资品和高档消费品。同时，随着其金属性能不断被开发，铂族金属在战略性新兴产业中有着越来越重要的应用，也被视为能够替代重稀土的关键金属。从铂族金属的赋存情况来看，全球铂族金属资源分布非常集中。中国虽是金银等贵金属的资源大国，但铂族金属资源却严重贫乏。如何更好地保障资源安全供给，是铂族金属开发利用的战略重点。

第一节　全球铂族金属的资源条件与供给风险

一　南非铂族金属资源拥有绝对优势

铂族金属是稀缺的稀有贵金属，世界上先后约有60个国家发现含铂族金属的地区或铂族元素矿产资源，但拥有探明铂族金属储量的国家和地区却不足20个。就已探明的资源而言，全球铂族金属主要分布在南非、俄罗斯、美国、加拿大等国。目前，南非和俄罗斯是全球铂族金属储量最丰富的国家。其中，南非铂族金属的资源优势可以说是"一枝独秀"。2017年，南非铂族金属储量6.3万吨，而全球总储量才只有6.9万吨，南非储量全球占比高达91.3%，该国在国际铂族金属资源格局中的重要地位甚至远远超过中国稀土在世界上的影响力。值得注意的是，尽管铂族金属具有很高的战略性，但相比稀土勘探成果和重大发现不断涌现的情况，过去几年中，世界铂族金属的资源条件并未出现大的改变，2017年全球铂族金属总储量仅比2013年增加约3000吨，南非和俄罗斯的资源优势始终非常突出（见表8-1）。

表8-1　　　　2013—2017年世界铂族金属储量　　　　单位：吨

国家或地区	2013年	2014年	2015年	2016年	2017年
南非	63000	63000	63000	63000	63000
俄罗斯	1100	1100	1100	1100	3900
美国	900	900	900	900	900
加拿大	310	310	310	310	310
其他	800	800	800	790	890
世界总计	66110	66110	66110	66100	69000

资料来源：Wind，USGS，*Mineral Commodity Summaries*，January 2014。

二　全球铂族金属生产高度集中

与金银等贵金属数千年的开采加工历史相比，铂族金属开发利用的时间相对较晚。世界铂族金属工业化制备始于1778年，1823年以前，哥伦比亚是全球最大的铂族金属生产国。1778—1965年，哥伦比亚共生产铂族金属约104吨。19世纪，俄罗斯取代哥伦比亚，成为世界铂族金属最大的供给方，1820—1930年，俄罗斯共生产铂（及少量铱、锇）约245吨。20世纪90年代以来，南非凭借资源优势，占据铂族金属全球生产第一大国的位置，是国际铂族金属市场上最重要的供给方，在全球铂族金属矿山产量中所占份额总体上超过70%。同时，南非铂族金属的资源优势相对比较均衡，铂、钯及其他铂族金属均保持较高产量（见表8-2）。

表8-2　　　　　　　2009—2017年世界铂族金属矿山产量　　　　　　单位：吨

	国家和地区	2009年	2010年	2011年	2012年	2013年	2014年	2015年	2016年	2017年
铂	南非	142.1	147.1	147.1	130.2	132.9	94.0	139.0	133.0	140.0
	俄罗斯	24.7	24.4	25.4	25.0	23.8	23.0	22.0	23.0	21.0
	加拿大	5.3	4.0	8.4	6.9	6.8	8.5	7.6	12.6	12.0
	美国	3.8	3.5	3.7	3.7	3.8	3.66	3.67	3.89	3.9
	津巴布韦	7.1	8.9	10.6	10.4	12.7	12.5	12.6	14.9	15.0
	其他	4.1	3.9	3.6	4.3	4.9	5.34	4.13	3.61	8.1
	小计	187.1	191.7	198.9	180.5	184.8	147.0	189.0	191.0	200.0
钯	南非	76.7	82.0	83.4	74.4	73.2	—	—	—	—
	俄罗斯	83.3	84.7	84.1	81.7	80.2	—	—	—	—
	加拿大	8.7	11.0	17.4	17.3	16.5	—	—	—	—
	美国	12.7	11.6	12.4	12.3	12.6	—	—	—	—
	津巴布韦	5.5	6.9	8.1	8.0	9.8	—	—	—	—
	其他	9.3	9.2	7.8	8.4	8.1	—	—	—	—
	小计	196.1	205.4	213.3	202.2	200.4	—	—	—	—
其他铂族金属	南非	55.5	57.3	58.1	53.0	—	—	—	—	—
	俄罗斯	11.9	12.0	12.5	12.0	—	—	—	—	—
	加拿大	0.4	0.4	0.8	0.7	—	—	—	—	—
	津巴布韦	1.8	1.8	1.8	2.2	—	—	—	—	—
	小计	69.5	71.5	73.2	67.9	—	—	—	—	—
	总计	448.0	467.0	487.0	451.0	—	—	—	—	—

资料来源：2009—2013年的数据来自GFMS《全球铂钯年鉴（2014）》；2014—2017年的数据来自Wind数据库。

三　铂族金属供给风险较大

铂族金属储量少、资源分布集中的特点导致国际市场上的供给掌握在南非、俄罗斯等资源富集国家的少数矿业公司手中，美国、英国、加拿大的矿业公司虽有一定参与，但产量相对有限，不足以左右世界供给格局（见表8-3和表8-4）。随着生产加工集中度提高，铂族金属的全球供给风险进一步放大。近年来，南非等主要供应国的资源开采和生产加工屡屡遭受矿业工人罢工、能源危机、安全生产等事件的冲击，给全球铂族金属供给带来高度的不确定性。在目前这种供给形势下，中美两个大国的铂族金属消费都长期高度依赖进口。可以预见，未来中美两国将对铂族金属的海外资源展开激烈的竞争。

表 8-3　　2012 年和 2013 年世界十大铂生产商

国家	公司名称	排名		产量（万盎司）	
		2012 年	2013 年	2012 年	2013 年
南非	Anglo Platinum①	1	1	174.1	174.7
南非	Impala Platinum②	2	2	95.0	112.2
英国	Lonmin③	3	3	71.7	72.2
俄罗斯	Norilsk Nikel	4	4	68.3	65.1
南非	Northam④	7	5	17.2	19.8
南非	Aquarius Platinum	5	6	19.8	18.7
南非	RoyalBafokeng Platinum⑤	6	7	17.4	18.1
南非	ARM Platinum	8	8	16.3	17.7
南非	Xstrata⑥	9	9	14.0	15.0
巴西	Vale Inco⑦	10	10	13.4	14.5

注：①矿山自采矿冶炼产量；②包括津巴布韦铂业公司产量；③为销售量；④预计可出售金属量（精矿）；⑤金属（精矿）估计值；⑥估计值；⑦包括消费需求。
资料来源：GFMS：《全球铂钯年鉴（2014）》。

表 8-4　　2012 年和 2013 年世界十大钯生产商

国家	公司名称	排名		产量（万盎司）	
		2012 年	2013 年	2012 年	2013 年
俄罗斯	Norilsk Nikel	1	1	273.2	266.1
南非	Anglo Platinum①	2	2	106.6	104.5
南非	Impala Platinum②	3	3	60.8	65.6
美国	Stillwater Mining	4	4	39.6	40.4
南非	Vale Inco	6	5	25.1	35.2
英国	Lonmin③	5	6	34.0	31.7
南非	ARM Platinum	9	7	14.1	16.1

续表

国家	公司名称	排名		产量（万盎司）	
		2012年	2013年	2012年	2013年
南非	Xstrata④	8	8	16.0	16.0
加拿大	North American Palladium	7	9	16.4	13.5
南非	Aquarius Platinum	10	10	11.5	11.1

注：①矿山自采矿冶炼产量；②包括津巴布韦铂业公司产量；③为销售量；④估计值。
资料来源：GFMS：《全球铂钯年鉴（2014）》。

第二节　中国铂族金属的供求形势

铂族金属具有耐高温、耐腐蚀、抗氧化、延展性高、膨胀率低、反光性强、电热性稳定等一系列突出特点，在汽车机械、航空航天、电子通信、珠宝饰品、石油化工、陶瓷玻璃等众多行业都有广泛用途。随着产业转型和消费升级提速，中国铂族金属需求不断攀升。然而，与持续增长的需求相比，中国铂族金属的国内供给和保障程度明显偏低，维护资源安全难度较大。

一　国内铂族金属资源严重匮乏

（一）资源储量少

在中国的贵金属矿产中，金银资源总量相对丰富，而在铂族金属资源和生产上均无优势可言，资源总量十分有限，贵金属资源禀赋呈现出严重"偏科"的特点。美国地质调查局公布的数据显示，2014年中国黄金储量1900吨，世界排名第10位，约占全球总量的3.5%；白银储量为43000吨，居世界第5位，约占全球总量的8.1%。与相对丰富的金银资源相比，中国铂族金属资源储量长期贫乏。截至2012年，铂族查明资源储量仅为336.5吨，占世界铂族金属总储量的比重仅为5‰[1]，处于非常低的水平。

---

[1] 张涛等：《铂族OPEC的组建及对中国的挑战》，《黄金》2014年第7期。

表 8-5　　　　　　　中国贵金属矿产资源条件及特点

	资源条件及特点
金	资源储备丰富，人均占有率低 储量分布较为集中 金矿以中小型矿居多，大型、特大型矿少；金矿结构主要以岩金为主，伴生副产金为辅。黄金保证年限与世界黄金平均保证年限差距较大
银	资源储备丰富，人均占有率低 储量主要集中在江西、云南、广东、内蒙古、广西、湖北、甘肃 7 个省区，合计银矿储量约占全国储量的 61% 银矿以中小型矿居多，大型特大型矿少；银矿结构多以共伴生银矿为主，富矿少，贫矿多 白银保证年限与世界白银保证年限差距较小，但是近年来呈扩大趋势
铂族	资源储备匮乏，人均占有率低 少量铂族金属资源分布相对集中 铂族金属矿床类型较复杂，多以伴生形式存在于铜镍硫化物矿床中，且矿石品位低 国内供需缺口主要依赖进口弥补，未来一段时间铂族金属的国内保障条件难以改变

资料来源：笔者整理。

（二）分布集中，成矿条件差

中国贵金属以中小型矿居多，大型、特大型矿很少。据统计，全国共有金矿产地 7148 处，其中特大型金矿和大型金矿仅占 1.6%，中型金矿占 4.3%，小型金矿占 24.5%，而约七成的金银矿则以矿点形式赋存[1]。再从成矿类型来看，金矿以岩金为主，伴生副产金为辅。根据《中国黄金年鉴（2014）》，2013 年，已查明黄金资源储量中，岩金占比接近 80%（77.95%），伴生副产金占 16.78%，沙金占 5.27%，10 年间岩金已查明资源储量比重上升了 12.64 个百分点，副产金和沙金比重则分别下降了 6.63 个百分点和 6.02 个百分点。银矿的资源条件与金矿相似，全国 27 个有银矿的省级行政单位共查明银矿 1483 个，其中大

---

[1] 王成辉等：《中国金矿资源特征及成矿规律概要》，《地质学报》2014 年第 12 期。

型银矿占3.5%，中型银矿占13%，小型银矿占83.5%。全国银资源总储量的42%为共伴生银矿，但总体来看，共伴生银矿品位较低，其中银品位超过50克/吨的只占伴生银矿资源储量的约1/4，剩余伴生银矿的品位均低于50克/吨，呈现出"贫矿多，富矿少"的特点。①

无论相比国外主要矿山还是国内其他贵金属资源，中国铂族金属不仅储量低，而且分布更为集中，主要集中在甘肃、云南、四川等地（见表8-6）。据自然资源部统计，在中国少量的铂族金属资源中，有超过95%的矿山位于甘肃、云南、四川、黑龙江、河北5个省份。其中，甘肃一省占全国铂族金属储量的比重达到57.5%，甘肃金川、云南金宝山、黑龙江杨柳坪则是全国仅有的3个有一定规模的铂族金属矿床。

表8-6　　　　　　　　　　中国铂族金属资源分布

	地区分布与成矿类型
主要资源分布	甘肃、云南、四川、黑龙江、河北、新疆
主要矿床	甘肃金川铜镍矿伴生 云南弥渡金宝山铂钯矿 四川丹巴镍铂钯矿

资料来源：自然资源部。

同时，中国铂族金属矿床类型较复杂（见表8-7）。目前国内发现的铂族金属矿多以伴生形式存在于铜镍硫化物矿床中，有95%以上的铂族金属储量赋存在这种类型的矿床中，且矿石品位明显偏低，如甘肃金昌伴生铂族金属的铜镍硫化矿，资源以铜镍为主，铂族金属为其副产品，该矿铂族金属的平均含量仅为0.4克/吨。目前，全国已探明铂族金属资源的平均品位约为0.76克/吨，仅为国家规定工业开采要求的1/5—1/3，而南非布什维尔德杂岩矿和麦伦斯基层矿的品位分别达到3.1—17.1克/吨和30—60克/吨。其他国外主要矿山的品位也普遍大幅高于中国的铂族金属矿，如俄罗斯诺里尔斯克矿的品位为6—350克/吨，

---

① 张大权等：《中国银矿的资源特征及成矿规律概要》，《地质学报》2015年第6期。

加拿大萨德伯里矿为 3.34 克/吨，美国斯蒂尔伯特矿高达 147 克/吨。由此可见，中国铂族金属不仅储量少，而且品质较差，开发价值低，是国内供给的硬约束。

表 8-7　　　　　　　中国铂族金属矿的主要类型

岩石类型	矿床类型	主要矿山	工业类型
岩浆型	铜镍矿型 铬铁矿型 钒钛磁铁矿型	金川、杨柳坪、金宝山、罗布莎、大道尔吉、红格、攀枝花、新街	伴生、独立 伴生 伴生
热液型	夕卡岩石型 斑岩型 构造蚀变岩型	杨柳坪、铜绿山、德兴、玉龙、多宝山、金宝山、大岩子	伴生、独立 伴生 独立
沉积型	黑色页岩型 砂矿	遵义、大庸、酸刺沟、红坑	伴生 独立

资料来源：张光弟等：《中国铂族金属资源现状与前景》，《地球学报》2001 年第 2 期。

二　需求严重依赖进口

受资源储量及赋存条件限制，中国铂族金属生产规模小，且有 95% 以上的铂族金属是作为铜、镍矿的副产品通过综合利用形式回收的。2011 年，国内从矿产资源中提炼的铂族金属量仅 2.5 吨。[①] 另据估计，目前中国铂、钯的年生产规模不足 10 吨，铂族金属供应能力非常有限。[②] 此外，由于铂族金属资源贫乏，国内铂族金属生产企业也非常少，90% 的铂族金属产自甘肃金川集团股份有限公司。

由于资源总体匮乏，导致铂族金属储量人均占有量低，国内供需缺口主要依赖进口弥补，未来一段时间铂族金属的国内保障条件难以改变。在现有国际供给格局和国内资源条件下，中国铂族金属市场长期供应不足，进口成为弥补国内需求缺口的主要途径。总体来看，中国铂族

---

① 贺小塘等：《中国的铂族金属二次资源及其回收产业化实践》，《中国贵金属》2013 年第 3 期。

② 陈甲斌：《全球铂族资源供需状况与应对之道》，《中国有色金属报》2012 年 11 月 22 日第 3 版。

金属进口量基本保持增长态势，进口量从2007年的48.6吨稳步增加到2013年的114.2吨，增长了1.3倍，进口占需求量的比重也从2007年的57%增加到2013年的99.2%，铂族金属对外依存度快速提高（见图8-1）。中国进口的铂族金属主要来源于南非和俄罗斯的几大矿山企业和贸易企业，铂族金属自我保障能力低的矛盾将长期存在。

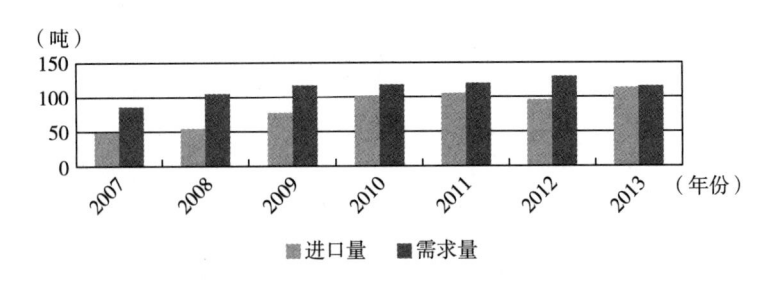

图8-1 2007—2013年中国铂族金属需求量和进口量对比

注：①进口量包括铂、钯两种金属的粉、板、片等；②需求量包括铂和钯。

资料来源：进口数据来自海关，需求量数据来自《中国有色金属工业年鉴》（2008—2014）。

第三节 铂族金属应用和消费变化

一 铂族金属的应用价值不断提高

随着战略性新兴产业发展，铂族金属的应用价值不断提升。铂族金属具有极高的化学稳定性，耐氧化、耐高温、耐摩擦、耐腐蚀、热电稳定性好、膨胀系数小等特点非常突出，除了用于珠宝首饰之外，还广泛应用于汽车、电子、石油、化学等领域（见表8-8）。在工业应用方面，铂族金属用量虽少，但不可或缺，甚至被称为"第一高技术金属"，加之世界范围内铂族金属比较稀缺，分布不均衡，日本、美国、欧盟等发达国家都将其列入"战略储备金属"名录。

二 中国铂族金属消费居全球第一位

从国内的情况看，产业结构变化以及消费升级推动中国已成为全球最大的铂族金属消费市场。2013年，中国消费铂金235万盎司，钯金

205.5万盎司，分别占全球总消费量的27.91%和21.34%，是全球最大的铂族金属消费国。① 从消费结构看，中国铂金消费以珠宝首饰为主，2013年，用于珠宝首饰生产加工共消费185万盎司铂金，占总消费量的78.72%，其他应用领域是玻璃、化工、汽车、医药、电子、石油以及其他领域，分别占6.38%、5.53%、5.11%、1.28%、0.64%、0.43%和1.91%（见图8-2）。

表8-8　　　　　　　　　铂族金属的性能及主要用途

应用领域	性能及用途
航空航天	用于制造起火电触头材料、高温涂层和高效燃料电池
电子工业	用于生产制造引线及电器仪表的印刷浆料、电阻和电容材料
汽车及石油化工	用作催化剂、氢气净化器和特殊器皿制造
医疗应用	用于临床治疗

资料来源：笔者整理。

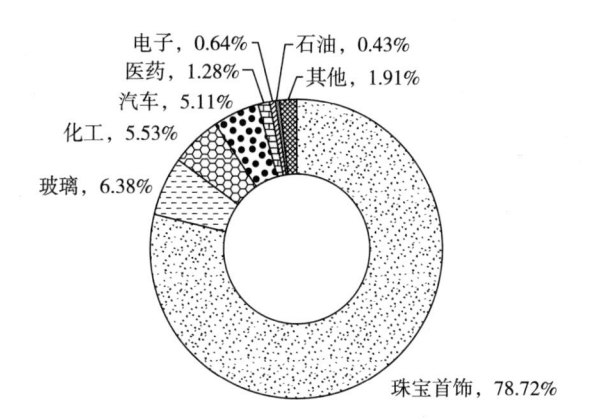

图8-2　2013年中国铂金的消费领域

资料来源：笔者整理。

国内钯金消费量最大的领域则是汽车行业，2013年，中国汽车行业消费150.5万盎司，占总消费量的73.24%，其次为首饰、电子、化工

---

① 张涛等：《铂族OPEC的组建及对中国的挑战》，《黄金》2014年第7期。

和其他领域,分别占 9.25%、9.00%、8.03% 和 0.48%(见图 8-3)。

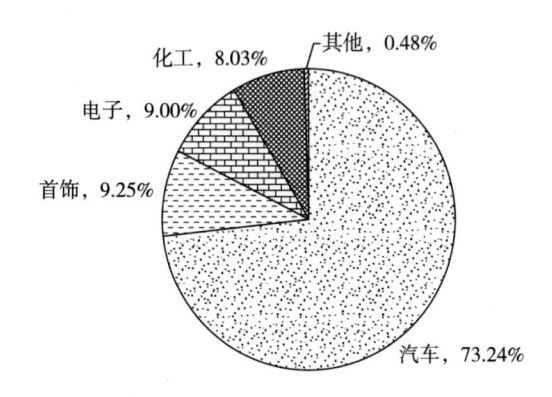

其他,0.48%
化工,8.03%
电子,9.00%
首饰,9.25%
汽车,73.24%

图 8-3　2013 年中国钯金的消费领域

资料来源:笔者整理。

可见,珠宝首饰和汽车尾气净化催化剂是中国铂族金属最主要的应用领域。这一方面是因为铂金和钯金具有价值高、易保存等特点,越来越成为居民投资的重要选择;另一方面是因为铂和钯具有良好的吸附性,用其做原材料生产的汽车尾气净化催化剂是控制汽车尾气排放,减少污染最有效的手段。另据美国地质调查局网站公布的数据,2013 年,中国在首饰领域,共消费了 50.4 吨铂和 4.86 吨钯,分别占世界铂金首饰消费量的 76% 和钯金首饰消费量的 34%;在汽车行业,受汽车尾气的排放标准越发严格和汽车需求日益增长的双重影响下,2013 年中国在汽车尾气净化催化剂领域分别消费了 12.7 吨的铂和 23.9 吨的钯,同比分别增长 11% 和 21%。

然而,与快速增加的消费相比,中国铂族金属资源赋存不足。2018 年,中国铂金产量在全球占比仅为 1%,钯金产量占全球总产量的比重约为 3%,铑金产量占全球的比重也只有 1%。目前,中国对铂族金属的需求量却占亚洲需求总量的 52%,占全球的比重高达 23%。2017 年,亚洲铂族金属需求总量 920 万盎司,其中,中国为 480 万盎司。作为世界第一大汽车国,中国对铂族金属的需求主要源于汽车产业的急剧发展。现阶段亚洲铂族金属消费量占全球总需求的 49%,预计到 2025 年,这一比值将达到 53%。2025 年,亚洲铂族金属需求总量将达到

1100万盎司,比2017年增加180万盎司。①

考虑到国内资源条件,中国铂族金属供求矛盾日益凸显,迫切要求加快"走出去"步伐,创新资本运作方式,多种形式参与海外铂族资源开发,不断提升全球资源整合能力,切实提高铂族金属的保障程度,为产业高质量发展提供关键原材料支持。

---

① 《中国铂族金属产能有限需求是供给量的25倍》,财联社,http://dy.163.com/v2/article/detail/DRLLM21L05198CJN.html。

第九章 中国稀有金属价格波动特征的定量分析

近年来，矿产品价格波动特性分析已成为资源经济研究领域的热点之一。原因在于，研究矿产品价格波动的持续性、非对称性及杠杆效应等特征，既有助于深入理解驱动矿产品价格波动的原因，又有利于评价矿产品交易市场的有效性，还有利于矿产品交易各方有效防范交易风险（Gil-Alana & Tripathy，2014）。不过，国内外相关研究主要关注铁矿石、铜、铝等大宗矿产品，以及金、银、铂等贵金属的价格波动特性。在目前掌握的资料范围内，还没有专门研究稀有金属价格波动特征的文献。

中国作为稀有金属生产和消费大国，相关市场主体需要更加深入地理解多种稀有金属价格波动特征。由于矿产品价格大多不服从独立同方差假设，而且往往也不服从正态分布，所以，近年来学者们在残差服从正态分布的假设下分别采用 EWMA 方法（Risk Metrics 模型）与 GARCH 族模型来刻画条件方差。同时，考虑到矿产品市场交易收益分布通常存在尖峰厚尾现象，以及非对称性，因此，本章以锂（Li）、铍（Be）、钛（Ti）、锆（Zr）、钒（V）、铌（Nb）、钨（W）、钼（Mo）、铼（Re）、镓（Ga）、铟（In）、锗（Ge）、硒（Se）、碲（Te）14 种稀有金属的价格序列为分析对象，采用 GARCH 族模型研究其价格波动特征，为进一步把握稀有矿产品供求关系提供支撑。

第一节　数据来源及描述性统计特征

一　数据来源

本章所用稀有金属价格数据均为现货交易价格，所有数据均取自上海有色金属交易所。各种稀有金属交易产品分别是：纯度高于99%的工业级和电池级锂、纯度高于99.5%的铍、纯度高于99.6%的海绵钛、纯度高于99.5%的海绵锆、纯度高于99.5%的钒、纯度高于99%的铌、纯度高于99.95%的1#钨条、纯度高于99.95%的1#钼、纯度高于99.99%的铼、纯度高于99.99%的镓、纯度高于99.99%的铟、产品性能满足50欧姆/厘米的锗、纯度高于99.9%的硒、纯度高于99.99%的碲。所有稀有金属的价格单位均为元/千克。数据分析时间段为2011年3月17日—2014年12月5日。

二　描述性统计特征

表9-1报告了14种稀有金属价格序列的基本统计特征。结合图9-1刻画的各稀有金属价格的走势，可以发现：①锂、铍、钒三种稀有金属的价格呈跳跃式变化，其中，铍的价格是向上跳跃后保持稳定，锂和钒的价格是向下跳跃后保持稳定；②铼的价格在考察期内一直保持不变；③锗、铟的价格波动趋势大致呈"V"形；④其他8种稀有金属的价格在考察期内都呈震荡下行的态势。

表9-1　14种稀有金属价格的基本统计特征
（2011年3月17日—2014年12月5日）

	锂（Li）	铍（Be）	钛（Ti）	锆（Zr）	钒（V）	铌（Nb）	钨（W）
均值	402253	6484	62.75	201.82	2515	827.81	352.36
中位数	405000	6750	63.50	200.00	2500	825.00	345.00
最大值	405000	6750	97.00	240.00	2700	840.00	425.00
最小值	390000	5750	46.00	177.50	2500	775.00	305.00

续表

	锂（Li）	铍（Be）	钛（Ti）	锆（Zr）	钒（V）	铌（Nb）	钨（W）
标准离差	5804.55	442.34	13.50	18.05	52.07	13.73	30.99
偏度	-1.6386	-1.0565	0.7272	0.5970	3.2816	-1.7198	0.5971
峰度	3.6849	2.1162	3.0651	2.2890	11.7689	6.6161	2.4686
J—B统计量	453.94	212.46	85.85	78.13	4858.79	1008.72	69.19
p值	0.0000	0.0000	0.0000	0.0000	0.0000	0.0000	0.0000
观测数	972	972	972	972	972	972	972
	钼（Mo）	铼（Re）	镓（Ga）	铟（In）	锗（Ge）	硒（Se）	碲（Te）
均值	257.11	62500	2423.24	4259.51	10534.52	765.43	1310.09
中位数	250.00	62500	1725.00	4375.00	10750.00	752.50	995.00
最大值	310.00	62500	6250.00	5800.00	12100.00	1405.00	2950.00
最小值	215.00	62500	1255.00	3325.00	7200.00	397.50	660.00
标准离差	23.19	0	1463.71	671.50	1332.83	324.15	684.45
偏度	0.4099	—	1.4762	0.0798	-0.9497	0.3972	1.2045
峰度	1.8752	—	3.7065	1.4883	2.9972	1.7172	2.9075
J—B统计量	78.47	—	373.25	93.49	146.13	92.21	235.36
p值	0.0000	0.0000	0.0000	0.0000	0.0000	0.0000	0.0000
观测数	972	972	972	972	972	972	972

注："—"表示受数据限制，模型无法估计。

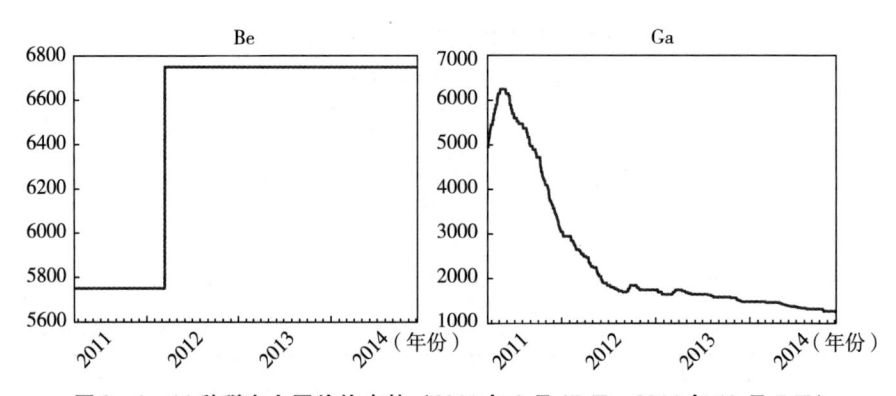

图9-1　14种稀有金属价格走势（2011年3月17日—2014年12月5日）

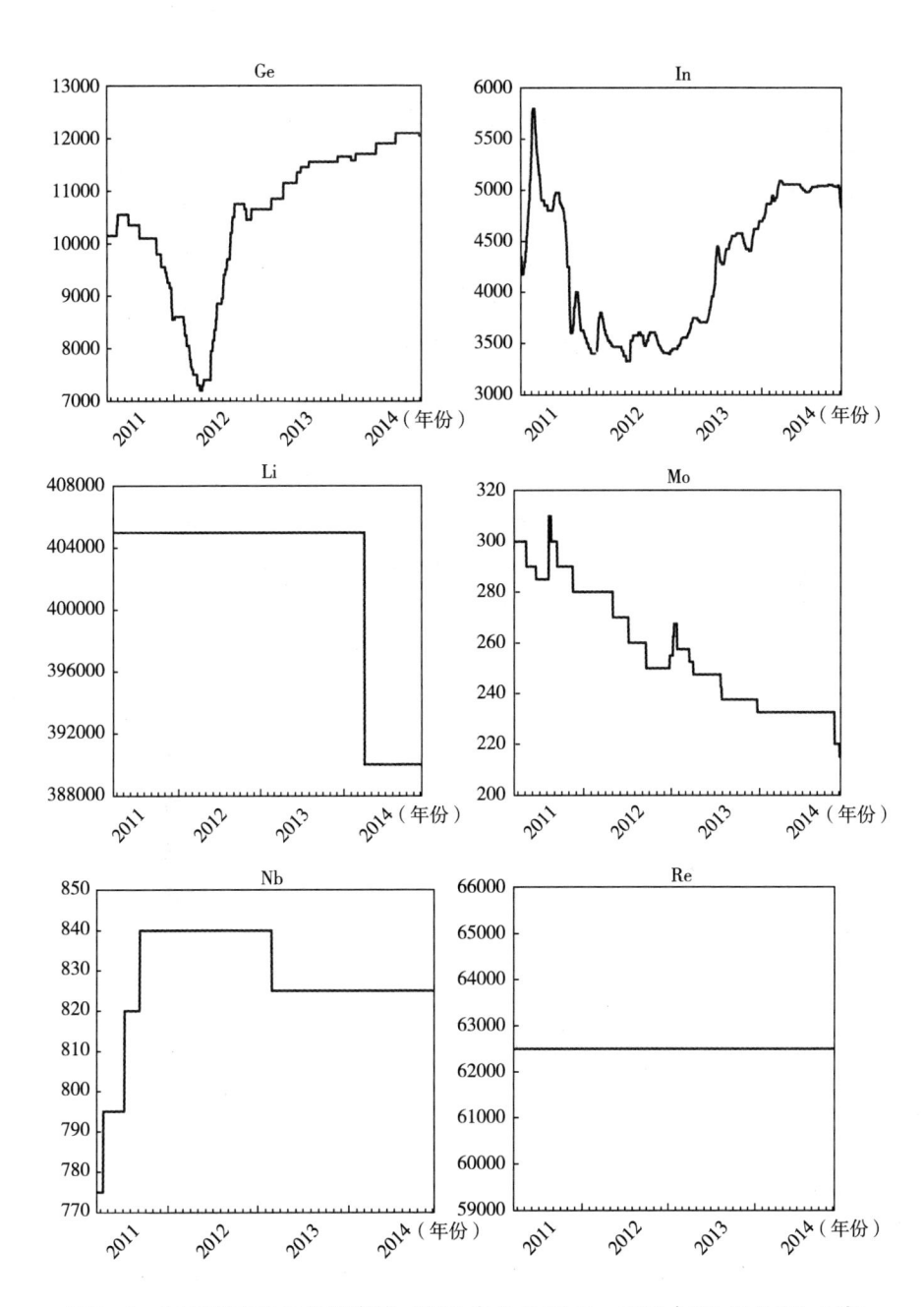

图 9-1 14 种稀有金属价格走势（2011 年 3 月 17 日—2014 年 12 月 5 日）（续）

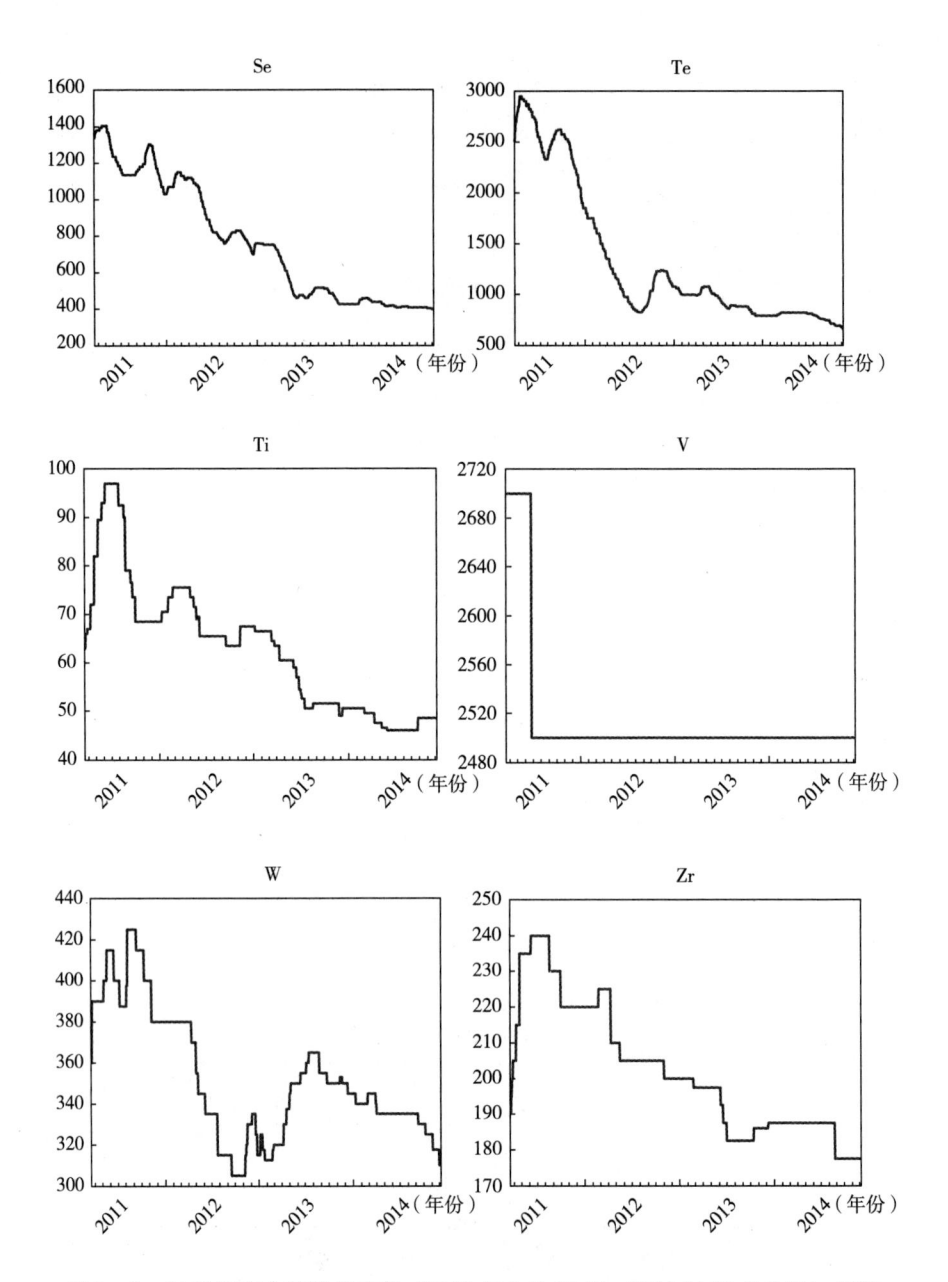

图 9-1 14 种稀有金属价格走势（2011 年 3 月 17 日—2014 年 12 月 5 日）（续）

第二节　数据基本分析

一　10种稀有金属收益率的时间序列特征分析

各稀有金属收益率采用自然对数收益率形式，即

$r_t = \ln(p_t) - \ln[p_{t-1}]$

其中，p_t为各稀有金属的每日成交价，p_{t-1}为前一日成交价。

由于锂、铍、钒3种稀有金属价格呈跳跃式变化，而铼的价格没有变化，因此以下分析不包括这4种稀有金属。图9-2是其他10种稀有金属对数日收益率直线图。从图中可见，收益率存在一定的丛集性效应（Clustering Effects），即一次大的波动后往往伴随着大的波动，一次小的波动后往往伴随着小的波动。

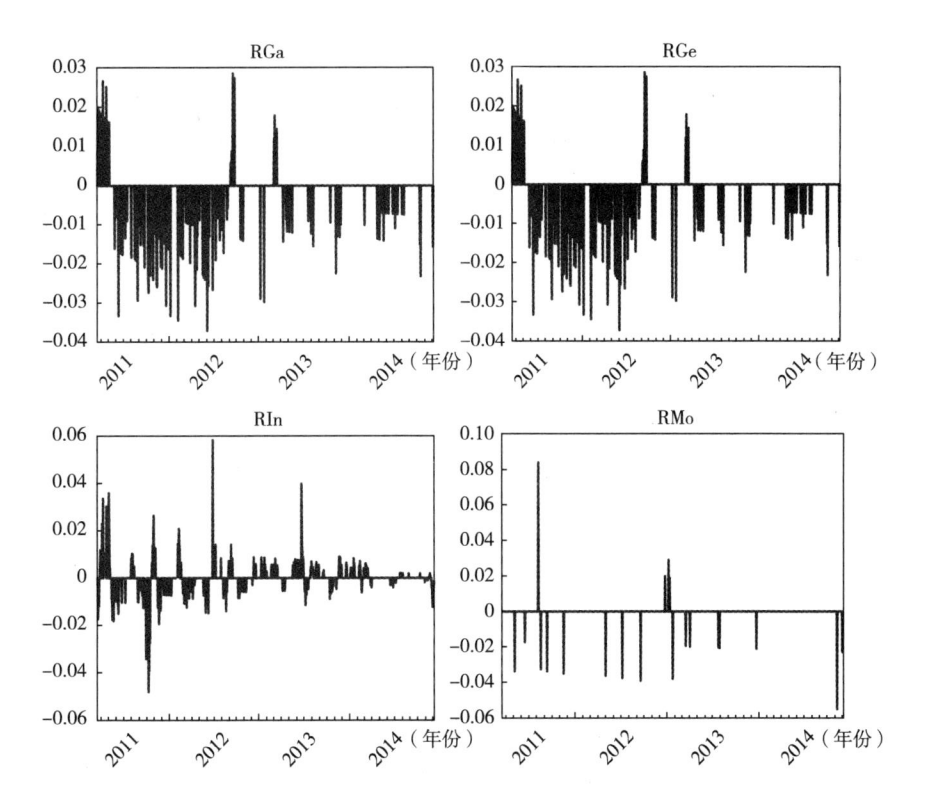

图9-2　其他10种稀有金属对数日收益率直线图

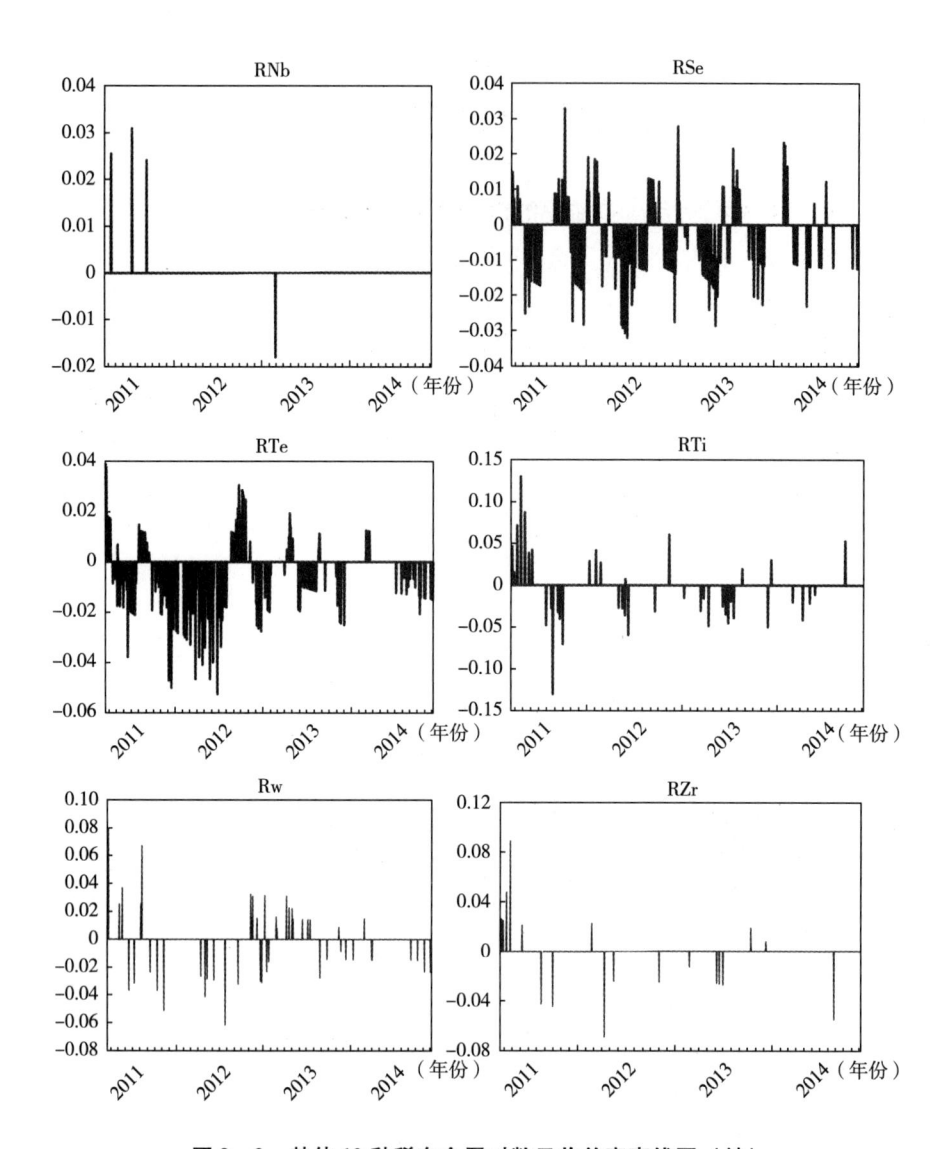

图 9-2　其他 10 种稀有金属对数日收益率直线图（续）

二　平稳性检验

用单位根方法检验时间序列的平稳性，得到结果如表 9-2 所示。由表 9-2 报告的结果可知，10 种稀有金属的对数日收益率时间序列在 5% 的显著性水平下是显著平稳的。

表 9-2　　10 种稀有金属收益率序列平稳性检验结果

稀有金属	增广 ADF 统计量	p 值	5% 显著性水平	稀有金属	增广 ADF 统计量	p 值	5% 显著性水平
镓（Ga）	-8.2173	0.0000	-2.8643	硒（Se）	-6.8964	0.0000	-2.8643
锗（Ge）	-9.3253	0.0000	-2.8643	碲（Te）	-5.0355	0.0000	-2.8643
铟（In）	-9.9962	0.0000	-2.8643	钛（Ti）	-31.2188	0.0000	-2.8643
钼（Mo）	-31.2562	0.0000	-2.8643	钨（W）	-31.1297	0.0000	-2.8643
铌（Nb）	-31.1627	0.0000	-2.8643	锆（Zr）	-31.0697	0.0000	-2.8643

三　自相关性检验

对 10 种稀有金属的对数日收益率时间序列的一阶和十阶滞后量求自相关函数值和偏自相关函数值，结果如表 9-3 所示。由此可知，这些稀有金属的对数日收益率之间相关性并不显著，但在高阶后呈弱相关。

表 9-3　　10 种稀有金属收益率序列自相关性检验结果

稀有金属	AC	PAC	Q 统计量	p 值	稀有金属	AC	PAC	Q 统计量	p 值
镓（Ga）	0.032	0.032	1.0031	0.317	硒（Se）	0.201	0.201	39.354	0.000
	0.090	0.024	177.64	0.000		0.211	0.080	476.97	0.000
锗（Ge）	0.006	0.006	0.0358	0.850	碲（Te）	0.071	0.071	4.9324	0.026
	0.062	0.037	60.562	0.000		0.203	0.122	259.52	0.000
铟（In）	0.455	0.455	201.57	0.000	钛（Ti）	-0.003	-0.003	0.0113	0.915
	0.101	-0.030	766.64	0.000		0.112	0.112	18.418	0.048
钼（Mo）	-0.005	-0.005	0.0206	0.886	钨（W）	-0.001	-0.001	0.0003	0.986
	0.019	0.027	15.718	0.108		-0.012	-0.014	7.8144	0.647
铌（Nb）	-0.002	-0.002	0.0025	0.960	锆（Zr）	0.000	0.000	0.0000	0.996
	-0.002	-0.002	0.0055	1.000		0.174	0.173	33.183	0.000

注：与各稀有金属对应的第一行数字为对其一阶滞后量求得的自相关函数值和偏相关函数值，以及对应的 Q 统计量和 p 值；第二行数字为其十阶滞后量求得的自相关函数值和偏相关函数值，以及对应的 Q 统计量和 p 值。

四 异方差检验

根据图 9-2 判断，10 种稀有金属的对数日收益率序列存在一定的丛集性效益，可能存在异方差现象。因此，对其进行 LM 异方差检验，结果如表 9-4 所示。由此可见，这些稀有金属的对数日收益率序列的确存在比较显著的异方差。

表 9-4　　　　10 种稀有金属收益率序列异方差性检验结果

稀有金属	ARCH (q)	LM 值	p 值	稀有金属	ARCH (q)	LM 值	p 值
镓（Ga）	Q = 1	36.40	0.0000	硒（Se）	Q = 1	57.87	0.0000
	Q = 10	97.76	0.0000		Q = 10	86.13	0.0000
锗（Ge）	Q = 1	8.04	0.0046	碲（Te）	Q = 1	23.19	0.0003
	Q = 3	15.47	0.0015		Q = 10	61.57	0.0000
铟（In）	Q = 1	52.30	0.0000	钛（Ti）	Q = 1	12.11	0.0018
	Q = 10	98.91	0.0000		Q = 10	27.99	0.0002
钼（Mo）	Q = 1	43.25	0.0007	钨（W）	Q = 1	28.84	0.0000
	Q = 10	87.62	0.0000		Q = 10	78.25	0.0000
铌（Nb）	Q = 1	5.76	0.0026	锆（Zr）	Q = 1	13.13	0.0010
	Q = 10	19.21	0.0007		Q = 10	48.77	0.0000

第三节　GARCH 族模型计算结果

根据以上分析可知，10 种稀有金属的对数日收益率为平稳序列，且不存在自相关，所以收益方程为一般均值回归方程。在建立 GARCH 族模型前，采用 AIC 和 SIC 信息准则，经过反复失算，判断滞后阶数 (p, q) 为 $(1, 1)$ 比较合适，所以，以下模型均为 GARCH $(1, 1)$ 类模型。表 9-5、表 9-6 和表 9-7 分别报告了正状态分布、t 分布和 GED 分布下 GARCH 族模型的计算结果。

比较表 9-5、表 9-6 和表 9-7 报告的计算结果，可以发现：

（1）在相同分布假设下，用 EGARCH、PARCH 模型计算得到的结果比 GARCH 模型得到的结果更加合理。也就是说，考虑非对称情况的条件异方差模型的效果要好于不考虑非对称情况的简单 GARCH 模型。

（2）就本章分析的 10 种稀有金属的对数日收益率而言，α_0 的值基本上都很小，表明市场风险很大。

（3）α_1 大于 0 的情况占多数，说明这些稀有金属的对数日收益率波动呈现集群性现象，即过去的波动扰动对市场未来波动有着正向但减缓的影响，较大幅度的波动后面往往伴随较大幅度的波动，市场参与者投机性较强。

（4）$(\alpha_1 + \gamma_0)$ 小于 1 的情况占多数，说明波动的持久性不强，当前信息对预测未来的条件不是非常重要。

（5）非对称性项系数 β_1 基本上都大于 0 且显著，说明"好消息"对价格波动有"杠杆效应"，即正收益率冲击引起的波动要大于同等程度的负面冲击所引起的波动。这很可能是因为，在测算期内，中国经济总体仍处在较高增速阶段，相关行为主体的预期相对比较乐观。

表 9-5　　　　正态分布假设下的 GARCH 族模型计算结果

稀有金属	模型形式	α_0	α_1	β_1	γ_1	δ
镓 (Ga)	GARCH (1, 1) -n	0.0000 (25.5285)	-0.0091 (-17.0782)	1.0007 (2814.83)		
	EGARCH (1, 1) -n	-10.7101 (-10.9508)	-0.1038 (-1.5980)	-0.0272 (-1.0193)	-0.0666 (-0.6853)	
	PARCH (1, 1) -n	0.0000 (1.3576)	-0.0075 (-3.6135)	0.3434 (4.3952)	1.0016 (1191.91)	1.9218 (13.1388)
锗 (Ge)	GARCH (1, 1) -n	0.0001 (47.2022)	0.0209 (23.2708)	0.9749 (1584.12)		
	EGARCH (1, 1) -n	-10.7931 (-42.6452)	-0.7587 (-13.9216)	0.3877 (7.526)	-0.0154 (-0.6475)	
	PARCH (1, 1) -n	0.0008 (1.4601)	0.0111 (5.9202)	0.3541 (31.4849)	0.9775 (1824.87)	2.4415 (22.5472)

续表

稀有金属	模型形式	α_0	α_1	β_1	γ_1	δ
铟 (In)	GARCH(1,1)-n	0.0002 (7.8522)	0.1207 (35.0766)	0.9211 (548.0000)		
	EGARCH(1,1)-n	(0.2616) (-17.0394)	0.2108 (34.1929)	(0.1005) (-19.5556)	0.9845 (796.94)	
	PARCH(1,1)-n	0.0002 (2.5559)	0.0891 (23.9981)	0.0651 (6.2393)	0.8958 (456.0000)	2.9442 (81.2170)
钼 (Mo)	GARCH(1,1)-n	0.0001 0.0000	-0.0045 0.0000	0.558 0.0000		
	EGARCH(1,1)-n	-10.3929 (-28.1785)	-1.6335 (-24.2423)	0.0378 (17.0205)	0.0249 (0.7194)	
	PARCH(1,1)-n	—	—	—	—	
铌 (Nb)	GARCH(1,1)-n	0.0001 0.0000	-0.0003 0.0000	0.483 0.0000		
	EGARCH(1,1)-n	-12.8005 (-15.0125)	-1.4765 (-12.1070)	0.4531 (3.8197)	0.01353 (0.206)	
	PARCH(1,1)-n	—	—	—	—	
硒 (Se)	GARCH(1,1)-n	0.0001 (8.1559)	0.0739 (7.5969)	0.8801 (73.9454)		
	EGARCH(1,1)-n	-0.8924 (-8.9984)	0.1294 (8.0799)	-0.0571 (-4.7539)	0.9196 (100.527)	
	PARCH(1,1)-n	0.0004 (0.7269)	0.0626 (5.2227)	0.2917 (4.0104)	0.8667 (55.0855)	1.8673 (7.3245)
碲 (Te)	GARCH(1,1)-n	0.0005 (14.3000)	0.1000 (13.8448)	0.9077 (214.92)		
	EGARCH(1,1)-n	-9.0863 (-33.2296)	-0.3414 (-7.2662)	0.5169 (12.0678)	0.042 (1.4947)	
	PARCH(1,1)-n	0.0001 (1.4533)	0.0982 (12.1428)	0.0851 (3.4831)	0.9133 (192.39)	1.7888 (14.9845)

续表

稀有金属	模型形式	α_0	α_1	β_1	γ_1	δ
钛 (Ti)	GARCH (1, 1) - n	0.0002 (40.4104)	- 0.0097 (- 35.0380)	1.0039 (2189.28)		
	EGARCH (1, 1) - n	- 5.0232 (- 65.0035)	- 1.4788 (- 35.3656)	- 0.3261 (- 7.8829)	0.4519 (56.6799)	
	PARCH (1, 1) - n	0.0001 (1.9756)	- 0.0153 (- 8.8988)	0.2868 (4.2619)	0.9985 (4180.73)	1.8392 (10.8734)
钨 (W)	GARCH (1, 1) - n	0.0001 (0.0000)	- 0.0093 (0.0000)	0.639 (0.0000)		
	EGARCH (1, 1) - n	- 10.0111 (- 27.1101)	- 0.6484 (- 9.0024)	0.0813 (3.3603)	0.0118 (0.3294)	
	PARCH (1, 1) - n	—	—	—	—	—
锆 (Zr)	GARCH (1, 1) - n	0.0003 (0.0000)	- 0.0003 (0.0000)	0.8444 (0.0000)		
	EGARCH (1, 1) - n	- 10.4309 (- 63.3941)	- 1.0735 (- 53.5564)	0.0892 (17.3823)	0.0096 (0.616)	
	PARCH (1, 1) - n	—	—	—	—	—

注：(1) 模型参数估计值下面括号内的数字为其 Z 统计量值；(2) "—"表示受数据限制，模型无法估计。

表 9 - 6　　t 分布假设下的 GARCH 族模型计算结果

稀有金属	模型形式	α_0	α_1	β_1	γ_1	δ
镓 (Ga)	GARCH (1, 1) - n	0.0000 (6.0447)	0.2701 (22.7714)	0.5103 (186.06)		
	EGARCH (1, 1) - n	- 3.2170 (- 14.7953)	0.0002 (0.0079)	0.0002 (1.5579)	0.9026 (177.8185)	
	PARCH (1, 1) - n	0.0000 (0.7279)	0.3654 (17.4361)	- 0.0058 (- 0.1522)	0.5753 (23.2550)	1.1329 (12.6872)

续表

稀有金属	模型形式	α_0	α_1	β_1	γ_1	δ
锗 (Ge)	GARCH (1,1) - n	0.0007 (10.8781)	0.0529 (29.4065)	0.7823 (387.0542)		
	EGARCH (1,1) - n	-12.3651 (-6.1576)	0.0036 (0.6274)	-0.0015 (-0.6372)	0.4445 (11.9941)	
	PARCH (1,1) - n	0.0002 (2.4075)	0.1774 (19.3771)	0.5381 (62.1512)	0.7735 (146.656)	0.9546 (36.67)
铟 (In)	GARCH (1,1) - n	0.0001 (2.6133)	0.2061 (17.4072)	0.6221 (129.6900)		
	EGARCH (1,1) - n	-4.9592 (-35.7076)	6.8732 (7.8676)	0.0308 (0.3927)	0.5332 (85.2464)	
	PARCH (1,1) - n	0.0002 (0.2601)	1.4339 (2.3290)	(0.0800) (-1.6187)	0.0777 (2.5514)	1.4544 (6.2115)
钼 (Mo)	GARCH (1,1) - n	0.0001 0.0000	0.0002 0.0000	0.9286 0.0000		
	EGARCH (1,1) - n	—	—	—	—	—
	PARCH (1,1) - n	—	—	—	—	—
铌 (Nb)	GARCH (1,1) - n	0.0001 0.0000	0.1429 0.0000	0.5933 0.0000		
	EGARCH (1,1) - n	-16.5444 (-0.8015)	0.0015 (0.1499)	0.0002 (-0.1485)	0.2727 (0.6296)	
	PARCH (1,1) - n	—	—	—	—	
硒 (Se)	GARCH (1,1) - n	0.0001 (3.2071)	0.1534 (19.4581)	0.5849 (158.0200)		
	EGARCH (1,1) - n	4.5719 (-12.6322)	0.4199 (1.6988)	0.0097 (1.2183)	0.7066 (130.28)	
	PARCH (1,1) - n	0.0001 (0.0003)	0.2925 (18.9140)	0.1443 (7.3629)	0.3932 (118.90)	1.8990 (179.41)

续表

稀有金属	模型形式	α_0	α_1	β_1	γ_1	δ
碲 (Te)	GARCH (1,1)-n	0.0002 (4.0742)	0.5256 (25.8396)	0.6439 (240.93)		
	EGARCH (1,1)-n	-10.2020 (0.0000)	-0.1561 (0.0000)	0.4714 (0.0000)	0.0817 (0.0000)	
	PARCH (1,1)-n	0.0002 (0.4615)	0.2173 (5.4653)	0.0325 (0.8879)	0.7306 (32.2017)	1.4072 (10.1920)
钛 (Ti)	GARCH (1,1)-n	0.0001 (4.7838)	-0.0021 (-24.6733)	0.6016 (7.3292)		
	EGARCH (1,1)-n	-10.5457 (-1.1656)	-0.0780 (-0.1954)	0.0102 (0.1940)	0.1869 (1.6227)	
	PARCH (1,1)-n	0.0001 (0.0625)	0.0013 (0.1405)	0.0511 (0.0489)	0.6316 (2.0640)	1.9739 (0.6041)
钨 (W)	GARCH (1,1)-n	0.0001 0.0000	-0.0010 0.0000	0.5899 0.0000		
	EGARCH (1,1)-n	—	—	—	—	—
	PARCH (1,1)-n	—	—	—	—	—
锆 (Zr)	GARCH (1,1)-n	0.0001 0.0000	-0.0005 0.0000	0.6551 0.0000		
	EGARCH (1,1)-n	—	—	—	—	—
	PARCH (1,1)-n	—	—	—	—	—

注：(1) 模型参数估计值下面括号内的数字为其 Z 统计量值；(2) "—"表示受数据限制，模型无法估计。

表 9-7　　GED 分布假设下的 GARCH 族模型计算结果

稀有金属	模型形式	α_0	α_1	β_1	γ_1	δ
镓 (Ga)	GARCH (1,1)-n	0.0000 (10.1152)	0.0013 (16.2314)	0.7409 (222.8100)		
	EGARCH (1,1)-n	41.3071 (5.9553)	20.4625 (-0.0008)	23.6363 (0.0001)	0.0455 (0.2832)	
	PARCH (1,1)-n	0.0001 (0.0000)	0.0040 (0.2417)	0.0091 (0.2416)	0.7210 (411.36)	1.9779 (300.77)
锗 (Ge)	GARCH (1,1)-n	0.0001 (17.0466)	0.0005 (18.9284)	0.7410 (274.74)		
	EGARCH (1,1)-n	25.2492 (17.6854)	-2.2447 (-0.0002)	1.1275 (0.0001)	-0.0628 (-1.3460)	
	PARCH (1,1)-n	0.0008 (8.6934)	0.0004 (6.5414)	0.0542 (4.2485)	0.7082 (105.5500)	1.9550 (322.9550)
铟 (In)	GARCH (1,1)-n	0.0001 (8.1641)	0.0933 (24.2817)	0.9089 (415.1660)		
	EGARCH (1,1)-n	-0.3236 (-17.8083)	0.1974 28.7785	-0.0640 (-12.8487)	0.9811 (705.92)	
	PARCH (1,1)-n	0.0001 (1.0624)	0.0846 (11.6400)	0.0686 (3.3973)	0.8976 (223.7600)	2.3162 (17.9578)
钼 (Mo)	GARCH (1,1)-n	0.0003 (0.0000)	-0.0001 (0.0000)	0.5982 (0.0000)		
	EGARCH (1,1)-n	-10.4496 (-11.2969)	-0.4729 (-8.1395)	0.1462 (4.9012)	0.0473 (0.5619)	
	PARCH (1,1)-n	—	—	—	—	—
铌 (Nb)	GARCH (1,1)-n	0.0002 (0.0000)	0.0275 (0.0000)	0.4964 (0.0000)		
	EGARCH (1,1)-n	—	—	—	—	—
	PARCH (1,1)-n	—	—	—	—	—

续表

稀有金属	模型形式	α_0	α_1	β_1	γ_1	δ
硒(Se)	GARCH(1,1)-n	—	—	—	—	—
	EGARCH(1,1)-n	—	—	—	—	—
	PARCH(1,1)-n	-0.0029 (-3.1841)	1365.59 (3.3217)	0.4689 (4.5601)	0.9618 (207.03)	2.0873 (124.28)
碲(Te)	GARCH(1,1)-n	—	—	—	—	—
	EGARCH(1,1)-n	—	—	—	—	—
	PARCH(1,1)-n	—	—	—	—	—
钛(Ti)	GARCH(1,1)-n	0.0002 (2.9470)	-0.0004 (-885.69)	0.6056 (4.5075)		
	EGARCH(1,1)-n	—	—	—	—	—
	PARCH(1,1)-n	0.0002 (0.2251)	0.0223 (0.8303)	0.0499 (0.2109)	0.5947 (5.2099)	1.9613 (2.0808)
钨(W)	GARCH(1,1)-n	0.0001 (0.0000)	-0.0007 (0.0000)	0.6003 (0.0000)		
	EGARCH(1,1)-n	—	—	—	—	—
	PARCH(1,1)-n	—	—	—	—	—
锆(Zr)	GARCH(1,1)-n	0.0001 (0.0000)	-0.0005 (0.0000)	0.5702 (0.0000)		
	EGARCH(1,1)-n	45.0877 (0.0000)	-136.31 (0.0000)	3.6333 (0.0000)	-0.0018 (0.0000)	
	PARCH(1,1)-n	—	—	—	—	—

注：(1) 模型参数估计值下面括号内的数字为其 Z 统计量值；(2) "—" 表示受数据限制，模型无法估计。

第十章　中国优势稀有金属国际定价权的影响因素

稀有金属矿产资源因其特殊的功能和用途，成为战略性新兴产业的关键原材料。战略性矿产资源和关键原材料领域的国际竞争，本质上是一国或地区对稀有金属矿产资源国际定价权的控制力的体现。中国是稀有矿产资源大国，稀土、钨、钼等稀有金属无论资源储量还是生产规模都具有突出优势。然而，与世界经济增长的"中国因素"相伴而生的却是国际市场上稀有金属矿产资源的"溢价"与"折价"，在相当长时间内，中国企业在钽、铌等稀有金属进口市场上"贵买"，而对钨、铟、稀土等在出口市场上"贱卖"，这种贵买与贱卖并存的现象引发对稀有矿产资源的定价格局演变及影响因素的思考：究竟是什么因素影响着稀有矿产品的价格波动和变化？中国在稀有矿产资源定价权方面所遭遇"困境"的根源是什么？稀有矿产资源的定价机制已经远远超出了供求关系的范畴。目前，相关贸易规则的制定权仍主要由发达国家的垄断集团掌控，这些垄断集团的合成议价能力左右着国际矿产品市场的变化。

第一节　中国优势稀有矿产资源国际定价权的测度：文献分析

国际定价权是指在开放经济条件下，在国际市场上一个国家或地区作为买方或卖方，通过改变和影响市场价格或其他贸易条件，获得的对某种产品的市场价格的控制能力。① 依据经济学的基本原理,商品价格由供求关系决定,供求关系是影响矿产品价格的首要因素,这其中隐含了经济学最基本的假设,即完全竞争、信息对称及交易成本为零。在不完全竞争或垄断市场上,国外学者对于定价权的测度做了大量工作。定价权测度的理论基础源于传统结构主义者贝恩的市场集中度指数,贝恩通过研究发现,市场集中度指数高的企业对市场价格有更大的影响力和控制力,营利性也更强。② 传统的结构主义观点需要微观经济学的理论依据和基础,A. Lerner 提出用价格加成能力来计算定价权,在一个不完全竞争的市场上,企业或国家能够影响市场价格,使市场价格高于边际成本,即 $L=(P-MC)/P$ 被称为勒纳指数③,数值为正,表明有价格加成能力,数值越大,表明企业或国家拥有的市场定价权越大。由于勒纳指数中的边际成本不易取得,Baker、Bresnahan、Goldberg 和 Knetter④ 等提出基于剩余需求弹性模型的市场定价权计算方法。该方法能够运用到出口企业,企业通过计算剩余需求弹性来估计拥有的定价权,剩余需求弹性通过估计差异产品计算而得,弹性越大,价格加成能力越大,市场定价权利也越大。勒纳指数和剩余需求弹性模型主要针对出口方(卖方)定价权的估算,在此基础上,Song 和 Marchant⑤ 设计出基于买卖双方视角的局部均衡模型方法,以大豆贸易为例,对中美贸易中进口国(中国)和出口国(美国)的国际市场定价权进行了测度。此外,经济学家还用动态博弈的方法探讨定价权,如 Rubinstein 开创了 Bargain Model(讨价还价模型)。⑥

---

① 杨艳涛、秦富:《中国玉米进口的国际市场定价权测度与对策研究》,《中国农业科技导报》2016 年第 18 期。
② Bain, J. S., "The Profit Rate as a Measure of Monopoly Power", *Q. J. Econ.*, Vol. 55, No. 2, 1941, pp. 271–293.
③ Lerner, A. P., "The Concept of Monopoly and the Measurement of Monopoly Power", *Rev. Econ. Studies*, Vol. 1, No. 3, 1934, pp. 157–175.
④ Goldberg, P. K., Knetter, M. M., "Measuring the Intersity of Competition in Export Markets", *J. Int. Econ.*, No. 47, 1999, pp. 27–60.
⑤ Song, B. H. et al., "Competitive Analysis and Market Power of China's Soybean Import Market", *Int. Food Agribus. Manag. Rev.*, Vol. 12, No. 1, 2009, pp. 21–42.
⑥ Rubinstein, A., "Perfect Equilibrium in a Bargaining Model", *Econometrica*, No. 50, 1982, pp. 97–109.

国内学者在国外研究模型的基础上进行拓展和应用,以大宗商品(如粮食、石油等)国际定价权的研究为主,对矿产品的定价权研究近几年才开始逐渐增多,但大都以基础金属如铁矿石、铜、铝等品种的研究为主,稀有金属定价权的研究不够丰富,主要侧重于对稀土定价权缺失的定性分析,如邓炜[1]通过对以欧美发达国家为代表的世界市场现状进行分析,得出对稀土定价权的经验与启示;苏振锋[2]梳理"定价权困境"的成因,认为大宗商品价格的实际波动幅度超出了反映供求关系的合理范围;宋文飞等[3]从现实根源入手阐释中国稀土定价权缺失的理论机理,指出稀土出口市场呈买方垄断市场结构特征是稀土定价权缺失的关键原因;陈果和张寿庭(2011)总结了稀土定价权的影响因素,即观念因素、产业结构因素、技术创新因素、贸易监管因素,并提出相应的应对措施;杨大威和郑江淮[4]从供需两个方面阐释稀土价格形成的内在机理,建议成立卡特尔组织,以增强稀土国际定价权;马乃云和陶慧勇[5]从财税政策角度探讨稀土产业出口定价权和出口量不匹配的原因并给出建议。

总体来看,有关稀有金属定价权的现有研究不够深入,系统性不足,难以支撑中国优势稀有金属获取定价权和国际话语权。随着中国进入工业化中后期,产业转型和消费升级对战略性矿产资源的需求不断增加,研究稀有金属的国际定价机制、助力中国优势稀有金属掌控国际定价权,对于参与大国资源博弈并立于不败之地具有重要的指导意义。

第二节　影响中国优势稀有金属定价权的主要因素

以铜、铝、锌等为代表的基础金属,其国际市场价格的确定一般通

---

[1] 邓炜:《国际经验及其对中国争夺稀土定价权的启示》,《国际贸易探索》2011年第1期。

[2] 苏振锋:《我国大宗商品国际定价困境成因及解决路径探析》,《经济问题探索》2011年第4期。

[3] 宋文飞等:《稀土定价权缺失、理论机理及制度解释》,《中国工业经济》2011年第10期。

[4] 杨大威、郑江淮:《基于出口卡特尔的稀土国际定价权研究》,《现代经济探讨》2014年第11期。

[5] 马乃云、陶慧勇:《提升我国稀土产业出口定价权的财税政策分析》,《中国软科学》2014年第12期。

过期货市场交易价格确定。稀有矿产品期货交易发展滞后①，在国际市场上通常用一定时期内客观形成的具有代表性的成交价格来表示。国际市场实际交易中具有代表性的成交价格主要有：以某些国家市场集散中心或集散地商品市场的价格，或某商品主要出口国（或地区）具有代表性的出口价格，或某商品主要进口国（或地区）具有代表性的进口价格，或某些重要商品的拍卖开标价格等价格形式，作为国际市场的交易价格。② 近年来，国际和国内市场上影响稀有金属价格的因素复杂多变，导致不少品类的稀有金属价格出现大幅波动，价格波动直接影响市场交易者的利益。作为具有资源优势的稀有矿产品主要卖方，由于稀有金属国际定价权的缺失，使中国一些优势稀有金属如稀土"卖出白菜价"。在此，值得思考的重要问题是，中国优势稀有金属矿产资源国际定价权究竟受到哪些因素的影响？综观学者对于矿产品定价权的研究，所涉及的影响因素有国际国内政治经济形势、供求关系、进出口政策、国际上相关市场的价格、产业组织结构、金属生产成本、相关商品价格波动的影响、汇率等（李艺，2006；吴冲锋，2011；辛月，2011；邓炜，2011等）。③

国际定价权更强调一个国家（地区）对国际市场定价的控制力，在吸收国内外现有研究成果基础上，本节分析影响中国优势稀有金属国际定价权的主要因素。

一　供求关系

（一）供求关系对定价权的影响分析④

1. 供求变化对价格的影响

供求关系是影响矿产资源定价的重要因素。供求与价格关系的理论

---

① 伦敦金属交易所（LME）考虑推出锂、铬合金及一些稀有金属合约的可能性。
② 张鲁波：《中国稀土出口定价权研究》，硕士学位论文，中国地质大学（北京），2010年。
③ 辛月：《基于小波理论的铜价格周期波动和预测模型研究》，硕士学位论文，北方工业大学，2011年。
④ 陶建格、沈镭：《矿产资源价值与定价调控机制研究》，《资源科学》2013年第10期。

基础基于劳动价值理论、局部均衡理论以及一般均衡理论。[1][2] 经济学理论认为，在完全竞争市场中，商品价格围绕价值上下波动。从长期来看，价格作为调节生产的手段，使市场供求趋于平衡。从短期来看，商品价格由供求关系决定，供大于求时商品价格下降；反之则上升。在商品供给量一定的情况下，其他因素导致需求降低会使需求曲线向左侧运动，此时均衡价格下降；需求增加则会使曲线向右侧移动，均衡价格上升。在商品需求量一定的情况下，供给量减少会使供给曲线向左侧移动，最终导致均衡价格增高；供给量增加则会使曲线向右侧运动，均衡价格降低。当市场受到不同因素影响而发生变化时，供求关系也随之变动，形成新的均衡状态。总之，供给与需求的变动使市场从一种均衡状态过渡到另一种均衡状态，商品价格也随之发生变化。

在现实生活中，库存对于商品价格的影响不容忽视，尤其是矿产品。可用图 10-1 表示库存变化对于商品价格的影响。其中，库存变化分为生产者库存和消费者库存两种情况。在需求不变的条件下，若生产者增加库存，即供给减少，供给曲线向左侧移动，最终导致价格上升；若生产者减少库存则供给增加，均衡价格降低。在供给不变的条件下，若消费者增加库存，即需求增加，需求曲线将向右运动，导致价格上升；若消费者降低库存则需求降低，均衡价格下降。

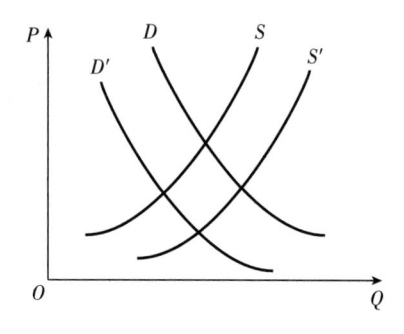

图 10-1　供求变化对价格的影响

---

[1] 黄先明：《国际资源价格形成机制研究——基于广义供求均衡论的视角》，博士学位论文，江西财经大学，2014 年。

[2] 刘树杰：《价格机制、价格形成机制及供求与价格的关系》，《中国物价》2013 年第 7 期。

2. 供求关系对定价权的影响

对于市场竞争充分的商品而言,其价格由供求关系决定,买卖双方都是价格的接受者,不存在定价权问题。但处于寡头垄断或完全垄断市场中,部分市场主体相对来说具有特定的优势,从而获得某种商品的价格决定权,即具有定价权。在实际生活中,完全竞争市场、信息对称、交易成本为零等条件很难满足,供求关系不再是决定商品价格的唯一因素。但不可否认,供求关系仍对商品定价权有重要影响。

在市场上,若某种商品供给大于需求,生产者会因避免商品积压造成损失而急于卖出,消费者则有更大的选择空间,生产者会倾向于降低价格以增加销量,此时消费者相对于生产者来说更多地掌握该商品的定价权。反之,若出现商品需求大于供给的情况,生产者基本不会面临商品积压问题,消费者则会因担心采购不到该商品而急于买入,此时生产者会倾向于增高价格以获得更多利润,相对来说,生产者拥有该商品定价权。

(二) 供求关系对中国优势稀有金属定价权的影响

如果只考虑供求关系影响,稀有金属定价权由供给量和需求量决定。当某种金属供给量大于需求量时,消费者具有定价权优势;当某种金属需求量大于供给量时,生产者相对拥有定价权优势;当某种金属需求量与供给量相同时,生产者和消费者定价权地位对等。其中,供给量受到金属资源储量、金属矿产产能和生产成本等因素的影响,金属探明储量、产能的增加以及生产成本的降低都将一定程度地提高供给量。而经济发展情况、替代资源和技术水平等因素会对稀有金属需求量产生影响,世界经济增长趋缓、替代资源研发的突破等都将会降低对稀有金属的需求。

中国优势稀有金属的价格形成机制与定价权研究必须基于对全球供求关系变化的分析。以钨金属为例,如图 10-2 所示,钨精矿价格与供求关系呈现一定相关性。总体来看,钨的需求量受经济形势影响较大。2007—2008 年,在国际金融危机冲击下,全球钨的消费量大幅下滑,之后缓慢回升。钨的供给来源包括钨矿开采和钨废料回收两大类,钨矿产量在金融危机过后逐步增加,近年又有收紧。同时,钨废料回收利用已成为资源供给的重要组成部分,钨最终产品回收利用约占全球供给量的24%。从趋势上看，全球钨供给量高于需求量，且两者的差额有所扩大。受此影响，国际市场上钨精矿价格总体下滑。虽然价格受供需影响持续下跌，但中国在国际市场的定价影响力正逐步提升，赣州钨协发布的预测均价与市场成交价基本持平。

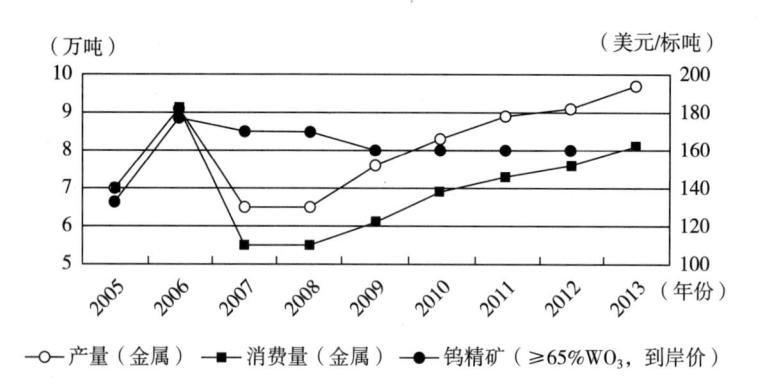

图 10-2　全球钨矿资源产量、钨消费量和钨精矿价格走势

资料来源：（原）国土资源部经济研究院：《重要矿产资源市场监测与综合评价（2015年度成果）》；USGS，*Mineral Commodity Summaries*，2003—2015；英国《金属导报》2005年1月—2014年12月。

与钨的情况不同，稀土国际定价权在全球供给偏紧的形势下仍未得到有效改善。自2007年起，稀土产品产量稳中略紧，而消费量却波动幅度较大。其中，有个别年消费量高于产量值（见图10-3）。在这种供求格局下，突出的稀土资源优势并未能使中国在国际定价权方面获取话语权，反而是处于劣势地位。可见，供求关系理论不能完全解释中国优势金属目前存在的定价权问题。

2015年以来，国内市场上稀土价格经历了"先涨后跌、大幅探底，再到逐步低位回稳"的变化过程。2015年第一季度，关税取消、税收计征改革、国家收储等政策信号的释放一度使稀土价格出现短暂上涨。第二季度之后，由于收储未到位，资源性产品价格遭遇全球性普跌，加之国内经济增速下滑，稀土价格放出一拨大跌势，大部分品种价格全年跌幅在5%—25%，部分稀土产品价格跌幅甚至超过60%。随着市场行情不断探底，稀土价格几近跌回10年前的水平。其中，轻稀土代表性产

(万吨REO)

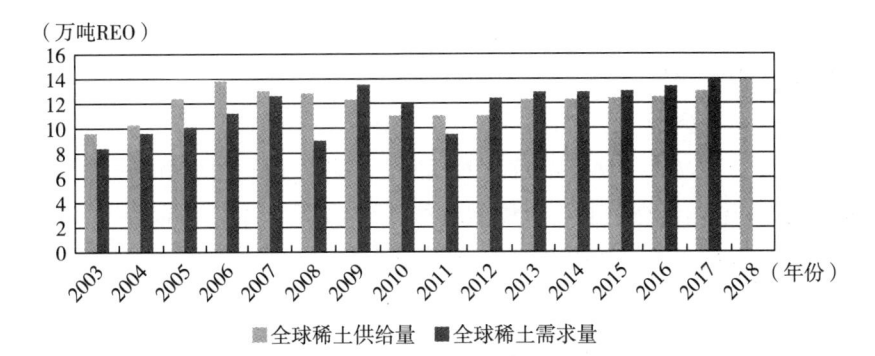

图 10-3　全球稀土产品产量和消费量走势

资料来源：美国地质调查局。

品——氧化铈的价格回落至 1 万元/吨左右的水平，与 2005 年基本持平，相比 2011 年氧化铈曾暴涨至 19 万元/吨左右的历史高点，轻稀土价格经历了"过山车"式回调；而重稀土代表性产品——氧化镝的价格约为 1400 元/千克，虽比 2005 年高出 3 倍，但仅是 2011 年峰值价格的 1/10 左右（见图 10-4）。稀土价格指数的持续回落和低位运行导致行业景气严重下挫，这种局面反映出中国作为资源优势大国对稀土定价的影响力仍然较弱，几轮政策调整的效果并不理想。

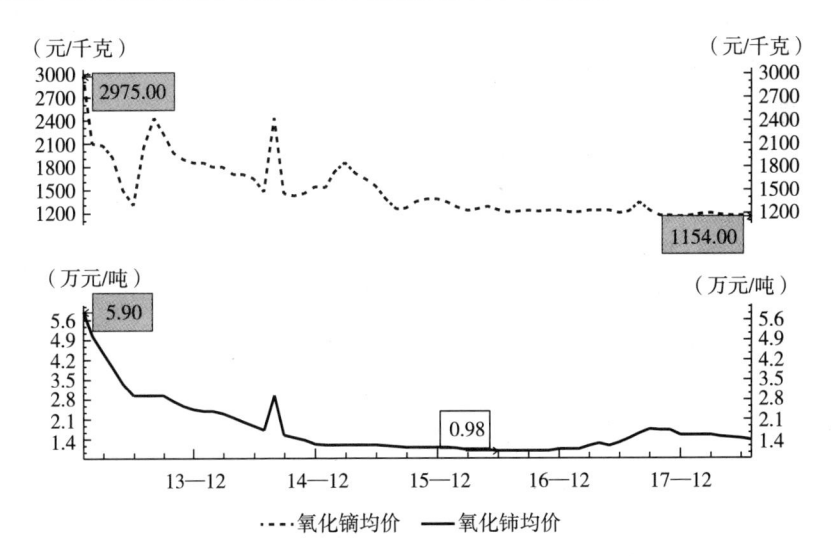

图 10-4　代表性稀土产品——氧化铈和氧化镝的价格变化

资料来源：《稀土信息》网站。

二 市场结构

根据新古典经济学理论,市场价格由供求关系决定,并随供求关系变化而改变,这是价格形成机制的基础,因此,拥有较大市场份额的企业/国家在国际贸易中的议价能力往往比较强。然而,资源性产品价格不仅反映供求关系,还受资源稀缺性、环境补偿性、市场主体参与程度及结构、技术经济性等一系列因素的影响。从国际市场的实际价格变动情况看,稀土、钨等中国在储量和产量上具有显著优势的稀有矿产资源并没有获得相应的议价能力和定价地位,仅用供求关系理论无法在复杂多变的国际贸易体系中解释中国优势金属资源出口定价权缺失问题。由于存在稀有矿产资源地理分布限制和资源禀赋差异,这类产品在国际贸易过程中很难形成完全竞争市场,而不完全竞争市场则会赋予贸易双方不同的市场地位。基于这一现状,产业组织理论从市场结构角度对国际贸易定价权掌控问题给出了更为可信的解释,成为探究中国优势金属定价权缺失问题的重要理论切入点。

(一) 市场结构影响定价权的理论基础

20世纪50年代,以贝恩、梅森、席勒为代表的哈佛学派提出产业组织分析的经典框架——SCP范式,通过对美国主要行业市场结构、行为和绩效的研究,构建了较为完整的市场结构理论体系。根据市场结构理论,企业都有将规模扩大到单位产品生产流通费用和交易成本达到最低限度的内在愿望,在垄断或寡占市场结构中,企业可以通过限制总产出,并把产品价格提高到正常收益以上获取垄断利润。[①] 但哈佛学派将企业行为仅仅假设为受市场集中度影响而做出的单向策略性选择,忽视了其他相关因素对市场结构的反作用。20世纪70年代,新产业组织学派针对这一缺陷构建了双向互动SCP范式,强调市场结构、企业行为和绩效之间的相互作用关系,认为交易双方所处的市场结构是影响价格和定价权的重要因素,同时,掌握并行使定价权还会在一定程度上增强并巩固原有市场势力。因此,具有垄断地位的企业往往可以依靠其市场势力制定歧视价格而获得垄断利润,并通过进入壁垒或歧视价格巩固现

---

① 齐兰:《现代市场结构理论述评》,《经济学动态》1998年第4期。

有垄断地位。这正是国际铁矿石贸易中三大铁矿石巨头能够在定价过程，特别是长协定价中掌握定价权的重要原因。

实际上，金属初级产品的市场结构往往依赖于地理条件基础上的自然资源禀赋和下游深加工产品技术研发水平，呈现出不完全竞争市场结构。以稀土资源为例，在相当长的时期内，中国稀土产品供给占全球市场的90%。根据贝恩提出的市场集中度分类标准（见表10-1），国际稀土贸易出口市场显然是典型的高寡占市场，理论上中国应在市场定价过程中掌握较强话语权。但事实上恰好相反，中国在稀土供给市场上的高度寡占地位不仅没有带来相应的定价权，反而节节败退。2015年稀土出口量为34832吨，较2012年增长114%；出口单价为10.71万美元/吨，较2012年下降79.69%（见图10-5），国际市场上的寡占结构还不足以解释稀土等优势金属定价权缺失问题。

表10-1　　　　　　贝恩的市场结构分类标准　　　　　　单位:%

市场结构	CR_4	CR_8
寡占Ⅰ型	$CR_4 \geqslant 85$	—
寡占Ⅱ型	$75 \leqslant CR_4 < 85$	$CR_4 \geqslant 85$
寡占Ⅲ型	$50 \leqslant CR_4 < 75$	$75 \leqslant CR_4 < 85$
寡占Ⅳ型	$35 \leqslant CR_4 < 50$	$45 \leqslant CR_4 < 75$
寡占Ⅴ型	$30 \leqslant CR_4 < 35$	$40 \leqslant CR_4 < 45$
竞争型	$CR_4 < 30$	$CR_4 < 40$

资料来源：芮明杰：《产业经济学》，上海财经大学出版社2005年版。

进一步考虑国内稀土市场结构，中国稀土冶炼分离行业2007年CR_8仅为29.45%，属于典型的竞争型市场结构，采选行业CR_8为78.82%，属于较高集中度寡占市场结构。[①] 国内稀土行业较为分散的市场结构与中国在国际贸易中作为整体的高寡占市场势力不相符，并且稀土出口市场中的同质化竞争激烈，很多企业通过低价竞争获取出口市

---

① 杨丹辉等：《中国稀土产业发展与政策研究》，中国社会科学出版社2015年版。

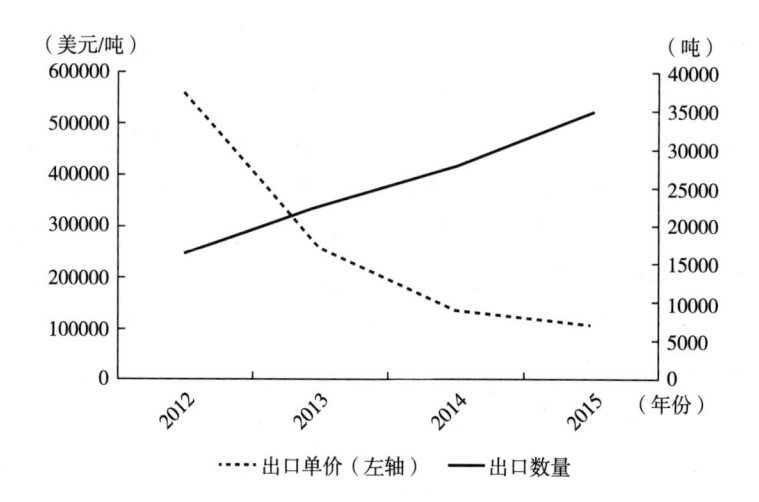

图 10-5　2012—2015 年中国稀土出口单价及数量

资料来源：国海证券：《需求高景气 + 供给侧改革，稀土有望再出发——稀土行业深度报告》，https://finance.qq.com/a/20160623/054906.htm。

场份额，导致整体议价能力较弱，难以在国际竞争中掌握定价权。加之稀土采选冶炼工艺技术较为简单，行业进入门槛低、私挖滥采和走私出口现象严重，进一步削弱国内市场集中度。

（二）稀土市场的国家集中度

1. 生产者市场结构

中国是全球最大的稀土资源供给国，1988 年稀土产量达 2.964 万吨，首次位居全球首位。[①] 此后虽然受到西方发达国家经济制裁、国内配额限产等因素影响产量出现阶段性下滑，但 20 世纪末以来基本保持了全球稀土资源供给第一的市场地位。1992 年以来，中国稀土资源供给量占全球市场份额始终高于 50%，特别是 2003—2012 年占据了全球市场 90% 以上的市场份额（见图 10-6），寡头地位显著。2003 年以来，中国政府通过减少稀土出口退税，实施稀土出口配额等手段控制资源出口量，但由于行业技术门槛较低，私挖滥采现象屡禁不止，不仅没有得到较好的治理效果，在国际贸易中还受到西方国家制裁。"稀土案"败诉之后，2015 年中国正式取消稀土出口配额和关税，资源产量

---

① 杨丹辉等：《中国稀土产业发展与政策研究》，中国社会科学出版社 2015 年版。

及出口量进入新增长阶段。

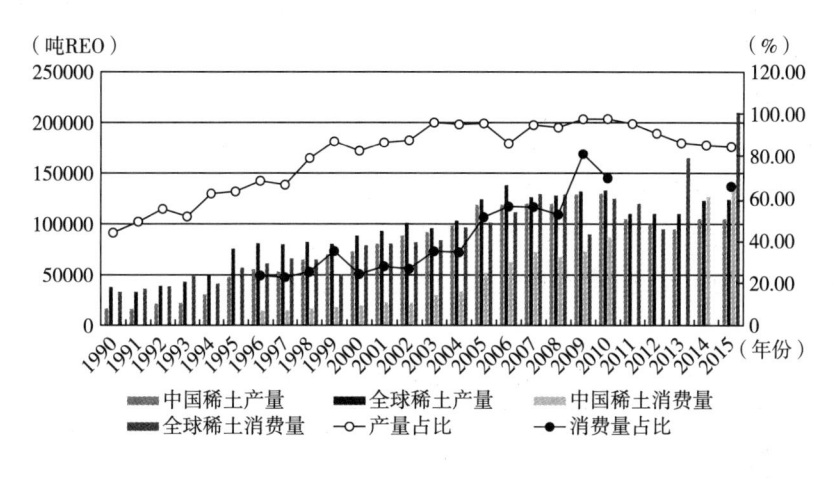

图 10-6　全球稀土资源供给情况

资料来源：1990—2005 年产量数据参考杨斌清、张贤平《世界稀土生产与消费结构分析》，《稀土》2014 年第 1 期；2006—2015 年及全球产量数据参考华创证券《有色弹性分析系列报告之一：稀土 & 永磁》；1990—2013 年全球产量及消费量参考杨丹辉等《中国稀土产业发展与政策研究》，中国社会科学出版社 2015 年版；1997—2010 年消费量参考杨斌清、张贤平《世界稀土生产与消费结构分析》，《稀土》2014 年第 1 期。

从资源产量的相对市场份额来看，2013 年以来，中国在全球供给中所占的比重呈现下降趋势，2013 年首次降至 90% 以下，2015 年稀土产量占全球稀土产量的比重降至约 85%，对资源市场的垄断性控制力有所削弱。再从市场结构理论角度出发，不断下降的资源供给市场份额将进一步加剧中国在稀土资源出口方面定价权缺失的问题。然而，资源供给相对份额的下降趋于平缓以及绝对量逐渐达峰将有利于中国稀土资源开采及冶炼行业治理和转型升级，从出口采掘冶炼初级产品向附加值高的产业链下游加工制成品转变，通过产业链升级增强掌控资源定价权的能力，符合中国的长远利益。

值得注意的是，中国资源供给市场份额的下降主要受全球主要稀土资源国家稀土矿项目开发和投产影响，全球稀土资源供给多元化，对中国稀土资源进口依赖度有所降低。考虑到稀土资源在尖端技术领域的重要应用价值，此前为了保护本国资源而封矿的国家近年来纷纷恢复或计划恢复本国稀土矿开采,以保障本国资源安全。资料显示,截至 2015 年 4 月,全球共有 53 个稀土项目和 49 家相关公司,国外 13 个主要在建或投产稀土工程,分别位于美国、澳大利亚、南非、加拿大等国家或地区,全部达产后产能将达到 19.3 万吨,REO 产量约为 2295.1 吨,达到 2015 年全球稀土消费量 90% 的水平,基本可以满足全球市场消费(见表 10-2)。可见,中国在资源市场上的绝对垄断地位有可能被进一步削弱,全球稀土资源供给不应该也不会成为单独承担的责任,单纯依靠资源市场垄断地位不能成为争夺稀土定价权的主要依靠和力量来源。

表 10-2　　国外部分稀土工程建设投产情况

国家	公司	工程	矿石量/吨	REO/吨	产能/万吨	投产年份
澳大利亚	Lynas Corp	Mount Weld	1490	146	2.2	2012
美国	Molycorp	Mountain Pass	1640	131.2	4	2012
南非	Great Western	Steenkampskraal	10	2.4	0.27	2013
澳大利亚	Arafura Resources	Dubbo Zirconia	7300	58.4	0.41	2014
澳大利亚	Arafura Resources	Nolans Bore	4700	121.7	2	—
加拿大	Avalon Rare Metals	Nechalacho	5800	92.8	1	2016
南非	Frontier Rare Earths	Zandkopsdrift	4400	96.8	2	2016
格陵兰	Greenland Minerals	Kvanefjeld	86100	947.1	4.37	2016
澳大利亚	Hastings Rare Metals	Hastings	3620	7.6		2016
坦桑尼亚	Peak Resources	Ngualla	17000	380		2016
加拿大	Quest Rare Minerals	Strange Lake	23000	207	1.5	2016
美国	Rare Element Resources	Bear Lodge	2300	73.6	0.94	2015
瑞典	Tasman Metals	Norra Karr	6100	30.5	0.61	2016

资料来源:中国有色金属网,《稀土:突围从"新"开始》,https://www.cnmn.com.cn/ShowNews1.aspx? id=340803。

2. 贸易结构

从产业组织理论出发,稀土国际贸易中生产者的市场结构为中国丧失定价权给出了进一步的解释,但仍未触及稀土定价权缺失的根源和本质。为分析国家间贸易市场结构的影响，本章选取 2006—2015 年全球海关编码为 2846 的稀土贸易产品①，以联合国商品贸易数据库进出口贸易额为主要指标计算全球稀土进出口贸易市场集中度 CR_1、CR_4。如表 10-3 所示，全球主要稀土产品进出口贸易国包括中国、美国、日本等 50 多个国家和地区，2015 年全球出口贸易额约为 693.04 万美元，前四大出口国家市场集中度约为 71.25%，是较为典型的高寡占型市场。其中，中国作为全球最大的稀土资源国家，在出口贸易中始终占据 30% 以上的市场份额。从进口贸易结构上看（见表 10-4），由于稀土资源在航空、通信、特种材料制造等领域有重要应用，全球有超过 110 个国家和地区参与到稀土资源及其产品进口贸易中，主要有日本、美国、泰国、德国和中国，2015 年全球稀土进口贸易额约为 8.93 亿美元。其中，前四大进口贸易国家或地区市场集中度约为 61.69%，属于中低寡占型市场。

在国家层面上，全球稀土贸易呈现较高的出口市场集中度和相对低一些的进口市场集中度。理论上讲，以中国为代表的资源出口国家在产品定价问题上应该具有更高话语权。然而，参与稀土贸易的主要大国既是出口国又是进口国，很难简单依靠市场集中度对定价权问题做出解释。值得注意的是，如果进一步考虑到进出口贸易中产品结构会发现，几乎不具备稀土矿产资源的日本依靠其先进的深加工技术在国际市场中占据较高市场份额并在资源定价上具有较强影响力。因此，一国（地区）在下游深加工领域技术研发及专利掌控程度、所处产业链环节都将成为影响其定价权的重要因素。

---

① 海关编码 2846 下含 51 种稀土及其氧化物、化合物等贸易品，包括：氧化钇、氧化铈、氧化镝、氧化铽、氧化铒、氧化钆、氧化钐、氧化镱、氧化钪、灯用红粉、按重量计中重稀土总含量≥30% 的其他氧化稀土（灯用红粉、氧化铈除外）、氯化铽、氯化镝、氯化钇、其他未混合氯化稀土、氟化铽、氟化镝、氟化钇、碳酸铽、碳酸镝、碳酸钇、按重量计中重稀土总含量≥30% 的混合碳酸稀土、其他未混合碳酸稀土、铽的其他化合物、镝的其他化合物、钇的其他化合物（LED 用荧光粉除外）、按重量计中重稀土总含量≥30% 的稀土金属、钪的其他化合物（铈的化合物除外）、氧化铈、氢氧化铈、碳酸铈、氟化铈、铈的其他化合物、氧化镧、氧化钕、氧化镨、其他氧化稀土（灯用红粉、氧化铈除外）、氯化镧、氯化钕、氯化镨、混合氯化稀土、氟化镧、氟化钕、氟化镨、碳酸镧、碳酸钕、碳酸镨、其他混合碳酸稀土、镧的其他化合物、钕的其他化合物、镨的其他化合物、其他稀土金属、钪的其他化合物（铈的化合物除外）。

表10-3　2006—2015年全球稀土出口贸易市场集中度

年份	出口贸易国家（或地区）及其贸易额（美元）						CR_1（%）	CR_4（%）	当年全球前四大贸易国（或地区）
	中国	美国	日本	法国	俄罗斯	奥地利	马来西亚			
2006	292462786	39714385	242520487	36723732	6328077	24062426	159231	42.20	88.23	中国、日本、美国、法国
2007	456585028	26359328	372638448	49569317	7204028	45490718	232250	44.84	90.77	中国、日本、法国、奥地利
2008	521700844	21772208	153530426	50288188	13878125	53750637	284987	58.28	87.06	中国、日本、奥地利、法国
2009	237385921	15361902	107351175	14015511	9916076	46366517	238833	44.77	77.99	中国、日本、奥地利、德国
2010	761043801	51592512	152796429	19945712	18376768	62331007	1650187	61.86	83.54	中国、日本、奥地利、美国
2011	2063836061	187064553	275698539	44646639	66934728	210414716	9229458	63.86	84.69	中国、日本、奥地利、美国
2012	721608512	92367526	260243734	93958714	37223154	139908150	980099	41.55	69.99	中国、日本、奥地利、法国
2013	464619327	65037690	174546621	50197414	18467325	85024305	17340942	38.61	67.74	中国、日本、奥地利、中国香港
2014	297193087	55217200	176406505	31481417	23722897	58847222	102537811	29.88	64.78	中国、日本、马来西亚、中国香港
2015	289921241	64085090	170311793	20004096	14876406	48282709	127389320	31.69	71.25	中国、日本、马来西亚、美国

资料来源：笔者根据联合国商品贸易数据库的数据整理计算。

表10-4　2006—2015年全球稀土进口贸易市场集中度

年份	进口贸易国家（或地区）及其贸易额（美元）							CR₁ (%)	CR₄ (%)	当年全球前四大贸易国（或地区）
	中国	美国	日本	德国	泰国	法国	越南			
2006	47587132	104645373	220135320	33052000	100274212	88686873	32846	28.72	67.03	日本、美国、泰国、法国
2007	63157299	132709159	351873732	42267000	261316761	65901798	55198	30.60	70.60	日本、美国、泰国、法国
2008	23513721	195311712	395901951	63261000	289663044	61155733	1854838	30.73	73.29	日本、美国、泰国、德国
2009	35455741	115029163	152124259	51764000	67505098	40565813	14591184	23.39	59.42	日本、美国、泰国、德国
2010	36666449	185181743	587867018	83933890	15637768	61507411	24056550	45.26	70.71	日本、美国、德国、法国
2011	65982260	796158156	1818830399	302183899	19266937	297879485	54185221	41.11	72.68	日本、美国、德国、法国
2012	46614976	518245095	519656697	192235336	9664623	208378951	55295943	24.63	68.18	日本、美国、法国、德国
2013	156947956	259527012	259904752	192235336	60076529	61426807	4150184	19.79	59.95	日本、美国、中国、德国
2014	62066345	192349752	258650436	77523536	32642142	26289378	114327351	23.90	59.40	日本、美国、越南、德国
2015	91316697	177489817	205445511	76896238	34421365	24538297	—	22.99	61.69	日本、美国、中国、德国

资料来源：笔者根据联合国贸易库数据整理计算。

(三) 中国的市场结构

1. 生产者市场结构

稀土产业链包括资源开采、冶炼分离、深加工及应用、循环再生利用等多个环节，不同产业环节市场集中度存在差异，对该环节定价权影响和掌控能力也不同。根据市场结构理论，如果一国（地区）能够在本土具备优势的环节中不断提高市场集中度，将有助于在国际贸易中掌握定价权，这也正是近年来中国通过政策手段对稀土企业进行整合的理论依据。另外，从国际贸易实务来看，处在产业链下游深加工及应用环节由于可以通过提高技术门槛构筑进入壁垒，一方面提高产品附加值；另一方面也能够保持该环节较高的市场集中度持续获得垄断利润，在产品及资源定价上更有影响力。参考杨丹辉等（2015）在《中国稀土产业发展与政策研究》一书中对国内冶炼分离行业集中度的大致判断，以2009 年《中国稀土年评》数据为例，2009 年国内稀土冶炼分离产量为 12.73 万吨 REO，其中最大的两家分别为包钢稀土（1.5 万吨 REO）和包头华铈稀土（1.7 万吨 REO），行业前两位企业集中度 CR_2 约为 25%。据此推测，CR_4 很可能低于 35%，CR_8 也很难超过 40%，国内稀土冶炼分离行业呈现出低集中度的竞争态势（见表 10-5）。

表 10-5　　　　　　　　中国稀土冶炼分离企业产能分布

混合型稀土精矿冶炼分离企业产能分布		氟碳铈精矿冶炼分离企业产能分布		离子型稀土矿冶炼分离企业产能分布	
产能级别	企业数量（个）	产能级别	企业数量（个）	产能级别	企业数量（个）
4 万吨/年以上	2	1.5 万吨/年以上	2	0.3 万吨/年以上	10
3 万—4 万吨/年	1	1 万—1.5 万吨/年	3	0.2 万—0.3 万吨/年	6
1 万—2 万吨/年	4	0.8 万—1 万吨/年	3	0.15 万—0.2 万吨/年	6
0.5 万—1 万吨/年	11	0.5 万—0.8 万吨/年	8	0.1 万—0.15 万吨/年	8
0.5 万吨/年以下	20	0.5 万吨/年以下	2	0.1 万吨/年以下	14

资料来源：杨丹辉等：《中国稀土产业发展与政策研究》，中国社会科学出版社 2015 年版。

从市场结构理论出发，2014年以来，中国积极推进六大稀土集团组建工作，形成了中国铝业、北方稀土、厦门钨业、五矿集团、广东稀土和南方稀土六个大型集团，整合国内66本采矿权证和77家冶炼分离企业。整合后，中国铝业、北方稀土和南方稀土三家占据全国88%的稀土开采指标和76%的冶炼分离指标，行业集中度大幅度提高。以2016年第一批稀土开采及冶炼指标分配数据为例，国内通过行业整合已经形成了北方稀土和南方稀土两大集团，矿产开采环节CR_2达到82.14%、冶炼分离环节CR_2达到65.28%，都已形成高度寡占型市场结构（见表10-6）。

表10-6　　2016年主要稀土企业开采及冶炼分离情况　　（单位：吨;%）

企业	矿产品	冶炼分离产品	矿产品全国占比	冶炼产品全国占比
五矿集团	1070	2351	2.04	5.22
中国铝业	6175	7332	11.76	16.29
北方稀土	29750	22537	56.67	50.08
厦门钨业股份有限公司	970	1199	1.85	2.66
南方稀土集团有限公司	13375	6839	25.48	15.20
广东稀土产业集团	1100	4547	2.10	10.10
六大稀土集团合计	52440	44805	99.90	99.55
全国合计	52500	45000	100	100
CR_2	82.14	65.28	—	—
CR_4	96.00	91.68	—	—
CR_6	99.89	99.57	—	—

资料来源：《轻稀土霸主，重新崛起有待时》，https://finance.qq.com/a/20160908/023359.htm。

然而，由于国内重稀土资源分布较为分散，且稀土冶炼分离行业技术准入门槛较低，整合后的大型稀土集团不具备直接开采全部矿点的能力，实际采矿及冶炼主体仍然是被整合前的"小、散、乱"矿企，本质上仍未改变中国稀土行业集中度低的状况，对定价权提升效果不理想。同时，国内学术界对通过政策手段进行行业整合提高市场集中度，以期提升定价权的做法一直存在争论，特别是在资源整合效率方面。非市场化资源整合，本身就背离了一直强调的以市场为导向进行资源配置的原则，加之整合过程中各地方政府和企业之间的利益博弈，最终效果往往不尽如人意。[①]

2. 出口主体结构

从出口市场结构来看，1997—2005 年，中国参与稀土贸易的企业约为 150 家，行业内以中小型企业为主，几乎不存在大型或超大型出口贸易企业，市场集中度较低，始终处于竞争型或低寡占程度市场结构中，对外贸易过程中较难形成强有力的合力。2007 年，出口企业数量降至 93 家，但前四家企业市场集中度 CR_4 约为 30.49%、产业集中度（HHI）仅为 404.15，市场集中度较低、竞争性显著（见表 10-7）。加上矿产资源初级加工成本较低，走私严重，行业分散管理难度大，出口贸易中低价竞争屡见不鲜，进一步丧失稀土贸易定价权。

表 10-7　　　　1997—2007 年中国稀土出口贸易市场结构

年份	价格（美元/吨）	出口量（吨）	企业数量（家）	CR_1（%）	CR_4（%）	CR_8（%）	HHI
1997	4797.65	45100.7	164	15.33	43.20	55.96	590.24
1998	3597.83	65615.4	179	14.97	37.44	54.34	524.65
1999	2999.5	61080.6	157	8.90	28.85	47.16	363.14
2000	3417.8	56508.3	151	12.06	27.02	41.59	348.9
2001	3975.48	52045	155	11.45	28.91	39.06	328.65
2002	3118.5	49824.5	165	6.66	21.63	35.70	250.03
2003	2930.9	61900.4	154	8.06	23.19	37.67	277.37
2004	3426.6	57471.9	144	8.47	26.69	40.13	295.76
2005	3847.8	52220.3	151	6.00	22.87	38.28	265.15
2006	5546.2	52732.5	123	8.79	26.46	41.86	336.11
2007	10898.4	41894.7	93	9.04	30.49	47.16	404.15

资料来源：转引自孙泽生、蒋帅都《中国稀土出口市场势力的实证研究》，《国际贸易问题》2009 年第 4 期。

---

① 杨丹辉：《"重感冒"的中国稀土——大国心态与国家资源战略》，http://gd.cnree.com/news/show-11157.html，2016 年 7 月 13 日。

"稀土案"败诉之后,中国相继取消出口配额及关税管理等行业管理措施,转而通过出口许可证方式对国内稀土出口企业进行限制和管理。2014年,商务部公布的稀土出口企业共28家,其中五矿稀土、中钢和有色金属进出口江苏公司3家为流通企业,其余25家为生产企业。整合后,国内前四大稀土出口企业市场份额CR_4由2007年的30.49%上升为30.75%,前八家最大的稀土出口企业市场份额CR_8由47.16%上升为52.48%,市场集中度提升效果不显著,整体仍处于低寡占市场结构,行业竞争性明显。整合后的国内稀土市场,特别是出口贸易市场,并未如预料中集中度显著提升进而掌握国际定价权,国际市场上寡头地位与国内竞争型市场结构不对等问题没有得到显著改善。

综上所述,市场结构理论能够从宏观和微观、生产市场和贸易市场两种关系中就中国优势金属定价权缺失给出较为合理的解释,但从近年来国内行业整合实践效果来看,并没有对提升稀土国际定价权发挥重要作用。另外,由于行政整合忽视了市场化资源配置、地方政府之间利益博弈等问题,使由市场结构理论出发的国内稀土行业整合一直被学界诟病,提高市场集中度很难成为推动中国优势金属定价权理性回归的利器。而从日本、美国等在技术、管理等领域具备优势的国家实践经验中可以看到,在产业链下游深加工领域掌握关键技术或者对战略性金属资源合理储备、开发和管理都将有利于该国掌握国际定价权。因此,重构优势金属资源产业布局,进一步鼓励和推动下游深加工领域技术研发,建立科学合理的战略储备机制和资源开发体系是中国争取国际定价权的重要政策方向。

三 价格周期的影响:以钨为例

金属商品的价格运动本身具有一定的周期性特征。早期关于金属商品价格周期性的研究,多是作为宏观经济周期研究的一部分来开展。[1]自1971年Bry和Boschan首次指出大宗商品价格周期性的测度可以采用宏观经济分析中的真实经济周期测度法之后,国外学者对大宗商品价格周期进行了较为深入研究(Tilton,1981;Cashin et al.,2002;Havey,

---

[1] 孙泽生等:《大宗商品市场定价格局与影响因素研究》,经济科学出版社2015年版。

1989，1994；Labys & Kouassi，2004），主要涉及能源、贵金属及农产品领域的大宗商品与欧美国家经济周期协动性研究。国内学者的研究集中于农产品领域（曹慧，2007；毛学峰、曾寅初，2008；郭晓慧、葛党桥，2009；Wang，2010），或者利用国际大宗商品市场的数据进行建模和预测（黎鹏，2008，2009；辛月，2011；孙泽生等，2015），但针对金属商品尤其是中国优势稀有金属价格周期的研究较少。

(一) 时间序列分解思路

金属价格周期是指金属价格长期趋势扩张和收缩而体现出的周期性波动。一般来说，经济时间序列的变化通常受到其自身的趋势（trend）、周期（cycle）、季节（seasonal）及不规则成分（irregular）的影响。时间序列分解旨在将经济时间序列中的趋势、季节和不规则成分分离出来，然后分析剩余的周期成分的统计特征。本部分内容首先通过X12季节调整法对中国优势金属钨的月度价格资料进行季度调整，在此基础上使用 HP（Hodrick – Prescott）滤波法获得周期成分，然后分析周期成分的统计特征，对金属钨的价格周期做出判断和分析，从而进一步分析其对定价权的影响。

X12 法是目前最权威的季节调整方法，比 X11 增加了对交易日、节假日影响的调节功能，以及对各种极端值的处理。虽然 X12 季节调整法也可以在 Eviews 中实现，但 Eviews 中的 X12 程序仅针对美国的节假日而设，并不完全适用于中国。因此，本章利用 Stata 命令来处理数据的春节效应。[①]

HP 滤波法类似于一个高通滤波器，将高频部分通过，低频部分滤除，在季节调整中，趋势成分和周期成分被视为一体，本节参考毛学峰等[②]的做法去除趋势成分。设 P_t 是包含趋势成分和周期成分的经济时间序列，P_t^T 是趋势成分，P_t^c 是周期成分，即

$$P_t = P_t^T + P_t^c \qquad (10-1)$$

式中，$t = 1, 2, \cdots, T$。计算滤波就是从经济时间序列 P_t 中将趋

---

① 陈强：《高级计量经济学及 Stata 应用》（第二版），高等教育出版社 2014 年版。
② 毛学峰、曾寅初：《基于时间序列分解的生猪价格周期识别》，《农村经济》2008 年第 12 期。

势成分 P_t^T 分离出来，对应的周期成分则为 $(P_t - P_t^T)$。一般地，经济时间序列中的趋势成分 P_t^T 常被定义为下面最小化问题的解：

$$\min\left\{\sum_{t=1}^T (P_t - P_t^T)^2 + \lambda \sum_{t=1}^T [(P_{t+1}^T - P_t^T) - (P_t^T - P_{t-1}^T)]^2\right\}$$

(10-2)

式中，参数 λ 需要事先给定，按照一般经验，月度数据的 λ 取值为 14400。

(二) 数据来源与基本处理

由于赣州钨协在 2012 年开始预测并实报 APT 的预测价格和实际价格，同时由于无法收集到 2004 年至今的欧洲自由市场钨精矿数据，所以选择来自中国有色金属工业协会、中国钨都网的黑钨金矿 2004 年 1 月到 2016 年 6 月数据，以及来自英国《金属导报》欧洲自由市场 APT 数据，通过对价格进行 HP 滤波分析，分别得到中国黑钨精矿和欧洲自由市场 APT 的趋势成分和周期成分，如图 10-7 和图 10-8 所示。

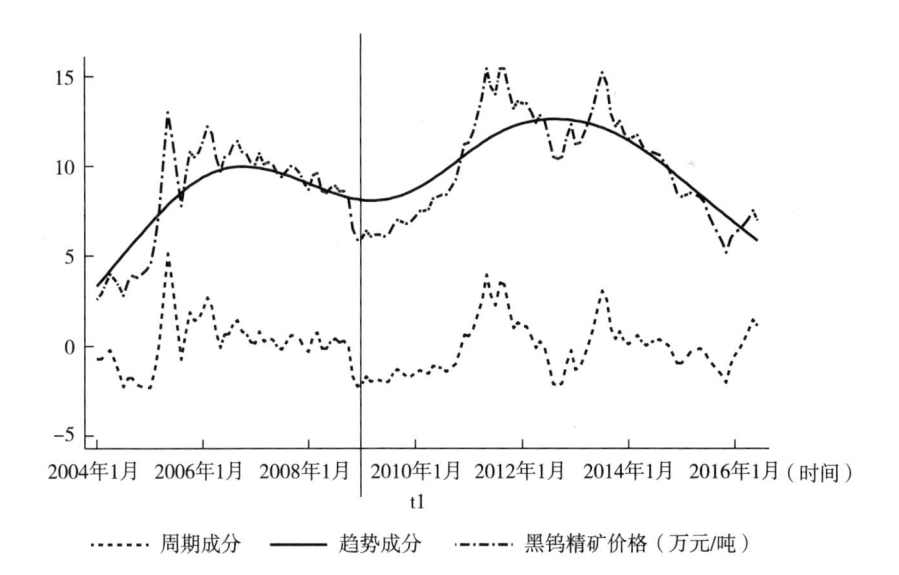

图 10-7 中国黑钨精矿价格序列分解

资料来源：笔者整理。

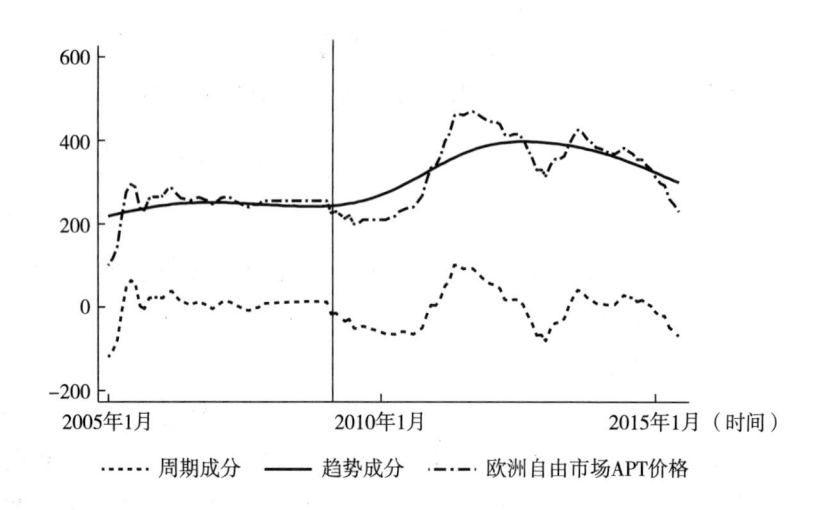

```
600
400
200
  0
-200
     2005年1月        2010年1月        2015年1月（时间）
          ······ 周期成分 ──── 趋势成分 ─·─·─ 欧洲自由市场APT价格
```

图10-8 欧洲自由市场 APT 价格序列分解

资料来源：笔者整理。

　　从图10-7和图10-8可以看出，经过了汇率转换后的钨精矿与APT 价格数据，其价格波动表现出相对一致的趋势，从样本区间来看，2003—2005 年，国内外对钨的需求增长使钨精矿价格一路上升，钨价上升的信号，吸引投资者对钨矿山的投资。2006 年国内 54 户 APT 冶炼企业的生产能力仍在扩大，钨精矿产量的大幅度增加已经隐含钨品价格下跌的潜在市场风险，由于 2006 年郴州地区矿山的整顿及台风对郴州地区矿山的影响，拉住了下滑的趋势，之后政府不断出台新的钨品出口宏观调控政策，钨品出口从退税转为加税，中国钨精矿以及各种钨品的价格重新降到 2003 年前的水平。然而，欧洲自由市场 APT 价格在这段时间趋于平稳，几乎没有大的波动。2008 年年初，受钨品出口关税上调和南方雨雪冰冻灾害的影响，钨品出口价格出现小幅上涨，随后小幅震荡下滑，进入第四季度后，受国际金融危机影响，国际钨市场需求不旺，价格出现大幅下跌。以 2009 年为分界线，2009 年之后的黑钨精矿价格与欧洲自由市场 APT 价格周期成分与趋势成分趋于一致。从国内钨市场层面看，2009 年之后国家控制钨开采总量，减少钨品出口配额。从长远看，此举将有力地促进钨产业布局的调整、产品结构的优化和出口价格的提高。从国际钨市场层面看,世界经济增速放缓,对国际市场钨需求的稳定增长和稳定价格产生不利影响,但对钨需求的影响有限。钨品出口综合年平均价格从2001年以前不足8000美元/吨金属到2014年达到50611.57美元/吨金属,中国在国际钨市场的话语权有所增强,这是国际钨制品价格保持稳定和回升的坚实基础。

(三)中国钨精矿价格与欧洲自由市场APT价格的VAR实证

(1)时间序列的单位根检验。

为了避免出现伪回归问题,考虑将非平稳数据转化为平稳数据。为此,采用ADF检验(Augmented Dickey-Fuller Test)对相关数据进行单位根检验(见表10-8)。

表10-8 时间序列ADF单位根检验

变量		检验形式 (c, t, k)	ADF统计量	1%临界值	5%临界值	10%临界值	结论
钨精矿价格	lnwp	(0, 0, 1)	-3.183	-3.502	-2.888	-2.578	非平稳
	D. lnwp	(c, 0, 0)	-6.961	-3.682	-2.888	-2.578	平稳
欧洲自由市场APT价格	lnaptp	(0, 0, 1)	0.698	-2.597	-1.950	-1.612	非平稳
	lnaptp	(0, T, 0)	-2.949	-4.032	-3.447	-3.147	非平稳
	lnaptp	(c, 0, 1)	-3.852	-3.502	-2.888	-2.578	平稳

注:D. lnwp表示变量序列lnwp的一阶差分。

ADF检验的原假设H0:含有单位根,即序列是非平稳时间序列,ADF检验的临界值来自软件stata 13.0。由于ADF是单边检验,只要Z值大于临界值就接受原假设认为非平稳。通过表10-9的ADF检验结果可知,钨精矿价格的自然对数的一阶差分的ADF检验值均小于临界值(1%的显著性水平),欧洲自由市场APT价格的自然对数数值ADF检验值均小于临界值(1%的显著性水平),说明钨精矿价格为I(1)序列。

(2)协整关系检验。

对残差序列进行单位根检验,分析残差序列的平稳性。因为该残差序列的平稳性决定了解释变量与被解释变量之间的协整关系是否存在。一般来说，如果残差序列平稳，那么两个变量之间存在（2，2）阶协整，即存在长期稳定的关系。反之，如果残差序列不平稳，则说明变量之间不存在长期稳定的关系。为此，对第一步中的残差序列进行单位根检验。由表10-9可知，在（0，0，1）形式下，残差序列的ADF值在5%的临界值下达到显著水平，即该序列是平稳的。由此，中国钨精矿价格和欧洲自由市场APT价格之间存在协整关系，两者至少存在一个关系以上的格兰杰因果关系。

表10-9　　　　　　　残差序列e的单位根检验

检验形式	ADF 统计量	1%临界值	5%临界值	10%临界值	结果
(c, 0, 1)	-3.267	-3.502	-2.888	-2.578	非平稳
(0, 0, 1)	-3.280	-2.597	-1.950	-1.612	平稳
(0, 1, 1)	-3.231	-4.032	-3.447	-3.147	非平稳

（3）格兰杰因果检验。

中国钨精矿价格的对数的一阶差分序列与欧洲自由市场APT价格的对数序列为平稳序列，利用格兰杰因果检验判断变量间因果关系是否存在。由表10-10的结果可知，F检验拒绝原假设，AIC值越小（一般为负数），绝对值越大，模型越精简，即认为短期内（滞后1期）的情况下，中国钨精矿价格是欧洲自由市场APT价格的格兰杰原因，欧洲自由市场APT价格也是中国钨精矿价格的格兰杰原因。这表明中国钨精矿的出口价格走势会影响到欧洲自由市场的价格走势，在国际钨产品贸易中，已经拥有了一定的定价权。

表10-10　　　　　　　格兰杰因果检验结果

原假设	滞后阶数	观察值	F 值	P 值	AIC	结论
lnwp 不是 lnaptp 的格兰杰原因	1	125	14.06	0.0003	-295.3186	拒绝原假设
lnaptp 不是 lnwp 的格兰杰原因			41.3	0.0000	-370.2301	拒绝原假设

四 技术创新

古典贸易理论中，技术和要素禀赋差异是造成产品成本和价格不同的主要原因，成本和价格的差异引发产品竞争和国际贸易。中国在优势稀有矿产资源开发利用技术创新方面的现实困境是：虽然部分优势稀有矿产资源储量丰富，但由于技术创新与研发的滞后，致使中国长期处在稀有矿产资源开发的全球产业链低端。以稀土为例，一方面，中国大量出口稀土原矿，日本一度是全球第一大稀土原矿进口国；另一方面，中国却要用高价进口稀土金属合金等高附加值产品，而日本同时是世界稀土高端产品的第二大出口国，对世界800多种稀土产品享有定价权，稀土的高附加值转化由此实现。日本拥有稀土科技优势，处在全球价值链高端，而高附加值环节的缺失使中国难以扭转稀土定价权的被动局面。

稀有金属资源产业竞争力的关键在于以技术创新为主导的产业链下游应用。表10-11列出了中国钨产业链上典型产品的增值情况，从上游到下游各环节因技术含量不同，钨产业链各环节产品价值增值情况不同，主要增值在加工产品环节，越在下游（后端），增值幅度越高，2015年钨产业链下游产品钨材（钨条、杆、型材等）较钨精矿增值2.11倍，钨丝较钨精矿增值4.62倍，硬质合金增值3.43倍，比2014年均有提高。钨产业链竞争力提升的突破口主要在下游的钨材、钨丝及硬质合金深加工产品领域。

表10-11　中国钨产业链上典型产品的增值情况

产业链环节	出口产品	出口数量/吨金属		出口价格/（美元·吨钨$^{-1}$）		增值率/倍数	
		2014年	2015年	2014年	2015年	2014年	2015年
上游	钨精矿	99.01	158.10	30462.8	20299.22	1.00	1.00
中游	仲钨酸铵	2115.83	1170.67	44944.5	29255.36	1.40	1.40
	氧化钨	3603.72	3598.71	44547.7	28413.53	1.39	1.32
	钨粉	346.18	1105.13	49198.1	35616.73	1.52	1.65
	碳化钨粉	2117.05	3230.79	52396.0	37506.61	1.62	1.74

续表

产业链环节	出口产品	出口数量/吨金属		出口价格/（美元·吨钨$^{-1}$）		增值率/倍数	
		2014年	2015年	2014年	2015年	2014年	2015年
下游	钨材（钨条、杆、型材等）	1808.36	1466.98	64481.3	46133.57	1.97	2.11
	钨丝	365.74	332.30	106607.0	100919.71	3.25	4.62
	硬质合金	5456.83	5115.04	81151.0	74877.22	2.48	3.43

注：①硬质合金出口价格＝出口创汇额/出口量；②增值率以钨品平均出口价格为基数，以钨精矿为基准（定为1），其余钨品的增值＝（出口价格/钨精矿出口价格）×回收率；③回收率以钨精矿转变到其他钨品中的钨金属回收率计算为依据，分别是：APT0.95、氧化钨0.95、钨粉0.94、碳化钨粉0.94、钨材0.93、钨丝0.93、硬质合金0.93。

资料来源：以上数据来自刘良先等《2014/2015年中国钨品进出口分析》，由笔者整理而得。

同时，一国（地区）的工业技术水平决定着原材料资源开发利用的综合能力，钨资源的深加工和高端应用受制于工业化发展阶段及原材料工业的总体水平。从表10-12可以看到，中国钨资源在硬质合金的应用比例为54%，与欧洲72%的比例差距明显，轧制品（主要应用于电子管、电子及X射线技术）在美国使用比例高达20%，中国仅为11%，在其他方面如钨粉的催化剂、润滑剂，钨酸钠在颜料、漆、油墨、电镀等方面不如欧洲和日本，仅在生产特种钢和合金方面最强。与世界主要发达国家相比，中国钨产业在以技术创新为主导的应用领域有待进一步提升竞争力。

表10-12　　2012年世界主要国家和地区钨产业链结构情况

应用领域	各国应用领域比率（%）				
	中国	欧洲	日本	俄罗斯	美国
硬质合金	54	72	67	70	66
轧制品	11	8	11	4	20
钢/合金	28	9	11	26	9
其他	7	11	11	0	5

资料来源：转引自徐盛华《促进中国钨产业链结构优化的探讨》，《有色金属科学与工程》2013年第5期。

再从钨产品进出口数据可以看出,长期以来,中国以初级加工品和中间品为主的出口结构,成为世界钨原材料供应国,制造了钨品出口的"虚假繁荣"现象。1949—1995年,大量出口钨精矿(氧化钨65%,累计87.8万吨)。① 1996年之后,国家对钨矿开采实行总量控制,2000年禁止出口钨精矿。但钨精矿的开采量和初级冶炼产品的出口仍然过大,初级冶炼品产品差异化程度小、替代性高、附加值低,难以主导产品价格。与世界发达国家相比,中国钨品产业链下游的高附加值、高端钨产品及高可靠、抗震、耐高温的很多产品仍需进口,在纯净、均匀、组织细小、尺寸精确等方面尚有差距。以2005年为分界线,2005年之前由于出口钨的采选及冶炼产品多、加工产品少,而同时进口高端产品多,上下游企业同质竞争严重,相互压价,导致出口价格偏低,致使中国钨品的进口均价高于出口均价,2000年达到最高,进出口价比为4.04,钨品价格与稀缺性一度背离,在国际市场上丧失定价"话语权"(见图10-9和图10-10)。

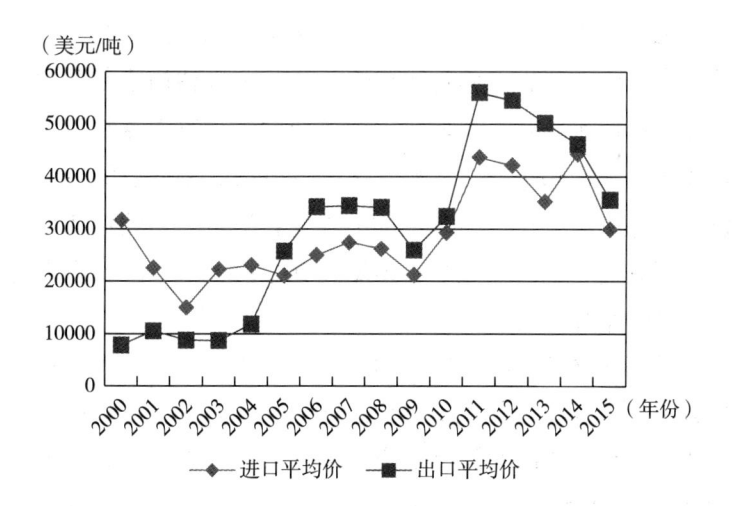

图10-9 2000—2015年中国钨品进出口均价变化

资料来源:亚洲金属网。

---

① 胡启明:《中国硬质合金产业发展研究——基于钨产业政策导向的分析》,《中国钨业》2010年第10期。

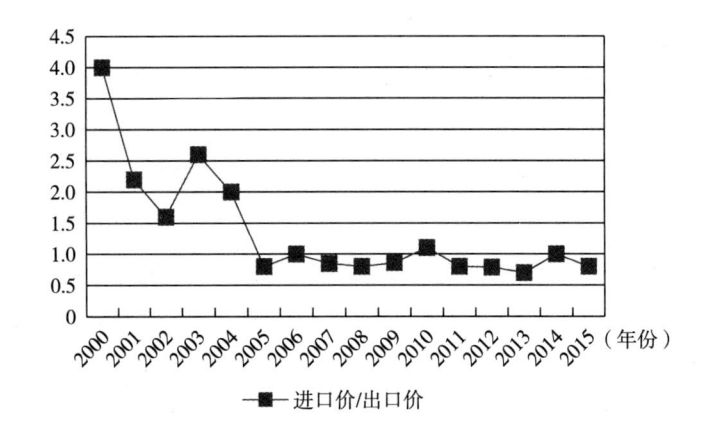

图 10-10 2000—2015 年中国钨品进出口价比变化

资料来源：亚洲金属网。

2005 年之后，中国钨业对国外钨原料的利用进入一个新的时期，国内钨企业加大科技投入，增大钨产品的科技含量，增加钨产品的附加值，出现了以五矿集团为代表的一批龙头企业，注重钨品全产业链的打造，出口附加值较高的加工产品，产品出口结构不断改变，国内钨企正逐步形成企业化集团优势，钨品的国际竞争力逐年增强。虽然赣州钨业协会与江钨集团、五矿、湖南有色沟通协调后的每月对外公布的钨品指导价格，已经具有一定的市场影响力，但钨产业链下游深精加工的弱势使中国目前仍难以形成对发达国家买方的谈判合力，定价权缺失的症结依旧存在。

由技术创新导致定价权缺失的理论机理如下：假设 X 企业是一家国外拥有稀有金属生产技术的垄断企业，拥有此稀有金属高端产品的国际定价权，X 企业的初级产品全部来自储量丰富的 Y 国，X 企业将从 Y 国进口的初级产品进行生产，生产的高端产品一部分满足国内消费，另一部分出口给 Y 国。X 企业的生产函数为不变替代弹性的 CES 形式，生产函数为 $q_x = \left[\int_0^n q_x^{\frac{\rho-1}{\rho}} d_i \right]^{\frac{\rho}{\rho-1}}$，$\rho$ 为初级产品之间的替代弹性系数，值越大，表示高端产品对初级产品依赖程度越低，n 为 X 企业生产总量，假设其中 n_1 为 X 企业所属本国消费量，n_2 为出口给 Y 国的出口量，则 $q_{n_1} = \left[\int_0^{n_1} q_x^{\frac{\rho-1}{\rho}} d_x \right]^{\frac{\rho}{\rho-1}}, q_{n_2} = \left[\int_0^{n_2} q_x^{\frac{\rho-1}{\rho}} d_x \right]^{\frac{\rho}{\rho-1}}$。

假设 A 为 X 企业生产技术，则 $p_{n_1} < p_{n_2}$，其中 p_{n_1} 为 X 企业所生产高端产品的国内价格，p_{n_2} 为出口到 Y 国的出口价格，p_{n_2} 为 A 的函数，是在考虑技术创新滞后出口到 Y 国的垄断价格，p_0 为 X 企业向 Y 国进口初级产品的价格。

则 X 企业的利润为：$\pi = p_{n_1} \times q_{n_1} + p_{n_2} \times q_{n_2} - p_0 \times q_0 - C$

由上式可以看到，X 企业垄断利润可以通过增加（$p_{n_1} \times q_{n_1} + p_{n_2} \times q_{n_2}$），降低（$p_0 \times q_0$）及 C 来获得，其中前者主要通过维持或不断提高其技术创新优势 A 来提高出口价格 $p_{n_2}(A)$，后者通过压低从 Y 国进口初级产品的价格 p_0 来获得巨额垄断利润。将上式分解之后可以得到：

$$\max \pi = \max \pi_1 + \max \pi_2$$

$$\max \pi_1 = p_{n_1} \times \left[\int_0^{n_1} q_x^{\frac{\rho-1}{\rho}} d_x \right]^{\frac{\rho}{\rho-1}} - q_{01} \times p_0 - C_1$$

$$\max \pi_2 = p_{n_2} \times \left[\int_0^{n_2} q_x^{\frac{\rho-1}{\rho}} d_x \right]^{\frac{\rho}{\rho-1}} - q_{02} \times p_0 - C_2$$

$$\max \pi = p_{n_2} \times \left[\int_0^{n_2} q_x^{\frac{\rho-1}{\rho}} d_x \right]^{\frac{\rho}{\rho-1}} - q_0 \times p_0, \max \pi 为 X 企业的出口创汇，$$

同时也是 Y 国出口给 X 企业初级产品的福利净损失。由此可以看到，Y 国处在全球价值链低端，始终处于被动的地位，Y 国对其初级产品的国际定价权是缺失的。

五　国家战略储备

（一）战略储备是稳定矿产资源市场价格、调节矿产资源需求的重要手段

广义储备包括由政府、民间组织和企业所持有的某大宗商品库存总量，战略储备指由政府直接指令，用以实现其调控市场供需或者应对供给终端等紧急情形的大宗商品储备。按照国际惯例，资源的战略储备通常有矿产地封存储备和矿产品收储储备两种方式。矿产地封存储备是将已探明储量的矿作为战略保留基地，禁止商业性勘查开发，仅供国家非常时期使用，目的是保障中长期需求和经济社会的可持续

发展；矿产品收储储备是根据矿产资源市场行情的变化，实施动态储备。

目前，国内外优势矿产资源的储备仍缺乏成熟的理论体系，陈毓川（2002）指出美国通过矿产地封存储备，通过立法规定储备的矿产地禁止进行商业性勘查开发，由国家统一管理和支配。国内的战略储备尤其是矿产地封存储备刚刚起步，相关研究成果较少。矿产资源战略储备的战略意义：一是维护国家安全和经济安全（陆书玉，1997；王玉平，1998）。二是增强国家的宏观调控能力及国际话语权（杨子健，2008）。三是有效规避 WTO 规则，从源头上保护资源和降低国家外汇储备风险（任忠宝等，2011）。

战略储备与矿产资源价格之间是否存在显著关系的研究，Ghouri（2006）对 2004 年之前油价与美国月末石油库存量之间关系的估计表明，储备和价格之间呈现负相关关系。高新伟和张伟伟（2009）认为，油价与美国和 OECD 的战略储备量高度正相关。该成果利用美国和 OECD 国家（地区）的战略石油储备（SPR）及 1990 年 1 月—2008 年 9 月的油价月度数据研究发现，包括商业储备在内的石油储备仅在短期内产生影响，油价和战略石油储备之间不存在显著的格兰杰因果关系，油价也不对战略石油储备量有任何预测作用。

总体而言，关于战略储备对价格影响的定量研究不多，案例研究及发达国家在实际中对战略储备运用的研究却是非常普遍的，尤以石油为主的能源产品较多。具体而言，国家战略储备对稀有矿产资源价格的影响主要有以下两个方面：一是短期的国家收储与放储行为能调节稀有金属矿产资源市场供给、平抑价格。从国家层面，中国一度缺乏对矿产资源战略储备的重视，稀有金属矿产资源战略储备从保障程度、管理体制等方面尚需完善。以稀土为例，中国对稀土的储备一直停留在企业层面，直到 2011 年，国务院发布《关于促进稀土行业持续健康发展的若干意见》（国发〔2011〕12 号）明确建立稀土战略储备体系[①]，稀土储备才上升到国家战略层面。再以钨金属为例，主管部门近三年已经实施了 5 次钨精矿收储行为，对市场信心提振作用

---

① 袁博等：《中国稀土资源储备战略思考》，《中国矿业》2015 年第 3 期。

明显。从经济学角度分析纳入战略储备的钨精矿供需模型，如图10-11所示，战略储备行为改变需求和供给，在收储阶段，国家的收储行为增加了市场最终需求之外的需求，需求曲线向右平移至D_1，短期需求量的增加使钨精矿价格从P_0上升至P_1；在放储阶段，增加了真实生产之外的额外供给，供给曲线向右下方移动至S_1，供给曲线S_1的位置仅仅从一个静态的供需模型是无法判定的，所以短期的收储与放储行为更多改变的是短期内的矿产品价格。

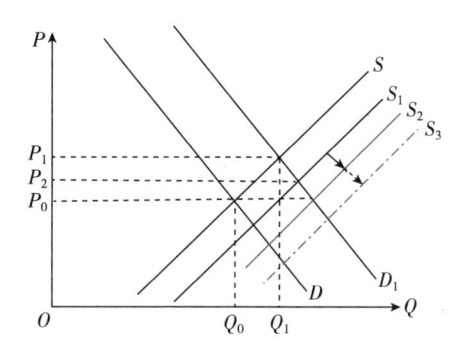

图 10-11 战略储备——收储行为的经济学分析

（二）长期战略储备有助于增强国家对稀有矿产资源的宏观调控能力，控制稀有矿产资源的国际定价权

美国、日本等发达国家将稀有金属视为重要的战略资源，通过加强资源储备，削弱其他资源储量大国的地位，控制稀有矿产资源的国际定价话语权，实施"一揽子"的战略储备计划，对矿产资源战略储备制定了完善的储备法律，如美国有《战略物资储备法》《国防生产法》，日本有《金属矿业事业团法》等，而且储备资金渠道多元，有来自财政、政策性筹资、债券筹资、国际金融机构筹资以及自筹资金，还设有专门的矿产资源储备管理机构。以稀土为例，美国看到中国稀土资源储量大国的地位与稀土产品价格的低廉，将国内最大的稀土矿芒廷帕斯矿封闭，停止生产稀土产品，转而从中国大量廉价进口，加大自身的稀土储备力度。芒廷帕斯矿是中国以外地区已发现的最大稀土矿山，稀土氧化物现有蕴藏量约96万吨，若按年产量19090

吨计算，可开采期超过30年。日本在1983年就拥有明确的稀土战略储备，2013年之前日本所需稀土八成到九成需要从中国进口，之后通过在越南、哈萨克斯坦、印度和澳大利亚四国获得稀土供应来摆脱对中国进口的依赖，与此同时，在日本东部的南鸟岛附近经济海域海底，发现高浓度稀土矿床。据2008年"稀有金属"数据库的统计，日本已成功完成50年稀土储备，中国实施出口调控政策并未造成美国、日本等国家原材料上真正意义的缺口。

第三节 中国优势稀有金属国际定价权缺失的原因分析

一 稀有金属定价机制中的"中国因素"与"中国困境"：基于历史原因的考察

金属商品的定价机制其实远远超出了供求关系和产业组织的范畴，同时受到技术创新及国家储备等因素的影响，在多种因素的综合影响下，欧美垄断集团能够操控贸易规则，利用其具备的合成议价能力，左右定价权的风向标，定价权也因此握在欧美垄断集团手中。世界经济增长的"中国因素"与战略优势金属定价权的"中国困境"并存的局面，使我们不得不重新思考优势稀有金属矿产资源国际定价权的影响因素是否有国内市场自身的因素存在？国内期货市场发展滞后，行政分割，金融市场发展落后等历史原因是否也在同时影响着稀有金属矿产资源的国际定价权？

（一）期货市场发展滞后

国际市场上大宗商品价格的形成基本上存在两种形式：一是价格由期货交易所标准期货合同的价格决定，针对成熟的期货品种与发达期货市场的初级产品；二是对尚未得到广泛认可的期货品种和期货市场的初级产品，其价格基本上由市场上的主要卖方和主要买方每年谈判达成。国际市场上现在已经形成的定价中心都不在中国，中国期货交易与资源需求大国地位极不相称。大多数在市场经济成熟的发达国家，如伦敦交易所、利物浦交易所、纽约交易所、东京交易所，其中铝、铜、铅、锡等金属的价格主要在伦敦金属交易所确定，棉花价格形成于利物浦棉花交易所,煤炭价格形成于纽约商品交易所,石油价格由东京交易所确定。成熟的市场经济国家之所以能够掌握国际市场定价权,在于它们拥有运作规范、信誉较高的交易市场,交易的商品种类齐全且不断创新,能够满足市场参与者的各种需求。对于稀有矿产资源而言,由于其金融属性有限,现有期货定价模式及交割方式并不完全适用,中国作为稀有矿产资源、生产和消费大国,稀有矿产品期货交易方式仍需进一步探索创新。

(二) 市场行政分割仍然存在

中国行政分割在一定程度上阻碍了市场机制发挥,妨碍了资源在全国范围内的有效配置和规模经济的实现,导致企业结构分散,多头对外,弱化了企业定价能力。地区间市场分割主要表现为对产品的保护与封锁,对企业的保护与封锁,对资本市场的保护以及在生产资源配置上无视国家产业政策和生产力的布局,地方政府以行政手段对市场存在的不合理的干预等(钟昌标,2006;孙宁,2009)。究其原因,有信息不对称所导致的地方政府的"逆向选择"和"道德风险"问题;有中央及地方政府目标不一致问题;地方官员主导地方经济带来的地方保护主义和重复建设问题等。以稀土为例,中国稀土的生产和出口市场分散,再加上之前实施的出口配额管制,使稀土出口市场呈现出特有的"向日葵盘籽式"市场结构,企业多头对外,拼命降价,央企和地方国企借稀土整合试图控制资源,地方政府与被整合企业不愿放手当地资源,整合效果不佳,从而加剧了稀土出口价格竞争。[①]

(三) 金融市场长期发展滞后

长期以来,中国经济的市场化程度与金融部门的市场化程度不协调,主要体现在金融的基本机制及制度,滞后于经济市场化的要求,致使金融资源的分配效率和分配方式与经济不能形成很好的协调。同时,金融市场的主体还不健全,主要存在竞争主体不足、竞争机制不完善等问题。金融市场和国际货币因素与稀有矿产资源在国际市场上的价格控制力息息相关。发达国家国际金融寡头操控和掌握了稀有金属矿产资源

[①] 于左、易福欢:《中国稀土出口定价权缺失的形成机制分析》,《财贸经济》2013年第5期。

的国际市场，形成了"买方垄断"的市场结构。与发达国家相比，中国并没有建立起高度完善的金融体系，稀有矿产品货币增值的空间有限。这种不合理的国际金融秩序增强了稀有金属进口垄断方的话语权。

二　技术水平与组织结构的制约：基于产业链的分析

（一）国外企业和资本集团形成买方垄断

稀有金属定价权缺失的根本原因是稀有金属出口的买方垄断市场结构。中国稀有金属出口价格大部分为合同价格，即国内稀有金属生产企业通过与西方垄断企业谈判签订协议价格。由于中国稀有金属企业较为分散，谈判能力不高，出口价格实则为西方垄断企业所控制。国外企业和资本集团对市场价格有很大的控制能力，其利用政治、经济、资源来操纵或支配巨额资本的流动，制造局部或者整个国际市场稀有金属制品短缺或者过剩，然后通过发布虚实相间的商业信息，使中国中小资本企业相信国际价格的未来走势，诱使这些企业进入其设计好的价格轨道，从而获取暴利。以铟为例，日本100多家企业用户形成联盟，靠5家代理商统一采购，中国出口贸易公司提价时，日本企业动用其储备，可以在几个月之内不采购。受此影响，国内一些企业为了生存发展，不得不低价出货。由于中国企业之间的联系比较松散，与日本企业竞争难以形成合力，最终低价出售造成稀有矿产资源的巨大损失。

（二）稀有金属产业链薄弱，技术创新严重不足

中国大规模出口稀有矿产的初级产品和粗加工产品，在很大程度上是因为国内缺乏相应的应用技术，即产业链的下游力量薄弱，这直接导致了在产业链上游的绝对资源优势不能发挥，失去价格话语权。稀有金属产业链的真正价值实现在于下游应用市场，稀有金属产业的核心竞争力也在于应用技术的掌握。目前，中国具有自主知识产权的稀土新技术、新成果较少，生产的稀土产品主要是永磁材料、发光材料、储氢材料和抛光粉等中低端产品。世界稀土功能材料的核心技术和稀土应用关键技术的专利主要掌握在日本、美国等发达国家手中。发达国家厂商从中国进口稀土分离产品后生产出高精技术产品，再返销回中国，其附加值会成倍乃至数十上百倍增长。以氧化钕为例，中国出口时每吨20多万元，到日本提纯成金属钕后再卖回中国，每公斤就要20多万元。同

样,作为中国优势战略资源的高科技产品关键原材料金属铟,由于行业盲目扩张、内部无序竞争,日本、美国等买方通过控制产业链的下游技术与市场,逐步掌握了市场话语权,致使金属铟的价格长期处于低谷。中国政府虽然已经制定实施一系列发展政策促进稀有金属应用技术的研发和市场的推广,但是还缺乏相应实施细则,总体支持力度不够大。

(三) 中央与地方之间存在利益矛盾,产业集中度偏低

多年来,稀有金属开采和冶炼分离企业的兴起带动了资源富集地区的经济发展,增加了地方财政收入。然而,近年来国家出台了一系列政策,如划定稀土矿产国家规划区等,旨在收回资源开采权和监管权,进而将开采、生产、销售、应用研发等产业流程转移到资金实力雄厚的央企经营。由于在行业整合过程中,地方政府与中央政府仍存在一定的利益矛盾,当前的措施与法规过度着眼于稀有金属的战略价值而忽视了地方利益,导致行业整合的实际效果与政策目标尚有偏差。同时,由于中国的稀有金属矿产主要分布在偏远地区,许多地方纷纷自发成立各类小企业开发当地稀有矿产资源,导致市场竞争无序,中国稀有金属企业在产品出口定价上形不成合力,互相压价竞销成为中国稀有金属出口产品定价权缺失的内部原因。外资企业也纷纷在国内通过投资办厂等方式钻法律空子,进行稀有金属资源的掠夺式开采加工。受此影响,中国稀有金属产业集中度偏低,企业总体规模较小,缺乏规模效应,整个产业因此缺乏竞争力,产品定价的话语权比较弱。而在美国,稀土行业只有两家企业,法国仅有一家。此外,在高额利益驱使下,地方政府对政策的实施和监控力度大打折扣。

三 全球格局与贸易政策的变化:基于国际视角的判断

(一) 国际投机资本不断深化定价布局

在商品贸易中,主要有两种定价方式:一是对于成熟的期货品种和发达的期货市场的初级产品(如原油、大豆和天然橡胶),其价格主要是由最著名的期货交易所标准期货合同的价格决定;二是对于尚未得到广泛认可的期货品种和初级产品(如稀有金属),其价格由市场上的主要买方和卖方报价达成交易。然而,市场的交易主体并不仅包括存在生产需求的制造类企业,还包括一些投机性的金融机构。稀有金属作为一

种稀缺资源，在战略性新兴产业中具有较为明显的需求预期。在资本逐利性的驱动下，跨国资本纷纷涌入该领域。高盛、摩根、花旗、嘉能可、托克等金融财团都在世界主要稀有金属进口中掌控着一定的话语权，并通过各种隐蔽的代理人基金公司跨境投资稀有金属矿山，从而避开矿产所有国的政府监管。特别是稀有金属由于缺乏完善的期货市场制度支撑，仅依托现货市场进行交易，在金融财团各种OTC衍生品工具的操纵下，金融监管的缺失更容易加剧稀有金属价格的大起大落。

（二）资源地的政府规制直接影响稀有金属勘探开发及进出口

稀有金属产地国的一些政府规制政策也会直接或间接地影响该国稀有金属产品的生产、消费以及进出口，并影响相关产品的国际价格。这主要体现在以下几方面：①一国对稀有金属开采和生产的产权规制、用工规制、环境规制、代际平等要求直接或间接地影响其开采、生产成本，进而影响到产量和出口量；②一国对境内外稀有金属资源勘查的补贴，对技术研发、战略储备和信息中心的补贴在一定程度上影响该国稀有金属的有效供给和对信息的掌控能力；③一国对其国内稀有金属相关产业的垄断与反垄断规制直接影响其在国际市场上的市场势力；④采取征收或加重征收矿山开采的环境税等相关税费政策引导居民、企业对稀有金属资源的合理消费，从源头上减少对稀有金属资源的有效需求。通过对经济主体和市场运行进行监管，影响稀有金属产品国际价格，从而维护自身贸易利益和国家利益，是目前各国可以利用的一种有效手段。然而，在世界经济不断一体化的今天，一国的政府规制行为往往超越了国界，影响到其他国家及其经济主体，国与国之间的相互制衡以及多边贸易体系的存在都在不同程度上制约各国稀有矿产开发利用的政策效果。

（三）稀土等稀有金属的全球供应格局逐步改变，中国垄断地位弱化

随着中国稀有金属出口政策收紧，以稀土为代表的稀有金属供应量减少导致国际市场价格剧烈波动，致使发达国家开始调整本国稀有金属政策和战略，国际稀有金属市场格局随之发生改变。一方面，美国、加拿大等本国稀有金属资源丰富的国家开始加快国内矿产勘探和开采，保证国内供应充足；积极寻求下游客户，以建立本国内部完善的稀有金属

产业链，企图打破多年来中国在稀有金属市场的垄断地位，夺回自主权。另一方面，各国不断开发替代资源，给予企业财政补贴，减少对中国稀有金属的需求量。与此同时，近年来发达国家投资海外稀有金属矿产资源，与具有稀有金属资源潜力的国家开展合作，建立多元化稀有金属供应链，从而减少对中国稀有金属出口的依赖。这些措施使世界稀有金属供给格局下中国主导地位或被动摇，在一定程度上冲击中国优势稀有金属资源的垄断地位。

第十一章　稀有矿产资源产业的国际竞争力比较分析

随着新工业革命推进，稀有矿产资源在先进制造以及国防军工部门的应用价值不断被挖掘，已成为主要工业国战略布局和产业竞争的重点领域之一。本章构建产品空间分析框架，系统分析中国及主要工业国6大类稀有矿产资源的国际竞争力。在此基础上，以七国集团（G7）为对象进行横向比较，并从产业内部及产业链上下游环节等视角对中国稀有矿产资源相关产业国际竞争力做出定量测算。

第一节　相关研究评述

当前，新一轮科技革命和产业变革蓬勃兴起，以稀土为代表的稀有矿产资源[①]在新材料、航空航天、电子信息、新能源、新能源汽车、节能环保等领域应用日益广泛，成为新兴产业和国防工业不可或缺的重要原材料。总体来看，世界范围内地质、生态、市场、地缘政治等方面的风险导致稀有矿产资源供给不稳定，全球政策环境存在诸多不确定因素。同时，尽管相当一部分稀有矿产资源分布在非洲、拉美等经济欠发

---

① 关键矿产并无统一定义，美国、欧盟、日本、韩国等发达国家和地区一般将在新兴产业以及国防军事工业中有重要应用，且具有一定供应风险（外部依赖性）的矿产定义为关键矿产，并对其实行清单管理。我国则采用战略性矿产的概念。为保障国家经济安全、国防安全和战略新兴产业发展需求，2016年国务院批复的《全国矿产资源规划（2016—2020年）》将24种矿产列入战略性矿产目录，包括：能源矿产石油、天然气、页岩气、煤炭、煤层气、铀；金属矿产铁、铬、铜、铝、金、镍、钨、锡、钼、锑、钴、锂、稀土、锆；非金属矿产磷、钾盐、晶质石墨、萤石。

达的国家和地区，但其国际贸易和下游应用环节却长期由工业大国主导。国际金融危机发生后，发达国家将"再工业化"的战略重点放在了新能源、新材料等战略性新兴产业，而这些产业恰恰是稀有矿产资源集中应用的领域，主要发达国家相继制定实施"关键原材料战略"，引发这一领域日趋激烈的全球竞争（Gulley，2018）。

从矿产资源消费的一般规律看，进入工业化中后期，伴随着产业转型升级，稀有矿产资源特别是一些重要的稀有矿产品需求规模扩大（杨丹辉等，2014）。尽管中国有不少品种的稀有矿产资源蕴藏量丰富，是全球稀有矿产资源储藏、开采、生产、消费和出口大国，但就全产业链条的情况看，国内稀有矿产资源开发利用长期存在价格形成机制不合理、产业链短而窄、产品附加值低等突出问题。20世纪90年代以来，中国政府运用多种政策工具对稀土、钨、钼等优势稀有矿产品实施出口数量管理，形成了"关税＋配额"的管理模式，稀有矿产资源开发利用中的"乱象"得以初步治理。中国对稀土等稀有矿产资源的管控措施旨在理顺市场秩序、减少环境损害，但以数量限制为主要手段的贸易政策引发主要进口国的强烈反弹，导致这一领域贸易争端加剧（李鹏飞等，2014）。美国、欧盟、日本相继就中国稀土、钨、钼的出口管理措施向WTO提出诉讼（简称"稀土案"）。而在"稀土案"败诉后，中国政府于2015年取消稀土、钨、钼等稀有矿产资源的出口数量管控，国际市场供求关系偏紧的局面有所缓和。

然而，随着中美经贸摩擦不断升级，稀有矿产资源再度成为大国竞争的焦点。2017年年底，特朗普签发第13817号行政令——《确保稀有矿产资源安全和可靠供应的联邦战略》，试图采取更有力的手段，降低美国对稀有矿产资源的外部依赖度，确保美国国家安全和经济繁荣。根据13817号行政令，美国内政部于2018年5月更新了稀有矿产资源清单，将稀有矿产资源目录扩展至35种，并调整美国对华关税制裁清单，将部分稀土产品从清单中撤出。中美之间开启全方位大国竞争，美国在关键矿产领域更是"动作"不断。在从关税制裁清单中撤销稀土产品的同时，美国开始多方面发力，强化关键矿产的战略保障。稀有矿产资源领域的大国博弈加大了外需不确定性以及中国该类产业转型升级的难度，对中国稀有矿产资源开采等上游环节的比较优势造成一定冲击。面对复杂的国际环境，评估中国稀有矿产资源领域的国际竞争力，准确研判未来变化趋势，探寻可持续的比较优势来源，实现稀有矿产资源领域由单纯依靠资源优势转变为依靠产业链整体优势、发展动能由要素禀赋转向创新驱动和产业升级，对推动中国稀有矿产资源高质量开发利用、加快新兴产业发展、维护国家资源安全具有重大的理论价值和现实意义。

与本章相关的国内外文献主要包括以下三个方面：一是产业国际竞争力的测算研究。这方面的研究成果非常丰富。理论上说，关于国际竞争力的研究最早起源于比较优势理论，此后学者们对该理论进行了拓展和完善。邓宁（Dunning，1993）通过将跨国公司商业活动纳入"钻石模型"构建了"波特—邓宁"模型。邹薇（2002）、苏汾和胡昭玲（2008）等综合运用市场份额、显性比较优势指数等指标对中国制造业国际竞争力进行了测算。伴随经济全球化不断深入，越来越多的研究从技术复杂度、产品空间等视角来分析产业国际竞争力（陈晓华等，2011）。金碚等（2013）利用产品空间分析法发现，中国现有比较优势产业与潜在比较优势产业之间的产品空间距离较近，表明中国出口产业转型升级具有较好的现实基础。二是基于全球价值链视角的产业国际竞争力研究。随着全球生产贸易体系日益完善，发达国家跨国公司将各生产环节在不同国家和地区间进行最优配置。不同于传统产业间或产业内贸易模式，全球价值链下产品生产多次跨越国界成为常态，传统贸易统计体系产生大量重复计算，出口总额与实际贸易利得不匹配，即"所见非所得"（Maurer and Degain，2010）。针对这一问题，Koopman等（2012，2014）系统提出增加值贸易核算框架，为该领域研究提供了较为完备的实证分析基础。在此基础上，学者转向运用增加值贸易数据刻画在全球价值链分工下经济体的国际竞争力。张禹和严兵（2016）运用该指标测算发现，中国产业国际竞争力主要集中在制造业部分，特别是劳动密集型制造业，且呈现逐年相对降低的特征；相比而言，资本和知识密集型行业的比较优势则表现出增长态势（郑乐凯、王思语，2017）。三是关于稀有矿产资源产业国际竞争力的研究。崔荣国等（2009）分析了中国重要矿产资源产业的国际竞争力，以钨和锡为例测算了相关产业的国际竞争力指数。目前，专门分析中国稀有矿产资源领域国际竞争力的文献相对较少，主要从资源基础、市场控制力、科技、管理支撑能力和产业环境等方面进行研究（陈果，2012）。Gulley 等（2017）的一项最新成果对中美之间在新兴技术领域的矿产资源竞争做出了定量评估，其关于中美稀有矿产资源相互依存度的测算结果对美国相关政策调整产生了一定影响。

综观而论，现有相关文献存在以下问题及研究潜力：一是关于大宗矿产和基础金属及相关产业国际竞争力的研究成果较多，较少聚焦于稀有矿产资源产业，但在稀有矿产资源领域大国竞争加剧的情况下，比较评估主要工业国相关产业竞争力意义重大。二是评价方法相对单一。多数文献采用的方法仍以评价指标体系的构建和应用为主，缺少从整体产品空间视角出发的评价研究，侧重于从国际竞争力现状出发进行分析，忽视了对该类产业转型升级的研究，未能构建完整的分析框架。三是数据较为陈旧，无法准确反映稀有矿产资源领域的国际竞争力现状。不仅难以刻画中国这一领域的最新发展，而且围绕国际分工格局变动，特别是全球价值链深入演进可能对该类产业的重要影响，尚未形成全面、系统的判断。

本章立足现有研究，建立产品空间分析框架，运用显示性比较优势指数（RCA）和产品空间指标，对 6 大类 22 种稀有矿产资源的国际竞争力进行横向比较，提出优化产业链、提升竞争力、实现可持续开发利用的政策建议。

第二节 测算方法

一 相关产业国际竞争力的测算

（一）显示性比较优势指数

Balassa（1965）提出了显示性比较优势（RCA）指数，其计算公式如下：

$$RCA_{ci} = \frac{x(c,i)}{\sum_i x(c,i)} \bigg/ \frac{\sum_c x(c,i)}{\sum_{ci} x(c,i)} \qquad (11-1)$$

其中，x 表示出口量，c 和 i 分别表示国家 c 和产品 i。一般意义上，

RCA 值可以以 1 为界划分是否具有相对比较优势。根据日本贸易振兴协会（JETRO）的标准，若 0 < RCA < 1，则表示某产业或产品具有较弱竞争力，其数值越是偏离 1 接近于 0，比较劣势越明显；若 RCA > 1，则表示一国某产业或产品在国际经济中具有一定竞争力，其数值越大，竞争力越强。如果 RCA > 2.5，则表示具有很强的竞争力；若 1.25 ≤ RCA ≤ 2.5，则具有较强的竞争力；若 0.8 ≤ RCA ≤ 1.25，则该行业具有较为一般的竞争力；若 0 < RCA < 0.8，则不具有竞争力。

（二）产品空间分析法

该方法是一种预测经济转型升级的分析范式，为一国（地区）特定产业转型升级和产业政策制定提供了依据和方向（刘兆国、乔亮，2016）。参考贺灿飞等（2017）的方法，具体包括以下指标：

（1）接近（φ），表示产品转型升级可能性，该值越大越有可能升级成功。产品空间结构理论认为，国家间能力存在差异性，而相似性会表现在不同国家可能具有相同或者近似比较优势的产品上，通过计算两类产品同时具有国际竞争力的条件概率最小值可以推断其产品之间空间距离。根据 Hausmann 和 Klinger（2006）的研究，在显示性比较优势指数基础上定义：

$$\varphi_{ijt} = \min\{p(RCA_{it}|RCA_{jt}), p(RCA_{jt}|RCA_{it})\} \qquad (11-2)$$

（2）路径（path），表示产品节点之间的关联性，附近的节点越多，转型升级的可能性越大。直观上该值越大表示产品节点之间的关系越密切，可能附近存在较多的演进渠道。

$$paths_{it} = \sum_j \varphi_{ijt} \qquad (11-3)$$

（3）密度（density），表示该国目前出口产品"包围"目标产品程度。一国（地区）特定产品是否能取得国际竞争力，取决于将现有生产能力转换到新兴产业的可能性，当一种目前不具有国际竞争力的产品距离现有出口产品集合（特别是优势产品集合）距离越近时，表明其转型升级可能性越大。

$$density_{ict} = \frac{\sum_k \varphi_{ikt} x_{ikt}}{\sum_k \varphi_{ikt}}, k \neq c \qquad (11-4)$$

通过对同一细分行业中稀有金属产品显示性比较优势的加权计算得

到该类行业的总体竞争力水平。在此基础上,根据产品空间理论中接近、路径和密度等相关指标分析某一细分行业中与其他产品的关联度,进而判断稀有矿产资源产业的转型升级前景。

(三)基于全球价值链视角下的增加值指标测算

从全球价值链的视角出发,上述基于总量贸易测算的贸易竞争力指数仍有不足之处:①总量的 RCA 指数没有剔除出口中包含的国外增加值;②由于行业间存在前向和后向联系,价值创造过程可能依赖于其他行业。本章进一步采用增加值贸易测算方法,以解决因本国生产中的国外增值部分带来的重复计算问题,避免出现贸易的"统计假象"。具体做法是将行业间增值过程进行有效分配,获得经过调整后更加真实的贸易竞争力指数。可以分解为以下两个部分:

$$VAX\_F_i^h + RVA\_F_i^h = \sum_{f \neq h}^{G} V_i^h B^{hh} Y^{hf} + \sum_{f \neq h}^{G} V_i^h B^{hf} Y^{ff} + \sum_{f \neq h}^{G} V_i^h B^{hf} \sum_{t \neq h,f} Y^{ft} + \sum_{f \neq h}^{G} V_i^h B^{hf} Y^{hf} \quad (11-5)$$

其中,$V_i^h = [0, \cdots, v_i^h, \cdots, 0]$ 表示一个行向量,代理本国 h 中行业 i 的增加值率向量,$Y^{hf} = [y_1^{hf}, \cdots, y_N^{hf}]$ 表示某一国家 f 对本国最终产品的需求向量,$B^{hf} = (I - A^{hf})^{-1}$ 表示国外 f 对本国中间品消耗的里昂惕夫逆矩阵。据此,可测算基于前向关联后的增加值调整显示性比较优势指数(NRCA):

$$NRCA_i^h = \frac{VAX\_F_i^h + RVA\_F_i^h}{\sum_i VAX\_F_i^h + RVA\_F_i^h} \bigg/ \frac{\sum_h VAX\_F_i^h + RVA\_F_i^h}{\sum_i \sum_h VAX\_F_i^h + RVA\_F_i^h} \quad (11-6)$$

二 数据来源与说明

近年来,新兴产业对稀土、钨、钴、锂、铟、镓等矿物的需求增加,美国、欧盟、日本、韩国等国家和地区相继推出并动态更新关键矿产清单。从其清单内容看,稀有矿产资源评估体系中政治因素始终占据较高的权重,且各国清单涵盖的相当一部分稀有矿产资源既有重叠,又有差别,这主要取决于各国资源禀赋和消费需求(影响需求的因素包括产业结构、国防军事、国家和商用储备等)。值得注意的是,美国、欧盟等对关键矿产清单实行动态更新，其中供求风险的评估结果始终是其评估矿产资源关键性的重要因素。综合考虑我国现有资源优势、国家有关保护性开采特殊矿种的政策法规和战略性矿产相关规划，以及这一领域的国际竞争态势，根据第一章的概念界定，本章所考察的稀有矿产资源集中在战略性强的稀有矿产资源，共选取6大类22种矿产。

竞争力测算的数据则采用联合国商品贸易统计数据库（UN-COMTRADE）。样本时点选择为1997—2017年，样本年份跨度涵盖了中国加入WTO以来主要年份的数据，可以较为完整地从时间序列层面展现中国及主要发达国家在该类产业的国际竞争力变动情况。具体测算加值调整后的显示性比较优势指数（NRCA）时，需要运用世界投入产出表（WIOT）。WIOD公布的最新的2016年世界投入产出表，汇集了世界上43个国家和地区2000—2014年的投入产出表数据。

第三节　中国稀有矿产资源产业国际竞争力的演化

图11-1展示了中国6大类共22种稀有矿产资源的显示性比较优势指数（RCA）的测算结果。其中稀土产业的"一枝独秀"，其RCA>2，2011年之前甚至超过了5。这说明中国稀土产业具备极强的国际竞争力。但值得注意的是，2012年之后，中国稀土行业国际竞争力呈现先显著下降，后企稳小幅回升的态势，显示性比较优势指数在（2，3）的区间内浮动。而其他5大类产品中，稀有高熔点金属和稀有贵金属在样本年份内RCA均显著低于1，总体上不具有比较优势，尤其是稀有贵金属的显示性比较优势极低（接近0），说明中国在该类产品上国际竞争力非常弱。国际竞争力居中的是稀有轻金属、稀散金属和稀有非金属，上述产业类别中稀有轻金属的显示性比较优势指数波动率较大，2011年之前稀有轻金属具有一定比较优势，2012年之后整体上这种比较优势呈现弱化，甚至处于相对比较优势的临界情况。稀有非金属的总体竞争力中等，RCA在（0.7，2.2）区间内波动，2001—2004年一度不具有比较优势，随后RCA指数缓慢上升，2007—2017年稳定在2左右。稀散金属在1998—2008年具有较强的比较优势（大多数年份RCA>2），但2009年之后国际竞争力显著下降，逐渐丧失了比较优势，

目前属于相对欠缺竞争力的产业。

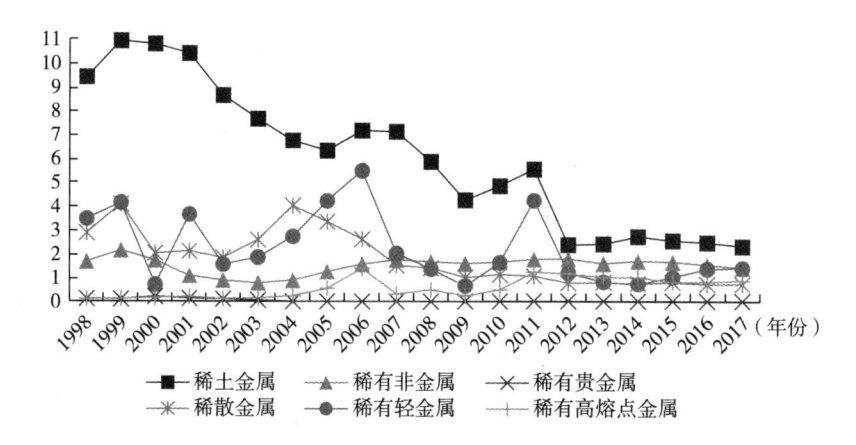

图 11-1　1998—2017 年中国 6 大类稀有矿产资源 RCA 指数的变化

资料来源：根据 UNCOMTRADE 数据库计算。

从行业竞争形态看，中国是世界上最大的稀土产品出口国。由于长期以丰裕的资源禀赋嵌入全球价值链低端，加之大量低效率企业在上游开采和粗加工领域展开过度竞争，导致稀土出口出现"量增价减"的不利局面。自 1998 年以来，中国稀土产品总体出口量增长约 10 倍，但价格却下降 36%。鉴于稀土产业上游生产秩序混乱，企业总体呈现"弱、小、散、乱"特征，2011 年相关部委下发《关于开展全国稀土生产秩序专项整治行动的通知》，开展数轮行业整顿。受政策调整影响，数据呈现出中国稀土行业 2012 年的 RCA 值相对降低。

相比金银等贵金属，中国稀有贵金属中铂族元素资源严重匮乏，国内探明储量仅为 8974.7 吨，约占世界总储量的 0.5%，且中国铂族元素资源多以白银矿半生形式存在，品位较低。受制于资源禀赋，目前中国铂族金属生产规模较小，95% 以上的铂族元素作为铜、镍矿的副产品，以综合利用的形式进行生产加工。现阶段中国铂、钯的年生产规模不到 10 吨，铂族金属生产和供给能力严重不足。另据美国地质调查局（USGS）数据，中国铂族元素进口依存度高，且产业链相对短小、附加值低，致使中国稀有贵金属行业国际竞争力极低。

中国部分稀有高熔点金属具有一定资源禀赋优势，但相关产业仍未摆脱粗放发展局面。以目前发展水平相对较高的钛产业为例，总量上中国与美国、日本并列为世界三大钛工业国，但中国钛工业发展结构性失衡长期存在。高端钛材产能不足，而低端的工业用钛竞争激烈，国内市场过度竞争导致产业总体国际竞争力状况进一步恶化。

稀有非金属的情况比较特殊，本章考察对象仅选取了石墨。据不完全统计，国内共有中小型石墨矿产企业（主要是采矿）约150家，选矿、加工企业400—500家，每年产量为100万—150万吨，工业总产值达200亿元左右。除供应国内市场外，中国年出口鳞片石墨和微晶石墨各15万—20万吨，超过该类产品世界贸易总量的三成，是全球最大的生产国和出口国。但国内相关行业发展同样存在市场秩序混乱、供求关系失衡等问题。石墨精深加工水平较差，出口产品附加值偏低。

中国稀散金属中的镓、锗、铟、铊储量丰富，而硒、碲资源相对不足，其中镓、锗、铟的探明储量均超过世界总量的50%，镓更是达到75%。目前，中国稀散金属产业主要是加工低端原材料产品，高附加值和高质量产品基本依赖进口。以镓产业为例，中国虽然是世界第一大镓资源出口国，但60%的镓用于中低端（4英寸以下）砷化镓生产，高档的砷化镓则完全依赖进口。这可以解释中国在2007年之前主要依靠部分稀散金属的资源禀赋优势获取了一定的竞争力，显示性比较优势指数大于2。2008年之后却逐渐丧失竞争力，一方面，长期依赖资源性产品出口势必加剧"量增价减"的"贫困化增长"；另一方面，由于中国中高端产业应用环节缺乏竞争力，一旦遭遇外需发生剧烈变动，该类产业的优势很难维持。

中国稀有轻金属的探明储量居世界前列，但品位普遍不高，资源赋存质量较差，开发利用难度大，主要依靠从中亚、南美和发达国家进口相关矿产。总体上看该类产品具有一定比较优势，2012年后稀有轻金属行业比较优势却出现衰减。近年来，随着中国新能源汽车市场快速扩张，锂开发利用的下游环节生产研发投入增大，推动稀有轻金属产业竞争力有所回升。

进一步将中国6大类稀有矿产资源的显示性比较优势进行跨年度平均。首先是总体平均，以求更细致地评价中国在上述行业中的国际竞争力情况。考虑到本部分基于1997—2017年数据跨度相对较大，部分相对久远年份数据不能反映中国该类产业的现实情况,为更好地提供具有现实参考价值的数值,本章同时测算了近五年(2013—2017 年)平均的结果。从表 11-1 可以看出,中国在稀土金属产业中总体上国际竞争力较强,但数值下降显著,已接近具有较强国际竞争力区间的临界值。稀有非金属的国际竞争力区间保持稳定,稀有贵金属国际竞争力极低。中国稀散金属和稀有轻金属的国际竞争力呈衰退态势,近期稀散金属已落入无国际竞争力区间,而稀有轻金属的国际竞争力相对平均。稀有高熔点金属的国际竞争力处于上升通道,整体上近五年处于平均国际竞争力区间。

表 11-1　　　中国稀有矿产资源产业国际竞争力概况

类别	整体平均	近五年平均	整体竞争力	近五年竞争力
稀土金属	6.19	2.50	很强	很强
稀有非金属	1.52	1.59	较强	较强
稀有贵金属	0.04	0.02	无	无
稀散金属	1.87	0.78	较强	无
稀有轻金属	2.26	1.08	较强	平均
稀有高熔点金属	0.55	0.92	无	平均

资料来源:根据 UNCOMTRADE 数据库计算。

第四节　稀有矿产资源产业竞争力的国际比较

一　显示性比较优势指数的结算结果

本章对中国和七国集团稀有矿产资源产业的显示性比较优势进行测算和比较。结果显示,总体来看,除美国外其他 6 个发达经济体在该类产业上并不具有比较优势,从时间序列角度看,德国和日本稀土行业的国际竞争力中等(RCA≈0.8)(见图 11-2)。由于在产业低端环节上出现"贫困化增长",2012 年后中国稀土产业的国际竞争力呈收敛趋势。反观美国,其稀土金属的显示性比较优势值相对稳定,整体维持在(1,2)的中等程度,部分年份超过了 2。横向比较中美显示性比较优势的变动情况发现，中美 RCA 走势表现出"此消彼长"的特点，如 2007—2009 年、2009—2011 年。实际上，美国本土稀土资源丰富，探明储量约占世界总储量的 9%，但目前美国稀土资源却完全依赖进口，一方面中国稀土出口价格低廉；另一方面美国国内对稀土开采可能导致的环境污染非常敏感。长期依赖从中国进口稀土初加工产品导致美国稀土产业的国内供应链不完整。此外，与中国稀土产业比较优势波动较大、整体下滑的情况形成反差，美国该类产业竞争力保持相对稳健。美国 13817 号总统令发布后，美国有可能加强稀土产业上游环节的投资和布局，提升上游环节的市场份额，这将对中国上游环节的优势产生一定的挤出效应，中长期内美国该类产业 RCA 有可能回升。

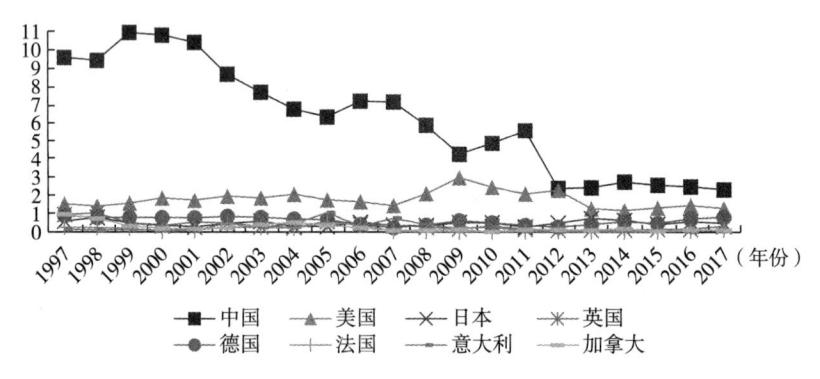

图 11-2　中国与七国集团国家稀土金属显示性比较优势对比

资料来源：根据 UNCOMTRADE 数据库计算。

除中美之外，日本也是全球稀土产品生产消费大国，特别在高端应用方面以及与稀土相关的专利领域，日本企业长期处于国际领先地位。为规避中国出口配额的影响，作为稀土等稀有矿产资源应用强国，日本近年来加紧研发，力图实现稀有矿产资源的减量循环替代利用。同时，对于一些专利保护到期的产品，包括日本在内的发达国家纷纷在中国设立合资企业。如日本稀土产业巨头昭和电工入驻中国包头稀土高新区，相应地创造了大量来自日本境外的附加值。稀土产业中钕铁硼稀土永磁材料共有熔炼、制粉、成型、烧结、后加工、表面处理 6 道生产工序，目前日本相关企业已在包头进行原材料和初级中间品的生产和加工，并出口至日本进行技术含量更高的下游产品加工。包头的稀土资源以轻稀土为主,为掌控更多资源,日本等国企业还在中重稀土资源集聚区的江西等地投资办厂。考虑全球价值链因素,日本虽然无资源优势,但其稀土产业具有较强国际竞争力,而在含稀土高端电子元器件和复合材料等下游产业,日本的国际竞争力更为突出。

图 11-3 汇报了中国与七国集团稀有非金属产业的显示性比较优势情况。中国稀有非金属(石墨)产业的比较优势较弱,日本、法国和美国显示性比较优势指数优于中国,德国整体上比较优势略逊于中国,但也具有一定的优势。其中,日本自 2002 年开始拉开了与主要发达国家和中国的差距,显示出极强的国际竞争力。相比其他发达国家,日本政府在石墨产业发展中发挥了更为积极的作用。日本是国际上碳材料产业最发达的国家,2007 年日本开始对石墨烯产业实行研发资助,日本科学技术振兴机构和通产省重点支持碳纳米管和石墨烯的批量合成技术,日本很多具有竞争力的企业,如日立、索尼、东芝等投入大量资金和人力从事石墨烯的基础研究以及开发应用。从数据上看,日本石墨产业的显示性比较优势指数值正是在 2008 年后一跃超过 4,具备了极强的国际竞争力。不同于日本在产业政策上发力,法国在龙头企业的市场势力等方面具有优势。如创建于 1892 年的法国 MERSEN(美尔森)集团,至今已有 110 多年的悠久历史,在先进石墨材料制造和电气元器件应用领域居世界领先地位。美国同样重视发挥产业政策在推动石墨产业发展中的作用,早在 2011 年美国能源部制定的《关键材料战略》就已将石墨材料、石墨烯列入重点发展领域。以石墨烯为例,美国良好的创新创业环境培育出一批中小型石墨烯企业。同时,美国许多具有强大科研能力的跨国公司,如国际商业机器公司(IBM)、英特尔、波音等耗费巨资,投入大量人力、物力开展石墨烯领域的科技创新和产业化发展。德国也将石墨产业作为发展重点,于 2010 年启动了石墨烯优先研究计划,意在为石墨烯电子产品奠定基础。英国石墨产业具有潜在比较优势,但整体上显示性比较优势指数略低于 1。英国虽是石墨烯的"诞生地",相关研发和产业化却落后于其他发达国家。目前,英国在曼彻斯特大学成立了国家石墨烯研究院,加紧石墨烯的应用研究和开发,预计英国未来有可能在石墨烯开发利用中形成独特的优势。

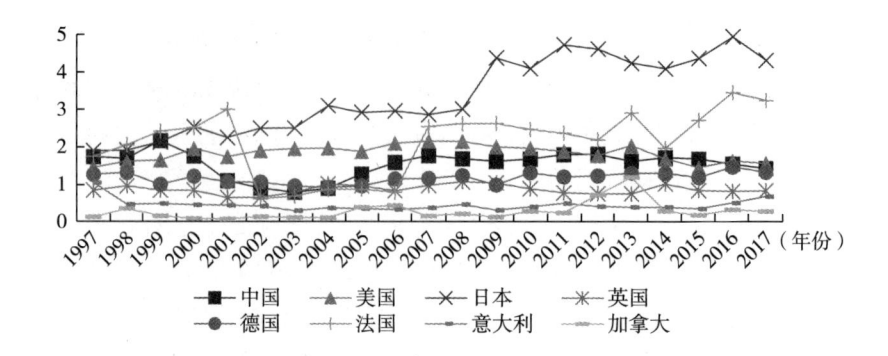

图 11-3 中国与 G7 稀有非金属显示性比较优势对比

资料来源：根据 UNCOMTRADE 数据库计算。

再从稀贵金属的情况看，中国该产业相比其他国家竞争力水平最弱，英国则在这一产业上具有极强的国际竞争力。美国、德国、意大利和日本也有一定比较优势，法国的比较优势在 2007 年后迅速丧失（见图 11-4）。目前，稀有贵金属（主要是铂族元素）的应用领域包括现代工业和高技术产业的功能材料、微电子工业材料和信息材料、环境净化材料、新型能源中使用的材料、生物医用材料和药物等，在上述产业中英国均有比较强的国际竞争力。意大利稀有贵金属产业在 2003 年后显示性比较优势指数缓慢上升，2012 年后具备一定的竞争力，截至 2017 年，意大利的显示性比较优势指数超过 1.6，这主要源自于意大利在设计领域的品牌影响力和人才储备，使其稀有贵金属产业发展获得长足进步。

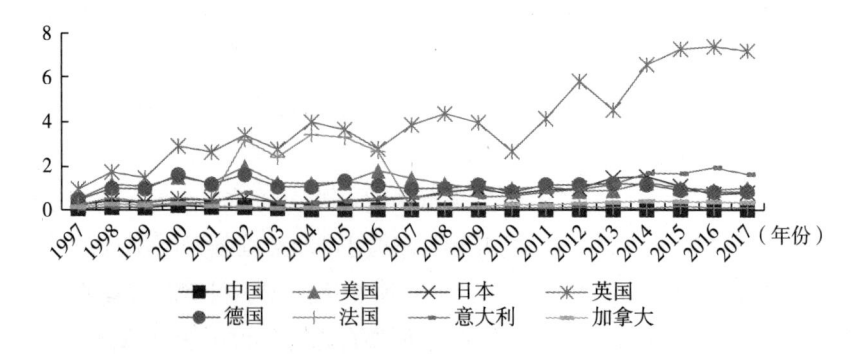

图 11-4 中国与七国集团稀有贵金属显示性比较优势对比

资料来源：根据 UNCOMTRADE 数据库计算。

图 11-5 显示出中国与七国集团国家稀散金属产业比较优势的对比情况。可以看出，这一产业显示性比较优势指数波动率较大，上述各国除意大利国际竞争力较低之外，均表现为一定的比较优势。2007 年之前，中国、法国和美国处在这类产业的领先地位，显示性比较优势指数居前列，2007 年之后英国在该类产业的竞争力快速上升。截至 2017 年，法国、英国和美国仍具有较强的比较优势，日本有一定国际竞争力，中国则由于粗放式增长模式已经丧失在该类产业的比较优势，呈现缓慢下降的不利走势。中美贸易战下美国相关政策调整可能会对该类行业的整体格局产生一定冲击，预计美国的 RCA 会有一定幅度提升。

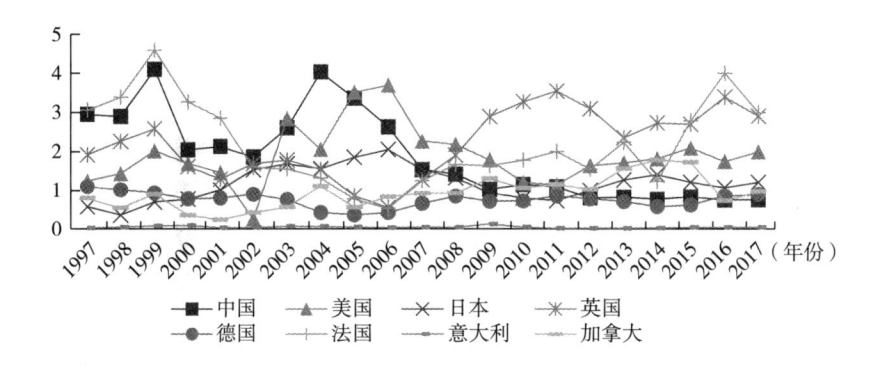

图 11-5 中国与七国集团国家稀散金属显示性比较优势对比

资料来源：根据 UNCOMTRADE 数据库计算。

稀有轻金属产业国际竞争力出现了与稀土类似的中国"一枝独秀"的情况（见图 11-6）。总体上看，2011 年前中国具有较强的国际竞争力，但此后中国逐渐丧失了显示性比较优势。意大利和美国在特定年份具有一定国际竞争力，但整体上七国集团稀有轻金属产业的国际竞争力较弱。中国稀有轻金属产业国际竞争力较强得益于锂电池产业的快速发展。随着新能源汽车市场爆发式增长，国内锂电池产业急剧扩张。2017 年，中国锂离子电池产量同比增长超过 44%，锂电池正极材料总产量增长超过 40%，负极材料增长率达 23.7%，电解液和隔膜同比增长分别为 23.3% 和 32.9%，成为全球锂资源最大的需求国。

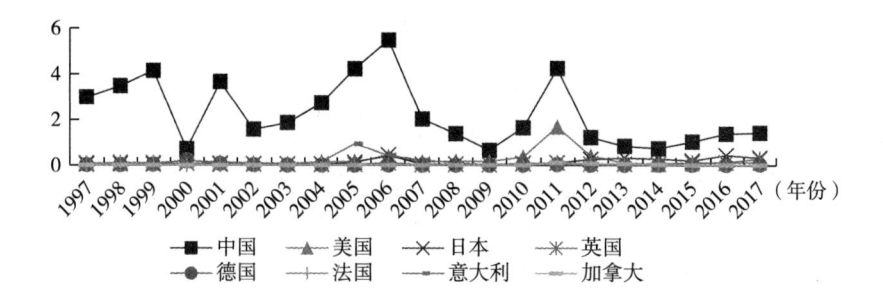

[图表: 1997-2017年各国稀有轻金属显示性比较优势折线图,包含中国、美国、日本、英国、德国、法国、意大利、加拿大]

图 11-6　中国与七国集团国家稀有轻金属显示性比较优势对比

资料来源：根据 UNCOMTRADE 数据库计算。

广泛应用于航空航天、电子、军工的稀有高熔点金属一向是工业大国高度关注的稀有矿产资源。从图 11-7 可以看出，中国稀有高熔点产业国际竞争力变化与七国集团国家的整体趋势比较接近。2005 年前，上述国家均不具有显示性比较优势，2005—2010 年各国国际竞争力的差距不大，日本和美国的竞争力稍强。2010 年之后该产业的国际竞争力呈现分化态势，即日本、美国和英国拥有较强的比较优势，德国具备一定的国际竞争力，中国在 2011 年显示性比较优势指数缓慢下降，国际竞争力并不显著。以金属钨为例，钨被中国列为战略性矿产，也是欧盟的关键原材料，主要应用在汽车、集成电路三极管、宇航开发、通信技术、军事工业等领域。中国钨资源丰富，但加工能力相对较弱，钨原矿和初级产品主要出口美国。而美国钨产业主要布局在下游的精深加工环节。根据美国地质调查局（USGS）数据，美国钨产业深加工环节对中国进口依赖度较高，其中氧化钨八成以上通过中国进口，钨粉、其他钨材和碳化物等的进口量分别占比约 35%、55% 和 40%。加之美国本土钼资源储量大，使美国稀有高熔点金属产业具有较高的国际竞争力。英国则依托力拓集团（Rio Tinto Group），在上游原料开采、中游加工、下游精深加工和综合应用中均占有重要地位，从而共同推动英国该类产业国际竞争力提升。

二　产业链不同环节的竞争力测算和比较

在新技术革命浪潮推动下，近年来稀有矿产资源原本相对较为短而

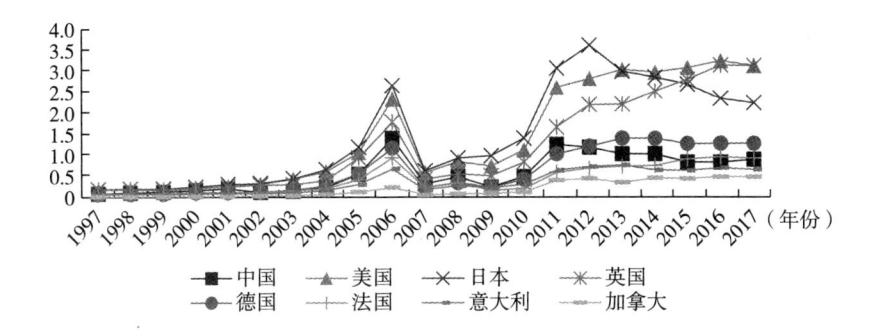

图 11-7　中国与七国集团国家稀有高熔点金属显示性比较优势对比

资料来源：根据 UNCOMTRADE 数据库计算。

窄的产业链开始向下游逐步延伸。通过全球价值链治理和高技术产业的支撑，发达国家将发展中国家置于提供资源和粗加工原料的上游，而将获利能力相对较高的中下游核心环节置于其控制之下。稀有矿产资源的产业链一般可分解为：上游（采选）→中游（冶炼、提纯、精加工）→下游（应用）。为更准确地反映各国在稀有矿产资源领域的国际竞争力，需要从全产业链的角度进一步分析产业链不同环节的国际竞争力及其差异。

考虑到中美经贸摩擦对全球稀有矿产资源竞争格局的影响以及数据可获得性，本章着重比较分析中美两国在稀有矿产资源产业链不同环节上的国际竞争力。总体来看，随着制造业智能化绿色化发展，稀有矿产资源的产业链逐步向下游延伸，美国企业通过主导全球价值链，控制了获利能力相对较高的中下游核心环节，而中国等资源大国长期锁定在资源粗加工的上游环节。以稀土为例，2017 年中国稀土金属产业链上游的 RCA 指数达 3.10，中游和下游环节的 RCA 指数却分别仅为 0.71 和 0.52，表明中国稀土的资源优势并未上升为全链条的产业优势。美国在稀土金属产业链上游的 RCA 指数虽然仅为 0.45，但其中下游的 RCA 指数分别为 1.39 和 1.69，明显高出中国。其他 5 类稀有矿产资源产业均不同程度地呈现这一特征，反映出美国稀有矿产资源领域的发展更为均衡，整体竞争力突出（见图 11-8 至图 11-13）。

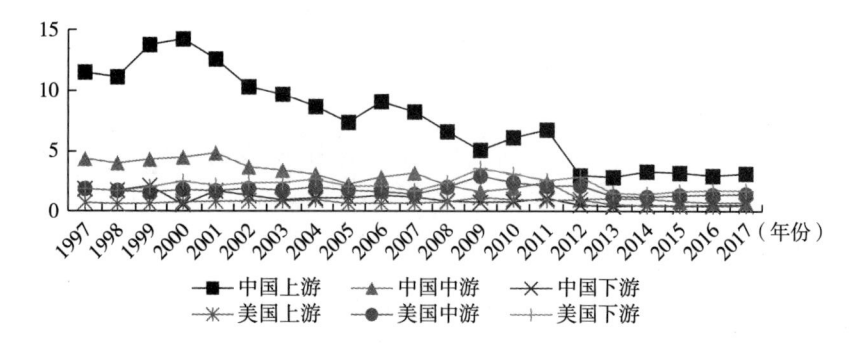

图 11-8　中美两国稀土金属产业上中下游比较优势对比

资料来源：根据 UNCOMTRADE 数据库计算。

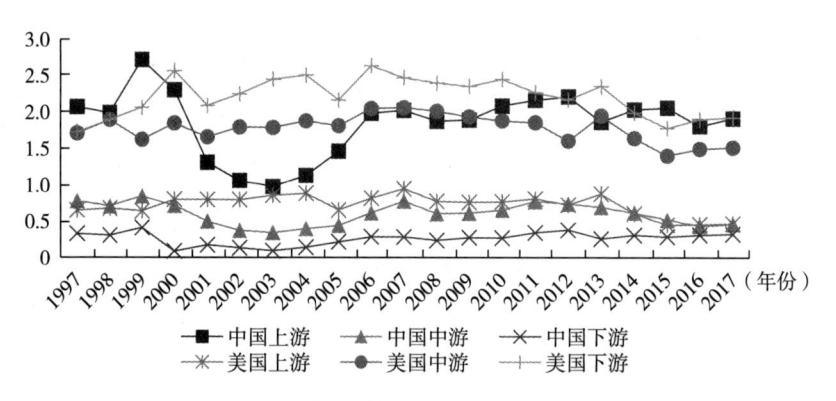

图 11-9　中美两国稀有非金属产业上中下游比较优势对比

资料来源：根据 UNCOMTRADE 数据库计算。

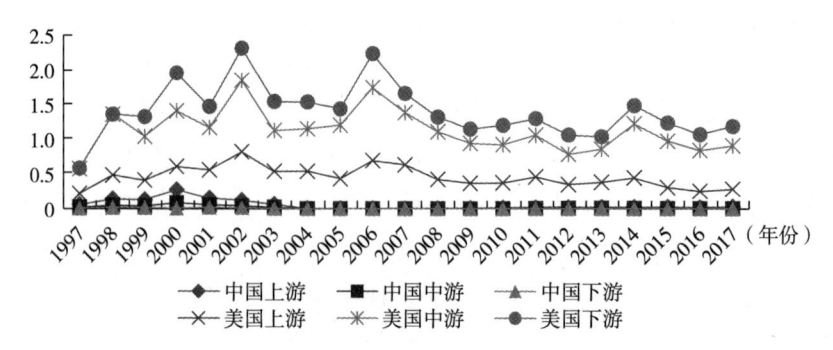

图 11-10　中美两国稀有贵金属产业上中下游比较优势对比

资料来源：根据 UNCOMTRADE 数据库计算。

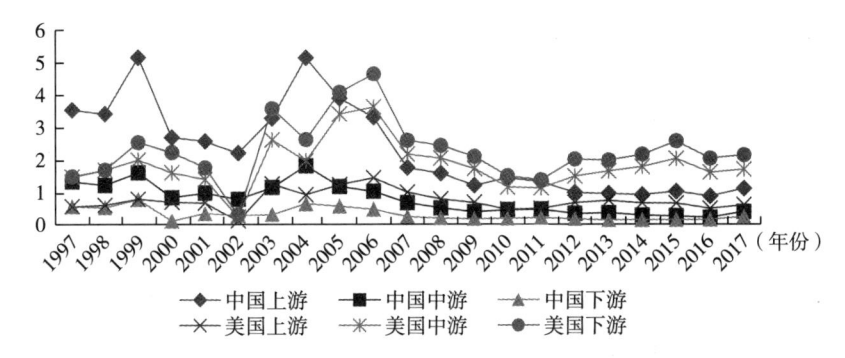

图 11-11　中美两国稀散金属产业上中下游比较优势对比

资料来源：根据 UNCOMTRADE 数据库计算。

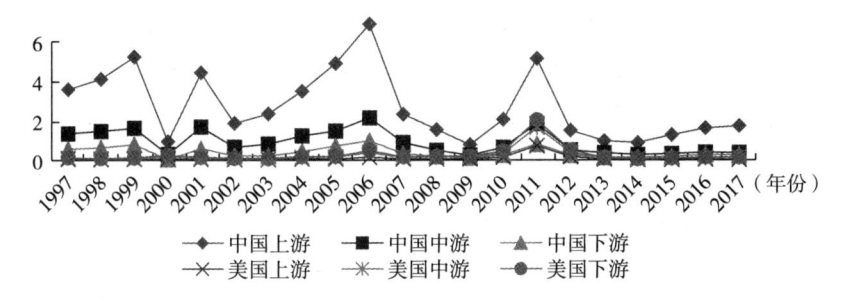

图 11-12　中美两国稀有轻金属产业上下游比较优势对比

资料来源：根据 UNCOMTRADE 数据库计算。

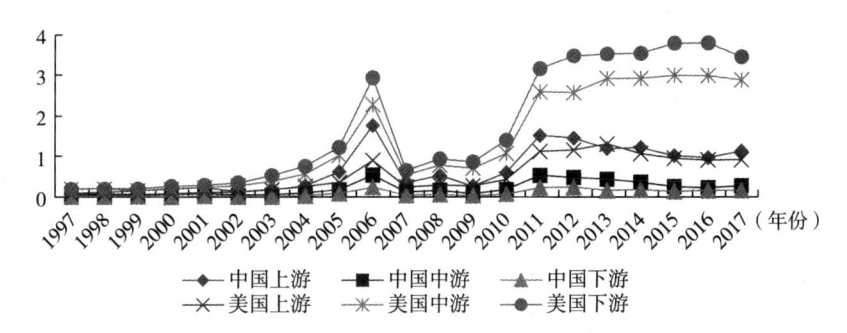

图 11-13　中美两国稀有高熔点金属产业上中下游比较优势对比

资料来源：根据 UNCOMTRADE 数据库计算。

三　基于增加值贸易调整的显示性比较优势指数（NRCA）

本章的测算主要包括基础金属制造业（C24）和金属制成品业

(C25)。① 根据增加值贸易调整后的 NRCA 可以表示为：

$$NRCA_{ci} = \frac{DVA_{ci}/DVA_c}{\sum_c DVA_{ci}/\sum_{ci} DVA_{ci}}$$

$$= RCA_{ci} \times \frac{DVAR_{ci}/DVAR_c}{DVAR_{wi}/DVAR_w}$$

$$= RCA_{ci} \times ratio_{ci} \tag{11-7}$$

其中，$DVAR_{wi}$ 和 $DVAR_w$ 分别表示在 i 行业中世界整体的国内增加值率和世界整体的国内增加值率。图 11-14 中展示了基于增加值贸易调整后中国与七国集团国家的对比情况。中国与七国集团国家的调整比例在（0.8，1.1）范围内浮动，数值并不会直接影响上述基于总量贸易计算的显示性比较优势指数的方向性。中国自 2003 年后 NRCA 出现明显下降，2013 年下跌至近期的最低点 0.8521，表明中国在金属行业中国内增加值比例相对下滑，对国外成分依赖有所增强。七国集团国家整体上同样呈现出从 2003 年下滑的态势。2008 年后，受国际经济危机冲击，发达国家实施制造业回流政策，鼓励国内厂商进行生产加工，其调整比例出现反弹。截至 2014 年，中国在上述国家中调整比例处于下游水平，与德国接近，显著低于法国、美国、意大利、英国和加拿大的水平，而日本的调整比例最低。考虑调整比例后，中国稀土金属和稀有轻金属的显示性比较优势指数会有一定幅度下降，但据 2014 年调整比例推算的 2016 年中国在稀土金属和稀有轻金属产业的 NRCA 分别是 2.1392 和 1.1881，仍表现出一定的国际竞争力。

四　产品空间视角下稀有矿产资源产业转型升级的方向及可能性

结合现有文献，本章运用产品空间结构理论计算中国 6 大类稀有矿产资源产业的产品密度，这一指标能够较准确地反映某一类产品在整体产品空间中的集中程度。具有显示性比较优势的产业，在更集中的产品

---

① 这部分主要研究金属类稀有矿产资源产业（未包括石墨产业）。由于上述产业中包含了上游、中游和下游，一般认为基础金属制造业主要集中在产业链的中上游，金属制成品业主要集中在产业链的中下游，但是现有数据不支持将上述产业链进行细分化处理，因此这部分近似计算使用基础金属制造业和金属制成品业的平均情况进行处理。

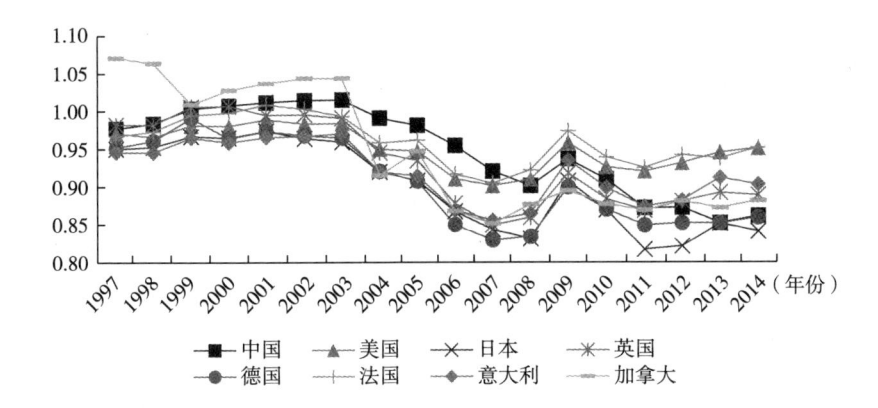

图 11-14　中国与七国集团国家金属类增加值贸易调整比例比较（1997—2014 年）

资料来源：根据 WIOT 数据计算。

空间中一方面可以更好地发展和升级，另一方面通过产品空间的外溢效应可能对临近的产业形成正向作用。而对于目前不具有显示性比较优势的产业，如果具备较高的产品密度，则意味着其受到较强的临近产业辐射和带动作用，进而实现升级的可能性较大。鉴于数据可得性和可操作性，本部分将 2017 年 6 大类稀有矿产资源对应的产业和二位码国标行业（可以与四位码 HS 码对应）的产品密度进行测算。根据显示性比较优势指数和产品密度的计算情况，本章对特定产业的升级前景做出预测，结果表明稀有轻金属产业目前具有一定比较优势，但产品密度相对较低（经验的临界值是 0.35），从产品空间理论出发，可知此类产业将维持一定国际竞争力，其升级效应和外溢效应相对较弱。稀有高熔点产业现阶段虽然不具有国际竞争力（RCA＜1），但其产品密度较高，预示有很大可能可以转型升级成功，是未来竞争力提升的重点目标领域。稀散金属和稀有贵金属产业均不具有显示性比较优势，总体上看，两者的产品密度相对较低，转变成具有国际竞争力的产业较难，其中稀散金属产业的可能性略大。稀土金属和稀有非金属产业总体上具有显示性比较优势，并且两者的产品密度均较大，说明上述产业具有较强的产品空间集聚性，可以吸收和外溢更多的产品资源，因而有利于巩固现有比较优势，并向产业链高端环节升级（见表 11-2）。

表 11-2　2017 年中国 6 大类稀有矿产资源 RCA 和密度汇总

类别	RCA	密度	特征
稀有轻金属	1.42	0.23	较强竞争力、低密度
稀有高熔点金属	0.89	0.46	平均竞争力、高密度
稀散金属	0.75	0.33	无竞争力、低密度
稀土金属	2.32	0.47	较强竞争力、高密度
稀有贵金属	0.02	0.14	无竞争力、低密度
稀有非金属	1.42	0.36	较强竞争力、高密度

资料来源：根据 UNCOMTRADE 数据库计算。

第五节　结论与政策含义

过去十余年以来，发达国家能源转型和产业升级刺激稀有矿产资源需求增加，稀有矿产资源领域的国际竞争随之加剧。本章采用显示性比较优势指数和产品空间测算方法，对中国 6 大类稀有矿产资源及相关产业的国际竞争力进行了测算，在此基础上比较中国与七国集团国家在相应产业的跨年度指数，分析中国的潜在差距。进一步地，通过与美国在 6 大类产业上中下游分解的显示性比较优势指数对比，识别中国在产业链不同环节的真实竞争力水平。测算结果显示，中美两国都是稀有矿产资源的资源大国和消费大国，各有优势领域。中国稀有矿产资源开发利用的优势主要基于资源禀赋，集中在产业上游，而美国相关产业的中游和下游环节相对于中国具有较为明显的优势。同时，受国际供求关系、政策环境以及生态保护等因素影响，中国稀有矿产资源的显示性比较优势指数波动幅度较大，美国则整体上竞争力更为稳定。

稀有矿产资源在新兴产业发展、消费升级和国防军工方面具有重要的战略价值，但有别于大宗矿产，大部分稀有矿产资源特别是稀有金属具有用量小、需求弹性大的特点。总体而言，稀有矿产资源的应用价值体现在对工业原材料、消费品以及军工产品的改性提质，这种需求特征决定了一方面稀有矿产资源市场价格涨跌幅度较大，波动频繁；另一方面供需两侧都对价格信号较为敏感。供给减少（受限）引发价格上涨，势必刺激包括开发利用资源存量（城市矿山）的多元化供给，而一旦价格压力传导到需求侧，下游产业必然要加快减量循环替代技术和产品的开发利用。稀有矿产资源领域的大国竞争引发供给受限和价格持续波动，将进一步加剧下游企业成本控制难度，抑制稀有矿产资源使用意愿，凸显减量替代循环工艺和产品的技术经济性，刺激稀有矿产资源存量开发，进而削弱原矿拥有国的资源优势。

需要强调的是，虽然各国不断加大稀有矿产资源领域的战略渗透，但由于稀有矿产资源种类多、资源分散、应用领域广，目前任何工业国尚无法实现稀有矿产资源完全独立供给，也没有一个国家和地区能够掌控全部稀有矿产资源的产业链及其应用领域，工业大国的国际竞争力有一定的差异性。

鉴于中国资源禀赋条件以及中美在稀有矿产资源领域的竞争力对比情况，长远来看，应着眼于布局全方位大国竞争，加快建立完善稀有矿产资源国家战略和政策体系，推进国内优势矿产高质量可持续开发利用的同时，加大全球资源整合力度，不断提升稀有矿产资源的安全保障能力。

一要加快制定实施稀有矿产资源（战略性新兴矿产）的国家战略，将支撑稀有矿产资源勘探开发、高端应用与产业链延伸、生态环境保护、国际规则与合作的资源政策、科技政策、产业政策、财税政策、环境政策、贸易政策纳入统一的政策法规框架。借鉴国际经验，立足国内资源优势，统筹新兴产业及国防军工发展需求，创新评估机制，有效规避利益相关方的博弈，推出科学、动态、可调整的国家稀有矿产资源清单名录，对稀有矿产资源实行战略收储和科学管理。

二要进一步规范稀土等优势矿产的行业秩序，坚持绿色发展理念，以高端电子元器件、高效电机、新能源汽车、人工智能和机器人、先进医疗设备等终端应用需求为导向，推动优势矿产深加工及高端应用，构建满足工业智能化绿色化发展需要的关键原料支撑体系，实现产业链上下游协同均衡发展，提高全产业链竞争力，逐步缩小与美国等发达国家在稀有矿产资源应用领域的差距，巩固提升优势资源的国际竞争地位。

三要瞄准发达国家稀有矿产资源二次开发的政策导向和创新方向，

综合运用财税投融资激励手段，加大研发投入力度，鼓励开展存量矿产和城市矿山开发利用，推动稀有矿产资源循环集约利用，促使稀有矿产资源逐步迈上更加可持续的开发利用道路，缓和这一领域的国际争端和冲突，为新兴产业发展营造稳定有序的原材料供给环境。

第十二章　稀有矿产资源开发利用的环境影响

受制于资源分布、开采加工技术等条件，钨、钼、稀土等中国具有突出资源优势的稀有矿产，其开采冶炼和生产加工过程造成了严重的环境污染和生态损害。特别是中国独有的南方离子型重稀土，资源分散，产业集中度低，设备工艺落后，环保投入不足。在江西、广东、湖南等主要稀有资源矿区和产业集聚区，环保监管难度大，稀有矿产开采生产出口的收益难以弥补环境损失，导致优势资源可持续开发利用能力明显下降，并引发山体破坏、土壤退化、植被灭失、水土流失等局域性生态灾难。"稀土案"败诉暴露出中国限制稀有矿产资源出口在政策工具选择上存在一定的盲目性，迫切需要政府采取更为合规有效的资源政策和环境政策，推动稀有矿产资源开采加工过程中环境成本内部化，从而为中国战略性新兴产业提供原材料保障，减少环境损害，维护国家资源安全。因此，对稀有矿产资源开发利用的环境影响进行科学评估，对于完善稀有矿产品价格形成机制，应对稀有矿产领域的贸易摩擦，促进中国优势稀有矿产资源可持续开发利用具有重要意义。

第一节　理论分析与指标体系

矿产资源开发利用产生的环境影响一般可以分为环境污染和生态破坏两大类，造成环境影响的因素很多，而且环境问题的表现形式也多种多样。

环境污染所具有的特殊性导致影响环境经济价值的各种因素极其复

杂。因此，对环境污染造成的经济损失进行准确的评估和计量显得非常困难。尽管如此，随着近几十年来环境经济学的不断发展，经过经济学家们大量研究工作和不懈努力，逐步形成了从不同的角度，运用不同的经济理论和方法的一系列环境污染损失评估和计量方法。①②③④

关于生态破坏损失的计算，环境经济学领域已经提出许多有价值的计算方法。主要出发点是从环境质量产生的效益和预防环境恶化的费用两个角度来评价计算。通常的做法是，将生态环境质量看成是人类所需的一种物品和劳务，尽量利用市场价格信息，直接计算该商品和劳务的生态环境效益和损失。对于那些资金技术和资料不允许，没有市场价格信息可以参考，且生态环境的经济效益难以估算的生态环境影响因子的损失估算，从费用的角度来估算则是一种有效的方法。⑤⑥⑦

从环境损失的发生过程来看，环境污染与生态破坏所造成的损失都具有发生的同源性和受损体的同一性这两个基本特征。发生的同源性系指污染与破坏对整个社会经济自然复合大系统而言，都源自人类社会的生产和生活活动，也就是说它们的发生根源是相同的，当环境污染与生态破坏发生后，受到损害的对象也是同一的，遭不同种类的破坏行为之受损体的对象是同一受损体的集合，且必然要么是自然环境要素，要么是人类社会的生产和生活活动。比如，水土流失泥沙淤积能破坏水资源，减少可利用的水资源量，而水污染也可因导致水质下降使可利用水资源量减少，此时虽然破坏原因不同，但结果是一样的，所以无论是环境污染还是生态破坏，受到损害的对象是同一的，即自然环境与人类社会。⑧

---

① 马中：《环境与资源经济学概论》，高等教育出版社2001年版，第97—133页。
② 王玉庆：《环境经济学》，中国环境科学出版社2002年版。
③ 参见曾贤刚《环境影响经济评价》，化学工业出版社2003年版，第118—179页。
④ [美] 弗里曼：《环境与资源价值评估——理论与方法》，曾贤刚译，中国人民大学出版社2002年版。
⑤ 王金南：《环境经济学》，清华大学出版社1993年版，第126—150页。
⑥ 张帆：《环境与自然资源经济学》，上海人民出版社1988年版，第80—95页。
⑦ [英] 大卫皮尔斯：《绿色经济的蓝图——衡量可持续发展》，李魏、曹利军等译，北京师范大学出版社1977年版，第32—48页。
⑧ Daily, G. C., *Nature's Services: Societal Dependence on Natural Ecosystems*, Washington D. C.: Island Press, 1997, pp. 329–344.

目前，国内关于环境损失（包括环境污染损失和生态破坏损失）核算的相关理论与方法缺乏系统的梳理和描述，大部分研究聚焦于环境污染损失核算领域，涉及生态破坏损失的核算方法的描述较少。本章拟从基于损害的技术，来介绍环境污染和生态破坏的损失核算。

基于损害的技术，是指从环境被污染、生态被破坏后，由于环境功能退化对人们的生产和生活造成的损害的角度来评估环境功能退化的价值。基于损害的技术也称为污染损失评价技术或污染损失法。这种方法借助一定的技术手段和污染损失调查，计算环境污染所带来的种种损害，如对农产品产量和人体健康等的影响，采用一定的定价技术，进行污染经济损失评估。基于损害的环境功能退化价值评价技术比较复杂，近年来，国内外在方法论上的研究已经取得了较大的进展，为基于损害的环境功能退化价值的评价提供了技术支持，但有一些问题至今尚无科学的解决办法。

但与治理成本法相比，基于损害的估价方法（污染损失法）更具合理性，体现了污染的危害性。表12-1为污染损失法的核算体系。

表12-1　　　　环境污染与生态破坏损失核算指标体系

	分类	核算指标
环境污染损失	大气污染	人体健康和人类福利损失
		受污染耕地农业生产损失
		受污染材料增加清洗养护费用的损失
	水污染	水质污染型人畜缺水的损失
		工业广场排放废水的损失
		受污染矿井水排放的损失
	固体废物污染	废弃物堆存处置
		自燃废弃物治理
生态破坏损失	森林生态系统	消耗林地造成的生物多样性损失
		采空区林木生长量减少的损失
		采空区无林地造林增加成本的损失
		物种资源损失

续表

	分类	核算指标
生态破坏损失	湿地生态系统	湿地减少造成的损失
	水环境生态系统	地下水资源破坏
		人畜吃水损失
		水土流失损失
		水浇地变旱地损失
	土地生态系统	占地净产值损失
		破坏植被减少释氧量造成的损失
		破坏植被造成涵养水分功能下降的损失
		废弃地重建
		地表沉陷造成的损失
		交通设施破坏损失
		房屋建筑破坏损失

资料来源：笔者整理。

环境污染损失考虑从大气污染、水污染、固体废弃物污染三个方面进行核算，每一类包含（但不限于）表12-1中具体的核算内容。环境损失核算体系的建立，首先是依据环境污染的类型，分为大气污染、水污染和固废污染。针对每一种污染损失从三个方面进行考虑，即健康损失、生产损失和材料损失。健康损失是指发病率、死亡率增加而需多支付的医疗费用以及由于患病而造成的误工损失、死亡损失等；生产损失是指对工、农、林、渔业等造成的产品产量和质量损失；材料损失是指对设备、建筑材料、管道等产生腐蚀，使其寿命缩短，而增加的清洗费用、维修费用和更换费用。每个方面又涉及多个损失项目，但受时间和投入的限制，也由于人类认知的有限性，要将所有的损失项目都进行核算，是不可能的。而且从研究目的来看，也没有必要这样做。所以指标体系中只列出主要的污染损失项目，即在总污染损失中所占份额比较大的项目。

生态破坏损失主要考虑从四个方面进行核算：森林生态系统、湿地生态系统、水环境生态系统和土地生态系统，每一类具体的核算内容也详见表12-1。如土地生态系统损失主要考虑占地造成的生物量减少，植被减少导致的氧气释放量减少、涵养水分功能下降,废弃地重建以及地表沉陷引起的生态破坏、交通设施及房屋建筑损坏等损失。

识别主要损失项目的途径有两个:一是经验判断,即通过考察、分析同类研究中的核算结果来确定;二是推理分析,首先了解核算期内考察地的环境质量状况,识别出主要污染因子,然后分析污染因子对各种受体的潜在影响有哪些,并了解污染物环境浓度的单位变化所引起的影响程度。

另外,有时各种污染之间的界限并不是十分明确,例如,固废中的废液和有毒气体会通过下渗和挥发而污染大气和地下水,这部分损失在计算大气污染损失和地下水污染损失时已经涉及,为了避免重复,在计算材料损失时不再考虑。

由于本章在进行结构分解时很难贯彻"穷尽性原则"和"独立性原则",所以计算结果既可能包含某些方面的重选,也可能存在某些构成的疏漏之处,且需进行大量的数据调查与研究,人工和时间成本高。

第二节 稀有矿产资源开发利用的环境影响评估

尽管环境影响的经济学评估方法已经比较成熟,且实证应用成果颇丰,但对稀有矿产资源环境影响进行定量分析的文献却并不多见。随着稀有矿产品作为战略性新兴产业关键原材料的重要性日益凸显,近年来相关研究十分活跃。美国国家科学研究会[1]、欧盟[2]、日本经济产业省[3]相继发布了稀有金属或关键原材料战略的研究成果,国外一些学者也在

---

[1] NRC, *Minerals, Critical Minerals, and the U. S. Economy*, Washington DC: National Academies Press, 2008.

[2] European Commission, "Report of the Ad – hoc Working Group on Defining Critical Raw Materials: Critical Raw Materials for the EU", http://ec. Europa. eu/enterprise/policies/raw – materials/files/docs/crm – report – on – critical – raw – materials_en. pdf.

[3] 経済産業省:《資源確保戦略》,http://www. enecho. meti. go. jp/committee/council/basic_problem_committee/028/pdf/28sankou1 – 2. pdf. Ministry of Economy, "Trade and Industry of Japan, Resource Security Strategy", The 28 the Sub – Committee on Fundamental Issues in Committee on Energy and Natural Resources Reference Materials 2010, pp. 1 – 2。

积极探索稀有矿产资源关键性的评价方法和指标体系。[1][2][3][4] 值得注意的是，这些研究成果在评价原材料的关键度或稀有矿产的战略性时，尤其关注那些可能会影响矿产资源稳定供应的因素，包括储采比、生产集中度等地质性和经济性指标，以及出口国（地区）的政治稳定性、资源开发利用政策等指标，而稀有矿产资源开发的环境影响并不是其讨论的重点。原因在于，美国、欧盟、日本作为稀有矿产品消费大国和地区，稀有矿产资源禀赋相对不足，或以保护环境为由限制本国资源开采，其稀有矿产品消费主要依赖进口，而稀有矿产资源开发利用的环境影响主要体现在对矿区所在国（地区）土壤和水资源的污染以及从业人员和居民的健康损害等方面。尽管上述文献并未测算稀有矿产开发利用造成的环境损失，但其中一些研究已经注意到开采冶炼中的环境问题及其溢出效应有可能会给稀有矿产品全球供给带来风险。如在《欧盟关键原材料》的报告中，环境因素被纳入了分析框架，并将"环境国家"（Environmental Country）风险作为评估原材料供应风险的两个因素之一。这里的"环境国家"风险特指原材料生产国（地区）针对该原材料采取的环境保护措施，以及这些措施对欧盟原材料供给的威胁。从其概念和指标设置来看，这种风险直接影射中国为保护环境而对稀土等原材料所采取的出口限制措施。在稀有矿产品供求关系持续趋紧的形势下，主要资源储藏和出口国为保护环境而控制部分稀有金属出口被西方国家夸大为"资源民族主义"（Resource Nationalism），并将包括环保政策在内的出口国矿产管控措施视为影响稀有矿产品供应风险、推高稀有矿产品价格的重要因素。

---

[1] Achzet, B., A. Reller, V. Zepf, "Materials Critical to the Energy Industry: An Introduction", University of Augsburg Report for the BP Energy Sustainability Challenge, 2011.

[2] Buchert, M. et al., *Critical Metals for Future Sustainable Technologies and Their Recycling Potential*, United Nations Environment Programme (UNEP) and ko - Institut, 2009.

[3] Knoeri, C. et al., "Towards a Dynamic Assessment of Raw Materials Criticality: Linking Agent - Based Demand - With Material Flow Supply Modeling Approaches", *Science of the Total Environment*, 2013, pp. 808 - 812.

[4] Nassar, N. T. et al., "Criticality of the Geological Copper Family", *Environmental Science &Technology*, Vol. 46, No. 2, 2012, pp. 1071 - 1078.

Graedal 等[①]和 Nassar 等[②]指出，对矿产资源的关键度或战略性进行评价时，需要对资源开发利用全寿命周期的环境影响进行定量分析，即某种矿产品开发利用的环境影响涉及包括开采、冶炼、加工、最终消费等各个环节在内的全寿命周期。然而，目前国际上流行的全寿命周期环境影响评价数据库，如 Ecoinvent 数据库，主要分析铁矿石、石油、煤炭等大宗矿产资源开发利用的全寿命周期环境影响，稀有矿产资源开发利用的环境影响尚未成为这些机构关注的焦点。Steen[③] 的一份研究报告为本部分的研究提供了有价值的参考。从该报告可以直接获得除铂族金属、稀土金属和石墨之外的其他 19 种稀有矿产资源开发利用的全寿命环境影响指数，并且可以通过估算间接获得铂族金属、稀土金属和石墨的全寿命环境影响指数。

一 评估方法

本章主要参考 Steen[④] 报告的评估方法——"环境优先策略分析法"（Environmental Priority Strategy Methodology，EPS）。EPS 方法是瑞典产品生态项目（Swedish Product Ecology Project）的成果之一，这一方法开发的初衷在于为企业提供一种产品开发程序，使企业产品开发成为环境友好的过程。实际上，作为一种策略性工具，这种方法的应用可以拓展到环境发布、环境核算甚至消费决策的研究中。借鉴 EPS 对某一产品（矿产品）全生命周期环境影响进行追踪的思路，对 Steen 等人提供的各种稀有矿产资源环境影响指数进行处理，分别测算本章考察的 22 种稀有矿产资源的环境影响。

[①] Graedal, T. E. et al. , "Methodology of Metal Criticality Determination", *Environmental Science & Technology*, Vol. 46, No. 2, 2012, pp. 1063 – 1070.

[②] Nassar, N. T. et al. , "Criticality of the Geological Copper Family", *Environmental Science & Technology*, Vol. 46, No. 2, 2012, pp. 1071 – 1078.

[③] Steen, B. , "*A Systematic Approach to Environmental Priority Strategies in Product Development (EPS): Version 2000 – Models and Data of the Default Method*", Gothenburg: Centre for Environmental Assessment of Products and Material Systems, 1999.

[④] Steen, B. , "*A Systematic Approach to Environmental Priority Strategies in Product Development (EPS): Version 2000 – Models and Data of the Default Method*", Gothenburg: Centre for Environmental Assessment of Products and Material Systems, 1999.

二 稀有矿产的环境影响指数

(一) 铂族金属的环境影响指数

为便于评估，本部分将6种铂族金属归为1种金属。Steen 等分别给出了6种铂族金属的环境影响指数。由于铂、钯生产量在铂族金属产量中的占比很高，因而以 USGS[①] 披露的2011年全球铂、钯产量为权重对其环境影响指数进行加权平均，计算出铂族金属作为一个总类的环境影响指数的估算值（因为铱、铑、钌、锇这四种铂族金属的环境影响指数要比铂和钯高一个数量级，所以本章估计值有可能会偏低，后续需要进一步做不确定性分析）。

(二) 稀土的环境影响指数

对稀土环境影响指数做与铂族金属相似的处理。Steen 等的报告给出了除钷之外的其他16种稀土金属的环境影响指数。考虑到2011年中国稀土氧化物（REO）产量占世界总产量的比重接近95%，本章以《中国稀土——2011》[②] 披露的各类稀土冶炼产品产量为基础，估算出镧、铈、镨、钕、钐、铕、钆、铽、镝、铒、钇11种稀土金属的产量及其在总产量中的比重。然后，以这些稀土元素的产量占比为权重，对其环境影响指数进行加权平均，求得稀土金属作为一个总类的环境影响指数的估算值（同样地，由于铽、铥、镱、镥4种重稀土的环境影响指数比镧、铈、镨、钕等轻稀土高出不止一个数量级，这一估算值也有可能偏低，需要今后做不确定性分析）。

(三) 石墨的环境影响指数

作为22种稀有矿产中唯一的非金属矿产，石墨的情况比较特殊。Steen 等的研究并未提供石墨的环境影响指数。考虑到石墨开采、选矿及加工过程中产生的主要污染物是粉尘、废气、废水和废渣，与大宗非金属矿产相似，因此，参考 Steen 等给出的煤矿和硫矿这两种非金属开发利用环境影响指数的平均值，将其作为石墨环境影响的指数值。

(四) 评估结果

在上述数据处理基础上，本章得出22种稀有矿产资源的环境影响

---

① USGS, *Mineral Commodity Summaries*, 2012.
② 国家发展和改革委员会：《中国稀土（2011）》，2012年。

指数，其最高值、最低值分别为 7430000ELU/kg、0.0749ELU/kg，且方差很大（见表 12 - 2），因此利用式（12 - 1）将其转换为取值范围在 [0, 100] 的指标 $(EI)_{Tran}$。

$$(EI)_{Tran} = 12.506 \times \log(EI) + 14.075 \quad (12-1)$$

显然，$(EI)_{Tran}$ 值越大，说明资源开发利用对生态环境的损害越大，反之则越小（见图 12 - 1）。以稀有矿产资源开发利用的全寿命周期环境影响指数来衡量，铂、钯等稀有贵金属的环境影响最大，稀有非金属石墨的环境影响最低。在六大类稀有矿产资源中，稀散金属环境影响指数的平均值最高，稀有轻金属环境影响指数的平均值最低（见表 12 - 2）。

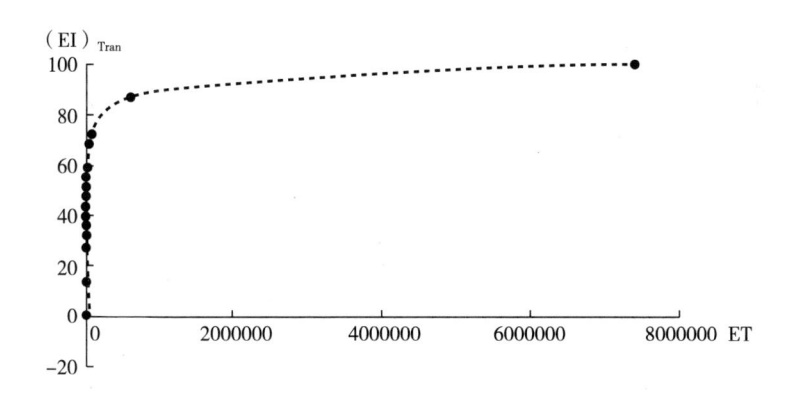

图 12 - 1　稀有矿产资源的环境影响指数

资料来源：笔者计算。

表 12 - 2　稀有矿产资源开发利用的全寿命周期环境影响

稀有矿产资源	环境影响指数 (EI) 原始值 (ELU/kg)	环境影响转换值 $(EI)_{Tran}$	稀有矿产资源	环境影响指数 (EI) 原始值 (ELU/kg)	环境影响转换值 $(EI)_{Tran}$
锂	0.1	2	钼	21200	68
铍	958	51	铼	7430000	100
铷	27	32	镓	212	43
铯	512	48	铟	48700	73
钛	0.953	14	铊	3960	59
锆	12.5	28	锗	2120	56

续表

稀有矿产资源	环境影响指数（EI）原始值（ELU/kg）	环境影响转换值$(EI)_{Tran}$	稀有矿产资源	环境影响指数（EI）原始值（ELU/kg）	环境影响转换值$(EI)_{Tran}$
铪	512	48	硒	35800	71
钒	56	36	碲	594000	86
铌	114	40	稀土*	229.942	44
钽	1980	55	铂族金属**	7430000	100
钨	2120	56	石墨***	0.0749	0

注："*"稀土的环境影响指数（EI）是镧、铈、镨、钕、钐、铕、钆、铽、镝、铒、钇11种稀土金属 EI 的加权平均值，权重为2011年稀土氧化物中包含的这些稀土金属产量占总产量的比重。"**"铂族金属的环境影响指数（EI）是铂、钯两种金属 EI 的加权平均值，权重为2011年全球铂、钯的产量占两者产量之和的比重。"***"石墨的环境影响指数（EI）是煤矿、硫矿两种非金属矿产资源的 EI 之平均值。

资料来源：根据 Steen（1999）测算。

第三节　本章小结

本章从全生命周期的角度，参考 EPS 方法，对六大类22种稀有矿产资源开发利用的环境影响进行了初步评估。结果显示，铂族金属开发利用的环境影响较大，石墨的环境影响最小。值得注意的是，本测算中稀土的环境影响转化指数为44，在被评估的22种稀有矿产中处于中游偏下水平，但这并不意味着稀土开发利用的环境问题不突出。导致这种结果的原因在于，受制于数据可得性，本章未能对轻稀土和中重稀土开发利用的环境影响做出分类测算。众所周知，世界范围内轻稀土资源分布比较广泛，开采冶炼集聚程度高，相对而言便于污染治理，而资源极为稀缺且分布在中国赣南等较为偏远地区的离子型重稀土，则在开发利用中面临着严峻的环境和生态问题，也是中国急需重点保护、合理控制开采出口的优质资源。对各种稀土元素的环境影响进行分类评估是后续研究的重点方向。

第十三章　稀有矿产资源的战略性评估：基于战略性新兴产业发展的视角

从稀有矿产资源可持续保障的角度出发，其战略性分析需要综合考虑地质储量、经济用途、技术创新、生态环境、地缘政治、社会发展水平和监管政策等多种因素（Wäger et al., 2010；Knoeri et al., 2013）。从现有相关研究看，美国和欧盟的关键原材料战略研究所采用的分析框架都是双因素评价法。即分别以矿产资源的供应风险与供应受限的经济影响为横坐标和纵坐标，通过计算有关指标的数值确定各种矿产资源在坐标系中的位置。然后，根据一定标准将其区分为四类：①供应风险高，经济影响大的矿产资源；②供应风险高，经济影响小的矿产资源；③供应风险低，经济影响大的矿产资源；④供应风险低，经济影响小的矿产资源。最后，将供应风险高，经济影响大的矿产资源确定为需要重点保障的关键原材料（NRC, 2008；EC, 2010）。只考虑供应风险和经济影响的双因素分析框架的优点是简洁明了，缺点是不能考察矿产资源开采利用的环境影响。①

对于中国这样的稀有矿产品生产利用大国而言，对稀有矿产资源进行战略性分析时，如果采用只考虑供应风险和经济影响的双因素评价法，而忽视资源开采利用对生态环境的影响，那么很可能就会得出误导性的结论。基于此，本章借鉴 Graedal 等（2012）最近发展的三因素分析框架，结合战略性新兴产业对稀有矿产资源的需求等实际情况，在综

---

① EC（2010）提到的环境国家风险（Environmental Country Risk），并非矿产资源开采利用可能会对生态环境产生影响的风险，而是特指矿产资源主要供应国采取的环境保护措施对原材料稳定供应的影响。

合考察供应风险、环境影响、供应受限的经济影响的基础上，对各种稀有矿产资源的战略性进行判断。

第一节 供应风险

正如 Graedal 等（2012）所指出的那样，在国家层面对矿产资源的供应风险进行评价时，既要考虑由地质性、技术性和经济性因素共同决定的资源供应潜力，又要分析矿产品生产国的社会发展水平、矿业监管政策与地缘政治等影响资源开发及供应能力的因素。通过选取相关的指标对这些因素进行定量描述后，再以恰当的方式对各因素进行加权平均，就能得到衡量各种稀有矿产资源供应风险的指标值。图 13-1 简要地说明了本章评价稀有矿产资源供应风险的评价指标及权重构成。

影响因素	权重	评价指标	权重
地质性、技术性及经济性因素	1/3	储产比（R/P）	100%
社会发展水平及监管政策因素	1/3	人类发展指数（HDI）	50%
		矿业政策潜力指数（PPI）	50%
地缘政治因素	1/3	世界治理指标——政治稳定与无暴力程度（WGI-PV）	50%
		全球供应的集中度（HHI）	50%

矿产资源供应风险（SR）

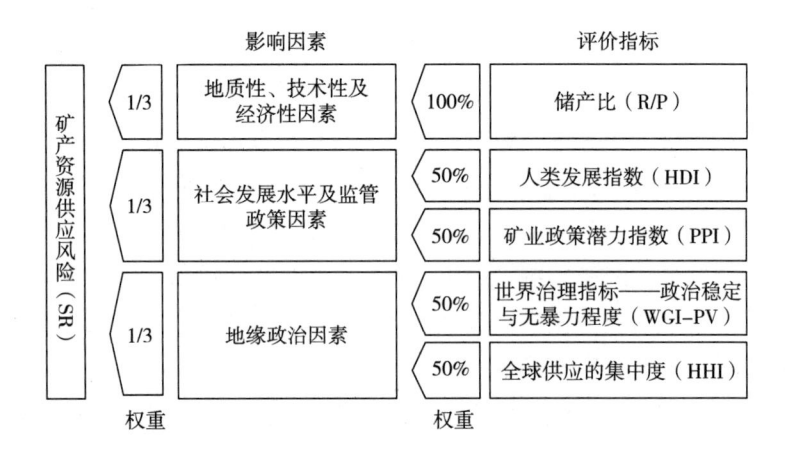

图 13-1 稀有矿产资源供应风险的评价指标及权重构成

资料来源：在 Graedal 等（2012）Figure 1 的基础上结合稀有矿产资源的特性和数据可获得性绘制。

一 资源供应潜力

矿产资源的供应潜力既会受到储量这一地质性因素的影响，同时还会受到开采利用技术及成本等技术性和经济性因素的影响。在矿产品贸易日益全球化的背景下，通常用世界的资源剩余可采储量与当年产量之比（即储产比，R/P）来衡量其供应潜力（NRC，2008）。尽管 Graedal

等（2012）和 Nassar 等（2012）提出，用资源耗竭时间（Depletion Time，DT）来衡量矿产资源的供应潜力更合理，因为这一指标考虑了资源的回收利用，但是，同时也指出，当资源的回收利用率为零时，资源耗竭时间（DT）就会退化为储产比（R/P）。根据 Graedal 等（2011）的研究，锂、铍、锶、锆、铪、钒、钽、镓、铟、铊、锗、硒、碲等稀有金属，除钕之外的所有稀土金属，以及稀有贵金属铼的回收利用率几乎为零。因此，本章用储产比衡量资源供应潜力得到的结论，与用资源耗竭时间衡量的结论不会有本质的差异。

根据美国地质调查局（USGS）公布的稀有矿产资源世界储量和产量，可以计算出各种稀有矿产品的储产比。显而易见，矿产资源的储产比之值越大，说明该资源的供应潜力越大，由资源供应潜力这一因素引起供应不足的风险也就越低。为了能与评价供应风险的其他指标进行合理加权，需要根据储产比的实际值进行换算。由于本章考察的 22 种稀有矿产资源的储产比最高值、最低值分别为 1630 和 17，并且方差较大（见表 13-1），因此借鉴 Graedal 等（2012）提出的换算方法，利用式（13-1）把储产比转换为取值范围在 [0, 100] 的指标 $(R/P)_{Tran}$：

$$(R/P)_{Tran} = 100 + 19.0781 \times \log(R/P) - 15.6310 \times [\log(R/P)]^2$$

(13-1)

显然，$(R/P)_{Tran}$ 的值越大，说明资源潜力越小，由此引发的供应风险就越高；反之则相反。并且采用式（13-1）进行转换时，稀有矿产资源的储产比（R/P）越接近最低值，其 $(R/P)_{Tran}$ 的值增长得越快；R/P 越接近最高值，$(R/P)_{Tran}$ 下降得越慢（见图 13-2）。

由表 13-1 可知，整体而言，在 22 种稀有矿产资源中，铟的资源潜力所隐含的供应风险最高，铼的供应风险最低。① 分类别看，在六类

---

① 需要说明的是，由于 $(R/P)_{Tran}$ 是一个相对数，这一指标衡量的是 22 种稀有矿产资源供应风险的相对差距，所以不应将其视为供应风险的绝对度量指标。以铼为例，其 $(R/P)_{Tran}$ 值为 0，并不是说该元素完全没有供应风险，而是说相对于其他 21 种稀有矿产资源而言，其供应风险最低。与此类似，铟的 $(R/P)_{Tran}$ 值为 100，只是表明在本章考察的 22 种稀有矿产资源中，该矿物供应风险最高。本章所有分项指标都会通过公式把 22 种稀有矿产资源的指标原始值（绝对数），转换为取值范围在 [0, 100] 的相对数。后面相关的地方不再特别加注说明。

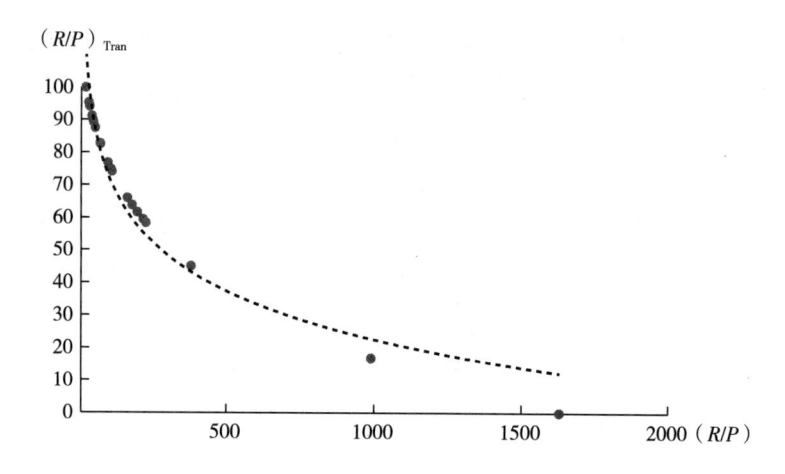

图 13-2 稀有矿产资源的储产比与其隐含的供应风险之间的关系

资料来源：根据测算结果绘制。

稀有矿产资源中，稀散金属的平均供应风险最高，稀有非金属次之，稀有高熔点金属第三，稀有贵金属第四，稀有轻金属第五，稀土金属最低。六种稀散金属的资源潜力所隐含的供应风险之平均值高达 85，这一方面是因为稀散金属大部分都是以分散状态存在，很少可以形成独立和共生矿床，其储量普遍较低；另一方面是随着电子信息产业等新兴产业的快速发展，对铟、镓、锗、硒、碲等稀散金属的需求大幅增加，刺激这类金属的生产量急剧提高至较高水平。两方面的因素综合起来就使它们的储产比显得较低，以此为基础计算出来的资源潜力所隐含的供应风险相应地也就较高。稀土的资源潜力所隐含的供应风险最低，这似乎有悖常识，但却符合实际情况。原因在于：一方面，由于数据所限，本章未区分重稀土与轻稀土①，从全球来看，比较稀缺的是离子吸附型的重稀土矿，而轻稀土矿的稀缺程度并不高。另一方面，尽管目前稀土已在战略性新兴产业中有广泛应用，但其用量仍然相对较少，其生产量还比较低。两方面的因素相综合使稀土的储产比显得较高，以此为基础计算出来的资源潜力所隐含的供应风险相应地也就较低。

---

① 重稀土是指钆、铽、镝、钬、铒、铥、镱、镥、钇 9 种钇组稀土，轻稀土是指镧、铈、镨、钕、钷、钐、铕 7 种铈组稀土。

表 13-1　稀有矿产资源的储产比及其隐含的供应风险度量

稀有矿产资源	储产比* (R/P)	资源潜力隐含的供应风险 $(R/P)_{Tran}$	稀有矿产资源	储产比* (R/P)	资源潜力隐含的供应风险 $(R/P)_{Tran}$
锂	381	45	钼	42	90
铍①	94	77	铼	49	87
铷②	215	59	镓⑤	108	74
铯③	1630	0	铟	17	100
钛	104	75	铊⑥	38	91
锆	30	94	锗⑦	27	95
铪④	30	94	硒	49	87
钒	224	58	碲⑧	178	64
铌	68	83	稀土⑨	991	17
钽	196	62	铂族金属⑩	161	66
钨	44	89	石墨	67	83

注：*除非特别加注说明，计算表中储产比时使用的资源数据为最新数据，产量为 2011 年数据。①铍的世界储量为估算数据。由于美国的铍矿石资源量占世界的比重超过 65%，而其铍矿石储量超过 15200 吨（USGS，2013），据此推算世界铍矿石储量为 24462 吨。②铯的世界生产量和国别产量均为估算数据。由于铯主要应用于先进制造业中，因此假定美国的铯消费量占全球的 1/10。而美国近年来每年的铯消费量均不足 10 吨（USGS，2013），据此推算铯的世界消费量约为 100 吨，假定每年全球铯的供求平衡，估算出铯的生产总量为 100 吨。Butterman 等（2004）指出，加拿大在铯生产领域具有垄断性优势；同时，丹麦、德国、日本、俄罗斯、英国等国的企业也在开采少量铯矿，但并没有给出具体的产量数据和开采地所在国。考虑到铯矿主要分布在加拿大和津巴布韦（USGS，2013），因此假定加拿大的产量占世界的 85%，津巴布韦占 10%，其他国家和地区占 5%。③铷的世界储量和产量数据都无法获得，考虑到铷矿主要与锂、铌、钽等矿体伴生，所以取此 3 种稀有矿产资源相关指标的平均值，作为铷的指标值。④铪的世界储量和产量数据都无法获得，考虑到铪没有独立矿物，常与锆矿伴生，所以把锆的相关指标值视为铪的指标值。⑤镓的世界储量数据无法获得，由于镓矿主要与铝土矿伴生，因此以铝土矿的储产比作为镓在该指标的近似值。此外，镓的国别生产量数据也无法获得，计算相关指标值时以国别生产能力作为替代。⑥铊的国别生产量数据无法获得，由于美国国内已没有生产铊原料的企业，所以在计算相关指标时以美国进口铊的国别分布作为替代。⑦锗的世界储量数据无法获得，由于锗矿基本上都是与铜矿、铅锌矿伴生，所以取此 3 种矿产资源储产比的平均值，作为锗的指标值。⑧碲的世界总产量及国别产量为 2007 年数据。⑨稀土的世界储量、总产量及国别产量为 2012 年数据。⑩铂族金属的世界储量包括铂、钯、铱、铑、钌、锇 6 种资源，世界总产量和国别产量只包括铂、钯两种资源。

资料来源：USGS（2013）。

二 资源开发及供应能力

现有关于矿产资源关键度或战略性研究的文献一致认为,影响资源开发及供应能力的因素,主要可以分为两类:一是社会性及监管性政策因素,包括资源产出国的社会发展水平和矿业监管政策;二是地缘政治因素,包括资源产出国的政治环境和矿产品的全球供应集中度(NRC,2008;EC,2010;Graedal et al.,2012;Nassar et al.,2012)。

(一)社会发展水平

社会性因素影响矿产资源供应风险的机制主要是,一个国家或地区的经济社会发展水平越高,包括矿产资源开发在内的各类经济活动的稳定性通常都会越强,于是由其供应的矿产资源一般不会在短期内出现大的波动。相关文献在衡量一个国家或地区的经济社会发展水平时,通常采用联合国开发计划署(UNDP)发布的人类发展指数①(HDI)作为评价标准。

参考 Nassar 等(2012)的处理方法,以各稀有矿产资源开发国的产量占比为权重,对其 HDI 值进行加权平均。然后,再根据式(13-2)把稀有矿产资源产出国社会发展水平隐含的风险转换为取值范围在[0,100]的指标 SPR:

$$SPR = -140.895 \times \ln(100 \times HDI) + 635.711 \qquad (13-2)$$

以铍为例,根据 USGS(2013)提供的数据,2012 年,美国、中国、莫桑比克的铍产量占世界总产量的比重分别是 90.38%、8.46%、0.77%,世界其他国家和地区的产量占比为 0.39%。同时,根据 UNDP(2013)提供的数据,2012 年,美国、中国、莫桑比克的人类发展指数(HDI)分别是 0.937、0.699、0.327,世界平均 HDI 为 0.694。据此,可以求得铍的 HDI 值为 0.911。与其他 21 种稀有矿产资源相比,铍的 HDI 值最高。根据式(13-2)可以进一步计算出铍的资源产出国经济社会发展水平隐含的风险(SPR)就等于 0。这表明,相对于其他 21 种

---

① 人类发展指数(HDI)是联合国开发计划署在 1990 年提出的综合指标,用以评估联合国各成员国在健康长寿的生活、知识以及体面的社会水平等人类发展的三大基本维度所取得的平均成就。该指标取值大于 0 小于 1,指标值越大,表明经济社会发展水平越高。该指标的数据基础及计算方法参见 UNDP(2013,第 144—147 页,表 1)。

稀有矿产资源而言，资源产出国经济社会发展水平这一因素对铍的稳定供应影响最低。同时，采用式（13-2）进行转换时，稀有矿产资源的 HDI 越接近最低值，其 SPR 值增长得越快；HDI 越接近最高值，SPR 下降得越慢（见图 13-3）。

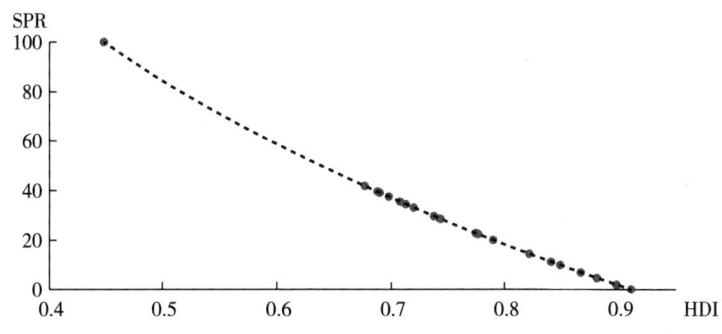

图 13-3　稀有矿产资源产出国的社会发展水平加权平均值与其隐含的供应风险之间的关系

资料来源：根据测算结果绘制。

由表 13-2 可知，在 22 种稀有矿产资源中，钽的资源产出国经济社会发展水平的加权平均值最低，由此隐含的供应风险最高，而铍的供应风险最低。这是因为，钽的资源产出国主要是莫桑比克、卢旺达、刚果（金）、埃塞俄比亚、尼日利亚、布隆迪等非洲国家，这 5 个国家钽的产量占世界总产量的比重高达 76.5%，但它们的经济社会发展水平都很低，显然这会使其隐含的风险变得很高。对于铍而言，美国的产量占 90.38%，而且其经济社会发展水平高居世界第三位，这就使铍隐含的风险变得很低。[①]

表 13-2　与稀有矿产资源开发及供应能力有关的风险度量

稀有矿产资源	社会发展水平隐含的风险		矿业监管政策隐含的风险		政治稳定与无暴力程度隐含的风险		全球供应集中度隐含的风险	
	HDI	SPR	PPI[①]	RPR	WGI-PV	PER	HHI	GSCR
锂	0.841	11	58.39	20	61.99	25	3006	48
铍	0.911	0	62.38	12	64.69	21	8242	99

---

① 此处未考虑中美经贸摩擦以及美国与其他国家贸易争端对铍供应的影响。

续表

稀有矿产资源	社会发展水平隐含的风险		矿业监管政策隐含的风险		政治稳定与无暴力程度隐含的风险		全球供应集中度隐含的风险	
	HDI	SPR	PPI①	RPR	WGI-PV	PER	HHI	GSCR
锂②	0.677	42	45.02	52	50.05	47	4528	68
铯	0.849	10	69.14	0	79.65	0	7350	93
钛	0.738	30	46.84	47	57.83	32	1177	0
锆	0.775	23	47.17	46	58.52	31	2998	47
铪③	0.775	23	47.17	46	58.52	31	2998	47
钒	0.698	38	31.37	95	33.04	89	3204	51
铌	0.743	29	41.09	63	50.87	45	8434	100
钽	0.448	100	35.59	80	37.30	76	2144	30
钨	0.713	35	30.49	98	31.96	92	7219	92
钼	0.790	20	47.78	44	44.15	59	2524	39
铼	0.822	14	59.18	19	59.63	29	3345	53
镓	0.744	29	31.95	93	36.36	79	4985	73
铟	0.777	22	39.02	69	45.96	55	3685	58
铊	0.898	2	43.28	56	64.15	22	7398	93
锗	0.708	36	32.61	90	34.59	84	5267	76
硒	0.881	5	46.18	48	66.71	18	2303	34
碲	0.867	7	62.32	12	68.64	15	4102	63
稀土	0.720	33	32.15	92	32.53	90	7595	95
铂族金属	0.690	39	35.74	79	40.10	69	3877	61
石墨	0.688④	40	30.08	100	29.53	100	5050	74

注：表中各种稀有矿产资源的 HDI、PPI、WGI-PV、HHI 指标值都是以产量为权重计算得到的加权平均值。①美国、澳大利亚、加拿大、阿根廷 4 国的 PPI 值为其国内各主要矿产资源开采地区 PPI 值的平均数。由于 Wilson、McMahon 和 Cervantes（2013）的报告只给出了 57 个国家的 PPI，对于没有给出 PPI 值的国家，以其所处的地区（非洲、拉丁美洲、亚欧地区）的平均值作为这些国家的标取值。②锂的指标值为与锂、铌、钽 3 种稀有矿产资源相关指标的平均值。③铪的指标值为锆的相关指标值。④计算石墨的 HDI 值时，朝鲜作为一个生产国，无法从 UNDP（2013）中找到其对应的 HDI 值，因此以全球中等人类发展水平国家的平均值作为它的取值进行计算。

资料来源：UNDP（2013），Wilson、McMahon 和 Cervantes（2013），Kaufmann、Kraay 和 Mastruzzi（2013）。

(二) 矿业监管政策

矿业监管政策影响矿产资源供应风险的机制主要是，一个国家或地区的矿业监管政策如果缺乏透明度，或者存在朝令夕改的现象，就会对矿产资源开发企业的投资激励产生负面影响，从而导致矿产资源开发供应风险提高。参考 Graedal 等（2012）和 Nassar 等（2012）的处理办法，本章采用加拿大菲莎研究所（Fraser Institute）发布的矿业政策潜力指数（PPI）[①]来衡量矿业监管政策对稀有矿产资源勘探开发投资的影响。

具体而言，以各稀有矿产资源开发国的产量占比为权重，对它们的 PPI 值进行加权平均。然后，再根据式（13-3）把稀有矿产资源产出国矿业监管政策隐含的风险转换为取值范围在 [0，100] 的指标 RPR：

$$RPR = -120.153\ln(PPI) + 508.984 \qquad (13-3)$$

以锆为例，根据 USGS（2013）提供的数据，2012 年，澳大利亚、南非、中国、印度尼西亚、莫桑比克、印度的锆产量占世界总产量的比重分别是 47.1%、23.67%、9.27%、8.04%、2.72%、2.41%，世界其他国家和地区的产量占比为 6.79%。同时，根据加拿大菲莎研究所发布的 2012/2013 年度全球 57 个国家的 PPI 指数，澳大利亚[②]、南非、中国、印度尼西亚、印度 5 个国家的 PPI 值分别是 66.09、35、28.5、9.4、21.1，世界平均水平为 40.98。莫桑比克的 PPI 指数值缺失，以非洲国家的平均值 39.13 来代替。于是，就可以计算出锆的 PPI 值为 47.17。根据式（13-3）可以进一步计算出锆的资源产出国矿业监管政策隐含的风险（RPR）等于 46。同样地，采用式（13-3）进行转换时，稀有矿产资源的 PPI 越接近最低值，其 RPR 值增长得越快；PPI 越接近最高值，RPR 下降得越慢（见图 13-4）。

[①] 矿业政策潜力指数（PPI）是加拿大菲莎研究所发布的一个综合指数，用以衡量政府实施的矿业监管政策对矿产勘探开发投资的影响，包括矿业监管政策的不确定性、政策解释的模糊性、监管法规的实施程度、环境保护水平、税收制度、土地所有制和劳工问题等。PPI 指数得分越高表示其政策对吸引矿产勘探开发投资越有利。2012/2013 年度的 PPI 指数是以涵盖全球 742 家矿业公司的调查结果为基础计算出来的，问卷调查的主要内容及指标计算方法参见 Wilson、McMahon 和 Cervantes（2013）。

[②] 澳大利亚的 PPI 值为其新南威尔士州、北领地、昆士兰州、南澳州、塔斯马尼亚州、维多利亚州、西澳州 7 个地区的 PPI 之平均值。

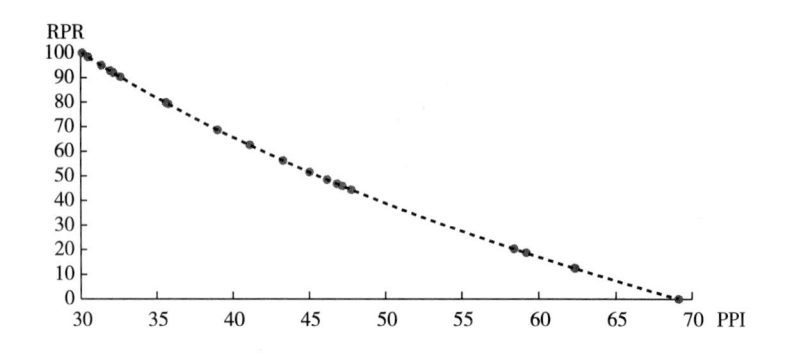

**图 13-4　稀有矿产资源产出国的矿业监管政策指数加权平均值
与其隐含的供应风险之间的关系**

资料来源：根据测算结果绘制。

又由表 13-2 可知，在 22 种稀有矿产资源中，石墨的资源产出国矿业监管政策潜力指数的加权平均值最低，由此隐含的供应风险最高，铯的供应风险最低。原因在于，石墨的主要产出国是中国、印度、巴西等发展中国家，相对而言，这些国家矿业监管政策的不确定性更大，矿产资源勘探开采投资预期的稳定性较弱，因此，其 PPI 普遍低于平均水平，从而使石墨供应在这方面面临较大的风险。由于加拿大铯产量占世界总产量的比重达 85%，而铯的 PPI 值为 77.35，所以，对于铯的供应而言，矿业监管政策因素带来的风险就很低。

（三）矿业发展的政治环境

矿业发展的政治环境影响矿产资源供应风险的机制主要是，一个国家或地区的政局动荡不安，暴力活动时发，既会在短期内影响到矿业生产稳定性，又会在中长期影响到矿业投资激励。参考 Graedal 等（2012）和 Nassar 等（2012）的处理办法，本章采用世界银行发布的世界治理指标中的政治稳定与无暴力程度（WGI-PV）来衡量稀有矿产资源产出国的政治环境对其稳定供应的影响。

具体而言，以各稀有矿产资源开发国的产量占比为权重，对它们的 WGI-PV 值进行加权平均。然后，再根据式（13-4）把稀有矿产资源产出国政治环境隐含的风险转换为取值范围在 [0, 100] 的指标 PER：

$$PER = -100.78\ln(MGI-PV) + 441.19 \qquad (13-4)$$

以铌为例，根据 USGS（2013）提供的数据，2012 年，巴西、加拿大的产量分别占世界总产量的 91.54%、7.31%，世界其他国家和地区占 1.15%。根据世界银行发布的 2012 年度 WGI – PV，巴西、加拿大在这一指标上的得分分别是 47.9、88.2，其他国家和地区的 WGI – PV 值按世界平均值 50 计算，经过加权平均后可以得到铌的 WGI – PV 值为 50.87。根据式（13 – 4）可以进一步计算出铌的资源产出国矿业发展的政治环境隐含的风险（PER）等于 45。同样地，采用式（13 – 4）进行转换时，稀有矿产资源的 WGI – PV 越接近最低值，其 PER 值增长得越快；WGI – PV 越接近最高值，PER 下降得越慢（见图 13 – 5）。

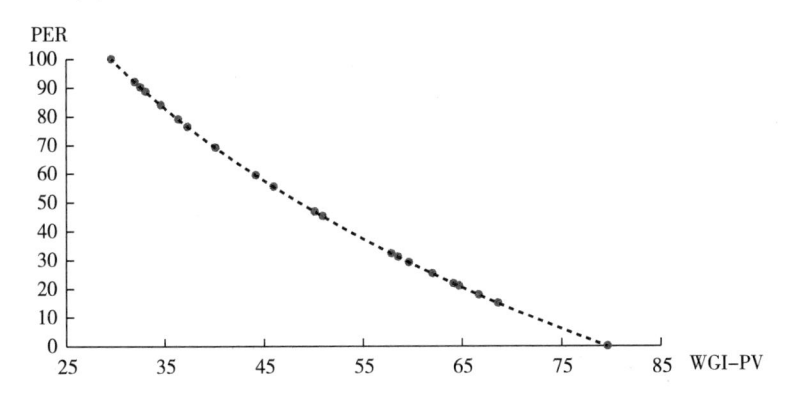

图 13 – 5　稀有矿产资源产出国的政治稳定与无暴力程度加权平均值与其隐含的供应风险之间的关系

资料来源：笔者根据测算结果绘制。

仍由表 13 – 2 可知，在 22 种稀有矿产资源中，石墨的资源产出国政治稳定与无暴力程度指标的加权平均值最低，由此隐含的供应风险最高，铯的供应风险最低。并且，整体而言，各种稀有矿产资源供应风险受政治稳定与无暴力程度指标（WGI – PV）与矿业监管政策潜力指数（PPI）的影响程度基本一致。原因在于，这两个指标实际上是从不同侧面衡量政府的治理水平。

（四）全球供应集中度

稀有矿产资源全球供应集中度影响供应风险的机制是，如果某种稀有矿产品主要由少数国家或地区的企业供应，那么其面临的政治环境、矿业监管政策或主要矿业公司发展战略一旦发生变化，很可能就会对该稀有矿产品的稳定供应产生影响。相反，若某种稀有矿产品由多个国家或地区的企业供应，则只是某个国家或地区的政治环境、矿业监管政策或主要矿业公司发展战略发生变化，一般都不会对该稀有矿产品的稳定供应产生显著影响。参照产业组织研究领域的常规处理办法，本章采用矿产品供应的赫芬达尔—赫希曼指数（HHI）来度量其全球供应集中度。

具体处理方法是：以各稀有矿产资源开发国的产量占比数据为基础，将各产出国占比的百分数进行平方并相加，就可以得到稀有矿产资源的 HHI 值。然后，再根据式（13 – 5）把稀有矿产资源全球供应集中度隐含的风险转换为取值范围在 [0，100] 的指标 GSCR：

$$\text{GSCR} = 50.7795 \times \ln(\text{HHI}) - 359.0464 \quad (13-5)$$

以钛为例，根据 USGS（2013）提供的数据，2012 年，美国、澳大利亚、巴西、加拿大、印度、马达加斯加、莫桑比克、挪威、塞拉利昂、南非、斯里兰卡、乌克兰、越南等 14 个国家提供了全球 99.15% 的钛，并且产量相对分散。其中，产量占比居前三位的澳大利亚、南非、加拿大的比重分别是 20.5%、18.04%、10.98%。计算结果显示，钛的全球供应集中度为 1177，此为 22 种稀有矿产资源 HHI 的最低值。需要注意的是，采用式（13 – 5）进行转换时，稀有矿产资源的 HHI 越接近最低值，其 GSCR 值降低得越快；HHI 越接近最高值，GSCR 增长得越慢（见图 13 – 6）。

三 供应风险加总

由于 $(R/P)_{\text{Tran}}$、SPR、RPR、PER 和 GSCR 5 个指标的取值范围都在 [0，100]，因此以表 13 – 1 和表 13 – 2 报告的 22 种稀有矿产资源指标值为基础，利用图 13 – 1 设定的权重直接进行加总，可以得到定量评价稀有矿产资源供应风险的指标 SR 之值。同时，因为本节计算 $(R/P)_{\text{Tran}}$、SPR、RPR、PER 和 GSCR 5 个指标的数据都是全球数据，所以 SR 衡量的是 22 种稀有矿产资源全球市场上的供应风险。此外，还需要强调的是，$(R/P)_{\text{Tran}}$、SPR、RPR、PER 和 GSCR 五个指标的取值都是相对数，故而 SR 衡量的是 22 中稀有矿产资源稳定供应的相对风险。结果显示，钨的全球供应风险最高，石墨次之，锗第三，铯最低。在六大类

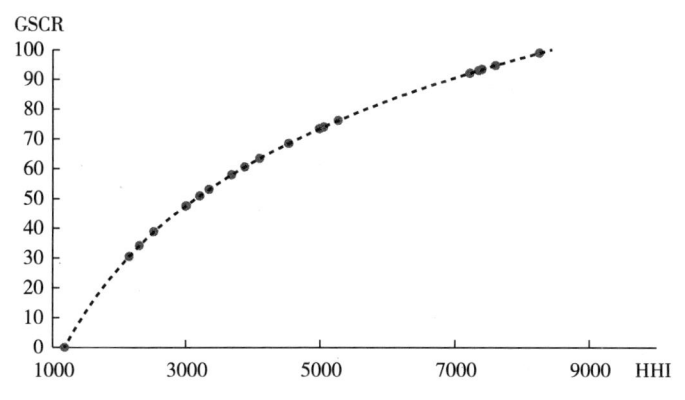

图 13-6　稀有矿产资源全球供应集中度与其隐含的
供应风险之间的关系

资料来源：笔者根据表 13-2 中的数据绘制。

稀有矿产资源中，锗、镓、铟、铊、硒、碲等稀散金属的供应风险平均值最高，锂、铍、铷、铯等稀有轻金属的供应风险平均值最低（见图 13-7）。

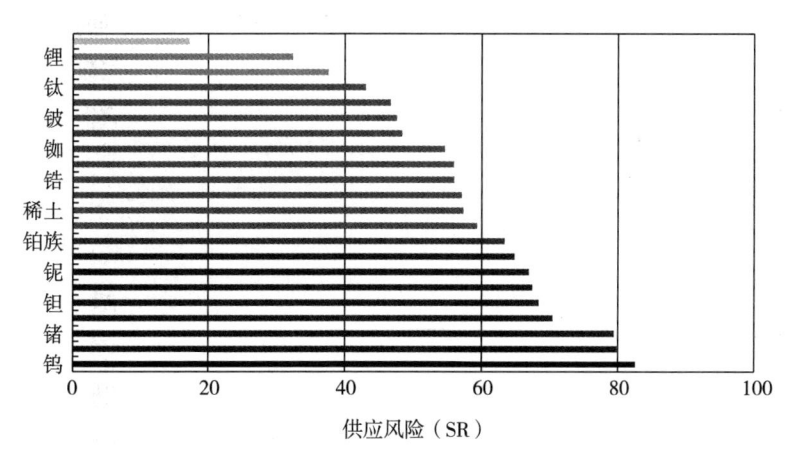

图 13-7　主要稀有矿产资源供应风险（SR）比较

注：对表 13-1 和表 13-2 中数据进行加权平均，计算出各稀有矿产资源的供应风险（SR）。

第二节　环境影响

在现有技术路线和开采冶炼工艺下，矿产资源特别是稀有矿产资源开发利用会对生态环境产生一定的破坏。环境保护和生态文明建设持续推进对减少稀有矿产资源开发利用的环境影响提出了更高的要求。在供应风险等其他条件相同的情况下，一种稀有矿产资源开发利用的环境损害越大，通常意味着其供应量越有可能因为生态环境保护减少，进而影响其在战略性新兴产业的应用。

Graedal 等（2012）和 Nassar 等（2012）指出，对矿产资源的关键度或战略性进行评价时，需要对资源开发利用全寿命周期的环境影响进行定量分析。目前国际上流行的全寿命周期环境影响评价数据库，例如由瑞士全寿命周期分析中心、瑞士联邦环境办公室和瑞士联邦能源办公室联合资助奖励的 Ecoinvent 数据库，主要分析铁矿石、石油、煤炭等大宗矿产资源开发利用的全寿命周期环境影响，稀有矿产资源开发利用的环境影响还没有成为它们关注的焦点。不过，可以根据 Steen（1999）的报告直接获得除铂族金属、稀土金属和石墨之外的其他 19 种稀有矿产资源开发利用的全寿命环境影响指数，并且可以通过估算间接获得铂族金属、稀土金属和石墨的全寿命环境影响指数。

具体而言，Steen（1999）的报告给出了六种铂族金属的环境影响指数，由于铂、钯生产量在铂族金属产量中的占比很高，本章以 USGS（2013）披露的 2011 年全球铂、钯产量为权重对其环境影响指数进行加权平均，计算出铂族金属作为一个总类的环境影响指数的估算值。当然，因为铱、铑、钌、锇这 4 种铂族金属的环境影响指数要比铂和钯高一个数量级[1]，所以此估计值会偏低。在后面的不确定性分析中，需要考虑到这一因素的影响。

Steen（1999）的报告给出了除钷之外的其他 16 种稀土金属的环境影响指数。考虑到 2011 年，中国的稀土氧化物（REO）产量占世界总产量的比重接近 95%（USGS，2013）。于是，以《中国稀土年评（2011）》披露的各类稀土冶炼产品产量为基础，估算出镧、铈、镨、钕、钐、铕、钆、铽、镝、铒、钇 11 种稀土金属的产量及其在总产量中的比重。

---

[1] 铂、钯、铱、铑、钌、锇的环境影响指数分别是 7430000 ELU/kg、7430000 ELU/kg、59400000ELU/kg、49500000ELU/kg、29700000ELU/kg、59400000ELU/kg（Steen，1999，第 49—50 页）。

第十三章　稀有矿产资源的战略性评估：基于战略性新兴产业发展的视角 | 257

然后，以这些金属的产量占比为权重，对其环境影响指数进行加权平均，求得稀土金属作为一个总类的环境影响指数的估算值。当然，由于铽、铥、镱、镥这4种重稀土的环境影响指数比镧、铈、镨、钕等轻稀土高出不止一个数量级①，所以此估算值很有可能会偏低。在后面的不确定性分析中，需要考虑到这一因素的影响。

Steen（1999）的报告中并没有给出石墨的环境影响指数。考虑到石墨开采、选矿及加工过程中产生的主要污染物是粉尘、废气、废水和废渣。于是，以 Steen（1999）给出的煤矿和硫矿这两种非金属矿产资源开发利用的环境影响指数的平均值作为石墨的指数值。

本章考察的22种稀有矿产资源的环境影响指数最高值、最低值分别为7430000 ELU/kg、0.0749 ELU/kg，并且方差很大（见表13-3），因此，利用式（13-6）将其转换为取值范围在［0，100］的指标（EI）$_{Tran}$。

$$(EI)_{Tran} = 12.506 \times \log(EI) + 14.075 \tag{13-6}$$

显然，（EI）$_{Tran}$值越大，说明资源开发利用对生态环境的损害越大；反之则相反（见图13-8）。

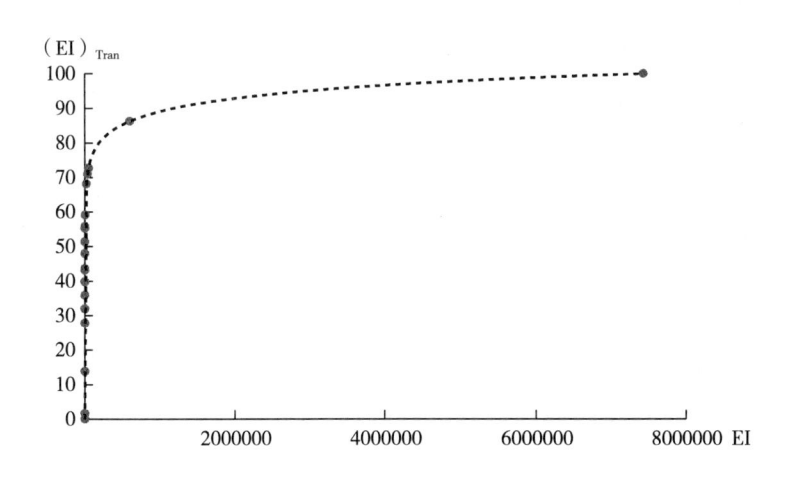

图13-8　稀有矿产资源开发利用的环境影响指数

资料来源：笔者根据测算结果绘制。

---

① 铽、铥、镱、镥的环境影响指数分别是4790ELU/kg、9900ELU/kg、1980ELU/kg、11100ELU/kg，镧、铈、镨、钕的环境影响指数分别是92ELU/kg、45ELU/kg、471ELU/kg、115ELU/kg（Steen，1999，第49—50页）。

第三节　供应受限的经济影响

在 NRC（2008）和 EC（2010）等研究矿产资源和原材料的关键度的早期文献中，一般只是通过直接或间接度量矿产资源和原材料的经济贡献，以及矿产资源和原材料的进口依存度，来衡量供应受限的经济影响。不过，Graedal 等（2012）和 Nassar 等（2012）分析矿产资源和原材料的关键度的近期文献强调，矿产资源和材料的可替代性也是评价供应受限的经济影响的重要维度。

参考 Graedal 等（2012）和 Nassar 等（2012）的处理办法，并结合中国的实际情况和数据的可获得性，本节从经济重要性、材料可替代性、对供应限制的敏感性三个方面入手分析稀有矿产资源供应受限带来的经济影响（见图13-9）。与该文献的评价指标体系相比，本章采用的评价指标较少。其中，Graedal 等（2012）和 Nassar 等（2012）用到的矿产资源利用覆盖的人口比例、材料替代的可获得性、替代材料与被替代材料的环境影响比率、替代材料与被替代材料的进口依存度比率4个指标，由于中国的数据不可获得，本章没有采用。另外，用于评价矿产资源领域创新能力的指标，即全球创新指数，由于对于一个国家或地区而言其取值是一样的，在不同稀有矿产资源之间并无差异，是否加入这一指标对评价结果没有影响，所以本章删除了这一指标。当然，本章采用的评价框架是开放的，在今后的研究中，只要数据能够获得，就可以对其进行完善，以便得到的评价结果更加稳健。

一　经济重要性

2010 年，中国 GDP 为 401512.8 亿元，预计到 2020 年中国的 GDP 增加至 803025.6 亿元（按 2010 年不变价格计算）。依此计算，2020 年战略性新兴产业的增加值总额会达到 120453.84 亿元。将其平均分配至七大战略性新兴产业的 23 个发展方向，则每个发展方向在 2020 年的增加值为 5237.12 亿元。第三章表3-8 总结了稀有矿产资源在各发展方向上的重要性，并把重要性分为 4 个层级。为便于进行定量分析，设最高层级的重要性分别是第二、第三、第四层级重要性的 2 倍、3 倍、4

第十三章 稀有矿产资源的战略性评估：基于战略性新兴产业发展的视角 | 259

```
供应受限的经济影响（EISR）
  ├─ 1/3 ─ 经济重要性 ─ 100% ─ 战略性新兴产业领域的增加值（EC）
  ├─ 1/3 ─ 材料可替代性 ─ 100% ─ 替代效果（SP）
  └─ 1/3 ─ 对供应限制的敏感性 ─ 100% ─ 进口依存度（IR）
        权重                    权重
影响因素                       评价指标
```

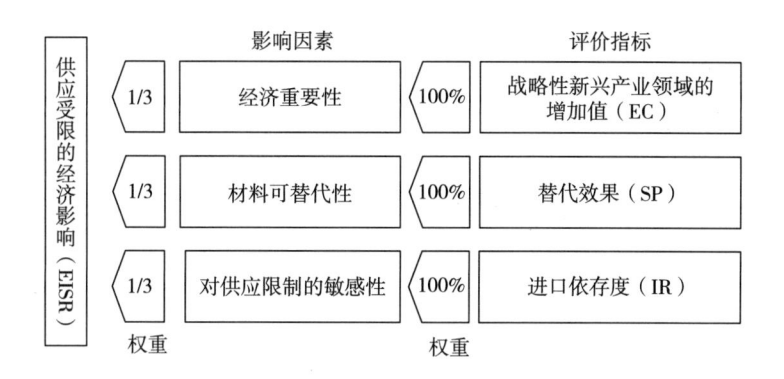

图 13-9　稀有矿产资源供应受限的经济影响评价指标及权重构成

资料来源：在 Graedal 等（2012）图 3 的基础上结合中国的实际情况和数据可获得性绘制。

倍。以此为基础，就可以根据第三章表 3-8 把各发展方向的增加值分配至稀有矿产资源之上。

以高效节能产业这一发展方向为例，稀土、镓和钼对其发展都有重要作用。但稀土和镓的重要性在 4 个层级中处于最高层级，而钼的重要性在 4 个层级中处于最低层级，因此高效节能产业的增加值分配给稀土和镓的比例均为 44.5%，分配给钼的比例是 11%。将其乘以高效节能产业 2020 年的增加值，再乘以它们在此发展方向上的资源消耗占比 20%、40%、2%，就可以得到这三种稀有矿产资源对此发展方向的经济影响（EC）分别是 446 亿元、932 亿元、47 亿元。把稀有矿产资源在战略性新兴产业主要应用领域的经济影响相加，就可以得到它们在此指标上的总值。最后，再根据式（13-7）把各稀有矿产资源的经济影响转换为取值范围在 [0，100] 的经济重要性 $(EC)_{Tran}$ 的指标值：

$$(EC)_{Tran} = 132.04 \times \log(EC) - 347.52 \quad (13-7)$$

结果显示，$(EC)_{Tran}$ 与 EC 正相关，但在 EC 值增加过程中，$(EC)_{Tran}$ 增长速度会逐渐放缓（见图 13-10）。

二　材料可替代性

可替代性实际上是从材料功能的角度度量稀有矿产资源的重要性。由第三章表 3-8 可知，各种稀有矿产资源在战略性新兴产业不同应用

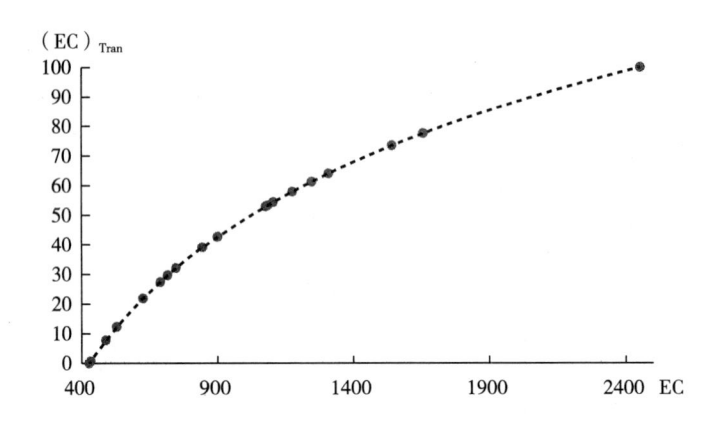

图 13-10 稀有矿产资源的经济重要性 EC 与其转换值 $(EC)_{Tran}$ 的关系

资料来源：笔者根据测算结果绘制。

领域的重要性存在差异，这表明它们在不同领域的可替代性有高低之别。以表 3-8 为基础，同样设最高层级的重要性分别是第二、第三、第四层级重要性的 2 倍、3 倍、4 倍，并假定 4 个层级对应的可替代性难度分别是 100、50、33、25，这样就可以根据稀有矿产资源在战略性新兴产业的用途及其重要性计算出可替代性难度。以锂为例，由表 3-8 可知，它主要应用于电子核心基础产业、生物医药产业、航空装备产业、新型金属功能材料产业、新能源汽车产业 5 个领域，并且对应的重要性分别是第二层级、第四层级、第二层级、第二层级和第一层级，因此锂的可替代性难度值为 275。然后，根据式（13-8）将其转换为取值范围在 [0，100] 的材料可替代性 $(SP)_{Tran}$ 的指标值：

$$(SP)_{Tran} = 40.72 \times \ln(SP) - 175.82 \quad (13-8)$$

因此，$(SP)_{Tran}$ 与 SP 正相关，并且在 SP 值增加过程中，$(SP)_{Tran}$ 增长速度会逐渐放缓（见图 13-11）。

三 对供应限制的敏感性

对供应限制的敏感性通常用矿产资源的进口依存度来衡量。原因在于，进口依存度很高的话，国际矿产品市场任何风吹草动都有可能会危及供应的稳定性。由于稀有矿产资源的实际消费量数据很难获得，因此

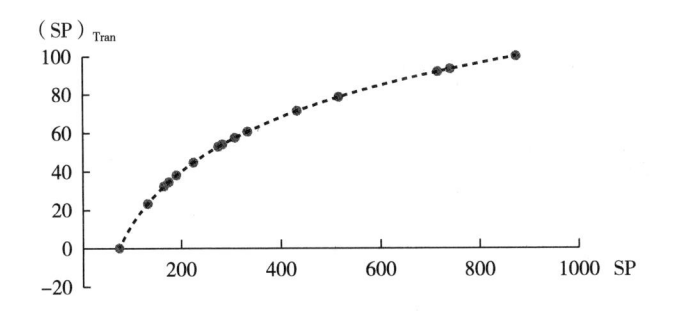

图 13-11 稀有矿产资源的可替代性 SP 与其转换值 SP$_{Tran}$ 的关系

资料来源：笔者根据测算结果绘制。

使用表观消费量作为替代，然后把进口量与之相除，得到进口依存度数据。对于那些表观消费量或进口量数据缺失的稀有矿产资源，则根据中国的产量占世界总产量的比重进行推断。最后，根据式（13-9）把 IR 转换为取值范围在 [0, 100] 的 (IR)$_{Tran}$：

$$(IR)_{Tran} = 13.62 \times \ln(IR) - 31.38 \tag{13-9}$$

显然，(IR)$_{Tran}$ 与 IR 正相关，并且在 IR 增加过程中，(IR)$_{Tran}$ 增长速度会逐渐放缓（见图 13-12）。

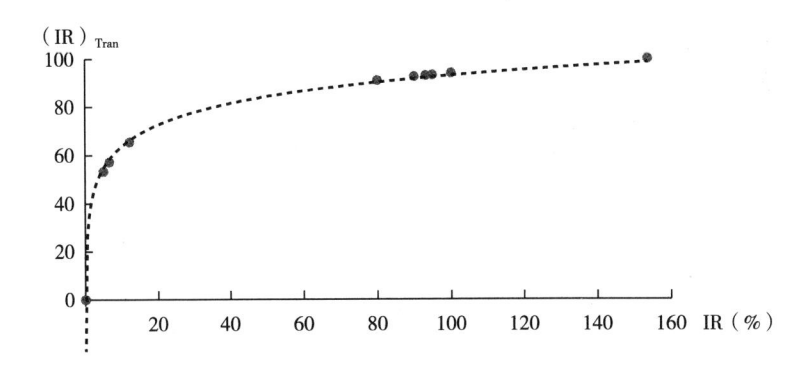

图 13-12 稀有矿产资源对供应限制的敏感性 IR 与其转换值 (IR)$_{Tran}$ 的关系

资料来源：笔者根据测算结果绘制。

第四节 战略性判断及不确定性分析

一 战略性判断

前述供应风险、环境影响、供应受限的经济影响分别从三个不同的维度对稀有矿产资源进行了评价，并做出汇总（见表13-3）。

表13-3 稀有矿产资源供应风险、全寿命周期环境影响、供应受限的经济影响度量

稀有矿产资源	供应风险					环境影响	供应受限的经济影响			总体战略性
	资源潜力隐含的供应风险 $(R/P)_{Tran}$	社会发展水平隐含的风险 SPR	矿业监管政策隐含的风险 RPR	政治稳定与无暴力程度隐含的风险 PER	全球供应集中度隐含的风险 GSCR	全寿命周期环境影响 $(EI)_{Tran}$	经济重要性 $(EC)_{Tran}$	材料可替代性 $(SP)_{Tran}$	对供应限制的敏感性 $(IR)_{Tran}$	
锂	45	11	20	25	48	2	53	53	91	42
铍	77	0	12	21	99	51	22	58	53	48
铷	59	42	52	47	68	32	27	45	57	44
铯	0	10	0	0	93	48	27	45	57	39
钛	75	30	47	32	0	14	43	92	100	52
锆	94	23	46	31	47	28	32	35	93	47
铪	94	23	46	31	47	48	30	45	93	53
钒	58	38	95	89	51	36	0	38	0	43
铌	83	29	63	45	100	40	39	79	93	60
钽	62	100	80	76	30	55	8	54	93	59
钨	89	35	98	92	92	56	58	93	0	64
钼	90	20	44	59	39	68	54	92	66	66
铼	87	14	19	29	53	100	12	35	93	70
镓	74	29	93	79	73	43	64	54	53	58
铟	100	22	69	55	58	73	1	23	0	57
铊	91	2	56	22	93	59	61	0	93	57
锗	95	36	90	84	76	56	100	32	0	62
硒	87	5	48	18	34	71	30	32	93	57

续表

稀有矿产资源	供应风险					环境影响	供应受限的经济影响			总体战略性
	资源潜力隐含的供应风险 (R/P)$_{Tran}$	社会发展水平隐含的风险 SPR	矿业监管政策隐含的风险 RPR	政治稳定与无暴力程度隐含的风险 PER	全球供应集中度隐含的风险 GSCR	全寿命周期环境影响 (EI)$_{Tran}$	经济重要性 (EC)$_{Tran}$	材料可替代性 (SP)$_{Tran}$	对供应限制的敏感性 (IR)$_{Tran}$	
碲	64	7	12	15	63	86	30	32	93	62
稀土金属	17	33	92	90	95	44	78	100	0	54
铂族金属	66	39	79	69	61	100	73	61	94	81
石墨	83	40	100	100	74	0	53	71	0	52

资料来源：根据各项指标的计算结果汇总。

由于不同稀有矿产资源在上述三个维度上位次排列并不一致，所以需要对各个维度的测算结果进行加总，以便从整体上判断其在战略性方面的相对位次。参考 Graedel 等（2012）和 Nassar 等（2012）的处理方法，利用式（13-10）对其进行加总，结果见图 13-13。

$$\|STR\| = \frac{\sqrt{SR^2 + (EI_{Tran})^2 + EISR^2}}{\sqrt{3}} \qquad (13-10)$$

二 不确定性分析

受数据可获得性的制约，在计算稀有矿产资源的供应风险、环境影响、供应受限的经济影响过程中，部分指标采用了估算方法。为提高本章分析结果的稳健性，进一步采用 Graedel 等（2012）和 Nassar 等（2012）提出的不确定性分析法考察分项指标估算结果之影响。

不确定性分析的具体步骤如下：

首先，得出各稀有金属供应风险、环境影响、供应受限的经济影响数据等相关数据后，分别求出供应风险、环境影响、供应受限的经济影响的基准标准差。鉴于各稀有矿产资源的各项数据差异较大，为了平稳化数据，本章对基准标准差进行对数化处理。

稀有矿产资源战略性（STR）

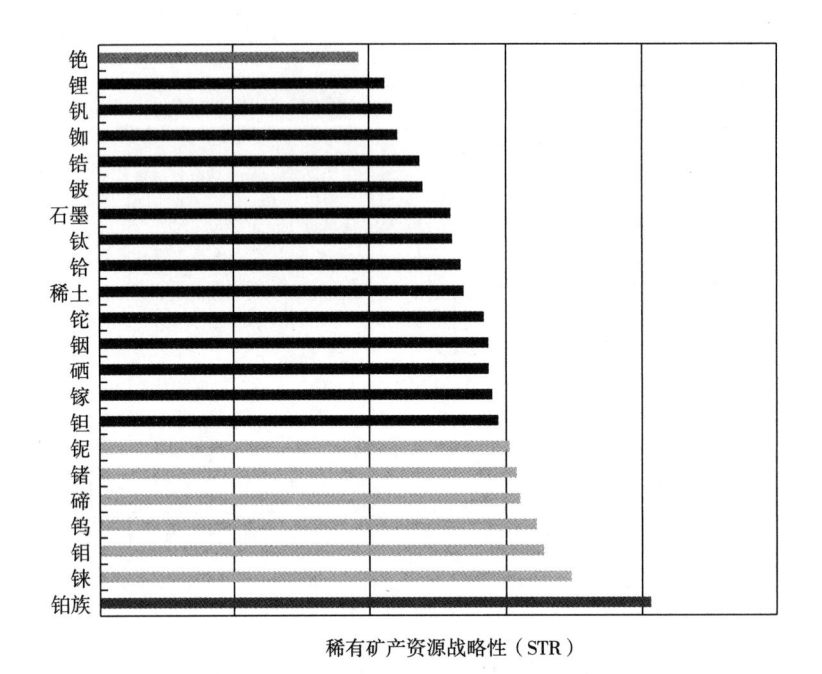

图 13-13　22 种稀有矿产资源战略性（STR）比较

资料来源：根据表 13-2 和表 13-3 的数据，经加权平均计算出各稀有矿产资源的战略性（STR）绘制此图。

其次，对各稀有金属供应风险、环境影响、供应受限的经济影响数据的可靠性分为五个层次，并设定出各自的误差倍数。其中，结果不确定性最高、第二高、第三高、第四高、最低的指标设定的误差倍数分别是基本标准差的 5 倍、4 倍、3 倍、2 倍和 1 倍。

再次，根据各稀有金属供应风险、环境影响、供应受限的经济影响中的各子数据可靠性，给出其误差倍数的值，然后分别乘以其子数据的权重，得出各稀有金属供应风险、环境影响、供应受限的经济影响数据三项指标的误差倍数，再分别乘以各自的基准标准差，得出各稀有金属的修正后标准差（见表 13-4）。

最后，假定各稀有金属的供应风险、环境影响、供应受限的经济影响数据均服从正态分布，根据之前求出的各稀有金属各项数据标准差和均值，进行蒙特卡洛模拟，通过 10000 次迭代测算得出各项数据的波动范围。

表 13-4　　稀有矿产资源战略性评价结果不确定性
分析中各分项指标设定标准差

稀有矿产资源	SR 误差倍数	SR 标准差	EI 误差倍数	EI 标准差	EISR 误差倍数	EISR 标准差
锂	1.000	1.203	1.000	1.429	2.000	2.464
铍	1.667	2.004	1.000	1.429	2.000	2.464
铷	5.000	6.013	1.000	1.429	1.333	1.643
铯	2.000	2.405	1.000	1.429	2.333	2.875
钛	1.000	1.203	1.000	1.429	1.333	1.643
锆	1.000	1.203	1.000	1.429	1.333	1.643
铪	5.000	6.013	1.000	1.429	2.333	2.875
钒	1.000	1.203	1.000	1.429	1.000	1.232
铌	1.000	1.203	1.000	1.429	1.333	1.643
钽	1.000	1.203	1.000	1.429	1.333	1.643
钨	1.000	1.203	1.000	1.429	1.333	1.643
钼	1.000	1.203	1.000	1.429	1.000	1.232
铼	1.000	1.203	1.000	1.429	1.333	1.643
镓	1.667	2.004	1.000	1.429	1.333	1.643
铟	1.000	1.203	1.000	1.429	1.333	1.643
铊	1.667	2.004	1.000	1.429	1.333	1.643
锗	1.667	2.004	1.000	1.429	1.333	1.643
硒	1.000	1.203	1.000	1.429	1.333	1.643
碲	1.333	1.603	1.000	1.429	1.333	1.643
稀土	1.000	1.203	5.000	7.146	1.000	1.232
铂族	1.333	1.603	4.000	5.716	1.333	1.643
石墨	1.167	1.403	5.000	7.146	1.333	1.643

图 13-14 和图 13-15 分别给出了 19 种稀有矿产资源战略性评价的不确定性分析结果。比较两个图中各稀有矿产资源战略性评价结果的"不确定性云",可以发现尽管不同稀有矿产资源的"云"的大小不一,但基本上没有出现其中一朵"云"大面积覆盖另一朵"云"的情况。基于此,可以说在考虑了分项指标估算结果的影响之后,本章对 22 种稀有矿产资源战略性的评价结果依然是成立的。

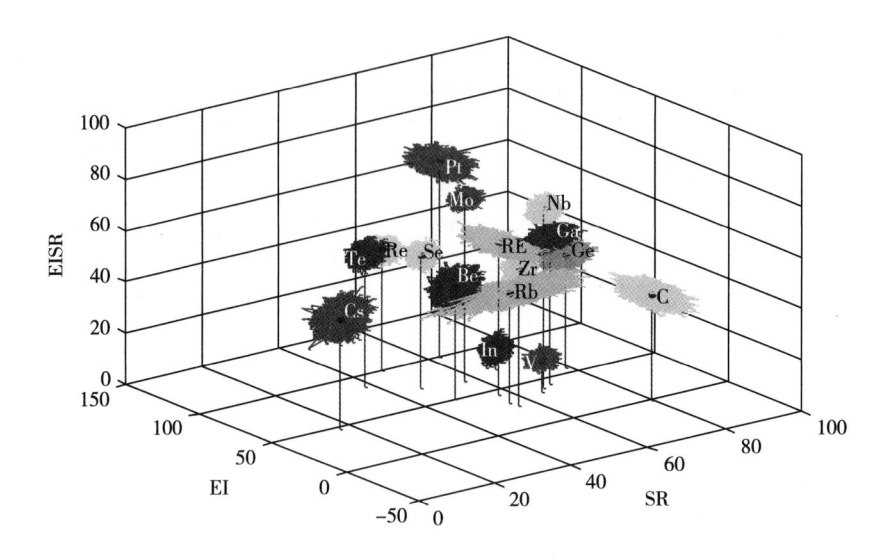

图 13–14　16 种稀有矿产资源战略性（STR）评价的不确定性云图

注：图中 16 种稀有矿产资源分别是铂族（Pt）、钼（Mo）、铌（Nb）、镓（Ga）、稀土（RE）、锗（Ge）、碲（Te）、铼（Re）、硒（Se）、锆（Zr）、铍（Be）、铷（Rb）、铯（Cs）、石墨（C）、铟（In）、钒（V）。

资料来源：笔者根据蒙特卡洛模拟结果绘制。

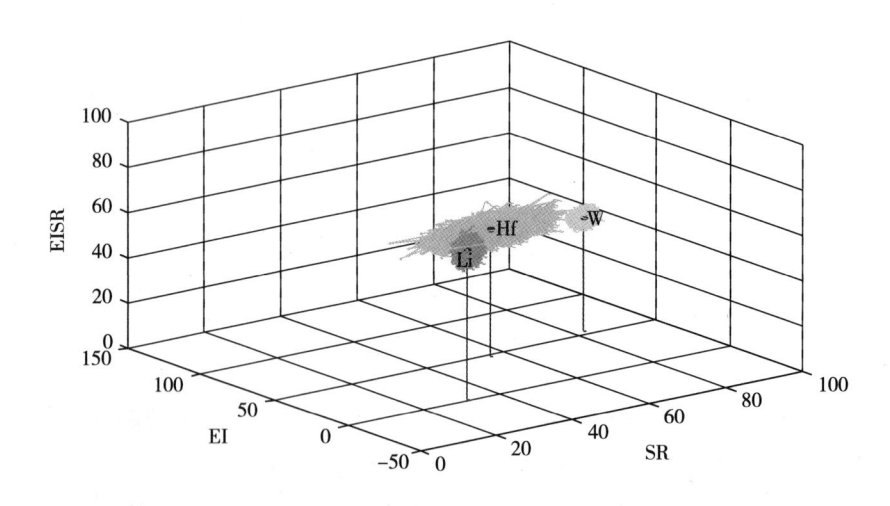

图 13–15　3 种稀有矿产资源战略性（STR）评价的不确定性云图

注：图中 3 种稀有矿产资源分别是锂（Li）、铪（Hf）、钨（W）。

资料来源：笔者根据蒙特卡洛模拟结果绘制。

第五节 总结与展望

本章在对6大类22种稀有矿产资源在中国战略性新兴产业中的重要应用进行梳理的基础上，在近期发展起来的三因素分析框架下，结合中国的实际情况和数据的可获得性，对稀有矿产资源的供应风险、环境影响、供应受限的经济影响分别进行了定量评价，并将它们加总为一个指标，用以衡量不同稀有矿产资源在战略性方面的相对位次。本章的定量分析结果显示：

在供应风险方面，从全球来看，钨的供应风险最高，石墨次之，锗第三，铯最低。并且，在6大类稀有矿产资源中，锗、镓、铟、铊、硒、碲稀散金属的供应风险平均值最高，锂、铍、铷、铯等稀有轻金属的供应风险平均值最低。

在环境影响方面，以稀有矿产资源开发利用的全寿命周期环境影响指数来衡量，铂、钯等稀有贵金属的环境影响最大，稀有非金属石墨的环境影响最低。在6大类稀有矿产资源中，稀散金属的环境影响指数的平均值最高，稀有轻金属的环境影响指数的平均值最低。

在供应受限的经济影响方面，钛的影响最大，铟的影响最小。在6大类稀有矿产资源中，钛、钼、铌、锆、铪等稀有高熔点金属供应受限的经济影响之平均值最高，稀有非金属供应受限的经济影响最低。

在评价稀有矿产资源战略性的综合指标上，铂族金属的战略性最高，铯的战略性最低。在6大类稀有矿产资源中，稀有贵金属的战略性排名第一，稀散金属的战略性评价指标平均值排名第二，稀有高熔点金属第三，稀土金属第四，稀有非金属第五，稀有轻金属第六。

在考虑了分项指标估算结果的影响之后，对22种稀有矿产资源战略性的评价结果依然成立。

本章研究结论的政策含义对于制定实施稀有矿产资源国家战略具有重要的参考价值。甄别战略性新兴产业发展所需的稀有矿产资源及其战略性分析结果表明，稀有矿产资源战略及相关政策措施受资源禀赋、技术、经济、政治、环境等诸多因素影响，需要加强顶层设计，为稀有矿产资源的战略储备和开放式、可持续利用提供有力支撑。同时，由于稀有矿产资源开采、冶炼、加工等产业链不同环节上都会产生环境损害，这也为中国采取必要的政策手段，对稀有矿产资源及其产品实行出口数量管理提供了依据。值得注意的是，现行WTO基本原则和法规框架下，多边贸易体制基本不支持成员国采取特定协议规定以外的关税和非关税手段对特定商品和服务实行出口数量限制。因此，如何在稀有矿产资源及其产品输出中体现环境损害的补偿，还需要新的政策思路和工具。从相关政策调整的目标方向来看，应建立完善以市场化为导向，能够反映市场供求关系、资源稀缺程度、环境损害成本的资源价格形成机制，将国内资源税和环境税上升为稀有矿产资源管理政策的核心工具，适时调整资源税和环境税，进而将生产和出口规模控制的政策重心前移，运用资源税和环境税这类更为市场化的政策工具对战略性高、关键性强的稀有稀缺金属进行出口数量管理，从而更有效地维护国家资源安全，改善生态环境。

应该看到，此项研究的价值更多地体现在框架构建和方法探索上，且指标体系具有一定的开放性。当然，数据可得性在一定程度上影响了战略性判断的质量，也导致研究结果有一定的局限性，未来还需要对稀有矿产资源的保障能力、资源开发利用的环境影响及环境成本估算、稀有矿产资源国家战略框架及政策保障体系等重要内容逐一进行更深入、系统的研究。

第十四章　资源安全与稀有矿产领域的大国竞争

随着在战略性新兴产业的应用日益广泛，稀有矿产作为高技术产业关键原材料的战略意义不断凸显，主要工业国在稀有矿产资源领域展开了激烈的大国博弈。中国是稀有矿产资源大国，稀土等稀有矿产品生产和消费居世界第一位，在国际稀有矿产品市场上扮演着举足轻重的角色。本章立足于矿产资源消费结构变化的一般规律，从相对稀缺性及其市场响应机制的角度，探讨构建稀有矿产资源国家战略、保障资源安全的理论依据，分析新一轮科技革命与产业变革下稀有矿产资源领域大国竞争的态势和走向。

第一节　工业化进程与矿产资源消费结构变化

众所周知，矿产资源是人类生产生活不可或缺的物质基础。经济结构变迁引发一国（地区）对矿产资源的需求会发生显著变化。考察世界范围内工业化历程可以发现，矿产资源消费规模和结构表现出一定的阶段性特征。总体来看，随着人均 GDP 增加，一个国家（地区）的人均能源和矿产消费呈现由缓慢增长到快速增长再到减速增长直至零增长或缓慢负增长的"S"形演进的规律性变化（王安建等，2010，2016；成金华等，2011）。在"S"形规律作用下，不同类型矿产资源的消费总量达峰存在明显的时间差（见图 14-1）。

中国工业化进程中矿产消费同样表现出鲜明的结构性特征。在时间效应维度上，与先行工业化国家相似，随着大规模技术、资金的引进以

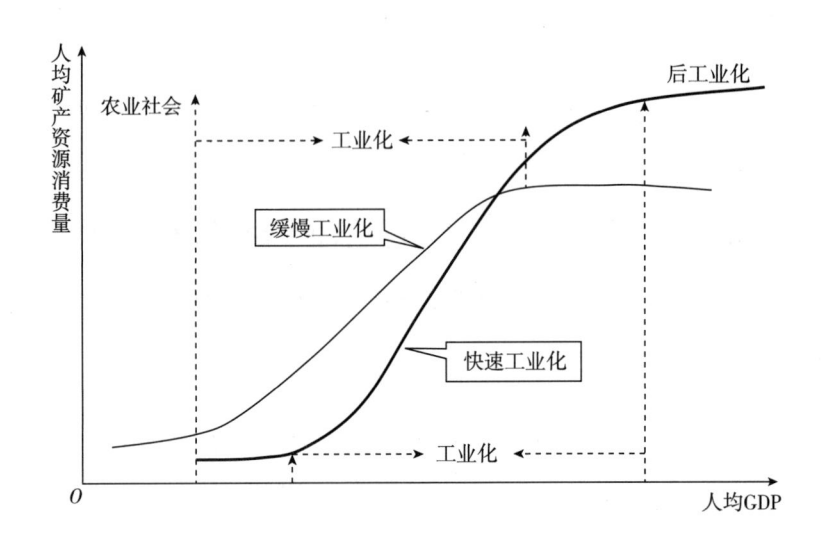

图 14-1　人均矿产资源消费与人均 GDP 的"S"形规律

资料来源：梁姗姗：《基于工业化演进视角的中国矿产资源消费研究》，博士学位论文，中国社会科学院研究生院，2019 年。

及管理体制的优化，中国主要能源和矿产品消费强度的变化表现为倒"U"形；而在空间效应维度上，快速工业化导致国内矿产资源的自给率下降，部分矿产品对外依存度逐步提高。应该看到，撇开独特的"压缩式"工业化道路在较短时间内所释放出的矿产资源消费需求，中国矿产资源高消耗是粗放型增长方式的必然结果，且伴随着大国崛起，与加速工业化和城镇化密切相关。王安建（2010）等指出，中国工业化中单种主要金属矿产消费与人均 GDP 之间的关系具有倒"U"形曲线上升阶段的"S"形规律，"S"形规律的 3 个重要转变点分别为资源消费的起点（矿产资源需求开始进入高增长期）、转折点（矿产资源需求增速减缓）和零增长点（矿产资源需求到达顶点）（王安建，2002，2010；梁姗姗，2019）。

中国进入工业化中后期乃至后工业化时期，在产业转型推动下，受人口规模、GDP 增速、产业结构、技术水平、消费偏好、体制机制等诸多因素的影响，矿产资源消费表现出突出的复杂性和一定的独特性。一方面，在矿产资源消费规律的作用下，压缩式工业化引发中国金属资源消耗临近峰值和环境问题集中爆发，推动未来中国城市矿山的开发利用（王昶、黄建柏，2015）；另一方面，传统产业和基础设施建设对大宗矿产品和基础金属需求强劲的同时，稀有矿产的消费规模不断扩大。目前，中国稀土、钨、锑、钼等稀有金属的消费量均已居世界第一位，稀有矿产品生产消费仍有扩张的潜力和动力。

回溯世界格局变化的历程，大国竞争势必导致全球矿产资源供求格局的演变和矿产品贸易规则的重构。随着新一轮科技革命和产业变革蓬勃兴起，主要工业国在新经济新产业等领域的角力将延伸至产业链的前端，对被称为"工业维生素"的稀土等稀有矿产资源以及由其制备的关键原材料展开激烈竞争。从这一角度来看，进入新时代，建设现代化经济体系、实现高质量发展迫切需要国家层面的稀有矿产资源战略做支撑，而全球稀有矿产资源领域的大国博弈也召唤中国更高水平的战略应对。

第二节 稀有矿产资源国家战略的理论依据

稀缺性，无论从相对还是绝对的程度衡量，无疑都是地球上储存性资源（Stock Resource）① 的本质特征。实际上，资源的稀缺性不仅是一个经济学命题，更是有着深刻政治含义的战略问题。作为储存性资源，稀有矿产资源同样具有稀缺性的特点。由于这一特点直接决定着稀有矿产资源开发利用的可持续性、新技术及循环替代的约束性，因而是制定稀有矿产资源国家战略需要考虑的首要因素。与稀缺性密切相关的则是稀有矿产资源的可持续开发利用和资源安全问题，需要纳入国家战略的理论框架进行分析。

一 稀缺性与市场响应模式

（一）矿产资源的稀缺性

储存性资源的稀缺性来自其在地球中赋存总量的约束。在不考虑技

---

① 自然资源一般可划分为储存性（或不可再生）资源和流动性（或可再生）资源两大类。前者主要包括使用后消耗掉的资源（如石油、天然气、煤等主要能源矿产）、理论上可恢复的资源（所有元素矿物）和可循环使用的资源（主要指金属矿物），后者则涵盖临界带与非临界带中的鱼类、森林、土壤、动植物、水、太阳能、潮汐、风能、大气等。详见［英］朱迪·丽丝《自然资源分配、经济学与政策》，商务印书馆2002年版，第24页。

术进步和重大突发事件的情况下，一般认为，由于未来每一代人口规模扩大和人均矿产资源消耗量增加，每一年消耗的储存性矿产量是上一年的 ξ 倍（$\xi>1$）。假设计算期的起始年地球上储存性矿产资源总量为 R_b，该年度世界储存性矿产消耗量为 A，则第二年的消耗量为 ξA，第三年的消耗量为 $\xi^2 A$……第 m 年的消耗量为 $\xi^{m-1} A$。不考虑循环再利用技术，则 m 年后地球上储存性矿产的存量 R_m 为：

$$R_m = R_b - A - \xi^2 A - \cdots - \xi^{m-1} A = R_b - A \frac{\xi^m - 1}{\xi - 1} \quad (14-1)$$

当该矿产资源达到耗竭状态时，$R_m = 0$，由此可得某种矿产的使用年限 m_0 为：

$$m_0 = \frac{\ln\left(\frac{R_b(\xi-1)}{A} + 1\right)}{\ln \xi} \quad (14-2)$$

理论上讲，ξ 越接近 1，m_0 越大，但任何资源都有耗竭之时，加之地球上储存性矿产分布并不均衡（这种情况对于稀有矿产尤为突出），因此有可能进一步加剧其稀缺性。

（二）资源稀缺的市场化应对

经济学家关于储存性资源在人类生产生活中的可开发使用寿命一直有不同的判断。无论悲观的马尔萨斯还是相对乐观的李嘉图，对于自然资源与人类生产生活之间关系的分析及其观点都已被证明存在一定的局限性。显然，如果将当前探明储量视为资源可得性的极限，势必会得出有关储存性资源寿命最为消极的结论。然而，历史地观察，经济学家多是乐天派，而其乐观主义来自对稀缺性的经济学理论解读以及对市场机制的一贯信心。众所周知，在运作完善的市场经济中，任何具有稀缺性的资源产品，其供求关系均将受到价格机制的调节。价格机制作用于供求两端，需求方的调整包括减少消耗（绝对量）、提高资源利用效率（相对量）以及替代品的开发使用等，而对于供给侧，价格上涨是矿业投资的刺激信号，更加高效的新型探采技术有助于改善已探明矿藏的开采效果。

因此，毋庸置疑，由现代工业技术体系支撑的理想市场响应模型是缓解矿产资源稀缺性的重要理论依据（见图 14-2）。在这一模型下，学者和政府似乎都有理由相信只要确保市场机制发挥作用,对储存性资源的消耗并不会增长到其自然极限而至崩溃,尽管公众舆论从未消除过对各种"崩溃论"的普遍忧虑。实际上,早在20世纪70年代,一些学者就对市场机制影响资源稀缺性的机理做出了情景假设和趋势性判断。梅多斯(Meadows,1973)曾建立了"世界Ⅲ"模型,指出当储存性资源消耗掉90%时,其供给成本将上升20倍,这种剧烈的成本变化对资源需求曲线的影响将是巨大的。尽管需求对成本和价格变化的反应是一个复杂、多因素起作用的过程,但长期来看,一般认为,价格涨幅达到10%,大多数非燃料矿物的需求将减少6%—20%(Tilton,1977)。

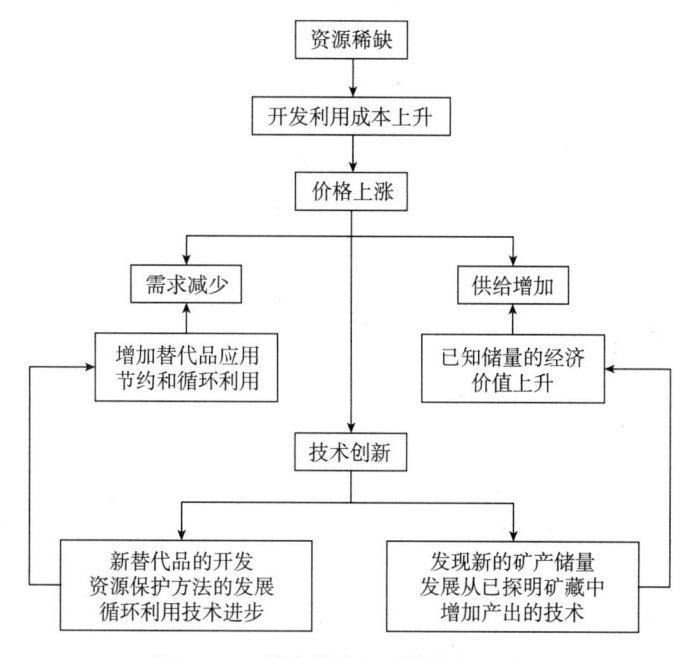

```
              资源稀缺
                │
          开发利用成本上升
                │
             价格上涨
            ┌────┴────┐
         需求减少    供给增加
            │         │
      增加替代品应用  已知储量的经济
      节约和循环利用   价值上升
            └────┬────┘
             技术创新
            ┌────┴────┐
       新替代品的开发  发现新的矿产储量
       资源保护方法的发展 发展从已探明矿藏中
       循环利用技术进步  增加产出的技术
```

图14-2 储存性资源稀缺的市场响应

资料来源:笔者绘制。

同时,经济学家认为,储存性矿产消费量的减少并不必然会导致经济增速放缓和生活质量下降。因为根据经济学的释义,任何资源如若不能用来生产可交易的产品,便会毫无实际价值,市场自然会找到其他途径提供具有相同或相似效用且不会增加额外成本的产品和服务。当然,这种替代是建立在以下假设基础上的：就单一的储存性资源而言，总会出现替代品或者总能获得替代技术取而代之。随着技术创新加快，技术积累在市场机制刺激下，有望将任何一种特定储存性矿产消耗减少到其供求平衡点之上，而替代形式随之也更加多样化，包括商业模式变革对最终产品及其组合的重塑。正是基于地壳中可获得元素的多样性及其技术上的替代潜力，有些学者甚至认为绝对自然意义上的矿产资源稀缺是不存在的。"既然地球表层中有足够的矿物可满足人类长期需求，大多数矿产品供给的自然丰裕度及其前景是无可置疑的……只要对地壳的组分有足够的认知，就会否定纯自然意义上矿产资源耗竭概念的实际内涵。整个地球都是由矿物组成的，人类不可能把地球本身开采殆尽。"[①]近期一些研究成果则更多地关注经济结构与矿产资源消费增长极限之间的关系。王安建等（2017）认为，矿产资源消费"S"形规律揭示了能源和重要矿产资源消费与经济社会发展之间的内在的本质联系及其增长极限存在的可能性，矿产资源消费的转折点和零增长点与城市化率、经济（产业）结构、基础设施完备程度以及社会财富积累水平等经济社会发展重要指标的变化密切相关，随着三次产业的更迭，一国（地区）的矿产资源消费达到峰值，而大国矿产资源消费达峰则意味着全球矿产资源消费周期的终结。

（三）市场响应模型面临的挑战及政府干预的依据

针对理想型的市场响应会自行解决资源稀缺问题的观点，可以从很多方面提出挑战：一是市场体系显然从来都不是完备的，市场失灵在资源领域同样存在；二是市场响应的结果很可能与社会、政治、文化、环境等目标并不契合，甚至背道而驰；三是市场有可能不仅无法克服，而且实际上还会制造、加剧特定时期某些矿产资源的稀缺。

撇开由矿产资源赋存严重不平衡导致其难以做到均衡开发和替代之外，第一重挑战一般被认为是普适性的，但对资源领域来说，其表现却相当复杂。由于多数矿产品开采的市场结构日益被跨国大矿业公司垄断，似乎应该是为维持一定的价格水平，这些大跨国公司更倾向于控制

---

① Manners, G., "Three Issues of Mineral Policy", *Journal of the Royal Society of Arts*, Vol. 125, 1977, p. 388.

开采量，从而延长矿产资源开采周期，减缓其被耗竭的进程。然而，现实情况是在未来市场不明朗情况下，由于资源性产品价格变动频发以及贸易条款的约束，矿业企业将加速开发已探明矿藏，从而确保其投资收益，这种"贴现"未来收益的压缩式开发导向在地缘政治不稳定、经济欠发达的矿区更为普遍。在这些地区，可预见的短期出口获利在很大程度上取代了可持续开发的原则。同时，跨国公司还会采取控制新供给来源的方式，制造人为的供给困难，这种做法的风险远比其表面的影响更严重，有可能削弱探矿新技术的开发和投资热情，甚至造成采矿技术路径的偏差。

市场机制无法防止的还有矿产资源的经济性耗竭。这种情况是指，随着矿产开采自然条件恶化，技术和人工投入增加导致成本上升到一定程度，以致愿意且有能力购买该种矿产品的消费者越来越少，此时生产者面对市场需求曲线（DD）在 MC^n 点的水平上，市场将会把这种矿产抛弃（见图 14-3）。

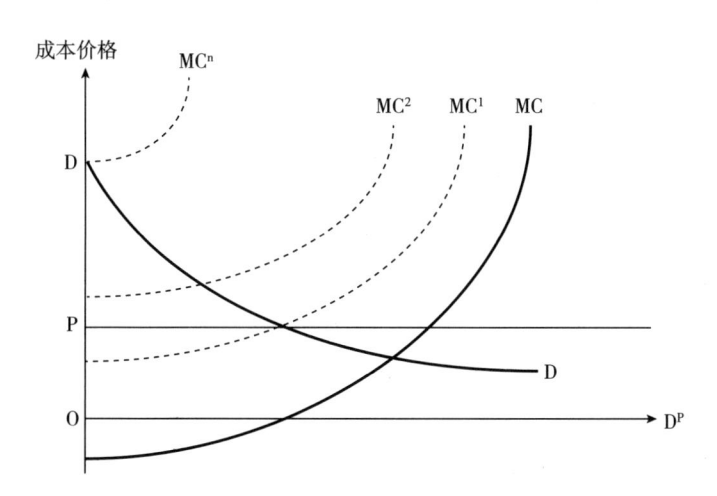

图 14-3 矿产资源的经济性耗竭

注：$MC-MC^n$ 为不同时间点上的供给曲线；D-D 为总需求曲线；$P-D^P$ 为完全竞争市场需求曲线。

如果说成本变化导致的经济性耗竭更多地具有理论层面的意义，那么，自 20 世纪 60 年代以来，世界范围内不断高涨的生态环境保护运动对储存性矿产资源的经济性耗竭则起到了明显的推波助澜作用。储存性矿产开发过程中的每一个环节都会产生不同程度的环境影响和生态破坏，政府日益严格的环境法规、无处不在的环保组织的监督以及矿产开采技术难度加大的多重冲击必然加快矿业企业 MC" 点的到来。实际上，当今发达国家的环境制度大大增加了部分矿产出现经济性耗竭的可能性。典型的例证之一是英国的煤矿。虽然自 20 世纪五六十年代以来英国煤矿已经在不断攀升的技术、人工和环境成本压力下逐步关闭，但英国政府近 10 年来一直强化的能源结构改革政策以及大规模的新能源补贴措施无疑使其本土煤矿的关闭进程进一步提速，并于 2015 年年底彻底终结了英国 300 余年的煤炭开采历史，而这段历史也恰恰是英国乃至全球传统工业文明的见证。在稀有矿产资源领域，美国稀土开发利用的情况同样反映出制度因素对矿产资源稀缺性的影响。20 世纪 90 年代之前，美国一直是世界最大的稀土生产、消费和出口国，其稀土精矿产量占全球精矿总产量的比重长期保持在 50% 以上。20 世纪 80 年代，美国国内环保标准更为严格。鉴于稀土开采导致的环境问题日益凸显，美国相继终止了本土稀土开采冶炼。进入 20 世纪 90 年代，中国大量出口廉价优质的稀土初加工产品，满足了美国工业和国防的需求，美国稀土开采量随之急剧下降，直至 2003 年其稀土产量降为零。近年来，随着稀有矿产品供求形势的变化以及这一领域国际竞争加剧，为扭转对中国稀土产品进口高度依赖的状况，美国调整稀土开采、精矿生产和供应链管理政策，并为恢复稀土开采做好了立法准备。这些事例表明，储存性矿产耗竭在其自然耗竭来临之前有可能在经济意义上发生，而经济性耗竭是相对的，往往是政府和市场共同作用的结果。

二 稀有矿产资源的可持续开发利用

自然的（绝对性）和经济性（相对）的稀缺使矿产资源可持续开发利用成为各国必然的战略选择，也是稀有矿产资源国家战略制定实施遵循的基本原则之一。然而，从理论层面来看，尽管支撑可持续开发利用理念和实践的理论体系不断完善，但这些理论仍比较分散，主要依据可持续发展理论、循环经济理论、资源环境经济理论等。实际上，影响矿产资源可持续开发利用的因素很多，涉及政治、经济、社会、文化、生态等方方面面，包括资源禀赋、技术、运输、贸易、环境等各种约束条件及其相互之间的作用机制。因此，制定实施稀有矿产资源的国家战略，需要将可持续开发利用作为战略出发点，综合考虑影响稀有矿产资源可持续开发利用的各种因素，以技术进步为支撑、以政治军事为屏障、以生态环境为底线，形成稀有矿产资源可持续开发利用的战略理念（见图14-4）。

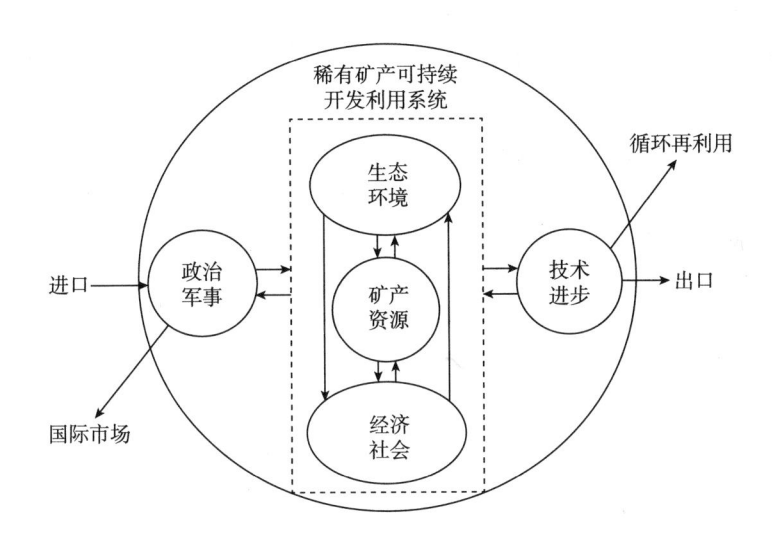

图14-4 稀有矿产资源可持续开发及影响因素

资料来源：笔者绘制。

三 稀有矿产资源国家战略的安全维度

矿产资源是现代经济体的"粮食"和"血液"，而稀有矿产资源则是工业的"维生素"。如前所述，储存性矿产资源的可耗竭性，决定了其绝对和相对意义上的稀缺性，而稀缺性则必然与人类经济社会发展对矿产资源的需求产生一定的矛盾，这种矛盾的结果将使资源安全问题不断显化。通常意义来看，资源安全至少包含两层含义：一是一个国家或地区能够经济、稳定、适时、持续地获取足量的特定矿产；二是矿产资源开发利用全过程处于动态安全的状态，包括生产安全、人员安全、生态安全。

长期以来，国家安全集中反映在军事、政治、外交和经济等宏观层面。随着越来越多的国家和地区进入工业化阶段，人类面临的资源约束明显增大。特别是"冷战"结束后，国际形势和国家关系发生了重大变化，国与国之间的军事战争威胁有所弱化，而人与自然之间的关系却加速恶化，资源安全日益成为国家和地区安全的重要组成部分（见图14-5）。其中，克莱尔在其《资源战争：全球冲突的新场景》一书中指出，资源争夺是国际冲突的根本动因，资源危机则是国家安全危机的直接反映，国家之间在上层建筑方面的对立和冲突，实质上都可以归因于对稀缺战略资源的争夺。尽管这一类观点略显偏激，但反映出当今世界资源安全对于国家安全的重大意义，也折射出21世纪初这一轮资源领域激烈竞争的意识形态背景。

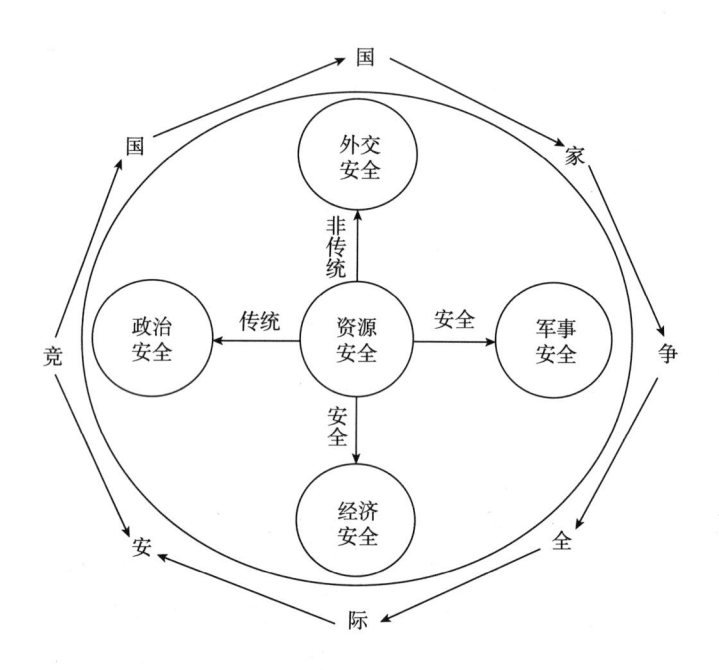

图 14-5　矿产资源安全与国家安全的关系

资料来源：笔者自制。

就中国的稀有矿产资源安全形势而言，其对国家安全的重要性显然需要更多地关注需求侧的复杂情况。一方面，新工业革命下主导产业更迭以及智能制造、增材制造等制造范式的变革不断推高稀有矿产在高技术领域、战略性新兴产业以及国防军事工业的需求。以稀土为例，稀土的应用大致可分为传统领域和新兴领域。其中，磁材是新兴领域乃至所有下游应用中需求最大且最具市场前景的稀土材料，而钕铁硼作为稀土磁材的代表性产品，未来在国内新能源汽车、新能源、节能环保、智慧家电、工业机器人、智能手机等先进制造领域的应用将持续扩大（见表14-1）。另一方面，中国是世界稀有矿产的资源、生产、消费和环境影响大国，具有较为突出的资源优势。在稀有矿产品国际市场格局中，中国是主要供给者，稀有矿产资源的下游环节则聚集了日本、美国、欧盟等主要工业大国。① 这些国家和地区对稀有矿产资源的深度开发和高端应用不仅支撑着其高技术产业的国际竞争力，而且也在一定程度上影响国防军事工业的发展。因此，稀有矿产资源领域的大国竞争在所难免，如何协调资源主权与开放式利用成为制定实施稀有矿产资源开发利用国家战略的重要命题。

表14-1 国内新兴产业和智能制造对钕铁硼的需求　　单位：吨

年份	2016	2018^e	2019^e	2020^e	年复合增长率（%）
新能源汽车	2305.0	4804.9	6732.2	9323.4	41.8
风力发电	5547.6	7339.5	8492.8	9783.7	15.2
变频家电	5916.0	7103.0	7762.0	8407.0	9.2
节能电梯	4494.0	5438.0	5982.0	6580.0	10.0
工业机器人	2860.0	3280.0	3560.0	3820.0	7.5
智能手机	934.0	990.9	1010.7	1030.9	2.5
钕铁硼总需求	24171.1	31753.7	36721.8	38945.0	15.2

资料来源：中国产业信息网，http://www.chyxx.com/industry/201711/584699.html。

四　战略储备及其局限性

对于具有稀缺性、面临可持续开采利用压力甚至危及资源安全的储

---

① 2016年，中国稀土需求在全球稀土总需求中所占比重为56%，居世界首位；日本居第二位，占21%，美国和欧盟紧随其后，占比分别为9%和8%，日本、美国、欧盟三方需求占比合计为38%。

存性矿产，战略储备是可选用的战略目标和政策工具之一。一般而言，与贸易媒介以库存调整影响交易价差的机制相对应，有制度安排支撑的库存或简言之的"储备"可以提供调节供求的方式来发挥稳定市场的作用。在这方面，对于价格较为脆弱且需求弹性较小的大宗商品（原油等），战略储备对于资源安全的作用更为显著，也是各国和地区在其能源或资源战略中普遍采用的政策工具。理论上讲，战略储备的建立和择机释放有利于平滑价格波动，调控供求关系，应对供给中断等极端情况和危机事件，而后者对于石油、铀等能源矿产战略储备尤为重要。

然而，纳入战略储备的简单供求模型（见图14-6）可以反映出，实际上，战略储备的市场释放过程会产生抵消性效应（Volatility-depressing Effect），这种效应会在相当程度上使战略储备投放的价格抑制作用被储备重建的价格推升作用所抵消，即在图14-6中，仅从静态的供求模型来看，无法判断 $P_1'P_0'$ 的值是否大于、等于或者小于 P_1-P_0。

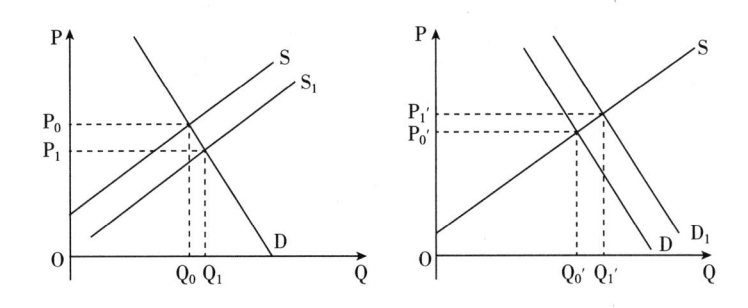

图14-6　稀有矿产战略储备释放的市场效应

资料来源：笔者自制。

如果再考虑战略储备体系的构建和运行成本，收储政策在稀有矿产资源战略中的运用显然需要做更为审慎的设计。广义上说，储备主体包括政府、社会机构和企业，这些主体都要为购入储备资源付出成本 P_0，其成本设施的单位固定成本为 C_0，单位可变成本为 c，资金成本为 i，则其储备函数为：

$$C_1 = C_0 + P_0 + (c+i) \times t, \quad t=1, 2, \cdots, n \qquad (14-3)$$

从式（14-3）可以看出，收储成本随着时间推移有可能上升。原则上，收储矿产释放的价格应设定为不低于 P_0，但实践中，储备投放后需要及时的决策恢复，这种决策周期往往与资源性产品价格波动的周期并不契合。因此，稀有矿产资源战略性储备体系及相关政策工具运用需要的市场信息量巨大，对反应速度和决策能力要求很高。同时，由于市场预期的长期影响，市场投机者自然倾向于累积库存以获得资产性收益。在这种情况下，政府或机构的战略性储备只是增加了特定矿产累积库存的可得性。一旦收储规模不科学或投放时机选择不当，储备管理机构偏离其职能将进一步加剧市场动荡，反而会危及资源安全。

第三节 稀有矿产资源领域的大国竞争

一 发达国家在稀有矿产资源领域的战略布局

回顾世界工业化历史，以低廉的价格持续利用全球矿产资源一向是发达国家资源战略的基本导向。从工业化初期的殖民扩张到掌控矿产品国际定价权，无一不体现出发达国家这一战略出发点。而正是通过不断拓展外部供给渠道，尽可能在世界范围内获取低价优质的矿产资源，发达国家有效缓解了工业化的资源环境约束，保障了本国的资源安全，确立了在矿产品国际贸易规则和定价机制中的主导地位。

进入后工业化时期，发达国家铁矿石、铜、铝、铅等基础金属的消费总量相继达峰（金殿臣，2017），基础金属消费收缩与稀有金属消费扩大的态势形成了明显的反差。1900—2010年的百余年间美国代表性大宗矿产品（铁矿石和铜）与稀有矿产品（钼和铟）消费量的变化进一步验证了矿产品消费结构的演变规律。由图14-7可见，美国大宗矿产品消费量在达到峰值后震荡下行，而稀有矿产资源消费量则持续增长。

国际金融危机发生后，发达经济体推行"再工业化"战略。无论是美国的"总统制造业复兴计划"还是"德国工业4.0"，都把"重振制造业"的重点放在了新能源、新材料等战略性新兴产业，而这些产

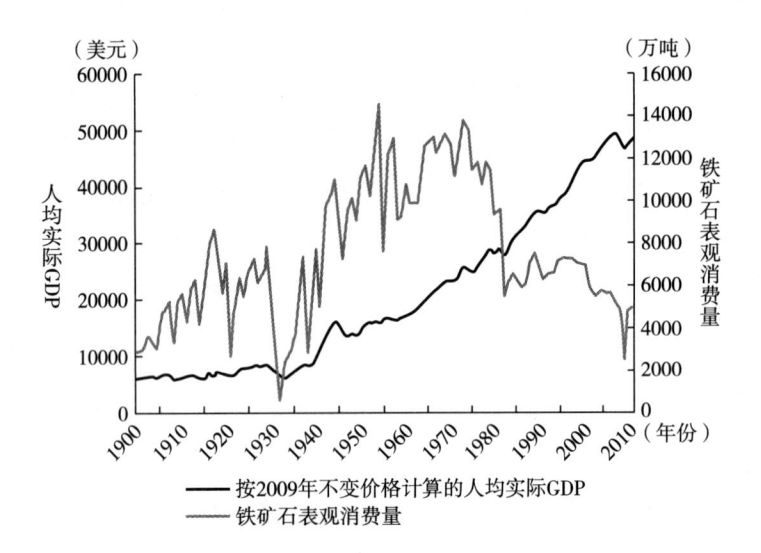

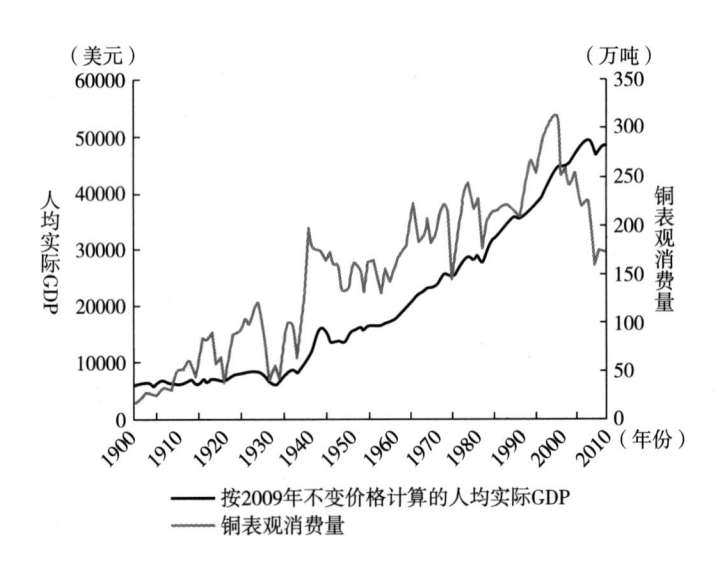

图 14-7　1900—2010 年美国人均实际 GDP 与铁矿石、铜、钼、铟消费量

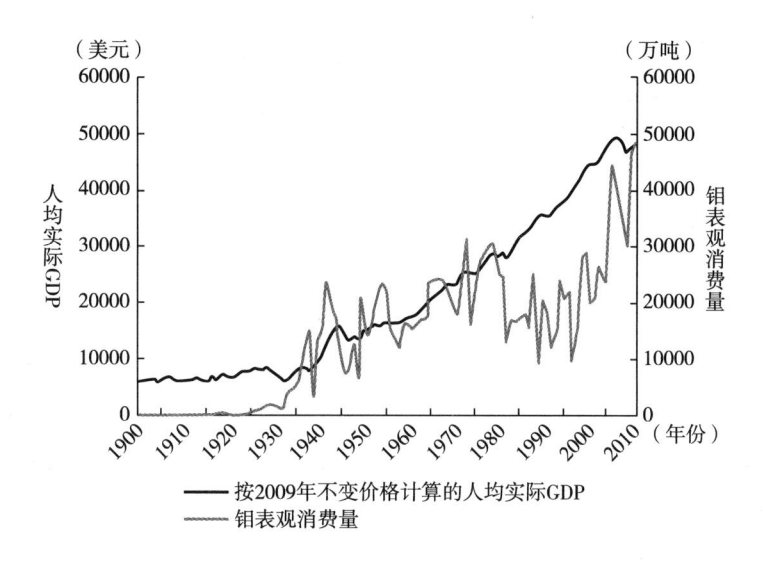

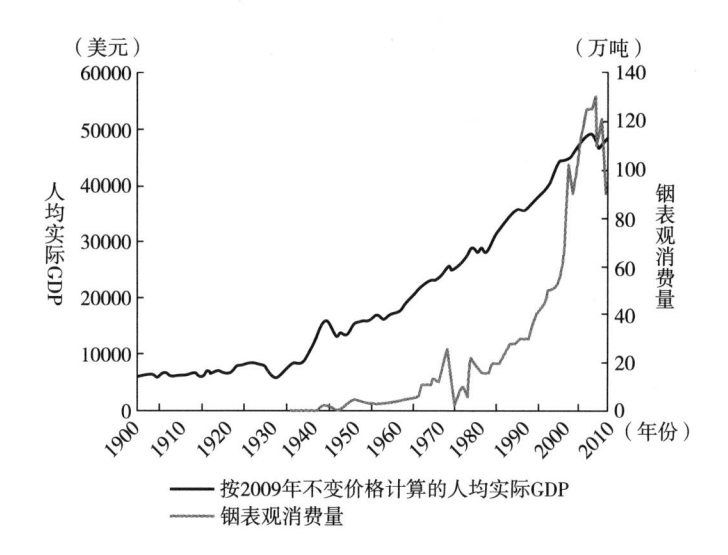

图 14-7　1900—2010 年美国人均实际 GDP 与铁矿石、铜、钼、铟消费量（续）

注：铟的表观消费量为 1936—2010 年数据。

资料来源：实际 GDP 根据美国经济分析局（BEA）数据计算，铁矿石、铜、钼、铟表观消费量数据取自美国地质调查局（USGS）。

业恰恰是稀有矿产资源应用的主要领域。发达国家不谋而合的战略布局拉动了新能源、新材料、新能源汽车、智能装备、高性能传感器等新兴产业和智能产品对稀有金属的需求，加快促使世界矿产资源争夺的重点从大宗矿产转向"三稀"矿产——稀土、稀有金属和稀散金属资源。

为应对稀有矿产资源领域的大国竞争，美国、欧盟、日本等主要发达国家和地区相继通过法案，加强战略性稀有矿产的国家管控和战略储备，意在逐步降低对中国等稀有矿产品主要出口国的依赖，从而为其新兴产业发展提供充足、稳定的原材料保障。发达国家稀有矿产保障战略的主要措施①包括：根据国内产业发展需要和国际供给环境，对稀有矿产的战略性开展动态、科学的评估，甄选出关键原材料，并对关键矿产实行清单管理。例如，近期美国、欧盟等国家和地区都相继更新了其关键矿产清单。其中，从欧盟的新版清单可以看出，中国具有资源优势的轻重稀土和钨，其供应风险和经济重要性在欧盟这一轮的评估中均排在前列，成为战略性很高的稀有矿产（见表14-2）；增加包括替代材料和技术在内的研发投入；提升信息情报工作；鼓励企业海外投资，拓展中国以外的供给；加强战略储备；推动回收利用；利用多边贸易平台，主动挑战供给国的出口限制及其他"贸易扭曲"政策；采取灵活的外交政策保障供给。

表14-2　　2017年欧盟关键矿产清单中的部分稀有矿产

矿种	供应风险	经济重要性
铋	3.8	3.6
锗	1.9	3.5
铪	1.3	4.2
重稀土	4.9	3.7
钨	2.4	4.1
轻稀土	5.0	3.6

---

① 根据以下文献整理：美国能源部 Critical Materials Strategy（2011、2012）；欧盟 Critical Raw Materials for the EU（2010），A Resource-efficient Europe-Flagship Initiative under the Europe 2020 Strategy（2011），Resource-efficient Europe（2011），Analysis Associated with the Roadmap to a Resource Efficient Europe（2012），Making Raw Materials Available for Europe's Future Well-being，Proposal for a European Innovation Partnership on Raw Materials（2012）；日本经济产业省（METI）Strategy for Ensuring Stable Supplies of Rare Metals（2009）。

续表

矿种	供应风险	经济重要性
天然石墨	2.9	2.9
铌	3.1	4.8
铂族金属	2.5	5.0
钪	2.9	3.7
钽	1.0	3.9
钨	1.8	7.3
钒	1.6	3.7

资料来源：EU, *Critical Raw Materials for the EU* (2017)。

比较美国、欧盟、日本关键矿产资源保障战略调整及其采取的政策措施可以看出以下突出特点：一是主要发达国家都将资源安全视为国家安全的重要组成部分，高度关注资源领域国际竞争格局的变化及其影响，对关键矿产资源开发利用和战略储备做出长远规划；二是发达国家的稀有矿产资源战略建立在对资源性产品和主要原材料的关键性进行系统、全面的分析评估基础之上，评估主要基于高技术产业（国防工业）的应用潜力以及稀有矿产品国际供求关系和政策环境的变化趋势，为本国战略调整、开展稀有矿产资源领域的国际协调提供决策支撑；三是将技术创新作为提高资源保障能力的主攻方向，通过不断开发应用替代产品和循环再利用技术，减少稀有矿产品的实际消耗，提高资源利用效率，缓解关键原材料供给的长期压力；四是注重在 WTO 多边贸易体系下，充分利用在国际贸易规则制定和运用中的话语权，为改善稀土等战略性资源的供给条件营造有利的贸易环境；五是主要发达国家采取的应对措施既有异曲同工之处，在大国之间形成了一定程度的战略默契，又反映出基于各自产业优势的战略重点和政策工具选用的差别。

就全球需求层面而言，稀有矿产资源在战略性新兴产业以及国防工业中的广泛应用催生了新的需求，稀有矿产资源的价值链不断向纵深延展；而在供给层面，世界范围内稀有矿产资源勘探、开采、冶炼、提纯、使用、回收等各个环节都面临着更加严格的环保标准，对未来稀有矿产品供给形成了重要约束。在供求两方面的共同作用下，尽管 WTO

"稀土案"① 败诉之后中国取消"配额+关税"的出口管制措施使国际市场供给预期趋稳,但全球稀有矿产品的供求关系呈现出持续波动、总体偏紧的态势,供求缺口依然存在。值得高度关注的是,尽管发达国家不断强化稀有矿产品供应的"去中国化"战略意图,但国际市场上稀有矿产品供给格局多元化进展一波三折,中国继续承担全球主要供给者的角色尚未发生根本性变化。

综上来看,过去十余年来,发达国家能源转型和产业升级刺激稀有矿产资源需求增加,虽然各国不断加大稀有矿产领域的战略渗透,但由于稀有矿产种类多、资源分布分散、应用领域广,目前任何工业国尚无法实现稀有矿产完全独立供给,也没有一个国家和地区能够掌控全部关键矿产的产业链及其应用领域。面对供求两侧的压力,如何适应稀有矿产领域大国竞争的形势及政策环境的新变化,建立完善符合中国自身资源条件,满足经济高质量发展和消费升级、加速工业化和城镇化发展的需要,安全、开放、可持续的国家资源战略和政策体系,更具现实紧迫性,这对中国政府矿产资源管理的能力建设提出了更高的要求。

二 中美经贸摩擦下美国关键矿产战略调整的动向

(一) 美国加大全球矿产资源整合力度

美国高度重视关键矿产在先进制造和国防军事工业中的应用,是世界上最早启动关键矿产评估和国家战略保障机制的国家之一,其国内立法和政策支撑可追溯至 1939 年出台的《战略性关键原材料储备法案》。近年来,为防范其他国家通过限制稀土、铂族金属等关键矿产供给钳制美国,美国将动态评估和调整关键矿产目录作为重要的应对举措。同时,美国《国防授权法案》禁止采购来自中国、俄罗斯、伊朗、朝鲜的矿产用于生产军事上最为敏感的产品,包括钨组件、钐钴磁铁和钕

---

① 2012 年 3 月 13 日,美国、欧盟、日本就中国对稀土、钨、钼采取出口限制措施向 WTO 提出磋商请求,这一诉讼简称"稀土案"。2014 年 8 月 7 日(日内瓦时间),WTO 公布了美国、欧盟、日本诉中国稀土、钨、钼相关产品出口管理措施案的上诉机构报告,即终裁决定,认定中方涉案产品的出口关税、出口配额措施不符合有关 WTO 规则以及中国加入世界贸易组织承诺的裁决。中国于 2015 年 1 月和 5 月相继取消了涉案产品的出口配额管理和出口关税。

铁硼。

在美国矿产资源安全保障体系下,"开源"是其为最鲜明且重要的战略导向。为不断扩大资源边界、掌控全球矿产资源,美国在制度和能力建设方面长期投入,矿产领域的立法和政策具有先导性和引领性,值得借鉴,包括:健全的信息收集制度;凭借强大的外交,多措并举开展矿产领域的国际协调;私人资本主导遍及全球的海外投资;精准识别核心利益;立法先行,国内立法优先于国际规则;强势美元和金融体系兜底。从图14-8可以看出,尽管经历了21世纪头十年的矿业发展高潮之后,全球矿业陷入周期性回调,但近期美国海外矿产投资仍保持较高的活跃度,有力地支撑了其对世界矿产资源的支配。

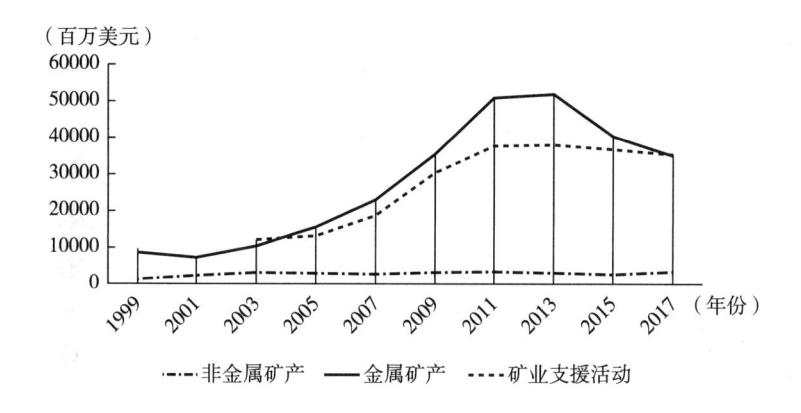

图 14-8 美国海外矿产投资规模变化

资料来源:美国地质调查局(USGS)。

(二)强化应对中美经贸摩擦的稀有矿产资源战略保障

2017年12月,时任美国总统的特朗普签发美国第13817号行政命令——《确保关键矿产安全和可靠供应的联邦战略》,试图采取更有力的手段,降低美国对关键矿产的外部依赖,确保美国国家安全和经济繁荣。依据13817号行政令,美国内政部于2018年5月更新关键矿产清单,将关键矿产目录扩展至35种,主要涉及稀土、铍、钴、镓、锗、石墨(天然)、铟、锂、铌、铂族金属、稀土元素族、铼、钽、钛、钨、锆等稀有矿产,并单方面对他国出口美国的35种金属进行限制,此举抑制我国稀土开采冶炼等关键矿产上游环节优势的战略动机十分明显。从特朗普颁布第 13817 号行政命令到美国内政部推出新版关键矿产清单，美国为应对关键矿产领域供求矛盾激化已经提前预判并做出相应的战略部署。

随着中美两国经贸摩擦升级，美国开始多方面发力，不断强化在稀有矿产资源领域的战略保障，一些政策措施力度之大前所未有。一是从对华关税制裁清单中撤销部分稀土产品。2018 年 9 月，美国对其发布的第二批 2000 亿美元对华关税制裁清单（见表 14-3）做出调整。在调整后的清单所涉及的货物商品中，稀土金属、稀土氧化物、稀土化合物、金属永磁体（钕铁硼在其中）被删除，仅保留非金属的柔性永磁和非金属永磁材料。这在一定程度上反映出美国对中国稀土产品仍有较高依存度。鉴于美国已将大部分稀土品种从关税制裁清单中移除，特别是对 2805.30.00、2846.90.20、8505.11.00 等税号下影响面较大的产品不再加征关税，对相关行业而言，意味着短期内避免了再次受到中美经贸摩擦的负面冲击。二是加快资本和技术输出。2019 年 6 月，美国国务院发布"能源资源治理倡议"，提出通过采矿知识分享、改善资源国投资环境等方式，帮助世界各国开发锂、铜、钴等矿产，以减少美国在高科技产业关键原材料方面对中国进口的依赖。三是建立"国际矿产联盟"。到 2019 年 9 月，已有 9 个国家加入美国战略矿产倡议，分别是刚果民主共和国、赞比亚、纳米比亚、博茨瓦纳、秘鲁、阿根廷、巴西、菲律宾和澳大利亚，这些国家均是全球关键矿产重要的资源富集地和输出国。美国下一个联合的目标国家是同为资源大国的加拿大，旨在提升锂、钴和稀土等美国紧缺矿产的保障程度。建立矿产联盟也被视为在中国传递出有可能收紧关键矿产出口的信号之后，美国"一揽子"应对中最具战略性的举措。四是军方加紧行动。2019 年 11 月，美国国防部向矿产商征求建造重稀土工厂的方案，并为开采者提供超过 60%的经费。这是美军自 1942 年 6 月实施"曼哈顿计划"以来，首次为商业化的稀土开采、生产、冶炼提供资金支持。另外，美国还高度重视关键矿产的减量循环回收替代技术和产品研发，已着手加大投入力度，建立新的研究基地，鼓励从废旧锂电池、永磁体和荧光灯里部分回收稀土，招募稀土回收技术和保管企业。

表 14-3　美国对华 2000 亿美元关税制裁清单中的主要稀土产品

关税税号	产品
2805.30.00	稀土金属、钪、钇，不论是否混合或中间合金
2846.10.00	铈化合物
2846.90.20	稀土氧化物或稀土氯化物的混合物
2846.90.46	大于 19% 但小于 85% 氧化钇当量的钇材料和化合物
2846.90.80	化合物，无机或有机，稀土金属，钇或钪，或这些金属的混合物，其他
8505.11.00	永久磁铁和磁化后能成为永久磁体的金属类产品
7202.99.80	铁合金，其他

资料来源：笔者根据美国对华关税制裁清单名录整理。

美国的上述布局和应对手段进一步昭示出中美之间围绕关键矿产的大国竞争是长期和全方位的。必须清醒地认识到，鉴于两国关系的走向仍存在诸多不确定性，在最大限度维护大局的前提下，关键矿产领域的博弈显然要靠强大的自身战略能力做支撑。就稀土而言，美国虽然国内稀土资源丰富，但其劣势在于供应链不完整，短期内美国很难完成国内稀土产业链重构和全球供应链整合。反观中国，稀土产业链上控制力最强的环节在冶炼分离，在这一环节上无论技术、产能、议价空间都有较大的战略回旋余地。

综上所述，无论历史地观察还是长远来看，矿产资源领域始终是大国竞争的主要领域。就这一角度而言，进入工业化中后期中国产业转型升级迫切需要国家层面的稀有矿产资源战略做支撑，而全球稀有矿产资源领域和战略性新兴产业的激烈竞争也召唤更高水平的战略应对。中国亟须构建涵盖供给保障、应用升级、国际规则掌控等内容的稀有矿产资源开发利用的国家战略。在全面、系统地分析评估进入工业化中后期对稀有矿产资源的需求规模及结构、优势稀有矿产资源条件及其开发利用状况、后起国家突破稀有资源国际竞争格局的战略手段等因素的基础上，深入探讨优化稀有矿产资源产业链与促进产业转型升级的关系，依托国家战略，建立完善包括资源管理、战略储备、产业政策、贸易政策、财税政策、价格机制、区域布局、环境保护与生态修复、国家管制的综合性政策体系，为到 2020 年基本实现工业化提供关键原材料保障，具有重大理论和现实意义。

第十五章 国家战略与政策措施

面对新一轮科技革命和产业变革下全球资源竞争与安全形势的变化，如何建立完善稀有矿产资源国家战略和政策体系，从而为建设现代化产业体系、加快经济高质量发展，推动中国基本实现工业化，提供稳定可靠的关键原材料保障，是国家资源治理能力建设的新要求。

第一节 中国稀有矿产资源政策调整：以稀土为例

在所有具有战略价值的稀有矿产资源中，稀土无疑是最受关注的品类之一，而中国稀土更是全球瞩目的焦点。近年来，针对"稀土案"败诉之后国际贸易环境发生的新变化，中国政府不断完善稀土产业政策和行业管理体制机制，在改进总量控制、强化稀土开采冶炼生态环境治理、优化行业组织结构、理顺市场秩序、推动产业链延伸、改革财税制度、规范贸易政策等方面都取得了积极进展。然而，尽管经过数轮政策调整，但现阶段中国稀土资源开发利用和产业发展的顶层设计还不到位，政策思路仍有局限性，上游资源开发环节产生的环境损害与下游高端应用能力不足的情况并存，严重制约行业发展整体水平的提升。如何充分挖掘资源优势，实现稀土产业高质量发展，使其在构建现代化产业链中更好地发挥"工业维生素"的作用，是中国这个稀土大国面临的重大课题。

一 中国稀土资源开发和产业发展政策调整的新进展

自20世纪90年代以来，中国稀土政策经历了松紧不一、导向差异较大的多轮调整。2015年之后，中国稀土政策调整的总体方向则呈现出"内控外开"的鲜明特点。一方面，主管部门对国内稀土开采仍设置较为严格的总量控制指标，并将这些指标较为集中地投放到整合后的六大稀土集团。同时，采取改革资源税等政策手段，加大稀土产业上游环节的环保执法力度，引导行业可持续发展；另一方面，落实新一轮扩大开放的政策措施，放宽稀土等矿业领域的外资准入限制，坚持推动稀土资源开放利用。

（一）继续实施总量控制，有效管理国内供给

中国对钨锡锑离子型稀土实行总量控制的管理方式，其政策法规依据可溯至1991年发布的《国务院关于将钨锡锑离子吸附型稀土列为国家实行保护性开采特定矿种的通知》（国发〔1991〕5号），以及《国土资源部关于下达2009年钨矿锑矿和稀土矿开采总量控制指标的通知》（国土资发〔2009〕49号）和《保护性开采特定矿种勘查开采管理暂行办法》（国土资发〔2009〕165号）等国家法规和部门文件。虽然"稀土案"败诉后中国在出口环节终止了"关税＋配额"的数量限制管理模式，但国内生产端的计划指标却一直得以保留，并继续作为中国政府管控稀土这一重要战略资源最为有力的措施之一。近年来，中国稀土总量控制指标维持在每年10万吨左右的规模。2018年之后，为满足国内外不断增长的稀土需求，有关部门调高稀土总量开采指标，但指标增加较多的是岩矿型（轻）稀土矿，而对离子型稀土开采总量指标的调整比较审慎。2018年和2019年，中国稀土开采总量指标分别上调14.29%和10%，但同期离子型稀土开采指标的变化幅度却仅为6.98%或与上年持平。从自然资源部、工业和信息化部公布的第一批总量指标来看，2020年国内稀土开采总量不会有大的变化（见图15－1）。

再从开采总量控制指标的分配情况来看，从表15－1可以看出，岩矿型稀土开采指标基本上投向北方资源集聚省区，而南方省区则获得了离子型稀土的全部开采指标，清晰地反映出中国稀土"北轻南重"的资源分布格局。值得注意的是，与北方轻稀土开采地区较为集中的情况相对应，获批南方离子型稀土开采指标的省区增多，资源更趋分散，这也在一定程度上导致中重稀土总量管理的难度进一步加大。

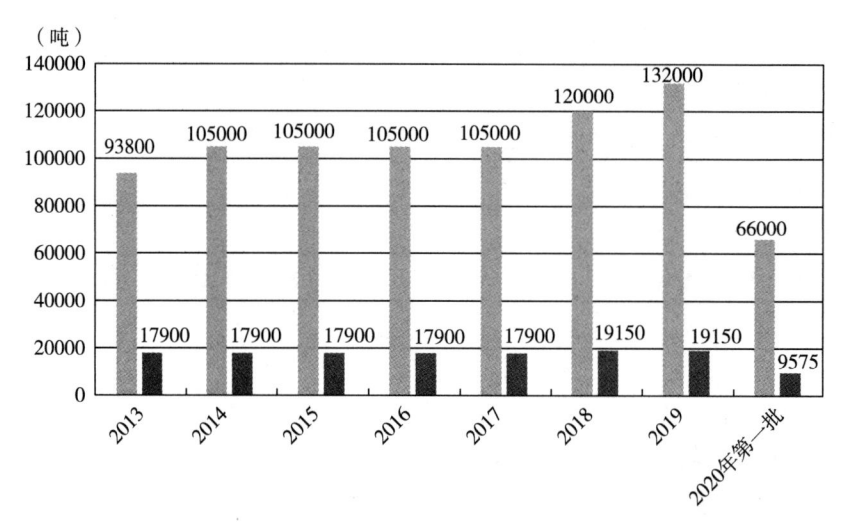

图 15-1　2013—2020 年中国稀土开采总量控制指标

年份	稀土开采指标	离子型稀土（中重稀土为主）开采指标
2013	93800	17900
2014	105000	17900
2015	105000	17900
2016	105000	17900
2017	105000	17900
2018	120000	19150
2019	132000	19150
2020年第一批	66000	9575

资料来源：工业和信息化部。

表 15-1　2018 年中国稀土开采总量指标的地区分配情况

省份	稀土氧化物（REO，吨）	
	岩矿型	离子型
内蒙古	69250	—
福建	—	3500
江西	—	8500
山东	3600	—
湖南	—	1800
广东	—	2700
广西	—	2500
四川	28000	—
云南	—	150
小计	100850	19150
总计	12000	—

注：2018 年实际执行开采总量控制指标与发布的计划数据略作调整。

资料来源：自然资源部。

（二）改革计征方式，充分发挥资源税对规范行业发展的积极作用

2015年之前，中国稀土资源税采取从量计征的方式。从量计征带来的问题较多，不仅难以体现市场行情的变化，而且由于各地资源税负不一致，加之地方政府又有较大的自由裁量权，导致稀土开采企业税负差别明显。如实行从量税时期，江西省的计税标准为3.6万元/吨，远远超出广东2.25万元/吨、福建0.7万元/吨、广西0.6万元/吨的水平，这种税负差异不利于市场公平竞争，无法准确体现国家通过资源税调节稀土开采结构的政策意图。一直以来，相关领域的学者以及地方政府、行业协会和开采企业不断呼吁改革稀土资源税征收方式。在广泛吸收各界意见的基础上，2015年5月1日，中央政府将稀土资源税由从量征收调整为从价计征，并统一了各地税率。其中，轻稀土资源税税率设为7.5%—11.5%①，中重稀土税率定在27%的水平。② 从价征收稀土资源税，总体上有助于统一企业税负，促进公平竞争，并能够更好地传递供求关系等市场信息的变化，从而增强政策调节的敏感度。而进一步拉开轻重稀土资源税税率级差，对于保护中重稀土战略资源、减少生态环境损害、优化生产结构起到了一定的积极作用。

（三）六大集团整合到位，行业组织结构优化

2017年1月，随着五矿集团完成整合验收，中国稀土产业发展历史上由政府主导、力度最大的一次行业整合告一段落，整合后的六大稀土集团实现了开采和冶炼分离环节上对国家总量指标100%的控制，而其实际掌握的稀土资源全国占比也在95%以上。从表15-2可以看出，与"北集中南分散"的资源利用趋势相契合，集中掌握内蒙古轻稀土资源的北方稀土公司，其冶炼分离产品指标占全国的比重超过50%。总体来看，将全国稀土资源整合到六大集团，是中国政府针对长期以来全球稀土市场供求两侧组织结构不对称、制约国际定价影响力等行业发展顽疾，在制度层面推出的重大举措，意味着国家对行业上游的控制力度明显增大，有利于中国稀土行业集约化发展，对于推动稀土资源的战

---

① 轻稀土资源税：内蒙古为11.5%，四川为9.5%，山东为7.5%。
② 中重稀土27%的资源税税率是按照每吨3.6万元的价格折算17%的税率，再加上4%的矿产资源补偿费和5%的关税，并上浮1个百分点确定。

略管理、减轻环境损害、建立完善国家收储体系、提升国际话语权都将产生深远影响。

表 15-2 2018 年六大集团获得稀土冶炼分离产品总量指标的情况

六家稀土集团	冶炼分离产品（REO，吨）
中国稀有稀土股份有限公司	19379
五矿稀土集团有限公司	5658
中国北方稀土（集团）高科技股份有限公司	59484
厦门钨业股份有限公司	3963
中国南方稀土集团有限公司	15912
广东省稀土产业集团有限公司	10604
合计	115000

资料来源：（原）国土资源部。

（四）管理机制不断完善，有利于促进行业健康发展

首先，主管部门明显收紧采矿权管理。2011 年国务院颁发对稀土行业产生重大影响的《国务院关于促进稀土行业健康持续发展的若干意见》（国发〔2011〕12 号，简称"12 号文"）之后，全国范围内稀土矿勘查和采矿许可证的申办实际上已经暂停。2015 年 11 月，原国土资源部下发《国土资源部关于规范稀土钨矿探矿权采矿权审批管理的通知》（国土资规〔2015〕9 号）。根据这一部门文件，结合六大集团对地方稀土资源的整合过程，国家进一步严格稀土资源探采的资质和行业进入管理。目前，这一政策措施已经取得阶段性成效。2018 年，全国稀土采矿权证由 113 本大幅减少至 68 本，这些矿证的分布集中对应国内三大稀土资源富集地区：内蒙古白云鄂博氟碳铈矿—独居石混合精矿、四川冕宁牦牛坪氟碳铈矿精矿，以及南方五省区离子吸附型稀土矿。其中，江西省原有 88 本稀土采矿证，整合后仅留有 45 本。其次，积极回应各界呼吁，逐步建立起稀土国家收储体系，并根据市场行情变化，采取公开招标、"少量多次"的方式实施国家收储。再次，严格采选工艺要求、行业排污许可、开展专项环保督察行动等措施多管齐下，持续加大稀土开采生产加工等环节的环境治理投入力度，六大集团加快

采用绿色生产工艺，稀土产业的污染治理水平不断提高。最后，通过专项行动"回头看"等方式，对无证开采、非法销售等稀土违法违规开采活动实施常态化打击，稀土废料综合回收利用领域的乱象得以初步管控，有效地遏制了赣南等地"黑稀土"泛滥的势头，在一定程度上改善了行业发展秩序（见表15-3）。

表15-3　　　　　　　稀土行业秩序治理的部分举措

时间	事件
2017年6月	江西省工信厅发出《关于开展打击稀土违法违规行为专项行动"回头看"工作的紧急通知》，对省内稀土企业逐一核查，集中整治无证开采、环评手续不齐、超标排放、超计划和无计划生产等违法违规活动，采取关停、拆除、移交司法等强力手段，严惩收购加工"稀土富集物"的资源综合回收利用企业
2017年11月	工业和信息化部、公安部、国土资源部、环境保护部、海关总署、国家税务总局等7部门联合下发《关于商请组织开展打击稀土违法违规行为专项行动的函》。在落实过程中，江西省发现并捣毁赣州市一处黑稀土窝点。此次核查行动还关停了赣州市19家存在环保不达标、无立项文件的问题企业和两家非法经营的当地贸易公司，追缴多家企业偷逃的税款
2018年5月	针对央视曝光江西省部分县市稀土企业环境违法的线索，江西省组成调查组，分别进驻宜丰县、万年县、铅山县和景德镇市，对相关问题进行了集中调查处置
2018年8月	中央第四次环保督察组进驻江西省开展"回头看"，重点对有色金属等资源行业进行复核
2018年	江西省发布实施《离子型稀土矿山开采水污染排放标准》；江苏省生态环境厅和质量监督局推出《稀土冶炼废渣放射性豁免要求》等省级地方行业环境标准
2011年至今	依据国家相关法规以及2011年制定的《稀土工业污染排放标准》，中国稀土行业协会等有关部门加紧组织编制《稀土行业排污许可证技术规范》及《排污许可证申请与核发技术规范——稀土行业》《稀土行业排污许可证申请与核发技术规范编著说明》等管理文件，将于2020年开展稀土行业排污许可证颁发

资料来源：笔者根据公开信息以及中国稀土行业协会的相关资料整理。

(五) 简化负面清单，推动稀土产业对外开放

尽管面对多方面的国内外压力，但中国政府始终坚持开放利用稀土资源，近年来稀土产业对外开放进程提速。随着市场准入条件放宽，日本等国的主要生产企业纷纷到中国投资办厂，将一些在其国内专利保护期已满的稀土产品转至中国生产加工，促使永磁材料等下游产品产能快速扩张。值得充分肯定的是，在中美经贸摩擦升级的情况下，中国仍然将稀土开发利用对外开放的大门"越开越大"。2018年6月，国家发展改革委发布《外商投资准入特别管理措施（负面清单）》（2018年版），进一步放宽中国市场准入条件，降低稀土、钨、石墨、稀缺煤等矿业领域的外资进入门槛，取消稀土冶炼、分离限于合资、合作的限制。此举传递出的政策信号，不仅有利于稳定各类资本对中国稀土行业发展的总体预期，而且作为备受全球瞩目的战略性矿产，扩大稀土领域开放彰显出中国坚定不移走对外开放道路、加快构建全面开放新格局的大国自信。在坚持开放的同时，针对美国单方面发起对华关税制裁，中国政府采取合理适当的措施予以反制。就美国2018年7月对从中国进口的2000亿美元商品加征关税的做法，根据《中华人民共和国贸易法》《中华人民共和国进出口关税条例》等国内法规，中方对自美进口的约600亿美元的商品征收关税，其中涉及多种美国出口中国的稀土产品（见表15-4）。

表15-4　　加征关税的美国出口稀土产品

对美征收25%关税的涉及稀土产品		对美征收25%关税的涉及稀土产品	
税号	产品	税号	产品
28053029	其他以相互混合或熔合的稀土金属、钪及钇	28461010	氧化铈
28469011	氧化钇	28469012	氧化镧
28469017	氧化镨	28469099	稀土金属，钇、钪的其他化合物
28469019	其他氧化稀土		
28469048	混合碳酸稀土		
28469093	铽的其他化合物		
28469096	钇的其他氧化物		

资料来源：商务部网站。

二 行业管理的主要问题及症结

（一）主要问题

应该看到，2015年以来的这一轮稀土政策调整实现了对部分措施有悖于多边贸易规则的"关税+配额"出口政策的纠偏，六大集团主导的资源整合则突破了"散小乱差"的行业组织和市场秩序困局。因此，总体而言，这一轮政策实施取得了重要进展和积极成效。然而，从根本上解决中国稀土产业发展长期积淀的问题和矛盾不可能一蹴而就，现阶段中国稀土资源利用和产业发展的整体水平与先进国家仍有差距，与行业发展的长远目标尚存偏差，其中既有多年"顽症痼疾"，也有新政策导致的新问题，集中表现在以下五个方面。

1. 关于探矿权和采矿权

在国家全面收紧探采环节管控的情况下，近年来，国内新增探矿权、采矿权很少。由于目前南方离子型稀土矿已经开采多年，资源存量规模下降，探采权证有减无增的状况严重制约稀土行业上游尤其是离子型稀土开采的可持续发展，六大集团旗下的不少南方矿因此陷入"有证无矿"的局面，难以维持正常生产秩序，而在下游需求刺激下，这种管控导向也刺激了无证违规开采，有矿无证现象相当普遍。针对这一问题，2018年12月，自然资源部下发《关于进一步规范稀土矿钨矿矿业权审批管理的通知》，对前期偏紧的矿业权管理做出适当调整，并对国家确定的贫困地区稀土开采予以支持，但这些政策措施还未落实到位，稀土矿勘查许可证和采矿许可证申请工作开展并不顺畅。

2. 关于总量控制指标

稀土总量控制指标调整不够灵活及时，总量指标调节幅度过于保守，难以适应国内外需求变化的节奏，且与需求不匹配，已成为稀土行业管理的主要矛盾，且这一矛盾随着2018年稀土需求增加而进一步凸显。如2019年，中国稀土行业协会做出预测，根据需求，当年稀土总量指标应定在15万吨的水平，而最终主管部门确定的13.2万吨的年度总量计划，虽比2018年有所上调，但仍无法满足实际需求。在全球供求日益多元化的条件下，国内供求缺口会由进口弥补，导致稀土进口连续出现较大幅度增长。同时，除了年度指标的具体规模之外，实行总量管控的范围涵盖轻重稀土，也一直是学术界、产业界提出意见最为集中的政策导向。实际上，对总量控制的法规依据追本溯源，《中华人民共和国矿产资源法》第十七条明确规定："国家对国家规划矿区、对国民经济具有重要价值的矿区和国家规定实行保护性开采的特定矿种，实行有计划的开采。"由此可见，将一些具有资源优势和重要应用价值的矿种确立为保护性开采的特定矿种，实行有计划开采，是中国现行法律的基本要求。1991年，国务院根据矿产资源禀赋、市场供求形势等，将钨、锡、锑、离子型稀土确定为保护性开采的特定矿种。自此之后，相关法律和政策文件虽然多次修改，但国家保护性开采特定矿种下的稀土仅包括离子吸附型稀土，这一点从未发生改变。然而，在具体执行中，主管部门却对轻重稀土均设立开采冶炼总量控制指标，这在一定程度上背离了国家相关法律的规定。对此，国内企业、行业协会、学术界不断呼吁放开轻稀土开采冶炼指标，在实行严格环境标准和规范生产工艺的条件下，允许市场调节轻稀土产量，但这一政策限制始终未能突破。再回到中国稀土资源的赋存条件，以内蒙古白云鄂博矿为代表的北方稀土，属于典型的共生矿。在白云矿铁矿石开采过程中，会生成大量镧铈等轻稀土资源。如不及时、有效开采，并在抛光粉、催化剂、陶瓷材料、金属结构材料等民用领域中加以规模化开发利用，不仅不能产生经济效益，而且还会引发严重的生态灾害。

3. 关于资源税

资源税作为稀土政策调整的重点内容，同样在实施过程中出现了一系列问题，其中最受关注的问题是税负偏高。目前，国内中重稀土的资源税税率为27%。除资源税之外，中重稀土企业还要缴纳包括增值税、印花税等多种税费，综合税负平均高达45%—50%。在这种缴税负担下，以离子型稀土10万—20万元/吨的市场价格（不含税），扣除税费和生产成本，加上清洁生产、生态修复等各种投入，绝大多数企业基本上无利可图。另外，资源税征收的初衷是要以其替代名目繁多的税费，简化税收征缴程序。同时，资源税改革明确规定稀土企业不再缴纳矿产资源补偿费，而在实际执行中，一些地方仍按4%的费率征收。再从表15-5看，中国稀土企业面对的资源税税率不仅远超过美国、加拿大、澳大利亚、巴西等矿业大国的水平，而且也大幅高出越南这类全球稀土市场上的新供给国,这无疑严重影响了中国稀土企业的国际竞争力。过高的税收负担势必一方面导致偷税漏税频发,另一方面为不明来源的"黑稀土"提供了市场空间。为此,要在调研企业实际税负和成本结构的基础上,加紧完善相关政策,促进资源税尽快调整到合理的水平。

表 15 – 5　　　　　　　部分国家的资源税水平

国家	资源税税率
美国	石油天然气 12.5%,其他矿产 5%
澳大利亚	金红石、钻石、钛铁矿、独居石、石榴石、石油等实行从价权利金征收,税率为 5%—10%
加拿大	矿业税税率为 3%—12%,并可在各类所得税税基中全额抵扣
巴西	从价计征,综合税率为 10%—15%
越南	在其最新实行的税率表中,金矿和稀土矿的资源税税率为 15%

资料来源:根据公开资料整理。

4. 关于行业发展秩序

在持续改善的同时,稀土行业发展中一些长期存在的问题仍未得到根治。私挖乱采、违法生产、违规销售现象时有发生;稀土废料综合回收领域整治不到位,借稀土废料综合利用之名、行冶炼分离之实的现象屡禁不止;在生产工艺技术方面,开采过程中检测、淋洗、围山面积等环节和指标与环评报告标准不统一,部分企业虽经多轮督察,环保仍不达标;国家收储制度处在建设运行的初步阶段,收储规模和时机把握需要更加科学的判断和探索;行业诚信体系不完善,企业自律有待进一步加强。[1]

5. 关于下游应用

稀土产业高质量发展的关键在于高水平应用,这一点早已成为行业和学界共识。然而,与国家在上游环节持续的政策投入和大力度的管控相比,对于稀土产业下游如何发展,特别是平衡不同稀土元素的开发利用、进一步挖掘稀土资源的应用价值、做精做优各类功能材料,始终缺

---

[1] 根据中国稀土行业协会对六大集团调研资料中反映的问题整理。

少真正具有实操意义的引导政策。诚然，与开采冶炼等环节相比，下游应用环节的发展应在更大程度上发挥市场机制的作用，但如何精准把握稀土产业链不同环节的发展规律、协调其政策需求和管理方式的差异，是今后稀土产业政策创新和管理体制机制完善的重要方向。

（二）深层次的原因

从以上问题可以看出，在稀土全产业链上，现行政策重开采冶炼，轻高端应用，对行业上游环节"管得多、管得紧、管得严"，而产业链延展、先进功能材料开发应用等方面的政策投入不足，致使稀土高水平应用长期难以实现，即使国内相继研发出一些有较高应用价值、市场潜力大的稀土功能材料，但这些创新成果的产业化也面临诸多困难。值得注意的是，稀土产业虽然在现代产业体系内至关重要，但规模如此之小的一个产业，为什么总也"管"不好？究其根源，稀土行业的大部分"乱"可能都出在了"管"字上，以至于越要"管"，就越"管不好管不住"。

实际上，关于稀土资源到底应不应该管，基本没有太多争议，而稀土产业如何管？中央与地方，政府与协会、企业，以及学者之间始终未形成一致性的判断和认识。从资源条件和应用特点来看，轻稀土应归为竞争性资源，对其进行总量控制的意义并不大。而对于战略性强的南方离子型稀土，因其成矿分散、品位低，政策管控和国家收储在技术、企业组织结构以及政策执行层面均存在先天性的障碍。

中国是稀土资源最丰富、品种最齐全的国家，同时也是稀土产品生产和消费的世界第一大国。长远来看，中国既然要担负起构建"人类命运共同体"的历史重任，就必须清醒地认识到：稀土被称为"工业味精"，这一定位和角色决定了稀土在工业、国防等领域的应用多是"锦上添花"；不是每一种稀土元素都具有高强的战略性，而且即使中国独特的重稀土资源，也不具备完全的排他性。趋于多元化的全球稀土供给格局总体上有利于维护稀土资源安全，过于严苛的管控反而会刺激进口国对中国优质资源的替代；稀土的价值在于依托新科技新产业，不断挖掘下游应用。在上游资源优势强而下游高端应用弱的失衡产业格局下，单边对外部需求采取制衡的结果往往容易被反制；全产业链强才是真的强，稀土高端应用领域的短板不是仅靠闭门造车就能补齐的。当然，在中美经贸摩擦升级和全球贸易规制重塑的大背景下，必须要高度重视自主开发，加快推动形成稀土产业发展的高水平"内循环"，从而确保稀土供应链安全。

鉴于上述客观事实，如不彻底摒弃对待稀土资源封闭利用的片面意识以及狭隘利益观，稀土产业的"病根"很难消除，行业发展"乱象"势必反复发作，甚至会拖垮中国这一优质、独特的资源，而"头疼医头、脚疼医脚"的行业管理思路只能是"按下葫芦浮起瓢"。

国务院 12 号文已经发布近十年，进入新发展阶段，面对新形势，有必要在供给侧结构性改革的大背景下把握稀土产品的供求规律以及产业发展的目标方向，进一步厘清中央与地方之间的利益关系，重塑政府和市场的角色，广泛吸纳企业、行业协会的意见诉求，启动新一轮顶层设计，持续创新稀土产业政策和管理方式的思路和手段，科学分类，精准管控；疏堵结合，标本兼治；加大科技开发支持力度，以下游应用的高端化、精益化倒逼上游资源管控的有序化、法治化，打造具有国际竞争力的开放式稀土产业链，促使稀土在推动战略性新兴产业发展、带动产业转型升级中持续发挥其特殊功效，不断巩固提升中国稀土的资源优势及在全球稀土供求体系中的战略地位。

第二节 战略构建

进入新发展阶段，从工业化新阶段的历史使命出发，中国工业发展的首要任务由规模扩张转向质量提升，加快由工业大国迈向工业强国。面对经济增长速度换挡、资源环境约束以及国际竞争格局的新变化，如何在工业化中后期，通过转变工业发展方式、促进产业转型升级，构筑起工业强国的现代化产业体系，是摆在我们面前的重大理论和现实问题。

需要强调的是，无论从要素利用效率、技术进步路径还是政府在资源配置中的角色来看，中国工业化历程特别是改革开放四十余年来的工业化发展是后发优势充分释放的过程，具有较为典型的"压缩工业化"特征。在这样的工业化模式下，中国矿产资源消耗及其环境影响虽然并未从根本上偏离主要工业大国的一般规律，但也显现出一定的自身独特性。这种共性和特性需要放在中国工业化阶段性变化的大背景下进行系统研究。同时，这也决定了中国制定实施稀有矿产资源的国家战略要兼顾共性规律和（本国）特性需求，统筹阶段性目标和长远发展。

如前所述，中国既是部分稀有矿产资源大国，又是稀有矿产资源下游产品主要消费国，目前也仍是稀有矿产资源国际定价机制和贸易规则的被动接受者。从这一现实出发，构建中国稀有矿产资源开发利用的国家战略，不但要关注具体稀有矿产资源的战略价值及其"关键度"，评估各类稀有矿产资源的供应风险，更要探索中国具有优势的稀有矿产资源的可持续开发，解决怎样才能更好地提升稀有矿产资源下游产品水平，探讨如何突破稀有矿产资源现有竞争格局，逐步掌控稀有矿产资源国际贸易规则的话语权等重大问题。

一 资源安全是大国矿产战略的首要原则

构建稀有矿产开发利用的国家战略，要本着安全、创新、绿色、开放的原则，而战略构建的基本原则中，安全是首要原则。从图15-2可以看出，作为保质保量、及时持续、稳定可靠、经济合理地获取所需的矿产资源以及资源性产品的状态或能力，资源安全是国家安全的重要内容，也是支撑大国竞争的综合实力之一。资源安全不仅要靠数量和规模，更是全面协同质量、结构、经济性的动态保障过程。资源安全受多种因素的影响，如资源禀赋、人口规模、发展阶段、产业结构、技术水平、生态环境、国际规则、地缘政治、体制机制等因素对一国资源安全产生多方面的影响。

就中国的稀有矿产资源安全形势而言，需要更多地关注供求两侧的复杂情况。一方面，新工业革命下主导产业更迭以及智能制造、增材制造等制造范式的变革不断推高稀有矿产在高技术领域、战略性新兴产业以及国防军事工业的需求；另一方面，在稀有矿产品国际市场格局中，中国是主要供给者，稀有矿产资源的下游环节则聚集了日本、美国、欧盟等主要工业国，是大国竞争的典型领域。对于这一领域的顶层设计，必须动员经济、政治、外交等各种制度要素。同时，不仅要用足用好稀土、钨等自身资源优势，更要对铂族金属、钽、铌等国内资源贫乏的稀有矿产资源做好海外供给的安全保障。

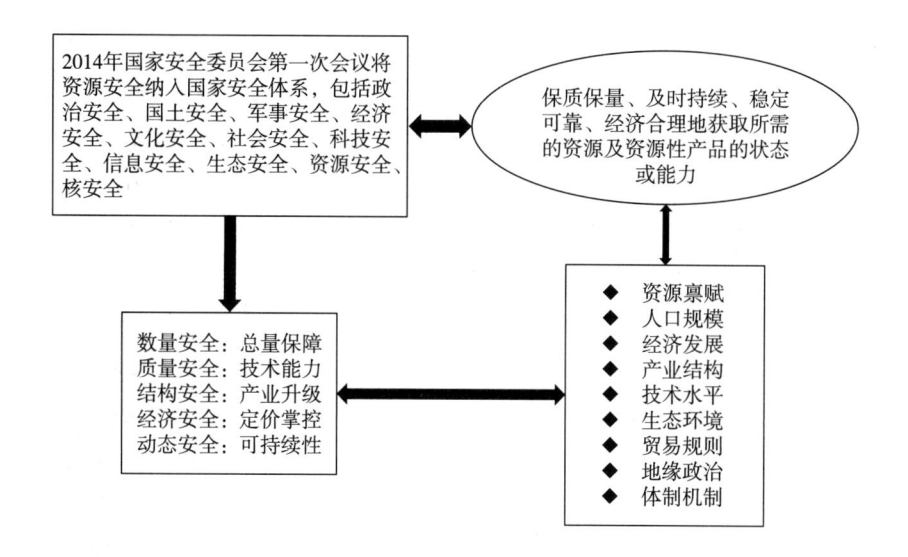

图 15-2 资源安全与国家安全的关系

资料来源：笔者绘制。

二 稀有矿产资源开发利用的两个战略支点

从工业化中后期产业转型升级、增强战略性新兴产业关键原材料综合保障能力的角度出发，制定实施稀有矿产资源开发利用的国家战略，要确立两个战略支点：一是立足国内、拓展海外，打通国内国际稀有矿产资源的供给渠道，夯实产业高质量发展所需稀有矿产资源的保障基础；二是通过进一步加大自主研发创新，不断挖掘稀有矿产资源在先进制造业和国防工业的应用价值，伸展产业价值链，加快推动中国优势稀有矿产由资源优势上升为产业优势和经济优势，助力"打赢产业基础高级化、产业链现代化攻坚战"。简言之，这两个战略支点一个要落脚在稀有矿产资源的深度开发上，另一个则要强化稀有矿产资源的高端应用，从而共同支撑由工业大国迈向工业强国的稀有矿产资源国家战略。

一方面，要认清中国矿产资源赋存条件的基本事实。中国是一个资源总体丰饶、人均相对贫乏的大国。具体到稀有矿产资源，既有在国际市场上具有一定垄断地位的稀土、钨、钼等品类，也有一些战略性较强、未来需求潜力大的稀有金属如铂族金属，国内资源禀赋相对贫弱。近年来，国际稀有矿产品价格大幅波动，供求形势复杂多变，安全保障的制约因素明显增多。在这种情况下，站在大国战略的高度，稀有矿产开发首先要立足国内。只有不断增强国内资源保障能力，才能在错综复杂的环境下更好地掌握应用的主动权，更好地满足国内经济社会发展的资源需求。因此，进入工业化中后期，要依托国家找矿突破战略，运用世界先进找矿技术，加大勘探开发投入力度，织密勘查网络。顺应国际上海洋资源勘探开发等新趋势，拓展矿产勘查新领域、新空间。创新体制机制，建立多元化投资平台，形成稀有矿产资源开发合力。

另一方面，稀有矿产资源开发要放眼全球。充分利用国内外两种资源、两个市场，进一步扩展资源边界，建立多元化供给渠道，有效缓解国内相对短缺的稀有金属品种的供给"瓶颈"。习近平主席在出访哈萨克斯坦、蒙古等国家和地区时，多次强调加强资源领域的双边和多边合作。可以预见，在国家推进"一带一路"倡议、成立"亚洲基础设施投资银行"（以下简称"亚投行"）等重大战略部署的引领下，通过"基础设施换资源"等方式，不仅可以与相关利益方实现优势互补，获得相对稳定的稀有金属海外供给，而且借力海外矿产开发，更加广泛、深入地参与地区资源整合，以重塑地缘经济、政治、外交格局。

三 面向高质量发展提升应用水平

长期以来，由于对稀有矿产资源的功能、用途及其战略意义认识不全面、不到位，国内稀有矿产资源粗放式加工利用的问题十分突出，资源优势未能真正上升为产业优势成为困扰稀有矿产资源开发利用的顽疾。应该看到，稀有金属产业链的高端环节发育不足、产品附加值偏低的问题在一定程度上反映出了中国工业发展的整体水平，这也是工业化阶段性特征所决定的。从人类的工业化历程来看，对特定矿产性能的认识和开发利用，归根结底要取决于一个国家和地区的产业体系和技术装备水平。因此，真正制约中国稀有矿产资源高端应用乃至稀有金属产业链高附加值环节发育的还是国内产业发展的整体水平以及原材料的需求结构。可见，只有不断扩大高端应用领域的需求，才能刺激稀有金属产业链高附加值产品的研发和投资，进而带动产业链的延展和产业结构升级。

现阶段，总体而言，在新一轮科技革命和产业变革下的大国竞争中，主要工业大国各有优势（见图15-3）。客观地看，中国科技发展的整体水平有了很大提高，在部分领域开始具备与发达国家同步竞争的能力，但先进材料、高端原料、核心零部件等方面却一直是中国工业的"短板中的短板"，中美经贸摩擦中暴露出的诸多"卡脖子"的技术和产品，很多都属于这一领域。这固然是经济发展阶段和增长模式决定的，却也在很大程度上是长期忽视工业基础投入、对各种金属和非金属元素性能认识和开发的基础研究薄弱的结果。同时，随着中国科技水平与世界先进水平的差距逐步缩小，可供借鉴的现成经验及能够模仿或赶超的目标越来越少，在尖端技术、重大装备和核心零部件等领域，凭借承接国际产业转移"轻松"摘下跨国公司技术转让的"低垂果实"的技术进步路径势必越走越窄，中国从追随者到同行者乃至领跑者的角色转变存在各种风险和不确定性，在先进材料和核心零部件领域，以往主要依靠进口满足国内需求，或者凭借学习模仿实现技术追赶的方式，必须尽快转向通过自主创新突破发达国家的技术封锁，确保供应链安全。

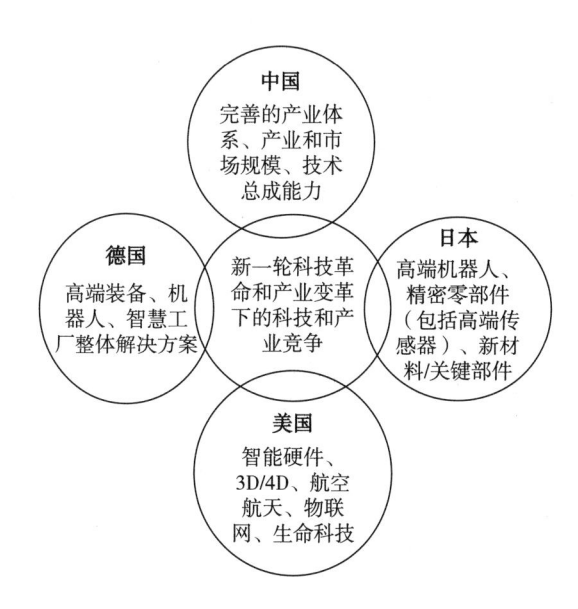

```
           中国
     完善的产业体
     系、产业和市
     场规模、技术
     总成能力

  德国                  日本
高端装备、机   新一轮科技革   高端机器人、
器人、智慧工   命和产业变革   精密零部件
厂整体解决方案  下的科技和产   （包括高端传
              业竞争        感器）、新材
                           料/关键部件

           美国
        智能硬件、
        3D/4D、航空
        航天、物联
        网、生命科技
```

图 15-3 主要工业大国的技术能力和产业优势

资料来源：笔者绘制。

基于以上分析，稀有矿产资源国家战略的落脚点要放在高水平产业化应用。一方面，立足补足产业基础高级化、产业链现代化的新材料和关键零部件短板，围绕强化关键基础材料、核心基础零部件（元器件）、先进基础工艺、产业技术基础"四基"能力，重点开发科技含量高、带动作用强、国内保障程度低的稀有金属材料和关键零部件（元器件），着力带动工业整体素质提升；另一方面，顺应新工业革命以及"新硬件时代"世界范围内制造模式创新发展的新潮流，积极探索稀有矿产资源应用于智能制造、绿色制造的形态和方向，以此催化一批新的产业，推动稀有矿产资源产业群的发育成长，全面提升稀有矿产资源的应用水平和产业国际竞争力。

四　正确处理中央与地方、政府与市场的关系

制定实施稀有矿产资源开发利用的国家战略，要全方位考虑中国的国情和现行体制机制。必须看到，中国稀有矿产资源大都分布在较为偏远、经济欠发达的地区，上下游产业链涉及的利益关系十分复杂。以稀土为例，在中央政府主推的几轮行业整合过程中，一些利益矛盾点集中凸显，严重阻碍着稀土产业有序发展。从本质上讲，尽管矿产资源归国家所有，但稀有矿产资源整合却绝非要求"地方利益服从国家利益"这么简单。针对稀有矿产资源开发利用中出现的问题和矛盾，应立足长远，正确处理国家资源战略、产业政策与地方经济社会发展的关系，找准地方政府、企业、从业人员和当地居民的利益诉求点，着力消除资源整合的壁垒与障碍，进一步优化稀有矿产开发利用的市场秩序。

稀有矿产是特殊的战略性资源，关于世界范围内稀有矿产储量、开采条件等信息具有典型的不完全性特征，而其应用前景和潜力仍有不确定性，资源安全的风险始终存在。鉴于其应用领域的特殊性和关键性，一小部分关键性强的稀有矿产的确不宜单纯依靠市场机制调节其勘探开发冶炼加工，但这并不意味着政府要对行业发展大包大揽。实际上，政府同样不应过度干预稀有矿产行业的发展。即使在稀有矿产应用技术水平最高的日本，高端应用产品也由企业主导研发，技术和产品专利始终掌握在核心企业手中。所以，要基于对不同稀有矿产稀缺性和战略价值的动态科学评估，制定实施更加精准的政策措施，推动行业管理体制机制创新。

五　明确战略目标

稀有矿产资源开发利用国家战略的总体目标是：加大国内资源勘探开发投入力度，积极拓展海外资源，确保中国基本实现工业化的资源安全；坚持创新驱动，发挥国内资源优势，着力推动基础研发，延伸产业链，提高应用水平，补齐短板，力争到 2030—2035 年将中国由稀有矿产资源大国建成关键原材料强国，培育出一批具有世界先进水平的先进材料企业。

从总体目标出发，根据不同稀有矿产资源的分布条件、物化性能和应用方向，分类施策，确立具体发展目标。

对于稀土、钨、钼等中国具有突出资源禀赋并已形成较大生产规模的稀有矿产资源，协同推进上下游发展，用足用好优质资源，实现全产业链竞争力的提升，使之成为建设关键原材料强国的发力点，并以这类稀有金属为突破口，争取在稀有矿产品国际定价机制中发挥主导作用，不断增强稀有矿产资源领域的制度性话语权。

对于锂、钴等在新能源、新能源汽车等领域具有重要应用的稀有矿产，应进一步挖掘国内超大规模市场优势，引领新一代储能技术的研发和应用，依靠下游需求侧的能力掌控上游资源的安全供给。

对于铂族金属、铼、钽、铌等国内资源匮乏的稀有矿产资源，创新资源保障思路，积极参与全球资源整合。

对于铍、高纯度镓等对美国进口依赖较高的品类，把握好中美关系大局，利用中美在稀有矿产资源领域的相互依存关系，创造条件，促成较为稳定的双边资源战略互换。

本着公平竞争原则，深化大型国有矿业企业改革，引导民营矿企依法合规发展壮大，打造一批具有全球视野和国际竞争力的龙头矿产集团，鼓励中国企业多元化参与全球资源领域的资本运作。

第三节　政策措施

在战略构建的基础上，要把支撑稀有矿产资源勘探开发、高端应用与产业链延伸、生态环境保护、国际规则与合作的资源政策、科技政策、产业政策、财税政策、环境政策、贸易政策纳入统一的政策法规框架。借鉴国际经验，在国家实行保护性开采特定矿种的基础上，立足国内资源优势，统筹新兴产业及国防军工发展需求，创新评估机制，有效规避利益相关方的博弈，推出科学、动态、可调整的国家关键矿产资源清单名录，对重要的稀有矿产实行战略收储和科学管理（见图15-4）。

一 增强全球稀有矿产资源整合能力

站在大国战略的高度，稀有矿产开发首先要立足国内。不断增强国内资源保障能力，才能在错综复杂的环境下更好地掌握发展的主动权，满足国内经济社会发展的资源需求。因此，创新体制机制，深入研判稀有金属的金融属性及其价格形成机制，建立多元化投资平台，打造稀有矿产资源开发合力。同时，稀有矿产资源开发要放眼全球。充分利用国内外两种资源、两个市场，进一步扩展资源边界，建立多元化供给渠道，有效缓解国内相对短缺的稀有金属品种的供给"瓶颈"。在"一带一路"倡议下，充分发挥"亚投行"的战略平台作用，通过"基础设施换资源"等方式，促进相关利益方实现优势互补，获得相对稳定的稀有金属海外供给，借力海外矿产开发，更加广泛、深入地参与地区资源整合，重塑地缘经济、政治、外交格局，不断提升全球治理能力。

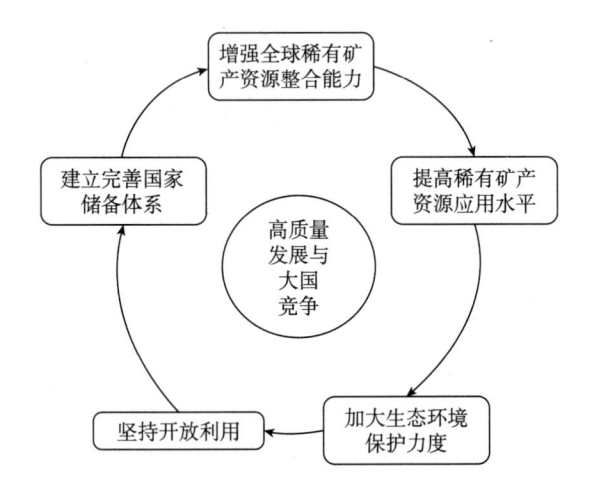

图 15-4 稀有矿产资源开放利用的政策方向

资料来源：笔者绘制。

二 着力提高稀有矿产资源应用水平

稀有矿产资源国家战略的落脚点要放在产业化应用。首先，顺应新工业革命以及"新硬件时代"世界范围内制造模式创新发展的新潮流，积极探索稀有矿产资源应用于智能制造、绿色制造的形态和方向，催化一批新产业，推动稀有矿产资源产业群的发育成长，全面提升中国稀有矿产资源的应用水平和产业国际竞争力。其次，深化资源领域的供给侧改革，坚持以技术创新和结构调整为抓手，严格行业准入，加快淘汰落后产能，优化稀有矿产资源开发利用的产业组织结构，鼓励引导各类市场主体投资稀有矿产的高端应用领域，促进稀有矿产资源开发利用向高附加值环节延伸，加快缩小在新型材料、关键设备和核心技术等方面与国际先进水平的差距，为建设制造强国、提升国家武器装备水平提供高精尖的新型原材料。

三 加大生态环境保护力度

长期以来，稀有矿产开采冶炼造成的生态环境破坏有目共睹，特别是在南方离子型稀土资源集聚区，从以往的"搬山运动"到现在原地浸矿在部分地质比较疏松的矿区所导致的山体坍塌和水源污染，开采稀有矿产引发的环境问题触目惊心。因此，即使面临"稀土案"败诉后的国际压力，中国也应坚持把合理控制稀有矿产开采规模、有效保护治理生态环境作为政策导向，以建设生态文明为根本方向，坚持节约优先、保护优先、自然恢复为主的方针，在较长的时期内实行保护性开采的特殊矿种总量控制。首先要创新保护性开发理念，政府和企业共同努力，不断完善现行环境保护和污染防控标准，鼓励开采加工技术的绿色化创新，实行更加严格行业环境准入条件，进一步加大环境整治力度，切实减少稀有矿产产业的环境影响，着力修复生态环境，保护稀有矿产从业者及当地居民的健康，实现资源的可持续利用；其次要深化资源性产品价格形成机制改革，综合运用资源税、环境税等政策工具，加快形成涵盖生态环境成本的稀有矿产品价格形成机制；最后要在稀有矿产资源开发和稀有矿产品生产加工等各个环节上，树立绿色发展的理念，协调稀有矿产开发、地方经济发展与区域环境承载力之间的关系，严格环境执法,坚决杜绝违法开采。

四 建立完善战略储备体系

遵照"安全、开放、集约、绿色"的原则,加快稀有矿产资源保护专项立法,在科学、全面、动态评估全球及国内稀有矿产资源储量、开发条件及其在高技术产业和战略性新兴产业等领域应用前景的基础上,建立完善稀有矿产资源战略储备体系。明确储备主体,以国家储备为主导,同时,借鉴发达国家战略性物资储备的政策和经验,采取"官民结合"的模式,通过立法要求重点稀土企业在正常的商业储备之外,承担必要的战略储备义务;确定合理、动态的储备规模。战略储备的规模和周期必须符合主要稀有金属元素及其各种氧化物的物理和化学特性,以远景储量和工业储量为主要依据,既要保障国家资源安全和国防军事工业的应用,满足经济增长和产业结构调整的需要,又要考虑国际供求关系、资源利用效率以及替代潜力等因素,并根据国内外形势变化,分阶段实施,适时动态调整;根据不同稀有矿产资源的关键性,进行分类储备;试点源头储备,采取"封矿先于产品收储"的方式,对于企业和个人因封矿造成的损失,应积极探索多样化的补偿方式,充分调动地方政府和企业参与战略储备的积极性;设立专项资金,用于勘查、收储、维护、管理等方面的支出,并将资源储备动用的收入主要用于补充储备专项资金,以形成储备资金的良性循环机制;建立专门机构管理战略储备,制订全国资源储备计划,发布储备信息,监管储备运用情况,逐步完善稀有矿产资源战略储备的管理体系。

五 坚持开放利用

不可否认,现行多边贸易规则对资源主权已经构成了实质性的限制,无论从维护资源安全的层面还是保护生态环境的角度,中国稀有矿产开发利用的产业政策和贸易政策都面临一定的外部制度约束。需要强调的是,作为一个迈向复兴、负责任的大国,中国不可能将稀有矿产这一重要的优势资源作为政治外交的工具,谋求非经济利益,而是要协调资源主权与多边贸易规则之间的关系,兼顾国内消费和国际需求,与稀有矿产品主要进出口国开展多种形式的对话,多渠道宣传中国为保护生态环境适度控制稀有矿产资源开发的必要性和紧迫性，协调彼此的立场，主动化解矛盾，共同促进稀有矿产品多元化国际供给格局形成。积极开展稀有矿产资源领域的技术合作和人才交流，促进发达国家加大对稀有矿产绿色开发和高端应用的资金支持和技术转让。密切追踪发达国家关键矿产二次开发的创新方向和政策施用，综合运用财税投融资等激励手段，鼓励国内科研机构和企业开展存量矿产和城市矿山开发，积极引导循环集约利用，促使关键矿产逐步迈上高质量可持续的开发利用道路，建设性地缓和这一领域的国际竞争，为推动新工业革命营造稳定有序的原材料供给环境。通过广泛参与、富有成效的双边和多边谈判，完善资源性产品的国际贸易规则，为构建开放利用全球稀有矿产资源的国际合作机制贡献中国方案和中国智慧。

附录一

部分稀有矿产的资源条件

稀有矿产资源的共性是在地壳中的丰度低,矿型多是伴生矿,但不同稀有矿产资源的理化性质却存在差别。例如,铷并无独立矿物存在,这种金属多与铯共生或在钾矿物的晶格中,而金属铪除形成铪石外,多分散在锆矿物中。总体来看,中国稀有矿产具有较为突出的资源优势,不少稀有矿产品类的储量和产量居世界前列。

一 钼

钼是一种相对常见、应用十分广泛的稀有高熔点金属。中国在钼矿储采方面具有相当突出的优势。来自 Mineral Commodity Summaries (2014) 的数据显示,中国是当今世界钼储量最大的国家,2013 年中国钼储量占世界总储量的 39.1%,居世界第二位的美国储量占比为 24.5%(见附表 1-1)。在产量方面,中国在国际市场上的占有率也相当高。2011 年,中国生产了全世界 38.7% 的钼,2012 年这一比值上升至 45.5%,2013 年虽然中国产量有所回落,但占世界钼矿山产量的比重仍达到 41.7%(见附表 1-2)。

附表 1-1　　　　　　　世界钼储量　　　　　单位:万吨(钼)

国家或地区	储量	国家或地区	储量
中国	430	亚美尼亚	15
美国	270	墨西哥	13
智利	230	哈萨克斯坦	13
秘鲁	45	吉尔吉斯斯坦	10

续表

国家或地区	储量	国家或地区	储量
俄罗斯	25	乌兹别克斯坦	6
加拿大	22	伊朗	5
蒙古	16	世界总计	1100

注：世界总计取整数。

资料来源：*Mineral Commodity Summaries*，2014。

附表 1-2　　　　　　世界钼矿山产量　　　　　　单位：万吨（钼）

国家或地区	2011 年	2012 年	2013 年	2013 年较 2012 年增减比例（%）
中国	10.33	12.06	11.11	-7.88
美国	6.77	5.62	6.13	9.07
智利	4.09	3.51	3.87	10.26
秘鲁	1.91	1.68	1.81	7.74
墨西哥	1.09	1.14	1.26	10.53
加拿大	0.86	0.88	0.80	-9.09
亚美尼亚	0.48	0.54	0.59	9.26
俄罗斯	0.48	0.48	0.48	0
伊朗	0.39	0.30	0.30	0
蒙古	0.20	0.19	0.18	-5.26
哈萨克斯坦	0.05	0.05	0.05	0
保加利亚	0.04	0.04	0.04	0
其他	0.01	0.00	0.01	—
世界总计	26.70	26.49	26.63	0.53
西方国家总计	15.17	13.25	14.29	7.85

资料来源：*World Metal Statistics*，April 2013。

再从国内钼矿分布情况来看，中国钼资源地区结构并不均衡，而是高度集中。其中，河南、吉林、陕西、辽宁 4 省合计储量占全国总储量的比重高达 87.6%。同时，国内钼资源存在品位偏低，但伴生有益组分多等问题（见附表 1-3）。

附表1-3　　　　　　　　世界和中国钼矿资源分布

世界资源分布	·截至2010年，世界钼储量和基础储量分别为830万吨和1850万吨（数据来源：USGS，MLR） ·集中分布国家：美国、中国、智利、加拿大和秘鲁
中国资源分布	·MLR统计显示，截至2010年，中国钼储量150万吨，基础储量463万吨，分别占全球总量的18.1%和25% ·河南、吉林、陕西、辽宁4省合计占全国总储量的87.6% ·国内钼资源品位偏低，但伴生有益组分多

注：因数据来源不同，与附表1-2中的数据有出入。
资料来源：笔者整理。

二　铍

铍是一种应用价值很高的稀有轻金属，通常为灰白色的碱土金属，铍及其化合物都有剧毒。铍既能溶于酸也能溶于碱液，是两性金属，铍主要用于制备合金。

地壳中已知含铍矿物有30多种，但直到20世纪60年代，铍矿物之中仅绿柱石被认为具有工业价值。绿柱石是一种铍铝硅酸盐，其通式为$Be_3Al_2(SiO_3)_6$，理论上含BeO近14%。实际上BeO含量一般为9%—13%，主要产于巴西、阿根廷、印度、南非等国家。中国的新疆、江西等地也出产。1968年开始使用含水硅铍石制铍。含水硅铍石中氧化铍的理论含量为39%—42%，但是工业矿物呈高度分散状态，氧化铍含量只有1.7%—2.5%，主要产于美国。

铍在地壳中的可开采储量不详，主要分布在巴西、俄罗斯、印度、美国、加拿大、澳大利亚等国家和地区（见附表1-4）。可以看出，中国并不是铍资源的赋存大国，但国内铍资源分布相对集中，新疆、四川、内蒙古、云南等省区铍资源储量占全国总储量的比重接近90%（见附表1-5）。

附表1-4　　　　　　　　世界主要铍资源分布

国家	所占比重（%）	分布情况与矿型
巴西	29.1	含绿柱石的伟晶岩分布于巴伊亚州、塞阿腊州、米纳斯吉拉斯州
俄罗斯	18.7	·25处铍矿床 ·大部分以稀有金属伟晶岩或绿柱石—云母交代矿形式存在
印度	13.3	含绿柱石伟晶岩矿床分布于拉贾斯坦邦、比哈尔邦、奥里萨邦、安得拉邦、中央邦
美国	4.4	·世界上羟硅铍石蕴藏最丰富 ·主要集中在犹他州斯波山的霍戈斯拜克、托帕兹
加拿大	3.1	主要集中于西北地区耶洛奈夫城索尔湖
澳大利亚	2.3	·一半以上集中在布洛克曼含硅铍石稀有金属矿床 ·其余分布在含绿柱石的伟晶岩，如南澳欧莱里、西澳皮尔巴拉、布罗肯希尔

资料来源：笔者整理。

附表1-5　　　　　　　　中国铍资源分布总体情况

	资源分布与矿型	
分布类型	·花岗伟晶岩型 ·热液石英脉型 ·花岗岩（包括碱性花岗岩）型	
花岗伟晶岩型	·约占国内总储量一般 ·主要产于新疆、四川、云南等地 ·最具有发掘潜力	
热液石英脉型	主要分布于中南及华东地区	
花岗岩型	·多见于地槽褶皱带 ·分为酸性岩、碱性岩	
主要省份分布	新疆	·资源储量占全国1/3 ·现已探明铍矿22处 ·可可托海矿为全国大型稀有金属花岗岩矿床 ·白杨河矿区是亚洲最大的羟硅铍石型铍矿床

续表

	资源分布与矿型	
主要省份分布	四川	·有特大型、大型、中型矿床各一处 ·呷基卡锂铍矿床的共生氧化铍储量达到大型矿床规模
	内蒙古	·哲理木盟扎鲁特旗801矿,是已探明的特大型稀有稀土多金属矿体 ·赤峰市台莱花钽铌铍矿脉范围内有10多处铍矿脉
	浙江	·宁化县溪源矿区锌铍矿石储量丰富
	·新疆、内蒙古、四川、云南4个省区占总储量89.5% ·江西、甘肃、湖南、广东、河南、福建、浙江、广西、黑龙江、河北、陕西11省合计占10.5% ·绿柱石矿物储量主要分布于新疆(77.2%)、四川(9.6%);甘肃、云南、陕西、福建合计占9.5%	

资料来源:笔者整理。

三 铟锗镓

铟锗镓属于典型的稀散金属,在电子、通信等领域应用广泛,美国等国家将其列入重要的战略性矿产。由于总体用量较小,铟锗镓在国际市场上价格波动幅度较大。从资源分布来看,中国铟锗镓的资源优势非常明显(见附表1-6、附表1-7、附表1-8)。然而,受制于下游应用水平不高的现状,中国虽然是铟锗镓的出口大国,但在这些金属的高端应用领域尚未形成稳定的产业优势。部分应用成果取得了研发阶段的突破,但产业化步履维艰。主要面临的障碍在于发达国家稀有金属高端材料研发生产已经获得大量专利,形成了密集的专利网,国内企业短期内很难突破,难以进入跨国公司主导的原材料采购网络。

附表1-6　　　　　　　　镓资源分布总体情况

	分布形式与储量
分布形式	·没有独立矿床,99%以上与铝、锌、锗的矿物共生
世界储量	·约18万吨

续表

	分布形式与储量
中国储量	・约占世界总量的75% ・截至2008年，查明矿区166个，分布在全国25个省、市、自治区 ・资源储量13.66万吨，基础储量0.71万吨 ・储量前五位的省区：广西、贵州、河南、山西、云南 ・铝土矿是中国镓资源的主要来源 ・氧化铝是中国镓的主要供应来源

资料来源：笔者整理。

附表1-7　铟资源分布总体情况

	具体分布
世界主要 资源分布	・分布相对集中 ・主要集中在秘鲁、美国、加拿大、俄罗斯
中国铟的 主要分布	・云南、湖南、青海、内蒙古、广西 ・据（原）国土资源部统计，到2009年年底，含铟矿区67个 ・广西大厂铜坑锡铅锌矿区是世界著名的高铟矿区，平均品位0.01%以上

资料来源：笔者整理。

附表1-8　锗资源分布

	世界与中国的分布情况
世界锗分布	・典型的分散元素，多被视为金属矿床伴生元素 ・主要分布地区：西南非特素木布锗矿床、刚果卡丹加锗矿床、玻利维亚中南部锗矿床、英国伊尔科什盆地、云南临沧超大型锗矿床、内蒙古乌兰图嘎超大型锗矿床 ・主要分布国家：中国、美国、俄罗斯、加拿大
中国锗分布	・主要伴生于褐煤、铅锌矿中 ・目前已探明锗矿床35处，保有储量约3500吨（以金属计），远景储量9600吨 ・主要分布在12个省区：广东、云南、内蒙古、吉林、山西、广西、贵州等

资料来源：笔者整理。

四 石墨

石墨是本书考察的 22 种稀有矿产中唯一一种非金属矿产。石墨的战略性在于其是置备高性能碳材料的基础原材料。中国对于这种未来应用前景十分广阔的非金属材料，具有一定的资源优势。从附表 1-9 可以看出，中国是世界上主要的石墨资源国，2013 年石墨储量占世界总储量的 42.3%，仅次于巴西居世界第二位。再从石墨产量来看，2011—2017 年，全球石墨产量总体变化不大，有较大幅度下滑。中国占全球石墨产量的比重高居第一位，以占世界 40% 左右的储量提供全球 65%—70% 的产量，而储量居世界第一位的巴西，石墨产量却长期维持在全球占比 10% 以下的水平（见附表 1-10）。尽管石墨在新材料等领域展现出良好的应用前景，但中国现阶段自身的应用水平还比较低。

附表 1-9　　　　　　　2013 年世界石墨储量　　　　　　单位：万吨

国家或地区	储量	国家或地区	储量
中国	5500	巴西	5800
捷克	—	美国	—
墨西哥	310	其他	300
马达加斯加	94	世界总计	13000
印度	1100		

资料来源：*Mineral Commodity Summaries*，2013。

附表 1-10　　2011—2017 年世界主要国家或地区天然石墨产量　　单位：万吨

国家或地区	2011 年	2012 年	2013 年	2014 年	2015 年	2016 年	2017 年
中国	70.00	80.00	82.00	75.00	78.00	78.00	78.00
印度	15.00	16.00	17.00	17.00	17.00	14.90	15.00
巴西	10.52	8.81	9.19	8.00	8.00	9.50	9.50
马达加斯加	0.38	0.36	0.29	0.43	0.50	0.80	0.70
墨西哥	1.90	1.97	2.12	2.20	2.20	0.40	0.40
加拿大	2.50	2.40	2.00	3.00	3.00	3.00	3.00
朝鲜	3.00	3.00	3.00	3.00	3.00	0.60	0.60

续表

国家或地区	2011年	2012年	2013年	2014年	2015年	2016年	2017年
津巴布韦	0.70	0.60	0.40	0.70	0.70	0.60	0.60
斯里兰卡	0.35	0.36	0.37	0.40	0.40	0.40	0.40
乌克兰	0.58	0.58	0.58	0.50	0.50	1.50	1.50
挪威	0.78	0.70	0.60	0.80	0.80	0.80	0.80
土耳其	0.53	3.15	2.87	0.39	3.20	0.40	0.40
世界总计	115.00	117.00	111.00	119.00	119.00	119.00	119.00

资料来源：Wind数据库。

附录二

主要稀有矿产资源的特性及用途

附表 2-1　　　　　　　钨及其化合物的主要用途

应用领域	主要性能及用途
钢铁工业	以钨铁或钨粉加工而成的钨条形式加入 ・使钢的晶粒细化 ・提高其高温硬度、耐磨性和冲击强度 ・钨钢主要用作高速切削钢和磨具钢
硬度合金	钨的最主要用途，主要以 WC 形态应用，方法是将金属钨粉碳化 ・高硬度和耐磨性能 ・高弹性模量 ・常温下刚性好，无明显的塑性变形 ・抗压强度高 ・膨胀系数小，但导热率和导电率与铁及其合金相近 ・化学稳定性能好，耐酸耐碱 ・热稳定性能好 ・主要的现代工具材料、耐磨材料、耐高温材料及耐腐蚀材料
耐磨和热强合金	常被用作热强材料 ・主要用于制造强耐磨零件 ・用作其他耐磨耐热部件
钨基合金	包括钨基触头合金和高密度合金 ・W-Ni-Fe 系列和 W-Cu 系列，密度高、强度高、塑性良好、抗氧化性能良好、机械加工性能良好 ・W-Ni-Cu 控制精度高 ・W-Cu（Mo-Cu）导热性和导电性良好，线膨胀系数小 ・W-Cu 和 W-Ag 合金导电性和导热性良好，耐磨性 ・用于制造电子管、无线电元件、高温炉的热元件和隔热元件、钨坩埚

续表

应用领域	主要性能及用途
电真空照明材料	以钨丝、钨带和各种锻造元件形式应用 ·耐高温 ·蒸发速度慢 ·用于电子管生产、无线电电子学和 X 射线技术中
钨的其他材料	·偏钨酸铵和钨杂多酸主要用于石油化工及有机合成中的催化剂 ·钨酸钠用于生产某些类型的油漆和颜料 ·钨酸是纺织工业中的媒染剂和染料，用作制取高辛烷汽油的催化剂

资料来源：笔者整理。

附表 2 - 2　　　　锂、锂合金及其化合物的性质及用途

类别	性质及用途
锂	·核工业发展的重要原材料 ·可用作核聚变反应堆芯的冷却剂 ·燃烧温度高、发热量大、排气速度快 ·发射火箭的最佳高能固体燃料之一
锂金属及其化合物	·密度高、质量轻、保存和使用期限较长 ·用于制作高性能锂电池和锂离子充电电池
铝锂合金	·低密度、高弹性模量、高比刚度、高比强度 ·用于航空航天领域
锂化合物	·可用作降低高温熔体温度的助溶剂 ·作为催化剂用于橡胶和医药等工业

资料来源：笔者整理。

附表 2 - 3　　　　铷及其化合物的性质及用途

类别	应用领域	性质及用途
金属铷	频率和时间标准	·铷辐射能稳定性时间较长 ·用于制造原子钟，体积小、质量轻、使用方便
	磁强计	·铷蒸汽支撑磁强计，测量范围广泛
	感光材料	·使用光波范围广、灵敏度高、稳定 ·是制造光电管的主要感光材料
	电解质	·铷原子外能电子不稳定，易被激发射线 ·用于磁流体发电和热电发电

续表

类别	应用领域	性质及用途
碳酸铷	玻璃	·制造微孔导板玻璃中加入碳酸铷，可增强光电作用 ·用于夜视仪
	制取各种铷化合物	·具有良好的助催化性能 ·提高玻璃的抗张强度
	铷合金	·铷和钾、钠、铯的合金可去除高真空系统残余气体 ·铷、铷钠、铷锂等合金可用作运载核动力系统的工作流体 ·铷可配置易溶合金、用作特殊合金的添加剂 ·铷与其碱金属可制成熔点很低的液体合金
	其他	·可调整光学玻璃的密度和折射率，生产光敏和光色玻璃 ·碘化铷银可用作固体电池电解质 ·铷的氢化物和硼化物可用作高能固体燃料 ·放射性铷可测定矿物年龄

资料来源：笔者整理。

附表 2-4　　铯及其化合物的性质及用途

类别	应用领域	性质及用途
金属铯	光电管	·光波范围广、灵敏度高、稳定性好 ·广泛用于设备自控装置中
	光电倍增管	·灵敏度更高 ·在光谱分析、记录紫外线发射、激光技术等方面有应用
	频率和时间标准	·铯辐射稳定性好 ·化学活泼性较强，用于真空管和低压真空管电子器件生产、吸收痕量气体
碘化铯	闪烁探测器	·在空气中不潮解、易加工、分辨性能好 ·用作高能源的磷光质
	发光材料	·在硫化锌基底的荧光屏中加入碘化铯，增加亮度
	红外技术	·在红外光谱及红外分光光度计中用作红外线过滤器
	光学玻璃	·玻璃配料中加入碘化铯，可获得光导率及光折射玻璃
	医疗器械	·用作制造X射线增强管辅助材料 ·可简化制造工艺，提高光亮度及分辨率，阻止X射线，减少X射线剂量，改善操作条件

续表

类别	应用领域	性质及用途
碳酸铯	制造各种铯化合物	·可制得铯卤化物、硫酸盐、硝酸盐及铬酸盐
	玻璃陶瓷	·生产光学玻璃 ·光学玻璃密度大、折光率高、膨胀系数大
氯化铯	医学	·氯化铯药膏有镇痛消肿、活络化瘀、止咳平喘等作用
	制取金属铯	·制成各种光电管
硝酸铯		·甲基丙烯树脂合成用的催化剂 ·可用于生产光导纤维添加剂及啤酒酿造剂

资料来源：笔者整理。

附表 2-5　　　　锆、铪及其化合物的性质及用途

类别	应用领域	性质及用途
核级锆、铪	核反应堆	·Zr-2：燃料包壳管及其他结构材料 ·Zr-4：燃料包壳管、控制棒导向管、测量管、定位隔架、端塞、元件盒 ·Zr-1Nb：燃料包壳管及其他结构材料 ·Zr-2.5Nb、Zr-2.5Nb-0.5Cu：压力管、工艺管、元件盒、隔环
工业级金属锆、铪	冶金工业	·钢铁冶金添加剂：如脱气机、晶粒细化剂等 ·有色金属冶金添加剂：改善和提高有色金属性能，用于炼化材料
	石油化学工业	·化工设备构件材料 ·可延长设备寿命、降低产品成本
	兵器及弹药工业	·用作兵器构件材料和弹药添加剂 ·可改善枪管炮筒寿命、增加起爆速度和爆炸威力
	电气及电子工业	·用作真空管、灯具、消气剂和器件构件材料 ·可提高真空管发射性能 ·锆丝、锆片和锆箔可用作栅极、电极材料和闪光灯
	航空航天工业	·合金元素 ·可提高和改善航空航天器构件的性能

续表

类别	应用领域	性质及用途
工业级金属锆、铪	生物医药行业	·生体材料 ·锆与人体的生物相容性较好 ·可用作外科、牙科医疗器械、神经外科用螺丝、头盖板等
锆、铪化合物		·制造结构陶瓷、功能陶瓷 ·用于激光材料、特种耐火材料磨料、色釉料 锆英粉： ·用于熔模铸造业中的铸型涂料及陶芯 ·作为陶瓷工业的主体材料，用于制作熔块釉，可增加耐磨性、降低表面粗糙度 ·用作水泥、食品防腐、制革、纤维材料

资料来源：笔者整理。

附表2-6 铍及其化合物的性质及用途

类别	应用领域	性质及用途
氧化铍粉末		·高纯氧化铍用于生产氧化铍陶瓷及铍基复合材料
金属铍	核能	·金属中的热中子吸收截面最小，能有效使中子返回堆芯，是首选反射层材料 ·可作为核反应堆的减速剂 ·热性能和力学性能良好 ·原子序数低，对堆芯污染小，可用作减速材料、反射材料和燃料包壳材料、增殖材料 ·用于舰载、潜水艇、宇宙飞船、飞机能源系统的轻质、小型反应堆和空间反应堆 ·用作核物理学研究中产生中子靶材
	惯性导航系统	·尺寸稳定性好，可减小零件变性，大幅提高惯性仪器精度 ·质量轻、惯性力小、材料变性小 ·比热容高、热导率好，可减少零件发热带来的热梯度和不均匀膨胀造成的内应力，材料变形小、精度提高 ·可免受其他磁性材料的干扰 ·辐照稳定性好，可减少在核爆炸时被辐照破坏的可能 ·热匹配性好，达到热平衡时间短，产生应力小 ·质量轻，可提高运行系统整体性能

续表

类别	应用领域	性质及用途
金属铍	光学系统	·比刚度高，能抵抗变形、减少光路扭曲 ·比热容高、热导率高，能减少因热瞬变导致的热变形引起的性能不稳定，适用于太空昼夜变 ·机械加工工艺性能良好，最有可能制成大尺寸镜体材料 ·比刚度高、质轻，可用作镜体制成材料
	结构材料	·比刚度高，可使构件质量体积达到最大化 ·密度低、刚度高，部件小而轻，可大幅降低发射成本 ·铍制结构件减轻质量，可以增加空间飞行器有效载荷、航程、寿命
	热学系统	·吸热好，可用作轻质、高效的吸收材料，包括吸热器、热屏蔽零件、散热器、开关部件、火箭发动机喷嘴、控制推进器、电子"黑盒"、宇宙飞船吸热外盖板 ·具有抗冲击能力，用作火箭发动机重复点火保持性能不变
	高能物理学	·同步加速器束流管/束流窗口最佳选择材料 ·质量最低，对信号粒子多次散射最小，可提高粒子动量分辨率 ·热容大、热导率高 ·强度高，可承受内外腔真空压差 ·无磁性，对聚焦磁场不产生干扰 ·耐腐蚀
	X射线	·可几乎全透过X射线，不易损坏 ·用于X射线窗口、管等组件制造
	高端音响	·质量轻、刚度高、音速快、频率响应宽 ·可用于制造扬声器振动膜
	铝、镁、钛合金中应用	加入铝基合金： ·可形成保护性氧化铍薄膜，减少熔渣、提高金属产量和纯洁度、改善流动性 ·可高效去除熔体中气体，合金表面光洁度好、强度和塑性高 ·有助于减少金属与砂型起反应，防止镁优先氧化 ·可改善铝材的抛光和磨光特性 加入镁合金： ·熔炼时，铍添加剂可减少镁损失 ·提高着火温度，防止浇铸时铸模内燃烧现象，减少金属与铸模的潮气反应 ·可将铁从熔体中去除

续表

类别	应用领域	性质及用途
金属铍	高能燃料	·金属铍和氢化铍是火箭和导弹高能固体推进剂及高能燃料添加剂
	惯性关键装置	·比模量高,可提高稳定性 ·用作高速驱动轮、激光传真设备中的高速旋转的扫描镜体
铍铜合金	移动电话	I/O 接触器、EMI 密封材、堆置接触器、天线接点、热保护板、蓄电池接线柱等
	计算机	基片对基片连接器、PCMCIA 连接器、光记录仪器用光传感器弹簧、磁头弹簧、各种安装插座、蓄电池接线柱、试验用筛选试验插座
	汽车	连接器、各种继电器、开关、油压计隔膜、温床传感器、ABS 传感器夹、微型马达、气囊传感器
	娱乐、数字家电	光传感器、接线柱、接触器、继电器
	半导体检查	IC 插座
	通信基地	基地局用接触器、继电器
	光海底电缆	中继器构造材
铍铝合金		·用于低密度、高热传导、高弹性模量部件 ·用于航空电子设备,使传爆元件、焊点和基座振动产生应力最小化,增加电子封装元件的疲劳寿命,减少部件厚度 ·用于航空电子设备 ·用于先进汽轮机活动风扇的轴承座,降低部件成本 ·用于高强结构 ·用于热、电控制 ·用于加工材
氧化铍陶瓷	高温结构材料	·熔点高,用作坩埚和要求导热性能好的隔焰加热炉 ·抗热振性良好,用于加热元件的耐火支持棒、保护屏蔽、炉衬、热偶管、阴极、热子加热基板和涂层 ·抗热冲击、耐腐蚀性好,用于火箭、导弹发动机燃烧室内壁、喷嘴 ·用于磁流体发电机中高温高速电离气流通道

续表

类别	应用领域	性质及用途
氧化铍陶瓷	原子能反应堆	·耐火度高、热稳定性好、热导率高、核性能好 ·用作反应堆减速剂、反射层、核燃料弥散剂
	电子工业高热导率材料	微电子器件、真空电子器件、大规模集成电路、功率模块大功率电阻基板、电力电子管壳
其他含铍材料		铍镍合金： ·耐高温、弹性高、成型性良好、高温力学性能好、抗疲劳、耐腐蚀、耐磨、抗应力弛豫 ·用于高温下运行的小型电子联结元件 ·用作玻璃及聚合物的铸造模具、金刚石钻尖基体、发动机部件、首饰、牙科材料 锑铍芯块： ·核电站二次中子源"点火"控制装置重要配套元件 氟化铍： ·制取金属铍及其合金 ·用作化学试剂 氢化铍 铍硅合金： ·易浇注成型，冷却后不易形成较大的空洞和缩孔 ·膨胀系数低于纯铍，可用作镜体材料

资料来源：笔者整理。

附表 2–7　　钽及其合金的性质及用途

应用领域	性质及用途
电子工业	·电容量大、体积小、重量轻、工作温度范围大、抗震及使用寿命长，主要用作钽电容器 ·熔点高、蒸气压低、加工性能好、线膨胀系数小、吸气性优良，可用作高功率电子管零件、发射管材料 ·化学稳定性好，是电子芯片磁空溅射镀膜重要材料

续表

应用领域	性质及用途
硬质合金	·碳化钽耐磨性、韧性、硬度和稳定性良好 ·可直接添加到 WC – Co 或 WC – TiC – Co 合金中,控制晶粒长大 ·可与碳化铌或其他碳化物形成固溶体,改善合金高温硬度、高温强度和抗氧化性能,提高切削速度、延长刀具寿命 ·陶瓷碳化物具有良好的切削性能
化学工业	·在150℃下抗化学腐蚀及大气腐蚀能力强 ·具有良好的强度、塑性、导热性及加工性能,是良好的化工设备结构材料 ·热导率高,是制造热传输元件的理想材料 ·坚固、耐磨损、抗腐蚀,可制成纤维喷丝头
航空和宇航工业	·耐热,合金可用于制造航空航天发动机 ·合金具有耐高温性、焊接性能好、蠕变抗力好,用于超音速飞机、固体推进剂火箭、导弹的耐热强度结构材料、控制及调节装置零件等
原子能工业	·耐高温腐蚀,在核动力系统中用作承载液态金属的材料
医疗	·良好的耐腐蚀性和生物相容性 ·可用作接骨板、螺丝、夹杆、钉、缝合等外科手术材料;五氧化二钽与少量三氧化铁混合物可用来加速血液凝结
其他	·在高温真空炉中用作支撑附件、热屏蔽、加热器和散热片等 ·用作钟表材料 ·制作避雷针的材料 ·高纯级五氧化二钽用于生产钽酸锂晶体,光学级五氧化二钽用于玻璃添加剂,陶瓷基五氧化二钽用于陶瓷电容器 ·阳极氧化膜用于制作首饰

资料来源:笔者整理。

附表 2 – 8 钼及其化合物的性质及用途

应用领域	性质及用途
钢铁工业	·钢的合金化元素 ·可提高钢的强度,特别是高温强度和韧性 ·可提高钢在酸碱溶液和液态金属中的抗蚀性 ·可提高钢的耐磨性,改善淬透性、焊接性和耐热性

续表

应用领域	性质及用途
农用肥料	・能显著提高豆类植物、牧草及其他作物的质量和产量 ・能促进植物对磷的吸收和在植物体内发挥其作用 ・可加快植物体内糖类的形成与转化，提高植物叶绿素的含量与稳定性，提高维生素 C 含量 ・可以提高植物的抗旱抗寒能力以及抗病性
电子电气	・导电性能、高温性能良好 ・与玻璃的线膨胀系数极其相近，用于制造灯泡中螺旋灯丝的芯线、引出线、挂钩、支架、边杆及其他部件 ・在电子管中用作栅极和阳极支撑材料 ・理想的电火花线切割机床用的电极丝 ・放电加工稳定，能有效提高模具精度
汽车喷绘	・良好的高温性能和耐腐蚀性能，是汽车部件的主要热喷涂材料 ・可提高汽车活塞环、同步环、拨叉和其他受磨部位部件性能 ・用于修复磨损的曲轴、轧辊、轴杆和其他机械部件
高温元件	・高纯度、耐高温、蒸气压低，用于制造高温炉的发热体和结构材料 ・用作玻璃熔化高温结构材料
硅化钼	・应用普遍的电热元件材料 ・抗高温氧化、耐蚀性良好、熔点高
石油开采	・有效抵抗 H_2S 气体和海水腐蚀钢管，节约钢材，降低油气井钻探成本 ・与钴、镍结合用作石油提炼预处理的催化剂，用于石油、石油化学产品及液化煤脱硫
环境保护	・含钼不锈钢，可减少由锈蚀对环境造成的影响 ・用钼取代有毒金属 ・在油漆和颜料各种取代有毒金属，是高效的着色剂 ・可改善玻璃化土地，简化高污染土壤处理，减少土壤污染
航空及核工业	・耐热性能、高温力学性能良好 ・可用作航空发动机的火焰导向器和燃烧室，宇航器液体火箭发动机喉管、喷嘴和阀门，重返飞行器的端头，卫星和飞船的蒙皮、船翼及导向片、保护涂层材料 ・制造人造卫星天线

续表

应用领域	性质及用途
钼合金及其他	·添加 Ti、Zr、C 的氧化物或碳化物，形成弥散强化合金 TZM，用于宇航和核工业、X 射线阳极零件、压铸模具和挤压模具、不锈钢热穿孔顶头
碳化钼	·可制得黏结相分布良好、致密和细化的碳化钼基硬质合金 ·可添加到金属陶瓷中，改善性能
钼化工产品	·$Fe_2(MoO_4)_3$ 可使金属表面钝化，达到防锈效果 ·$Fe_2(MoO_4)_3$ 覆盖能力强、颜色鲜艳，可用于涂料、塑料、橡胶、油墨、汽车和船舶涂料等领域 ·二硫化钼是固体润滑剂

资料来源：笔者整理。

附表 2-9　　稀土及其化合物的性质及应用

类别	应用领域	性质及用途
传统领域	冶金机械	·可以起脱氧、脱硫、细化晶粒和强化基体的作用 ·可改善合金的组织结构和性能
	石油化工	·用于石油裂化催化剂、石油制品添加剂、润滑助剂、汽车尾气净化剂、稀土催化剂、稀土重整催化剂 ·用作油漆催干剂、塑料热稳定剂 ·用作合成顺丁橡胶等化工领域的催化剂
	玻璃陶瓷	·用作澄清剂、添加剂、脱色剂、着色剂和抛光粉 ·可丰富陶瓷颜色，减轻釉的碎裂
高新技术材料	磁性材料	·稀土永磁材料可用于高性能计算机、移动通信、新能源汽车、风力发电、工业机器人、高速铁路及航空航天 ·稀土超磁致伸缩材料用于精密机械智能控制及核潜艇声呐探测 ·稀土磁致冷材料是制冷剂核心材料
	发光材料	·信息显示、照明光源、光电器件等领域的支撑材料 ·可用于屏幕高清平板显示、半导体照明、闪烁体探测、激光制导、光纤通信、现代医疗电子设备等

续表

类别	应用领域	性质及用途
高新技术材料	催化材料	·可提高过度金属及贵金属催化剂的耐高温热稳定性、抗中毒性能、减少贵金属用量等 ·用于石油化工、机动车尾气净化、城市灰霾治理净化、有毒有害气体净化等领域
	储氢材料	·$LaNi_5$可作为储氢材料，用于镍氢电池、氢能储运、蓄热与热泵、静态压缩机、氢气纯化和催化剂等
	特种玻璃和陶瓷材料	·用于制备稀土特种玻璃和陶瓷材料 ·镧玻璃具有高折射率和低色散功能，用于透镜和镜头材料 ·铈玻璃用于军事和电视工业 ·钕玻璃用于大功率激光装置 ·可作为绝缘材料、电容器电介质材料、铁电和压电材料、化学吸附材料、半导体材料、固体电介质材料
其他应用	原子能工业	·用作反应堆控制分裂速度的控制材料 ·用作制造防护工作人员不受中子辐射的结构材料 ·用作热中子堆和钠冷或气冷的中子堆减速材料
	医学领域	·可制备各种药品 ·用于医学中治疗及诊断
	农业	·可增产、改善品质、提高抗逆生性
	轻工业	·用于皮革鞣制，皮毛染色，棉纺、毛纺和合成纤维印染

资料来源：笔者整理。

附表2-10　　　　　　　　镓及其化合物的性质及用途

应用领域	性质及用途
电子工业	·砷化镓、磷化镓、磷砷化镓、磷化铝镓、砷化铝镓等半导体材料，可用于制作发光二极管、电视、电脑的显示器件 ·砷化镓可用于手机核心电路、计算机芯片、光电传输等
低熔点合金	·与不同元素组合可得到低熔点合金材料 ·用于自动化、电子工业及信号系统、过真空的密封、涂润金属改善性能和自动防火装置

续表

应用领域	性质及用途
冷焊剂	・可用作金属与陶瓷间的冷焊剂 ・适用于对温度导热等敏感的薄壁合金
催化剂	・镓的卤化物活性较高 ・可用于聚合和脱水等工艺 ・氧化镓是乙醇或丁烯脱氢合成双氧水的催化剂
医学	・可用作牙科医疗器件和医用材料 ・可用于治疗骨癌
高温温度计	・沸点高 ・可用于制成高温温度计
氮化镓	・氮化镓宽禁带半导体耐高温特性,可用于航空、航天、石油化工、地质勘探等 ・氮化镓基内外量子效率高,具备高发光率、高热导率、抗辐射、耐酸碱、高强度和高硬度特性,可制成高效蓝、绿、紫、白色发光二极管 ・氮化镓是目前最先进的半导体材料,用于新兴半导体光电产业的核心材料和基础器件
砷化镓太阳能电池	・砷化镓太阳能电池最高转换率达到18%

资料来源:笔者整理。

附表2-11　　　　　铟及其化合物的性质及用途

应用领域	性质及用途
制造合金	・可用作钎焊料 ・无铅焊料新的重要添加元素 ・合金熔点低,可制成特殊合金,用于消防系统的断路保护装置及自动控制系统的热控装置
军舰、客轮	・具有较强的抗腐蚀性 ・对光的反射能力较强 ・可制成军舰或客轮上的反光镜
原子能工业	・对中子辐射敏感 ・可用作原子能工业的监控剂量材料

续表

应用领域	性质及用途
蓄电池	·用作蓄电池添加剂 ·用作碱性电池的缓蚀剂
玻璃	·用于防止雾化层 ·用于工业建筑及高档民用住宅节能玻璃制造
光电子领域	·磷化铟,可用在微波通信向毫米波通信方面、作为光纤通信的激光光源和异质结太阳能电池材料 ·锑化铟、砷化铟用于红外探测和光磁器件 ·含铟化合物薄膜用于太阳能电池 ·铟锡氧化物用于平板显示器关键材料 ·用于 LED 光源
其他	·用于牙科医疗 ·用于钢铁和有色金属的防腐装饰件 ·用于塑料金属化

资料来源:笔者整理。

附表 2-12　　　　　　　锗及其化合物的性质及用途

应用领域	性质及用途
电子工业	·锗元件几乎无热辐射、功耗极小,用于大功率器件 ·制备整流及提升电压的二极管、混频、功率放大与直流交换三极管,光电池和电热效应元件,特别是高频与大功率器件 ·高纯度锗是优良的半导体材料 ·用作太阳能电池、光电池、热敏电阻、薄膜电阻等温差电池材料 ·可将信号限制在光纤内,用于长距离电话线路、数据传输线路及局部地区网络
太阳能电池	·锗衬底化合物半导体电池效率高、电压高、高温特性好,可用于新一代光伏技术 ·锗基化合物太阳能电池效率高、电压高、高温特性好,用于空间卫星太阳能电池、国防边远区雷达站、微波通信站等
化工、轻工	·重要的催化剂材料 ·活性高、安全无毒、耐热耐压、对人体无害、透明度高、有光泽、气密性好,适用于生产薄膜和透明度要求高的 PET

续表

应用领域	性质及用途
食品医药保健	·有机锗能预防、改善癌症、心脏病、脑卒中等，有镇痛、消炎作用，能提高干扰素的生产能力 ·抗癌、抗衰老、免疫调节、抗疟、携氧 ·可清洁皮肤、增强皮肤和毛发营养摄取及释放色素沉积 ·可用于痤疮、湿疹等治疗
其他	·锗酸铋用于CT扫描、正电子层析摄影术及X射线 ·硅锗晶体管是全球速度最快的新兴高速晶体管 ·硅锗合金制成热电元件，用于军事领域 ·硅锗应变超导晶体用于光电探测器、红外探测器、异质结双极性晶体管

资料来源：笔者整理。

参考文献

卜小平等:《对我国优势战略矿产资源出口控制问题的探讨》,《中国矿业》2009年第6期。

柴松、葛建平:《新能源汽车发展政策对战略性矿产资源供需关系的影响研究》,第九届国际稀土开发与应用研讨会暨2019中国稀土学会学术年会,2019年5月。

陈果:《稀土资源产业竞争力指标体系构建及动态评价》,博士学位论文,中国地质大学(北京),2012年。

陈欢:《全球稀土产业演进的新特点》,《中国金属通报》2012年第34期。

陈甲斌:《全球铂族资源供需状况与应对之道》,《中国有色金属报》2012年11月22日第3版。

陈建宏等:《国家工业化与矿产资源消费强度的相关性研究》,《中国矿业》2009年第10期。

陈强:《高级计量经济学及Stata应用》(第2版),高等教育出版社2014年版。

陈祥升:《我国国际贸易大宗商品定价权缺失的主要影响因素分析》,《北方经济》2012年第17期。

陈晓华等:《中国出口技术结构演进的机理与实证研究》,《管理世界》2011年第3期。

陈占恒:《中国稀土产业和相关政策概览》,《四川稀土》2010年第3期。

陈志等:《中国矿产资源存在着怎样的缺口?——一个基本面的分

析》,《经济研究参考》2007年第57期。

成金华:《中国工业化进程中矿产资源消耗现状与反思》,《中国地质大学学报》(社会科学版)2010年第10期。

成金华、汪小英:《工业化与矿产资源消耗:国际经验与中国政策调整》,《中国地质大学学报》(社会科学版)2011年第2期。

仇晓明:《新型稀土激光材料的研究》,博士学位论文,复旦大学,2008年。

崔荣国等:《中国重要优势矿产资源国际竞争力研究》,《中国矿业》2009年第10期。

崔艳华、孟凡明:《钒电池储能系统的发展现状及其应用前景》,《电源技术》2005年第11期。

代雨薇等:《稀土厂商卡特尔化可行性及其路径选择——以江西为例》,《企业导报》2012年第10期。

邓广军:《国家矿产资源安全的经济学思考》,《中国国土资源经济》2009年第1期。

邓炜:《国际经验及其对中国争夺稀土定价权的启示》,《国际贸易探索》2011年第1期。

邓自南、赵娟:《高精度钨器件的应用及加工》,《中国钨业》2008年第2期。

董超群、易均平:《铍铜合金市场与应用前景展望》,《稀有金属》2005年第3期。

董君:《关于中国稀土定价权回归的理性思考》,《价格月刊》2011年第9期。

杜凤莲等:《不同市场结构组合下稀土最优开采路径研究》,《中国人口·资源与环境》2017年第2期。

范景莲等:《中国钨基合金的进步与发展》,《中国钨业》2009年第5期。

方建春、宋玉华:《我国在稀有金属出口市场的市场势力研究——以钨矿、稀土金属为例》,《国际贸易问题》2011年第1期。

冯威等:《钨铜复合材料的制备与应用》,《成都大学学报》(自然科学版)2011年第4期。

冯颖芳：《汽车用钛及钛合金的现状与展望》，《中国钛业》2014年第3期。

傅英：《中国矿业法制史》，中国地质大学出版社2001年版。

郭冬梅：《国家主权视域下中国稀有资源保护法律问题刍议》，《兰州学刊》2012年第9期。

郭建军、何瑜：《钛的新应用及展望》，《世界有色金属》2010年第1期。

郭敏、郑玉峰：《多孔钽材料制备及其骨科植入物临床应用现状》，《中国骨科临床与基础研究杂志》2013年第1期。

郭宁等：《铷铯行业开辟新纪元》，《中国有色金属》2013年第15期。

郭耘、卢冠忠：《稀土催化材料的应用及研究进展》，《中国稀土学报》2007年第1期。

郭镇等：《买方势力和大宗资源商品国际定价权》，《现代管理科学》2013年第2期。

国家发展和改革委员会：《中国稀土（2011）》，2012年。

韩路等：《动力电池梯次利用研究进展》，《电源技术》2014年第3期。

何丹琪、石颢：《钛合金在航空航天领域中的应用探讨》，《中国高新技术企业》2016年第27期。

何朋蔚等：《基于废弃手机的高技术矿产可供性研究》，《资源科学》2018年第3期。

何贤杰、张福良：《关于及早谋划战略性新兴矿产发展的思考与建议》，《国土资源经济》2014年第5期。

贺灿飞等：《多维邻近性对中国出口产品空间演化的影响》，《地理研究》2017年第6期。

贺小塘等：《中国的铂族金属二次资源及其回收产业化实践》，《中国贵金属》2013年第3期。

贺小勇：《国际贸易争端解决与中国对策研究：以WTO为视角》，法律出版社2006年版。

胡海祥等：《从钨品出口情况看中国钨产业竞争力变化》，《中国钨业》2016 年第 2 期。

胡启明：《中国硬质合金产业发展研究——基于钨产业政策导向的分析》，《中国钨业》2010 年第 10 期。

胡文玉等：《非铂类贵金属配合物在医药领域中应用研究进展》，《微量元素与健康研究》2006 年第 2 期。

华一新：《有色冶金概论》，冶金工业出版社 2014 年版。

黄河等：《全球大宗商品定价机制及其对中国的影响：结构性权力的视角——以铁矿石定价机制为例》，《外交评论》2013 年第 2 期。

黄继炜：《我国稀土定价权的缺失与对策建议》，《改革与战略》2011 年第 12 期。

黄先明：《国际资源价格形成机制研究——基于广义供求均衡论的视角》，博士学位论文，江西财经大学，2014 年。

黄小珂、姚文治：《整合铟业谋话语权》，《中国金属通报》2010 年第 25 期。

纪志永等：《锂资源的开发利用现状与发展分析》，《轻金属》2013 年第 5 期。

姜恒：《钨在化工领域的应用现状和发展前景》，《中国钨业》2012 年第 1 期。

姜巍、张雷：《矿产资源消费周期理论与中国能源消费的时空效应分析》，《矿业研究与开发》2004 年第 6 期。

姜友林：《中国稀土出口价格表象及实质分析》，《价格月刊》2008 年第 12 期。

蒋伯泉等：《稀土在燃料电池中的应用的最新研究进展》，《中国稀土》2007 年第 2 期。

金碚等：《中国产业国际竞争力现状及演变趋势——基于出口商品的分析》，《中国工业经济》2013 年第 5 期。

金殿臣：《工业化进程中金属矿产资源消费问题研究》，博士学位论文，中国社会科学院研究生院，2017 年。

金惠卿、杨宏：《实现我国钨业外贸转型和产业升级的探讨与政策建议》，《中国矿业》2013 年第 10 期。

康新婷等：《汽车尾气净化用贵金属催化剂研究进展》，《稀有金属材料与工程》2006 年增刊 2。

孔昭庆：《中国钨业 60 年》，《中国钨业》2009 年第 5 期。

雷让岐等：《化工用钛技术开发和市场前景》，《中国材料进展》2011 年第 6 期。

雷霆、李红梅：《钛合金在生物医用领域的应用优势》，《云南冶金》2012 年第 5 期。

李彬等：《钽铌高新技术新产品发展状况》，载材料研究学会《中国新材料产业发展年度报告（2006）——航空航天材料专辑》，化学工业出版社 2007 年版。

李方方等：《动力锂电池行业现状和发展趋势》，《交通节能与环保》2016 年第 3 期。

李刚：《稀土资源税费改革问题初探》，《财会月刊》2012 年第 5 期。

李海波、王万山：《钨出口国际定价权回归的经济学分析》，《价格理论与实践》2007 年第 11 期。

李华：《我国稀土出口定价权问题探析》，《中国商贸》2011 年第 6 期。

李建武、侯甦予：《全球稀土资源分布及开发概况》，《中国国土资源经济》2012 年第 5 期。

李健靓等：《稀土镁基贮氢合金的研究进展》，《金属功能材料》2013 年第 8 期。

李金泽：《中国稀土贸易往来之浅析》，《当代经济》2014 年第 6 期。

李绿山、张博利：《稀土永磁电机应用现状与发展》，《机电产品开发与创新》2013 年第 3 期。

李明利等：《中国钛及钛合金板带材应用现状分析》，《钛工业进展》2011 年第 6 期。

李鹏飞等：《稀有矿产资源的全球供应风险分析——基于战略性新兴产业发展的视角》，《世界经济研究》2015 年第 2 期。

李鹏飞等：《稀有矿产资源的战略性评估——基于战略性新兴产业发展的视角》，《中国工业经济》2014 年第 7 期。

李平等：《核电中的核石墨材料》，2011 年中国电工技术学会学术年会论文，2011 年 9 月。

李晓丽、张忠义：《稀土发光材料在节能照明领域中的发展概况》，《稀土》2008 年第 4 期。

李晓敏：《我国钼金属深加工产品的生产和消费》，《中国钼业》2010 年第 12 期。

李学锋、贾怀东：《大宗商品：谁动了我的定价权》，《大经贸》2010 年第 3 期。

李艺、汪寿阳：《大宗商品国际定价权研究》，科学出版社 2007 年版。

李振、胡家祯：《世界稀土资源概况及开发利用状况趋势》，《现代矿业》2017 年第 2 期。

李仲学、周宝炉、赵怡晴：《未来世界稀土供需格局分析及对策》，《稀土》2016 年第 6 期。

廉正等：《国际铁矿石定价角力模型及中国钢铁行业应对研究》，《经济问题探索》2010 年第 2 期。

梁姗姗：《基于工业化演进视角的中国矿产资源消费研究》，博士学位论文，中国社会科学院研究生院，2019 年。

梁姗姗、杨丹辉：《价格周期对稀有金属国际定价权影响的实证分析：以钨为例》，《当代经济管理》2018 年第 2 期。

梁叔翔：《资源约束、定价权缺失与对策选择》，《金融理论与实践》2011 年第 3 期。

梁爽等：《石墨烯的制备及应用进展》，《黑龙江科学》2013 年第 3 期。

廖泽芳、刘可佳：《中国稀土的国际定价地位研究》，《国际商务》（对外经济贸易大学学报）2011 年第 3 期。

刘昊、郑利峰、邓龙征：《锂离子动力电池及其关键材料的研究和应用现状》，《新材料产业》2006 年第 9 期。

刘衍、马明：《我国稀土定价权的夺回措施及其影响分析》，《中国市场》2011 年第 6 期。

刘良先、余泽全：《2015 年中国钨品进出口分析》，《中国钨业》

2016年第2期。

刘鹏、马明:《竞相压价、行业协会、统一收购三种市场模式下稀土定价的比较》,《全国商情》(理论研究)2010年第6期。

刘全明等:《钛合金在航空航天及武器装备领域的应用与发展》,《钢铁研究学报》2015年第3期。

刘若曦:《战略性金属铍揭秘》,《中国金属通报》2012年第15期。

刘舒飞等:《中国锂资源产业现状及对策建议》,《资源与产业》2016年第2期。

刘树杰:《价格机制、价格形成机制及供求与价格的关系》,《中国物价》2013年第7期。

刘卫国、解恩:《稀土永磁电机在航空上的应用》,《电气技术》2007年第10期。

刘旭:《浅谈我国大宗商品国际定价权问题探究》,《经营管理者》2014年第26期。

刘艳伟等:《铂族金属在现代工业中的应用》,《南方金属》2009年第2期。

刘余九:《中国稀土产业技术发展战略的研究》,《稀土》2002年第4期。

刘跃、谢丽英:《全球稀土消费现状及前景》,《稀土》2008年第8期。

刘兆国、乔亮:《日本制造业国际竞争力与发展趋势研究——基于产品空间结构理论的再审视》,《现代日本经济》2016年第3期。

刘振华、王世进:《构建赣州稀土产业战略基地研究》,《新余学院学报》2012年第3期。

龙如银、杨家慧:《国家矿产资源安全研究现状及展望》,《资源科学》2018年第3期。

陆晓晶:《化学类抗肿瘤药物的研究进展》,《浙江化工》2010年第7期。

吕钢等:《氧化物替代对钒钛SCR催化剂性能影响研究》,《工程热物理学报》2010年第5期。

马国霞等：《我国稀土资源开发利用的环境成本及空间差异特征》，《环境科学研究》2017年第6期。

马乃云、陶慧勇：《提升我国稀土产业出口定价权的财税政策分析》，《中国软科学》2014年第12期。

马中：《环境与资源经济学概论》，高等教育出版社2001年版。

毛学峰、曾寅初：《基于时间序列分解的生猪价格周期识别》，《农村经济》2008年第12期。

梅燕：《CMP稀土抛光液的制备及超光滑硅片的化学机械抛光研究》，博士学位论文，北京工业大学，2006年。

牛慧贤：《铷及其化合物的制备技术研究与应用展望》，《稀有金属》2006年第4期。

潘奇汉：《铍铜合金性能与其元件生产》，《电子元件与材料》2004年第2期。

齐兰：《现代市场结构理论述评》，《经济学动态》1998年第4期。

齐银山等：《中国获取大宗商品定价权的路径》，《中国国情国力》2010年第9期。

沈贺等：《石墨烯在生物医学领域的应用》，《东南大学学报》（医学版）2011年第1期。

石油天然气金属矿产资源机构：《鉱物資源マテリアルフロー》，2013年、2012年、2011年、2010年、2008年、2007年、2006年、2005年、2004年。

宋鸿玉：《2015年日本钛工业发展概述及未来展望》，《中国钛业》2016年第2期。

宋文飞等：《稀土定价权缺失、理论机理及制度解释》，《中国工业经济》2011年第10期。

苏汾、胡昭玲：《对中国制造业比较优势变化的深度考察——基于技术含量角度的分析》，《国际贸易问题》2008年第6期。

苏文清：《中国稀土产业经济分析与政策研究》，中国财政经济出版社2012年版。

苏振锋：《我国大宗商品国际定价权困境成因及解决路径探析》，《经济问题探索》2011年第4期。

孙清等：《铌的催化作用》，《石油化工》2007年第4期。

孙泽生等：《大宗商品市场定价格局与影响因素研究》，经济科学出版社2015年版。

孙章伟：《稀土贸易和管理政策比较研究——以日本、美国为例》，《太平洋学报》2011年第5期。

唐葆君：《新能源汽车：路径与政策研究》，科学出版社2015年版。

唐尧：《世界锂生产消费格局及资源安全保障分析》，《世界有色金属》2015年第8期。

唐永柏等：《稀土系磁制冷材料的研究与发展》，《四川稀土》2009年第1期。

陶建格、沈镭：《矿产资源价值与定价调控机制研究》，《资源科学》2013年第10期。

涂铭旌、陈云贵：《稀土、钒钛贮氢合金及镍氢电池研究进展》，《四川大学学报》（工程科学版）2006年第5期。

汪启兵：《大宗商品交易机制浅论》，《特区实践与理论》2013年第6期。

王安建：《世界资源格局与展望》，《地球学报》2010年第5期。

王安建、王高尚：《矿产资源与国家经济发展》，地质出版社2002年版。

王安建等：《GDP增速的"S"形演变轨迹——增速放缓背景下的中国矿产资源需求趋势》，《地球学报》2016年第5期。

王安建等：《矿产资源需求理论与模型预测》，《地球学报》2010年第2期。

王安建等：《能源和矿产资源消费增长的极限与周期》，《地球学报》2017年第1期。

王昶、黄建柏：《中国金属资源战略形势变化及其产业政策调整研究》，《中国人口·资源与环境》2014年第11S期。

王昶等：《基于资源—技术—环境的高技术城市矿产战略性筛选》，《中国人口·资源与环境》2017年第7期。

王登红：《关键矿产的研究意义、矿种厘定、资源属性、找矿进展、存在问题及主攻方向》,《地质学报》2019年第6期。

王凤翔:《永磁电机在风力发电系统中的应用及其发展趋势》,《电工技术学报》2012年第3期。

王镐:《世界钛新兴应用市场概况及展望》,《中国钛业》2011年第3期。

王金南:《环境经济学》,清华大学出版社1993年版。

王珺之:《中国稀土保卫战》,中国经济出版社2011年版。

王利清、洪梅:《出口税率变化促中国稀土出口结构调整》,《中国冶金报》2012年7月12日第C02版。

王秋舒:《全球锂矿资源勘查开发及供需形势分析》,《中国矿业》2016年第3期。

王淑玲:《铂族金属资源的现状及对策研究》,《中国地质》2001年第8期。

王晓真:《资源税的功能定位与制度完善》,《合作经济与科技》2014年第12期。

王旭峰等:《锆合金在核工业中的应用及研究进展》,《热加工工艺》2012年第2期。

王艳:《金属锗的供需情况分析》,《中国金属通报》2011年第7期。

王玉庆:《环境经济学》,中国环境科学出版社2002年版。

王正明、余为琴:《中国稀土出口的贸易流向及国际市场势力分析》,《价格月刊》2013年第9期。

瓮凤春:《资源产品国际垄断价格的形成机制——以中国的稀土和铁矿石贸易为例》,《北方经贸》2011年第3期。

吴冲锋:《大宗商品与金融资产国际定价权研究》,科学出版社2010年版。

吴建业:《我国稀有金属产业结构调整的对策》,《中国金属通报》2011年第3期。

吴景荣等:《中国钛资源开发利用现状和存在的问题及对策》,《矿业研究与开发》2014年第2期。

吴巧生、孙奇:《我国稀土价格形成机制及策略》,《中国矿业》

2015 年第 1 期。

吴巧生、薛双娇:《中美贸易变局下关键矿产资源供给安全分析》,《中国地质大学学报》(社会科学版) 2019 年第 5 期。

吴贤、张健:《中国的钛资源分布及特点》,《钛工业进展》2006 年第 6 期。

吴艳芳、王亚萍:《环境税促进稀土产业持续健康发展》,《财会月刊》2012 年第 3 期。

吴志军:《我国稀土产业政策的反思与研讨》,《当代财经》2012 年第 4 期。

肖方明、曹福康:《稀土在高新技术产业中的应用及广东稀土材料产业状况》,《广东有色金属学报》2004 年第 1 期。

谢锋斌等:《未来全球稀土供需格局分析》,《中国矿业》2014 年第 10 期。

谢国亚、张友:《稀土发光材料的发光机理及其应用》,《压电与声光》2012 年第 1 期。

辛月:《基于小波理论的铜价格周期波动和预测模型研究》,硕士学位论文,北方工业大学,2011 年。

邢佳韵等:《世界锂资源供需形势展望》,《资源科学》2015 年第 5 期。

熊炳昆等:《锆铪及其化合物应用》,冶金工业出版社 2006 年版。

徐盛华:《促进中国钨产业链结构优化的探讨》,《有色金属科学与工程》2013 年第 5 期。

徐毅鸣:《中国稀土产业的国家价值链构建问题研究——基于对俘获型全球价值链治理突破的探讨》,《经济经纬》2012 年第 3 期。

许礼刚:《废钨回收产业的价值和发展模式探析》,《有色金属科学与工程》2013 年第 5 期。

许明、杨丹辉:《中国稀有矿产资源产业的国际竞争力分析》,《东南学术》2019 年第 1 期。

杨浡琦:《有色金属国际定价权分析》,《中国有色金属》2014 年第 1 期。

杨大威、郑江淮:《基于出口卡特尔的稀土国际定价权研究》,《现代经济探讨》2014 年第 11 期。

杨丹辉：《资源安全、大国竞争与稀有矿产资源开发利用的国家战略》，《学习与探索》2018 年第 7 期。

杨丹辉、金殿臣：《我国贵金属资源开发利用与市场发展》，《中国国情国力》2016 年第 1 期。

杨丹辉等：《稀有矿产资源开发利用的环境影响分析》，《中国人口·资源与环境》2014 年第 S3 期。

杨丹辉等：《中国稀土产业发展与政策研究》，中国社会科学出版社 2015 年版。

杨浩、林丽红：《中国与国际大宗商品价格关联性研究》，《经济问题探索》2011 年第 9 期。

杨华：《稀土配位化合物在医药领域应用概述》，《稀土》2007 年第 2 期。

杨晓改等：《稀土药用研究的动向和问题》，《化学进展》2003 年第 2、3 期。

杨艳涛、秦富：《中国玉米进口的国际市场定价权测度与对策研究》，《中国农业科技导报》2016 年第 3 期。

叶卉等：《稀土、钨、锡等我国优势金属矿产供应格局分析及对策研究》，《金属矿山》2009 年第 1 期。

阴秀琦等：《重要矿产资源总量调控实施效果分析与评价——煤炭、钨、锑、锡、钼、稀土、萤石》，《中国国土资源经济》2013 年第 10 期。

尹丽文等：《全球锂资源供需关系及对锂资源开发的几点建议》，《中国国土资源情报》2015 年第 10 期。

尹琳：《稀土案初裁败诉的法律原因探究》，《法律与社会》2014 年第 9 期（中）。

于佳欣译：《2015 年国外稀土市场回顾及展望》，《稀土信息》2016 年第 2 期。

于振涛等：《外科植入物用新型医用钛合金材料设计、开发与应用现状及进展》，《中国材料进展》2010 年第 12 期。

于左、易福欢：《中国稀土出口定价权缺失的形成机制分析》，《财贸经济》2013 年第 5 期。

余敬等：《重要矿产资源可持续供给评价与战略研究》，经济日报出版社 2015 年版。

余敏丽、章和杰：《中国稀土交易定价机制改革路径研究》，《价格月刊》2017 年第 5 期。

袁博等：《中国稀土资源储备战略思考》，《中国矿业》2015 年第 3 期。

袁中许：《资源异质性视角下中国稀土定价权缺失本真研究》，《中国人口·资源与环境》2019 年第 4 期。

曾先锋等：《基于完全成本的碳酸稀土理论价格研究——兼论中国稀土资源定价机制改革》，《财经研究》2012 年第 9 期。

曾贤刚：《环境影响经济评价》，化学工业出版社 2003 年版。

曾燕红：《我国钨产品出口存在的问题及对策分析》，《中国商界》2009 年第 3 期。

翟秀静、周亚光：《稀散金属》，科技大学出版社 2009 年版。

张冬清等：《国内外钒钛资源及其利用现状》，《四川有色金属》2011 年第 6 期。

张帆：《环境与自然资源经济学》，上海人民出版社 1988 年版。

张福良、王洪刚：《战略性新兴产业发展与相关矿产资源支撑问题浅析》，《中国矿业》2013 年第 4 期。

张光弟等：《中国铂族金属资源现状与前景》，《地球学报》2001 年第 2 期。

张海亮、饶永恒：《我国稀有金属市场定价效率研究——来自泛亚有色金属交易所的经验证据》，《价格理论与实践》2014 年第 10 期。

张惠：《钼的应用及市场研究》，《中国钼业》2013 年第 2 期。

张雷：《现代区域开发的矿产资源需求生命周期研究及意义》，《地理学报》1997 年第 6 期。

张鲁波：《中国稀土出口定价权研究》，硕士学位论文，中国地质大学（北京），2010 年。

张念、冯君从：《金融化视角下大宗商品国际定价权的策略分析——以有色金属为例》，《安徽商贸职业技术学院学报》2015 年第 3 期。

张所续等：《美国关键矿产战略调整对我国的相关启示》，《中国国土资源经济》2019年第7期。

张涛等：《铂族OPEC的组建及对中国的挑战》，《黄金》2014年第7期。

张文驹：《中国矿产资源与可持续发展》，科学出版社2007年版。

张文钲、刘燕：《合金支架研发现状》，《中国钼业》2012年第2期。

张一伟、高源：《对大宗商品国际定价权的思考》，《期货日报》2011年3月31日第3版。

张禹、严兵：《中国产业国际竞争力评估——基于比较优势与全球价值链的测算》，《国际贸易问题》2016年第10期。

张钟允、李春利：《日本新能源汽车的相关政策与未来发展路径选择》，《现代日本经济》2015年第5期。

赵冠鸿等：《磷化钨催化转化纤维素制乙二醇》，《催化学报》2010年第8期。

郑乐凯、王思语：《中国产业国际竞争力的动态变化分析——基于贸易增加值前向分解法》，《数量经济技术经济研究》2017年第12期。

郑磊等：《中国钨矿采矿技术现状分析》，《中国有色金属》2010年第1期。

郑明贵、陈艳红：《世界稀土资源供需现状与产业政策研究》，《有色金属科学与工程》2012年第4期。

郑焱焱、钱婧婧：《我国资产定价权缺失与期货市场价格发现功能的联系分析》，《学理论》2012年第7期。

郑重：《中国矿产资源禀赋评价及可持续性保障的战略》，《中国国土资源经济》2007年第2期。

智研咨询：《2019—2025年中国钛矿行业市场专项调研及投资战略研究报告》，2019年。

中国地质大学（武汉）地质调查研究院：《我国主要优势矿产资源供需趋势分析》，2019年3月。

中国钨业协会：《钨应用现状及未来方向》，2019年3月。

中国稀土行业协会：《稀土矿开发管理机制研究》，2019年3月。

中国有色金属工业协会：《中国钨业》，冶金工业出版社 2012 年版。

周代数等：《国际定价权视角下的中国稀土产业发展研究》，《工业技术经济》2011 年第 2 期。

周菊秋：《我国钨业经济可持续发展思考》，《中国钨业》2005 年第 20 期。

朱碧玉等：《石墨烯在锂离子电池中应用的研究进展》，《电源技术》2013 年第 5 期。

朱学红等：《金属矿产资源国际市场价格操纵问题与我国定价权研究》，中国社会科学出版社 2019 年版。

朱学红等：《优势稀有金属关税的替代性政策效果评价及对定价权的影响分析》，《国际贸易问题》2016 年第 12 期。

邹薇：《论竞争力的源泉：从外生比较优势到内生比较优势》，《武汉大学学报》（哲学社会科学版）2002 年第 1 期。

邹武装：《中国钛业》，冶金工业出版社 2014 年版。

左铁镛、宋晓艳：《我国高端钨制品发展有关问题的思考与探讨》，《硬质合金》2012 年第 6 期。

［美］弗里曼：《环境与资源价值评估——理论与方法》，曾贤刚译，人民大学出版社 2002 年版。

［美］迈克尔·T. 克莱尔：《资源战争：全球冲突的新场景》，童新耕等译，上海译文出版社 2002 年版。

［英］大卫·皮尔斯：《绿色经济的蓝图——衡量可持续发展》，李魏、曹利军等译，北京师范大学出版社 1977 年版。

［英］朱迪·丽丝：《自然资源分配、经济学与政策》，蔡运龙译，商务印书馆 2005 年版。

中国产业信息网：《2015—2016 年锂矿区域集中度分析》，http://www.chyxx.com/industry/201601/376600.html，2016 年 1 月 7 日。

澄泓研究—新视界：《锂电池三元正极材料行业研究报告》，http://www.360doc.com/content/16/0615/02/33271922_567854177.Shtml，2016 年 6 月 15 日。

财联社：《国储局拟重启钨精矿收储计划，概念股受关注》，http：//stock. hexun. com/2016 - 04 - 07/183172987. html，2016 年 4 月 7 日。

高工锂电：《赣锋锂业拟进一步收购澳大利亚 RMI18.1% 股权》，http：//www. gg - lb. com/asdisp2 - 65b095fb - 22427 - html，2016 年 5 月 12 日。

国家制造强国建设战略咨询委员会：《〈中国制造 2025〉重点领域技术路线图（2015 年版）》，http：//www. cm2025. org/show - 16 - 90 - 1. html，2016 年 3 月 21 日。

国金证券：《动力电池行业深度研究报告》，http：//news. battery. com. cn/10/detail_ 45205. html，2016 年 9 月 23 日。

华创证券：《有色弹性分析系列报告之一：稀土和永磁》，http：//finance. qq. com/a/20160912/023318. htm，2016 年 9 月 12 日。

金属新闻网：《关于公示 2016 年钨出口国营贸易企业名单的通知》，http：//www. metalnews. cn/ys/show - 1064019 - 1. html，2015 年 12 月 9 日。

経済産業省，《資源確保戦略》，総合資源エネルギー調査会基本問題委員会（第二十八回）参考資料 1 - 2，2012。

経済産業省：《資源確保戦略》，http：//www. enecho. meti. go. jp/committee/counci/basic_problem_committee/028/pdf/28sankou1 - 2. pdf. Ministry of Economy. Trade and Industry of Japan。

経済産業省：《資源確保戦略》，http：//www. enecho. meti. go. jp/committee/council/basic_problem_committee/028/pdf/28sankou 1 - 2. pdf 総合資源エネルギー調査会基本問題委員会（第二十八回）参考資料 1 - 2，2010。

科技部：《日韩中垄断世界锂电池市场》，http：//www. most. gov. cn/gnwkjdt/201605/t20160519_ 125656. htm，2016 年 5 月 20 日。

黎招娣：《锂电池设备行业的发展现状与未来趋势》，http：//libattery. ofweek. com/2016 - 09/ART - 36005 - 8420 - 30033400. html，2016 年 9 月 2 日。

前瞻产业研究院：《2019 年中国稀土产业全景图谱》，https：//www. qianzhan. com/analyst/detail/220/190803 - d6cdbec6. html。

网易财经：《天齐锂业间接收购全球锂业巨头 SQM 股权》，http：//money. 163. com/16/0909/11/C0H5L6AB002580S6. html，2016 年 9 月 9 日。

新材料在线：《锂电池行业分析研究报告（2015）》，http：//www. docin. com/p－1603571771. html。

杨丹辉：《"重感冒"的中国稀土——大国心态与国家资源战略》，http：//gd. cnree. com/news/show－11157. html，2016 年 7 月 13 日。

张占斌：《有色金属资源优势被严重低估与泛亚带来的启示》，http：//www. fyme. cn/a/news/zthj/touzibaogaohuizhuanti/2014/0319/21644. html。

赵卓然：《全球主要碳酸锂生产厂家一览》，http：//libattery. ofweek. com/2016－01/ART－36002－8420－29053464. html，2016 年 1 月 4 日。

中国产业发展研究网：《2016 年中国动力锂电池行业市场现状及发展前景预测》，http：//www. chinaidr. com/tradenews/2016－09/104287. html，2016 年 9 月 25 日。

中国产业信息网：《2016 年中国锂电池行业发展现状及发展趋势预测》，http：//www. chyxx. com/industry/201607/428556. html，2016 年 7 月 5 日。

中国产业信息网：《2016 年中国钨行业发展前景及市场规模预测》，http：//www. chinaidr. com/tradenews/2016－07/99528. html，2016 年 7 月 22 日。

中国产业信息网：《2016 年中国稀土行业市场现状及发展趋势分析》，http：//www. chyxx. com/industry/201606/424515. html，2016 年 6 月 17 日。

中国产业信息网：《2016 年中国新能源汽车产量情况分析及市场需求预测》，http：//www. chyxx. com/industry/201605/421282. html，2016 年 5 月 31 日。

中国产业信息网：《2017—2022 年中国新能源汽车市场运营态势与投资前景分析报告》，http：//www. chyxx. com/research/201701/484995. html。

中国产业信息网:《储能领域的发展对于锂离子电池的需求》, http: //www. chyxx. com/industry/201511/358397. html, 2015 年 11 月 13 日。

中国产业信息网:《全球锂矿资源分布格局及锂矿企业国际竞争力水平分析》, http: //www. chyxx. com/industry/201402/230161. html, 2014 年 2 月 28 日。

中国产业信息网:《中国新能源汽车产业政策红利不断, 2016 年中国锂电行业迎来发展黄金期》, http: //www. chyxx. com/industry/201511/358602. html, 2015 年 11 月 13 日。

中国储能网:《新能源汽车产业政策驱动及前景展望》, http: //www. escn. com. cn/news/show – 348659. html, 2016 年 9 月 25 日。

中国证券网:《锂矿需求持续增长, 供需格局依然良好》, http: //yjbg. cnstock. com/hyzs/201509/3568077. html, 2015 年 9 月 17 日。

中商情报网:《2015 年全球锂电池市场规模需求预测》, http: //libattery. ofweek. com/2014 – 12/ART – 36001 – 8440 – 28913704. html, 2014 年 12 月 16 日。

中商情报网:《全球碳酸锂供给展望: 2016 年瓶颈明显 2017 年供给压力渐显》, http: //www. askci. com/news/chanye/2016/03/17/162724o98k. shtml, 2016 年 3 月 17 日。

JOGMEC 希少金属備蓄グループ, 我が国におけるレアメタル備蓄事業の歴史 (備蓄制度の背景と歴史), 金属資源レポート, 2005.3。

OFweek 锂电网:《2015 年全球锂电池市场规模需求预测》, http: //libattery. ofweek. com/2014 – 12/ART – 36001 – 8440 – 28913704. html, 2014 年 12 月 16 日。

OFweek 锂电网:《储能领域对锂电池的需求高于新能源汽车》, http: //libattery. ofweek. com/2015 – 08/ART – 36001 – 8420 – 28989232. html, 2015 年 8 月 5 日。

OFweek 锂电网:《动力锂电池市场分析技术革新势在必行》, http: //libattery. ofweek. com/2016 – 04/ART – 36001 – 8420 – 29086066. html, 2016 年 4 月 13 日。

OFweek 锂电网:《中国锂产业现状及未来发展趋势分析》, http：//libattery. ofweek. com/2016 - 08/ART - 36002 - 8420 - 30020802. html，2016 年 8 月 8 日。

OFweek 锂电网：《中国锂资源分布一览》，http：//libattery. ofweek. com/2015 - 12/ART - 36002 - 8420 - 29046438. html，2015 年 12 月 29 日。

OFweek 锂电网：《全球锂电池市场规模分析》，http：//libattery. ofweek. com/2016 - 09/ART - 36001 - 8420 - 30039065. html，2016 年 9 月 16 日。

Achzet, B. et al. , "Materials Critical to the Energy Industry: An Introduction", University of Augsburg Report for the BP Energy Sustainability Challenge, 2011.

Angerer, G. et al. , *Rohstoffefür Zukunfts Technologien: Einfluss des Branch Enspezifischen Rohstoffbedarfs in Rohstoffintensiven Zukunfts Technologien auf Diezukünftige Rohstoffnachfrage*, Stuttgart: Fraunhofer IRB Verlag, 2009.

Bain, J. S. , "The Profit Rate as a Measure of Monopoly Power", *Q. J. Econ.* , Vol. 55, No. 2, 1941.

Bairstow, Jeffref, "Races for the Rare Earths", *Laser Focus World*, No. 4, 2011.

Baker, J. B. , Bresnahan, T. F. , "Estimating the Residual Demand Curve Facing a Single Firm", *Int. J. Ind. Organ.* , Vol. 6, No. 3, 1988.

Balassa, B. , "Trade Liberalisation and 'Revealed' Comparative Advantage", The Manchester School, 1965, 33.

Blair & Harrison, *Monopsony: Antitrust Law and Economics*, Princeton: Princeton University Press, 1993.

Bollerslev, T. , "Generalized Autoregressive Conditional Heteroskedasticity", *Journal of Econometrics*, Vol. 31, No. 3, 1986.

Bourzac, Katherine, "The Rare - earth Crisis", *Technology Review*, Vol. 114, No. 4, 2011.

Buchert, M. et al. , "Critical Metals for Future Sustainable Technologies and Their Recycling Potential", United Nations Environment Programme

(UNEP) and ko – Institut, 2009.

Chen, Z. Q. , "Buyer Power: Economic Theory and Antirust Policy", *Research in Law and Economics*, Vol. 22, No. 2, 2007.

Daily, G. C. , *Nature's Serviees: Societal Dependence on Natural Eeosystems*, Washington D. C: Island Press, 1997.

Dunning, J. H. , "Internationalizing Porter's Diamond", *Management International Review*, 1993, 33 (2).

European Commission, "Report of the Ad – hoc Working Group on Defining Critical Raw Materials: Critical Raw Materials for the EU", 2010, http://ec. Europa. eu/enterprise/policies/raw – materials/files/docs/crm – report – on – critical – raw – materials_ en. pdf.

Fingleton, J. A. and Rose, A. K. , *Deterninants of Agricultural and Moneral Commodity Prices*, Sydney: Reserve Bank of Austrialia, 2009.

Fortier, S. M. et al. , "Draft Critical Mineral List—Summary of Methodology and Background Information—U. S. Geological Survey Technical Input Document in Response to Secretarial Order No. 3359. U. S. Geological Survey Open – File Report 2018 – 1021".

Gil – Alana, L. A. and Tripathy T. , "Modeling Volatility Persistence and a Symmetry: A Study on Selected Indian Non – ferrous Metals Markets", *Resources Policy*, Vol. 41, No. 1, 2014.

Goldberg, P. K. , Knetter, M. M. , "Measuring the Intersity of Competition in Export Markets", *J. Int. Econ.* , Vol. 47, No. 1, 1999.

Graedal, T. E. et al. , "Methodology of Metal Criticality Determination", *Environmental Science & Technology*, Vol. 46, No. 2, 2012.

Graedal, T. E. et al. , "What do We Know about Metal Recycling Rates", *Journal of Industrial Ecology*, Vol. 15, No. 3, 2011.

Graedel, T. E. and Nassar, N. T. , "The Criticality of Metals – A Perspective for Geologists", in Jenkin, G. R. T. , Lusty, P. A. J. , McDonald, I. , Smith, M. P. , Boyce, A. J. and Wilkinson, J. J. eds. , *Ore Deposits in an Evolving Earth (Special Publication 393)*: Geological Society, London, UK, 2013.

Gulley, A. et al., "China, the United States, and Competition for Resources that Enable Emerging Technologies", *PANS*, Vol. 115, No. 16, 2017.

Hatch, Gareth P., "Dynamics in the Global Market for Rare Earths", *Elements*, Vol. 8, 2012.

Hatch, G. P., "Critical Rare Earths: Global Supply & Demand Projections and the Leading Contenders for New Sources of Supply", *Technology Metals Research*, www.criticalrareearthsreport.com.

Hausmann, R., Klinger, B., *Structural Transformation and Patterns of Comparative Advantage in the Product Space*, Social Science Electronic Publishing, 2006.

He, Chunyan et al., "Assessment of Trading Partners for China's Rare Earth", *Plos One*, www.plosone.org, July 2014, Volume 9, Issue 7.

He, Yujia, "The Trade-security Nexus and U. S. Policy Making in Critical Minerals", *Resources Policy*, No. 59, 2018.

Hensel, Nayantara D., "Economic Challenges in the Clean Energy Supply Chain: The Market for Rare Earth Minerals and Other Critical Inputs", *Business Economics*, Vol. 46, Issue 3, 2011.

Hilson, G. M., "Improving Environmental, Economic and Ethical Performance in Mining Industry", *Journal of Cleaner Production*, Vol. 14, No. 3-4, 2006.

Hiroshi Kawamoto, "Japan's Policies to be Adopted on Rare Metal Resources", *Quarterly Review*, No. 27, 2008, http://www.nistep.go.jp/achiev/ftx/eng/stfc/stt027e/qr27pdf/STTqr2704.pdf.

Hurst, C., "China's Rare Earth Elements Industry: What Can the West Learn?", Institute for the Analysis of Global Security (IAGS), 2010.

Jaffee, R. I., "An Appraisal of Titanium Research and Development", *Aiaa Journal*, Vol. 3, No. 10, 1965.

Kanazawa, Y. and Kamitani, M., "Rare Earth Minerals and Resources in the World", *Journal of Alloys and Compounds*, 2006.

Kingsnorth, D. J., "Rare Earths Supply Security: Dream or Possibility", 4th Freiberg Innovations Symposium, Freiberg, Germany, 2012.

Kirkwood, J. B. , "Buyer Power and Exclusionary Conduct", *Antitrust Law Journal*, Vol. 72, No. 2, 2005.

Knoeri, C. et al. , "Towards a Dynamic Assessment of Raw Materials Criticality: Linking Agent – Based Demand – With Material Flow Supply Modeling Approaches", *Science of the Total Environment*, 2013.

Koopman, P. R. et al. , "Tracing Value – Added and Double Counting in Gross Exports", *American Economic Review*, 2014, Vol. 104, No. 2.

Koopman, R. et al. , "Estimating Domestic Content in Exports When Processing Trade is Pervasive", *Journal of Development Economics*, 2012, No. 99.

Krajnc, D. and Glavic, P. A. , "A Model for Integrated Assessment of Sustainable Development Resources", *Conservation and Recycling*, Vol. 43, No. 2, 2005.

Lerner, A. P. , "The Concept of Monopoly and the Measurement of Monopoly Power", *Rev. Econ. Studies*, Vol. 1, No. 3, 1934.

Lo, A. W. , "Long – term Memory in Stock Prices", *Econometrica*, Vol. 59, No. 3, 1991.

Looney, R. , "Recent Developments on the Rare Earth Front", *World Economics*, Vol. 12, Issue 1, 2011.

Manners, G. , "Three Issues of Mineral Policy", *Journal of the Royal Society of Arts*, Vol. 125, No. 5251, 1977.

Maurer, A. , Degain, C. , "Globalization and Trade Flows: What You See is not What You Get!", *Journal of International Commerce Economics & Policy*, 2012, Vol. 3, No. 3.

McCullough, E. and Nassar, N. T. , "Assessment of Critical Minerals: Updated Application of an Early – warning Screening Methodology", *Mineral Economics*, 2018, No. 30.

McMillan, D. G. , Speight, A. E. H. , "Non – ferrous Metals Price Volatility: A Component Analysis", *Resource Policy*, Vol. 27, No. 1, 2001.

Meadows, D. L., *Dynamics of Growth in a Finite World*, Cambridge, MA: Wright – Allen Press, 1974.

Moss, R. L. et al., *Critical Metals in Strategic Energy Technologies: Assessing Rare Metals as Supply – Chain Bottlenecks in Low – Carbon Energy Technologies*, JRC (The European Commission Joint Research Centre Institute for Energy and Transport), 2011, http: //setis. ec. europa. eu/newsroom – items – folder/jrc – report – on – criticalmetals – in – strategic – energy – technologies.

Nassar, N. T. et al., "Criticality of the Geological Copper Family", *Environmental Science & Technology*, Vol. 46, No. 2, 2012.

National Research Council (NRC), *Minerals, Critical Minerals, and the U. S. Economy*, Washington, DC, National Academies Press, 2008.

National Research Council, *Competitiveness of the U. S. Minerals and Metals Industry*, National Academies Press: Washington, DC, 1990.

Nelson, D. B., "Conditional Heterosked Asticity in Asset Returns: A New Approach", *Econometrica*, Vol. 59, No. 2, 1991.

Nowakowsca, M., *Defining Critical Raw Materials in the EU: Information Gaps and Available Solutions*, US – EU Workshop on Mineral Raw Material Flows & Data, Brussels, 12 September 2012, http: //ec. europa. eu/enterprise/policies/raw – materials/files/docs/eu _ us _ critical _ raw _ materials_en. pdf.

NRC, *Minerals, Critical Minerals, and the U. S. Economy*, Washington DC : National Academies Press, 2008.

Office of Technology Assessment, *Strategic Materials: Technologies to Reduce U. S. Import Vulnerability*, U. S. Congress, Office of Technology Assessment, OTA – ITE – 248, Washington, DC, 1985.

Oko – Institut, E. V., "Environmental Aspects of Rare Earth Mining and Processing", In *Study on Rare Earths and Their Recycling*, 2011.

Panas, E., "Long Memory and Chaotic Models of Prices of the London Metal Exchange", *Resource Policy*, Vol. 27, No. 2, 2001.

Peng Wang et al., "Incorporating Critical Material Cycles into Metal –

energy Nexus of China's 2050 Renewable Transition", Applied Energy (253), 2019, https://www.sciencedirect.com/science/article/pii/S0306261919 312863.

Polinares, "Fact Sheet: Indium", *Polinares Working Paper*, No. 39, 2012.

Polinares, "Fact Sheet: Platinium Group Metals", *Polinares Working Paper*, No. 35, 2012.

Qin, Lujia Ya, "The Challenge of Interpreting 'WTO – PLUS' Provisions", *Journal of World Trade*, Vol. 44, No. 1, 2010.

Reports of the Appellate Body, *China – measures Related to Exportation of the Various Raw Materials*, Jan. 30, 2012, Geneva, WTO.

Resource Security Strategy, "The 28th Sub – Committee on Fundamental Issues in Committee on Energy and Natural Resources Reference Materials", 2010.

Rubinstein, A., "Perfect Equilibrium in a Bargaining Model", *Econometrica*, Vol. 50, No. 1, 1982.

Schluep, M. et al., "Recycling from E – waste to Resources", United Nations Environment Programme & United Nations University, 2009.

Schüler, D. et al., "Study on Rare Earths and Their Recycling?", ko – Institute V Darmstadt, 2011.

Shen Lei et al., Overview on China's Rare Earth Industry Restructuring and Regulation Reform, *Journal of Resources and Ecology*, No. 3.

Song, B. H. et al., "Competitive Analysis and Market Power of China's Soybean Import Market", *Int. Food Agribus. Manag Rev.*, Vol. 12, No. 1, 2009.

Steen, B., "A Systematic Approach to Environmental Priority Strategies in Product Development (EPS): Version 2000 – Models and Data of the Default Method", Gothenburg: Centre for Environmental Assessment of Products and Material Systems, 1999.

The European Commission, *A Resource – efficient Europe: Flagship Initiative under the Europe 2020 Strategy*, Brussels, 26. 1. 2011, COM (2011)

21.

The European Commission, *Analysis Associated with the Roadmap to a Resource Efficient Europe*, Commission Staff Working Paper, Brussels, 20.9.2011SEC (2011) 1067.

The European Commission, *Critical Raw Materials for the EU*, Version of 30 July, 2010, http://ec.europa.eu/enterprise/policies/raw-materials/files/docs/report-b_en.pdf.

The European Commission, *Making Raw Materials Available for Europe's Future Well-being*, Proposal for a European Innovation Partnership on Raw Materials, Feb.2012, http://ec.europa.eu/enterprise/policies/raw-materials/files/docs/communication_final_en.pdf.

The European Commission, *Report of the Ad-hoc Working Group on Defining Critical Raw Materials: Critical Raw Materials for the EU*, European Commission, Brussels, 2010.

Tilton, J.E., *The Future of Natural Minerals*, Washington DC, Brookings Institution, 1977.

UKERC, "Germanium Fact Sheet", *UK Energy Research Centre Materials Handbook*, 2012.

US Department of Energy, *Critical Materials Strategy*, Dec.2010, http://energy.gov/sites/prod/files/edg/news/documents/criticalmaterialsstrategy.pdf.

US Department of Energy, *Critical Materials Strategy*, Dec.2011, http://energy.gov/sites/prod/files/DOE_CMS2011_FINAL_Full.pdf.

USGS, *Mineral Commodity Summaries*, 1996-2016.

USGS, *Mineral Commodity Summaries*, 2003-2019.

USGS, *Mineral Commodity Summaries*, 2007-2015.

USGS, *Mineral Commodity Summaries*, 2012.

USGS, *Mineral Commodity Summaries*, 2013.

USGS, *Mineral Commodity Summaries*, 2014-2016.

USGS, *Mineral Commodity Summaries*, 2015.

USGS, *Mineral Commodity Summaries: Rare Earth*, 2012-2017.

USGS, *Minerals Yearbook*, 2013.

U. S. Department of the Interior, *Mineral Commodity Summaries*: *Rare Earths* 2012, *U. S. Geological Survey*, 2012, http://minerals.usgs.gov/minerals/pubs/commodity/rare_ earths/mcs - 2012 - raree. pdf.

U. S. Environmental Protection Agency, "Human Health Environmental Damages from Mining and Mineral Processing Waste: Technical Background Document Supporting the Supplemental Proposed Rule Applying Phase Ⅳ Land Disposal Restrictions to Newly Identified Mineral Processing Wastes", EPA Office of Solid Waste, 1995.

U. S. Environmental Protection Agency, "Rare Earth Elements: A Review of Production, Processing, Recycling, and Associated Environmental Issue", 2011.

U. S. Environmental Protection Agency, "Rare Earths", In Identification and Description of Mineral Processing Sectors and Waste Streams, 1991.

Wanger, M., "WTO Law and the Right to Regulate: China - Rare Earth", Vol. 18, Issue, 12, April, 28, 2014, www.asil.org.

Wu Hanming et al., "Challenges of Process Technology in 32nm Technology Node", *Journal of Semiconductors*, Vol. 29 (9), 2008.

Wäger, P. A. et al., "Scarce Metals: Raw Materials for Emerging Technologies", Swiss Academy for Engineering Sciences, 2010.

Xiang - Yang Li et al., "Scenarios of Rare Earth Elements Demand Driven by Automotive Electrification in China: 2018 - 2030", *Resources, Conservation and Recycling*, Vol. 145, June 2019.

后　　记

过去10年间,我们的研究团队持续关注以稀土为代表的稀有矿产资源。鉴于此类矿产在新兴产业日益广泛的应用以及这一领域不断凸显的战略意义,2013年,我们以"稀有矿产资源的国家战略研究"(SKGJCX2013-04)为题申报了中国社会科学院创新工程项目,这也是我们团队承担的首个创新工程项目。立项后,项目组按照中国社会科学院创新工程的总体要求,深入调研,聚焦创新,按时完成各项既定科研任务,不断取得阶段性突破,推出了一批具有较高学术影响和应用价值的创新成果。

理论联系实际是中国社会科学院工业经济研究所的优良学风。秉承这一传统,在项目开展过程中,我们先后赴江西、内蒙古、湖南、广西、云南、山东、福建等稀有矿产资源富集和产业集聚地区调研,较为全面地了解稀有矿产资源的赋存条件、冶炼加工的工艺特点以及下游应用产业的发展情况,对中国稀有矿产资源优势尚未上升为经济优势的产业发展现状以及稀有金属开采过程中的生态环境问题有了直观的认识,并通过与自然资源部、工业和信息化部、商务部等行业主管部门以及地方政府、行业协会、稀有金属企业座谈交流,掌握了大量一手资料。

在此基础上,项目组密切追踪稀有矿产领域面临的发展环境及行业体制机制的演进历程,分析新一轮科技革命和产业变革下稀有矿产资源领域大国竞争的动向,探讨稀有矿产品国际定价机制的理论依据。随着研究不断推进,项目组在《中国工业经济》等权威期刊陆续发表了多篇高质量的学术论文。同时,针对稀土产业升级发展、战略性矿产保障体系建设、国家保护性开采矿种调整方向、稀有矿产资源开发利用的环境影响等问题，报送数份内部报告，为各级政府提供了有价值的政策咨询服务，因此多次获得中央领导同志的肯定性批示，进一步提升了研究成果的决策影响力。

项目开展最大的收获之一是通过可持续的团队合作，为重大科研项目管理积累了经验。依托创新工程项目的成果，我们与自然资源部矿产勘查技术指导中心、中南大学国际金属战略研究院等国内相关领域的顶尖研究机构开展了多种形式、富有成效的合作，并于2015年联合申立了国家社会科学基金重大招标项目"稀有矿产资源开发利用的国家战略研究——基于工业化中后期产业转型升级的视角"，使创新工程项目的成果深化和升级拓展得以实现，从而真正践行了创新工程设立的导向，形成了特色研究领域，以此推动学科建设迈上新台阶，打造了一支在国内处于领先水平的开放型研究团队。

应该看到，尽管取得了值得肯定的研究成果，但创新工程项目各项工作的开展尚有不尽如人意之处。受制于数据可获得性等客观条件以及团队的知识背景和学术储备，在尝试构建后起工业大国稀有矿产资源战略的理论分析框架方面，虽然进行了初步探索，但这项创新性研究仍有待进一步深入。

本书作为创新工程项目的最终成果，是集体研究的结晶。各章的作者分别为：第一章由杨丹辉、李鹏飞撰写，第二章由杨丹辉、李鹏飞、杨雅娜、李丹撰写，第三章由李鹏飞撰写，第四章由杨丹辉、张艳芳撰写，第五章由杨雅娜、杨丹辉撰写，第六章由梁姗姗、杨丹辉撰写，第七章由李丹、杨丹辉撰写，第八章由杨丹辉、金殿臣撰写，第九章由李鹏飞撰写，第十章由渠慎宁、姚鹏、梁姗姗、杨丹辉撰写，第十一章由许明、杨丹辉撰写，第十二章由张艳芳、杨丹辉撰写，第十三章由李鹏飞、杨丹辉、张艳芳、渠慎宁撰写，第十四章和第十五章由杨丹辉撰写。附录由杨雅娜、李丹整理。最终成果完成后，通过结项评审、专家研讨等形式，作者广泛征求相关领域专家学者的意见和建议，对书稿做出了补充完善。后来分别由孙慧波博士、刘帅博士和杨丹辉进行了三轮数据更新。定稿之前，杨丹辉改写了部分章节的内容，并对全书统稿。书中文责由各章作者自负。

本书初稿完成于2017年年初，但直至2020年3月才最终定稿。三年中，与其说这项成果处在"优化无止境"的状态，不如说是我本人犯了严重的拖延症，而此种情况在我二十余年的学术生涯和科研工作中从未发生过。这期间各类应急性的科研活动和决策支撑任务不时"插队"，致使既定的修改日程和统稿安排屡次被迫中断，不免让一向自诩高效专注的我，倍感困扰，甚至对今后的工作节奏产生了怀疑。尤其令人遗憾的是，反复多轮修改和数据更新不仅导致部分分析结果出现统计口径和时间序列不一致等问题，而且在一定程度上影响了成果的前瞻性。好在中国社会科学出版社的资深编审卢小生先生始终包容书稿不尽如人意的修改过程，并给予作者充分的理解。我将这种理解和信任归于此前与卢老师良好的合作。2020 年中国社会科学出版社的刘晓红女士接手编辑工作之后，又对书稿做出了数轮高质量的修编。本书涉及多个领域，包含很多跨专业知识，使用了大量专业术语，编辑难度大，也因此增加了两位编辑老师的工作量，作者非常感谢他们负责任、高水平的编辑。同时，还要感谢中国社会科学院创新工程为本书提供的出版资助。

对于团队而言，创新工程项目是全新的科研管理模式，我们在探索中创新，在创新中推动学科发展。创新工程项目取得的各项成果是工经所领导关心支持的结果，当然也离不开同事们的鼎力相助，在此一并致谢！特别要感谢项目组的核心成员和本书的主要作者——李鹏飞研究员、渠慎宁副研究员和张艳芳副研究员，他们不计得失的辛苦付出以及我们之间高效协同的工作方式是团队建设最宝贵的财富。作为创新工程的首席研究员，我始终为此深感幸运和自豪！也时刻警醒自己，唯此研学之路，责有攸归，非异人任，当全力以赴，方可先难而后获，静待华与实。

杨丹辉

2020 年 7 月